H. G. WELLS
(1866-1946)

HERBERT GEORGE WELLS nasceu em Bromley, no condado de Kent, na Inglaterra, em 1866. Estudou em uma escola particular em Bromley e posteriormente no Royal College of Science, onde teve aulas de biologia com T. H. Huxley, defensor das teorias de Charles Darwin. Foi aprendiz têxtil por dois anos, experiência que retratou em *Kipps* (1905) e *The History of Mr. Polly* (1910). Também atuou como professor antes de se tornar escritor profissional. Teve uma tumultuada vida amorosa, chegando a casar-se duas vezes.

Sua estreia como romancista se deu em 1895, com *A máquina do tempo*, uma paródia das divisões de classe na Inglaterra, inovador ao abordar a questão da viagem no tempo. Ele escreveu mais de cem livros, incluindo romances, ensaios e contos. Simpatizante do socialismo, da ciência e do progresso, ele foi, nas palavras de Bertrand Russell, "um importante libertador do pensamento e da ação". Chocou a opinião pública com suas convicções sobre amor livre e casamentos abertos (não convencionais), mostradas nos romances *Ann Veronica* (1909) e *The New Machiavelli* (1911). Escreveu diversas histórias de ficção científica, gênero do qual foi um dos precursores, entre as quais se destacam *A ilha do doutor Moreau* (1896), *O homem invisível* (1897) e *A guerra dos mundos* (1898), texto adaptado pelo cineasta Orson Welles em 1938 para o rádio, num episódio que aterrorizou a audiência, que pensou se tratar de um verdadeiro ataque de marcianos.

H. G. Wells também publicou algumas obras de profundo caráter crítico à sociedade inglesa, como *Anticipations* (1901), *Mankind in the Making* (1903) e *Modern Utopia* (1905). Depois da Primeira Guerra Mundial, lançou alguns livros de não ficção, tais quais *The Outline of History* (1920), *The Science of Life* (1930) e *Experiment in Autobiography* (1934). Alcançou grande reconh... tor ainda em vida, conv... político e literário. Seu ... *Tether*, foi lançado em 19...

H. G. WELLS

UMA BREVE HISTÓRIA DO MUNDO

Tradução de Rodrigo Breunig

www.lpm.com.br

L&PM POCKET

Coleção **L&PM** POCKET, vol. 916

Texto de acordo com a nova ortografia.

Título original: *A Short History of the World*

Primeira edição na Coleção **L&PM** POCKET: janeiro de 2011
Esta reimpressão: abril de 2024

Tradução: Rodrigo Breunig
Capa: Ivan Pinheiro Machado
Revisão: Pedro Henrique Fandi e Lia Cremonese

CIP-Brasil. Catalogação na Fonte
Sindicato Nacional dos Editores de Livros, RJ

W48b

Wells, H. G. (Herbert George), 1866-1946
 Uma breve história do mundo / H. G. Wells; tradução Rodrigo Breunig. – Porto Alegre, RS: L&PM, 2024.
 384p. il., mapas; – (Coleção L&PM POCKET; v.916)

Tradução de: *A Short History of the World*
Apêndice
ISBN 978-85-254-2099-2

1. História universal. I. Título. II. Série.

10-6143.	CDD: 909
	CDU: 94(100)

© 1922 by H. G. Wells

Todos os direitos desta edição reservados a L&PM Editores
Rua Comendador Coruja, 314, loja 9 – Floresta – 90.220-180
Porto Alegre – RS – Brasil / Fone: 51.3225.5777

Pedidos & Depto. Comercial: vendas@lpm.com.br
Fale conosco: info@lpm.com.br
www.lpm.com.br

Impresso no Brasil
Outono de 2024

Sumário

Lista de mapas..9

Prefácio 11

1. O mundo no espaço..13
2. O mundo no tempo...16
3. Os primórdios da vida..19
4. A Era dos Peixes..22
5. A Era dos Pântanos de Carbono.................................26
6. A Era dos Répteis..30
7. Os primeiros pássaros e os primeiros mamíferos.........34
8. A Era dos Mamíferos...38
9. Macacos, monos e subumanos...................................42
10. O neandertal e o Homem da Rodésia........................46
11. Os primeiros homens verdadeiros.............................51
12. Pensamento primitivo..55
13. Os primórdios do cultivo...60
14. Civilizações neolíticas primitivas.............................64
15. Suméria, Egito antigo e escrita................................70
16. Povos nômades primitivos.......................................74
17. Os primeiros povos navegadores..............................78
18. Egito, Babilônia e Assíria..83
19. Os arianos primitivos..89
20. O último Império Babilônico e o império de Dario I...93
21. A história antiga dos judeus....................................98
22. Sacerdotes e profetas na Judcia.............................104
23. Os gregos..108
24. As guerras entre gregos e persas............................113
25. O esplendor da Grécia...117
26. O império de Alexandre, o Grande........................120
27. O Museu e a Biblioteca de Alexandria...................124
28. A vida de Gautama Buda......................................129

29. O rei Asoka 134
30. Confúcio e Lao Tsé 136
31. Roma entra na história 141
32. Roma e Cartago... 146
33. O crescimento do Império Romano 150
34. Entre Roma e China 160
35. A vida do homem comum nos primórdios
    do Império Romano... 165
36. A evolução da religiosidade durante o
    Império Romano... 171
37. Os ensinamentos de Jesus 177
38. O desenvolvimento do cristianismo doutrinário 183
39. Os bárbaros dividem o império em oriente
    e ocidente... 187
40. Os hunos e o fim do Império Ocidental 192
41. Os impérios Bizantino e Sassânida 197
42. As dinastias Sui e Tang na China 201
43. Maomé e o Islã.. 203
44. Os dias grandiosos dos árabes..................................... 207
45. A evolução da cristandade latina 211
46. As Cruzadas e a Era do Domínio Papal 220
47. Os príncipes recalcitrantes e o Grande Cisma 228
48. As conquistas dos mongóis 236
49. O renascimento intelectual dos europeus................... 242
50. A reforma da Igreja Latina 251
51. O imperador Carlos V 255
52. A era dos experimentos políticos; o monarquismo
    grandioso, os parlamentos e o republicanismo
    na Europa.. 263
53. Os novos impérios dos europeus na Ásia e
    no ultramar 273
54. A guerra americana de independência........................ 279
55. A Revolução Francesa e a restauração
    da monarquia na França 285
56. A inquieta paz europeia depois da
    queda de Napoleão 293
57. O desenvolvimento das conquistas materiais 298
58. A revolução industrial 307

59. A evolução das ideias políticas e sociais modernas ...312
60. A expansão dos Estados Unidos ...323
61. A Alemanha torna-se predominante na Europa ...331
62. Os novos impérios ultramarinos do navio
a vapor e das ferrovias ...334
63. A agressão europeia na Ásia e a ascensão do Japão ...341
64. O Império Britânico em 1914 ...346
65. A Era Armamentista na Europa e
a Grande Guerra de 1914-1918 ...350
66. A revolução e a penúria na Rússia ...355
67. A reconstrução política e social do mundo ...360

Cronologia ...366

Lista de mapas

48   Possível esboço da Europa e da Ásia Ocidental no ápice da Quarta Era do Gelo (cerca de 50 mil anos atrás)

66   Um diagrama sumário das ideias atuais sobre as relações entre as raças humanas

95   Mapa que mostra a relação dos impérios Medo e Babilônico (Caldeu) no reinado de Nabucodonosor, o Grande

96   O Império de Dario (países tributários) em sua maior extensão

101   A terra dos hebreus

149   A extensão do poderio romano e de suas alianças por volta de 150 a.C. (*i.e.*, na véspera da Terceira Guerra Púnica)

189   O Império e os bárbaros

208   O crescimento do poderio muçulmano em 25 anos

209   O Império Muçulmano, 750 d.C.

213   Área mais ou menos dominada pelos francos ao tempo de Carlos Martel

218   A Europa ao tempo da morte de Carlos Magno – 814

238   O império de Gêngis Khan ao tempo de sua morte (1227)

240 O Império Otomano antes de 1453

241 O Império Otomano ao tempo da morte de Solimão, o Magnífico, 1566 d.C.

272 A Europa Central depois da Paz de Vestfália, 1648

275 Grã-Bretanha, França e Espanha na América, 1750

283 Os Estados Unidos, com a extensão dos assentamentos, em 1790

296 A Europa depois do Congresso de Viena

332 Mapa da Europa, 1848-1871

338 O Império Britânico em 1815

347 Impérios ultramarinos das potências europeias, janeiro de 1914

PREFÁCIO

Esta *Uma breve história do mundo* existe para ser lida de forma contínua, como se fosse, de certa maneira, um romance. Ela fornece, grosso modo, uma exposição, despojada de elaborações ou complicações, dos conhecimentos que temos hoje sobre a história. Há uma fartura de mapas, e foi feito o possível para que tudo ficasse vívido e claro. O leitor terá condições de absorver um panorama histórico amplo, imprescindível para o estudo de um período determinado ou da história de um determinado país. Esta obra pode vir a ser útil como incursão preparatória, antes que se empreenda a leitura da *História universal* do autor, que é muito mais completa e explícita. Mas sua finalidade principal é suprir as necessidades de um atarefado leitor comum, muito exaurido para estudar em detalhe os mapas e as linhas de tempo da *História universal*, que queira refrescar e reparar suas concepções desbotadas ou fragmentárias a respeito da grande aventura da humanidade. Não é um resumo ou uma condensação da obra anterior. Nos termos de sua proposta, a *História universal* não admite condensação adicional. Planejada e escrita em separado, esta é uma História bem mais genérica.

H. G. Wells

1

O mundo no espaço

A história do nosso mundo ainda é uma história que conhecemos de modo precário. Até algumas centenas de anos atrás, os homens dominavam pouco mais do que a história dos três mil anos precedentes. O que se passara antes desse período era um enigma que gerava lendas e especulações. Em grande parte do mundo civilizado, acreditava-se e ensinava-se que a Terra havia sido criada de súbito em 4004 a.C., embora algumas autoridades afirmassem que a criação ocorrera na primavera e outras garantissem que ocorrera no verão. Esse equívoco fantasticamente preciso se baseava numa interpretação literal da Bíblia hebraica e em suposições teológicas bastante arbitrárias, derivadas dessa leitura. Tais ideias foram abandonadas muito tempo atrás pelos pensadores religiosos, e hoje é plenamente aceito o fato de que o universo no qual vivemos tem, segundo todas as aparências, uma origem extraordinariamente remota, numa existência sem fim. As aparências podem ser ilusórias, é claro, como uma sala pode parecer interminável quando suas paredes são revestidas por espelhos. A ideia de que o universo no qual vivemos existe há apenas 6 ou 7 mil anos, porém, pode ser vista como algo totalmente desacreditado.

A Terra, como todos sabem nos dias de hoje, é um esferoide, uma esfera levemente achatada, em formato de laranja, com um diâmetro de mais ou menos 13 mil quilômetros. Seu formato esférico é conhecido, ao menos por um número limitado de pessoas inteligentes, há cerca de 2,5 mil anos, mas antes disso ela era tida por plana, e eram difundidas diversas ideias, que hoje parecem absurdas, sobre suas relações com o céu e as estrelas e os planetas. Sabemos hoje que ela gira em seu eixo (que é 39 quilômetros mais curto que o diâmetro equatorial) a cada turno de 24 horas, o que ocasiona as alternâncias de dia e noite, e que em um ano ela circula em torno do Sol, numa rota oval levemente deformada, que se altera com lentidão. A distância que a separa do Sol varia entre 147 milhões de quilômetros, quando a proximidade é maior, e 152 milhões de quilômetros.

Em torno da Terra circula uma esfera menor, a Lua, a uma distância média de 385 mil quilômetros. Terra e Lua não são os únicos corpos que viajam ao redor do Sol. Temos também os planetas Mercúrio e Vênus, a distâncias de 58 e 108 milhões de quilômetros; além do círculo da Terra, e sem contar uma faixa de inúmeros corpos menores, os planetoides, temos Marte, Júpiter, Saturno, Urano e Netuno, a distâncias médias de 227, 777, 1.426, 2.868 e 4.495 milhões de quilômetros, respectivamente. A mente humana mal consegue absorver o que significam esses milhões de quilômetros. A imaginação do leitor poderá ser beneficiada se reduzirmos o Sol e os planetas a uma escala menor e mais concebível.

Assim, se a nossa Terra for representada por uma pequena bola de 2,5 centímetros de diâmetro, o Sol seria um globo enorme, com eixo de 2,7 metros, a uma distância de 295 metros – quatro ou cinco minutos de caminhada. A Lua seria uma pequena ervilha, situada a 76 centímetros do nosso mundo. Entre a Terra e o Sol encontraríamos os dois planetas intermediários, Mercúrio e Vênus, a distâncias de 114 e 229 metros do Sol. Teríamos um vácuo entre esses corpos e ao redor deles até chegarmos a Marte, a 160 metros da Terra; Júpiter estaria um quilômetro e meio mais longe, com diâmetro de trinta centímetros; Saturno, um pouco menor, distaria 3,2 quilômetros da Terra; Urano e Netuno distariam 6,4 e 9,6 quilômetros. Depois, ao longo de milhares de quilômetros, o nada e mais nada, exceto partículas minúsculas e fragmentos errantes com delgadas caudas de vapor. A estrela mais próxima da Terra, nessa escala, estaria a 64 mil quilômetros de distância.

Esses números talvez sirvam para dar alguma noção do imenso espaço vazio no qual se desenrola o drama da vida.

Pois em todo esse enorme vácuo espacial só existe vida, até onde podemos saber, na superfície da nossa Terra. A vida não penetra mais do que 5 mil metros globo adentro, nos 6,5 mil quilômetros que nos separam do centro do planeta, e não alcança mais do que 8 mil metros acima da superfície. Aparentemente, toda a infinidade de espaço em volta é vazia e morta.

As mais profundas sondagens do oceano descem até oito mil metros. O mais alto voo de avião de que se tem registro chegou a pouco mais do que 6,5 mil metros. Homens alcançaram mais de 11 mil metros de altura em balões, mas à custa de grandes sofrimentos. Nenhum pássaro é capaz de voar a oito mil metros, e pequenos pássaros e insetos que foram transportados em aviões perderam os sentidos muito antes de ser atingida essa altura.

2

O MUNDO NO TEMPO

Nos últimos cinquenta anos, homens de ciência se dedicaram a belas e interessantes especulações sobre a idade e a origem da nossa Terra. Não podemos cogitar, aqui, em oferecer nem mesmo um sumário de tais especulações, porque elas envolvem as mais sutis considerações matemáticas e físicas. A verdade é que as ciências físicas e astronômicas ainda não estão desenvolvidas o suficiente para que possamos ir além de uma conjetura ilustrativa. A tendência geral tem sido fazer com que a idade estimada do nosso globo aumente cada vez mais. Parece provável, hoje, que a Terra desfrute de uma existência independente, como planeta rotante que dá voltas em torno do Sol, há mais de dois bilhões de anos. Essa existência pode ser bem maior. É uma extensão de tempo que simplesmente subjuga a imaginação.

Antes desse vasto período de existência autônoma, o Sol e a Terra e os outros planetas que circulam ao redor do Sol podem ter sido um grande turbilhão de matéria difusa em meio ao espaço. O telescópio nos revela, em vários pontos dos céus, nuvens de matéria luminosas e espirais, as nebulosas espirais, que dão impressão de rodar em torno de um centro. Diversos astrônomos supõem que o Sol e seus planetas formavam no passado uma nebulosa espiral, e que suas matérias sofreram concentração até que assumissem as formas atuais. A concentração avançou ao longo de majestosos éons até a chegada do passado incrivelmente remoto que acabamos de referir com números, e então a Terra e sua Lua ganharam existência independente. Elas rodopiavam, na época, muito mais rápido do que rodopiam hoje; estavam menos distantes do Sol; viajavam ao redor dele muito mais rápido, e tinham a superfície provavelmente incandescente ou derretida. O próprio Sol era uma flama bem mais intensa nos céus.

Se pudéssemos recuar no passado por toda essa infinitude de tempo para observar a Terra no estágio inicial de sua história, não veríamos nada que se assemelhasse a uma paisagem contemporânea; vislumbraríamos algo como o interior de uma fornalha ardente ou a superfície de um fluxo de lava líquida que ainda não esfriou. Não seria possível ver água, porque toda a água existente não passaria de um vapor superaquecido, numa atmosfera tempestuosa de gases metálicos e sulfurosos. Abaixo de tudo isso turbilhonaria e ferveria um oceano de substância rochosa derretida. Os clarões do Sol e da Lua, velozes como foguetes flamejantes, cruzariam um céu de nuvens incendiadas.

Aos poucos, lentamente, com o suceder de milhões e milhões de anos, a paisagem de fogo perderia sua incandescência eruptiva. Os vapores do céu desceriam em cascata e se tornariam menos densos no alto; grandes aglomerados de rocha solidificada apareceriam na superfície de lava, e afundariam nela, e seriam substituídos por outras massas flutuantes. O Sol e a Lua, cada vez mais distantes e menores, cruzariam os céus em velocidade decrescente. Em função de seu tamanho diminuto, a Lua seria agora um astro sem candência, esfriado; ela obstruiria e refletiria alternadamente a luz do Sol, numa série de eclipses e luas cheias.

Assim, através da vastidão do tempo, com tremenda lentidão, a Terra viria a se transformar de forma gradual na Terra em que vivemos, e por fim surgiria uma era na qual, no ar resfriado, o vapor começaria a se condensar em nuvens, e a primeira chuva cairia, sibilante, sobre as primeiras rochas, abaixo. Ao longo de intermináveis milênios, a maior parte da água do planeta permaneceria vaporizada na atmosfera, mas veríamos, agora, rios de água quente correndo por sobre as rochas cristalizadas, carregando detritos e depositando sedimentos em poços e lagos.

E uma alteração final seria necessária para que um homem pudesse pisar no chão e olhar em volta e viver. Se tivéssemos como visitar a Terra daquela época, caminharíamos sobre enormes massas de rocha ígnea, e não veríamos vestígio algum de solo ou de vegetação viva, sob um céu rasgado por tempestades. Seríamos submetidos a violentos ventos quentes, piores que o mais turbulento tornado, e a chuvas terríveis, a aguaceiros que o nosso tranquilo planeta de hoje desconhece. As águas das chuvaradas passariam por nós, turvadas pelos espólios das rochas, avolumadas em torrentes, escavando cânions e profundas ravinas, precipitando-se com ímpeto e depositando seus sedimentos nos mares remotos. Por entre as nuvens poderíamos observar um Sol gigante atravessando o céu num movimento perceptível, e sua passagem, assim como a passagem da Lua, causaria uma maré diária de terremotos e convulsões. E a Lua, que nos dias de hoje nos mostra constantemente a mesma face, rodaria em giros perceptíveis, exibindo o lado que agora oculta implacavelmente.

A Terra envelheceu. Milhões e milhões de anos se sucederam, e o dia se tornou mais longo, o Sol se distanciou e se abrandou, e a jornada da Lua no céu perdeu velocidade; a intensidade das chuvas e das tempestades diminuiu, e a água dos primeiros mares se avolumou e se multiplicou até formar a veste oceânica que o nosso planeta trajou dali em diante.

Mas ainda não havia vida na Terra; os mares eram desabitados, e as rochas eram estéreis.

3

OS PRIMÓRDIOS DA VIDA

Como todos sabem hoje, o conhecimento que temos sobre a vida que havia antes dos primórdios da memória e da tradição humana provém das marcas e dos fósseis de criaturas vivas nas rochas estratificadas. Preservados em xisto e ardósia, em calcário e arenito, encontramos ossos, conchas, filamentos, caules, frutos, pegadas, garatujas e assemelhados, junto às marcas de ondulação das marés remotas e às escavações das chuvas remotas. É através do exame perseverante desse Registro das Rochas que a história passada da vida na Terra foi reconstituída. Tudo isso é conhecido hoje por praticamente todas as pessoas. As rochas sedimentares não estão dispostas em ordem, estrato sobre estrato; elas se amassaram, foram dobradas e comprimidas, estão deformadas e misturadas como os papéis de uma biblioteca que tivesse sido submetida a contínuos saques e incêndios, e o registro só foi colocado em ordem e lido graças a muitas vidas que foram inteiramente dedicadas a esse trabalho. Toda a extensão de tempo representada pelo Registro das Rochas é agora estimada em 1,6 bilhão de anos.

As rochas mais antigas do registro são chamadas pelos geólogos de rochas azoicas, porque não apresentam vestígios de vida. Grandes áreas dessas rochas azoicas jazem a céu aberto na América do Norte, e são tão espessas que os geólogos consideram que elas representam ao menos a metade do período de 1,6 bilhão de anos que eles atribuem ao registro geológico inteiro. Permitam-me repetir esse fato profundamente significativo. Metade do grande intervalo de tempo que nos separa do momento em que terra e mar se distinguiram pela primeira vez na Terra não nos deixou traços de vida. Existem marcas de fluxo de água e de incidência de chuva que ainda podem ser encontradas nessas rochas, mas não há marcas ou vestígios de qualquer criatura viva.

Depois, à medida que avançamos pelo registro, sinais de vida antiga vão aparecendo e se tornam mais abundantes. A era da história do mundo na qual encontramos esses traços antigos é chamada pelos geólogos de Era Paleozoica Inferior. Os primeiros indícios de que a vida vicejava são vestígios de coisas comparativamente simples e inferiores: conchas de pequenos moluscos, caules e cabeças em formato de flor de zoófitos, algas marinhas e traços e vestígios de vermes e crustáceos. Bem cedo surgem certas criaturas que são como parasitas de plantas, os trilobitos, criaturas rastejantes que, como fazem os parasitas das plantas, eram capazes de se enrolar e assumir um formato de bola. Alguns milhões de anos mais tarde aparecem certos escorpiões marinhos, as criaturas mais ágeis e poderosas que o mundo jamais vira.

Nenhuma dessas criaturas tinha tamanho muito grande. Entre as maiores estavam alguns dos escorpiões marinhos, que mediam 2,7 metros de comprimento. Não há sinal algum de qualquer tipo de vida terrestre, vegetal ou animal; não há peixes nem quaisquer criaturas vertebradas nesse trecho do registro. Todas as plantas e criaturas que nos deixaram seus rastros nesse período da história da Terra são, basicamente, seres de águas rasas e de entremarés. Se quiséssemos cotejar a flora e a fauna das rochas do Paleozoico Inferior com a Terra de hoje, obteríamos uma boa análise, deixando de lado a questão dos tamanhos, recolhendo uma gota de água de uma piscina de rocha ou de um fosso escumoso e examinando-a num microscópio. Os minúsculos crustáceos, os pequenos moluscos, os zoófitos e as algas que encontraríamos exibiriam uma semelhança formidável em relação aos protótipos maiores e mais canhestros que um dia foram o auge da vida no nosso planeta.

É bom ter em mente, no entanto, que as rochas do Paleozoico Inferior provavelmente não nos fornecem nada que seja representativo dos primórdios da vida no nosso planeta. A não ser que uma criatura possua ossos ou membros duros, a não ser que seja revestida por uma concha ou seja grande e pesada o suficiente para produzir pegadas características e rastros na lama, é improvável que deixe para trás qualquer vestígio fossilizado de sua existência. Hoje existem no nosso mundo centenas de milhares de espécies de criaturas pequenas, de corpo débil, e é inconcebível que jamais cheguem a deixar marcas que possam ser descobertas por geólogos no futuro. No passado do mundo, milhões de milhões de espécies de tais criaturas podem ter vivido e se multiplicado e vicejado e desaparecido sem que tenha restado um único traço. As águas dos quentes e rasos lagos e mares do chamado período Azoico podem ter fervilhado com uma variedade infinita de criaturas insignificantes, gelatinosas, desprovidas de conchas e de ossos, e uma miríade de plantas rasteiras verdes pode ter se espalhado pelas rochas e praias ensolaradas da entremarés. O Registro das Rochas não tem como ser um registro completo da vida no passado, assim como os arquivos de um banco não podem ser um registro completo da existência de todas as pessoas da vizinhança. Uma espécie só vai para o registro quando tem concha ou espícula ou carapaça ou espinha calcária, ganhando, assim, condições de preservar algo para o futuro. Em rochas mais antigas do que as que possuem algum vestígio fossilizado, porém, é possível às vezes encontrar grafite, uma forma de carbono puro, e algumas autoridades consideram que ele pode ter sido conservado sem misturas por ação das atividades vitais de seres vivos desconhecidos.

4

A Era dos Peixes

Nos tempos em que se supunha que a Terra existia havia apenas uns poucos milhares de anos, pensava-se que as diferentes espécies de plantas e animais eram fixas e definitivas; todas tinham sido criadas exatamente como são hoje, espécie por espécie. À medida que o homem descobriu e começou a estudar o Registro das Rochas, porém, essa crença foi dando lugar à suspeita de que muitas espécies haviam se transformado e se desenvolvido lentamente ao longo das eras, e isso, por sua vez, evoluiu para uma crença na chamada Evolução Orgânica, a crença de que todas as espécies de vida na Terra, tanto animais quanto vegetais, descendem, dentro de um longo e contínuo processo de mudança, de alguma forma muito simples de vida ancestral, de alguma substância viva quase desestruturada, do passado mais longínquo, nos chamados mares azoicos.

Assim como a questão da idade da Terra, a questão da evolução orgânica esteve no centro de árduas controvérsias no passado. Houve um tempo em que a crença na evolução orgânica era tida, por razões um tanto obscuras, como incompatível com uma sã doutrina cristã, judaica ou muçulmana. Esse tempo passou, e os mais ortodoxos católicos, protestantes e maometanos são livres, agora, para aceitar essa visão nova e mais abrangente sobre a origem comum de todas as coisas vivas. Ao que tudo indica, nenhuma vida surgiu de súbito sobre a Terra. A vida se desenvolveu e se desenvolve. Era após era, através de voragens de tempo diante das quais a imaginação vacila, a vida vem se desenvolvendo, de uma leve agitação no lodo das entremarés até uma condição de liberdade, poder e consciência.

A vida consiste de indivíduos. Tais indivíduos são coisas definidas; não são aglomerações ou massas de matéria não viva, muito menos cristais ilimitados e imóveis, e contam com duas características que nenhuma matéria morta possui. Podem assimilar e incorporar outras matérias em si mesmas, e podem se reproduzir. Comem e procriam. Podem gerar outros indivíduos, iguais a eles em quase tudo, mas sempre um pouco diferentes deles ao mesmo tempo. Existe uma semelhança específica e familiar entre um indivíduo e sua descendência, e existe uma diferença individual entre cada progenitor e cada descendente que ele produz, e essa verdade vale para todas as espécies, em todos os estágios da vida.

Bem, os homens de ciência não são capazes de nos explicar por que um descendente deve se assemelhar e tampouco por que ele deve se diferenciar de seus parentes. Constatado o fato de que os descendentes a um só tempo se assemelham e se diferenciam, é uma questão de senso comum, mais que de sabedoria científica, entender que, se as condições nas quais vive uma espécie são alteradas, a espécie sofrerá certas alterações relacionadas. Porque em todas as gerações de uma espécie deve haver um grupo de indivíduos que, devido a diferenças individuais, adapta-se melhor às novas condições nas quais a espécie tem de viver, e um outro grupo que, também por diferenças individuais, enfrenta mais dificuldades para sobreviver. No todo, o primeiro grupo viverá por mais tempo, terá mais descendentes e acabará se reproduzindo com mais abundância do que o segundo, e assim, geração após geração, o indivíduo típico da espécie se transformará na direção mais favorável. Pode ser que existam muitas forças ativas que variam, destroem e preservam espécies, e pode ser que a ciência ainda não conheça ou não admita em consenso essas forças, mas o homem que rejeitar a operação desse processo de seleção natural da vida desde as origens só poderá ser ignorante em relação aos fatos elementares da vida ou incapaz de fazer um raciocínio simples.

Muitos homens de ciência já especularam sobre a primeira manifestação da vida, e suas especulações são muitas vezes interessantíssimas, mas não há em absoluto nenhum conhecimento definitivo e nenhum palpite convincente, até aqui, sobre como começou a vida. Mas quase todas as autoridades concordam que ela provavelmente começou na lama ou na areia, em água cálida, aquecida pelo sol, rasa e salobra, e que se disseminou pelas praias e entremarés e avançou para o mar aberto.

Esse mundo primordial era um mundo de fortes marés e correntezas. Deve ter perdurado então um extermínio incessante de indivíduos, que eram arrastados para as praias e secavam, ou eram arrastados para o oceano e afundavam e se afastavam da proximidade do ar e do sol. Condições prévias favoreceram o desenvolvimento de tendências para que a criatura pudesse se apegar e se enraizar, e de tendências para formar uma pele exterior ou um invólucro de proteção para que o indivíduo encalhado se salvasse de um dessecamento imediato. Desde o começo de tudo, tendências de sensibilidade de paladar encaminhavam os indivíduos na direção do alimento, e uma sensibilidade à luz os ajudava a forcejar um distanciamento da escuridão das cavernas e das profundezas do mar ou um recuo diante da claridade excessiva dos perigosos baixios.

É provável que as primeiras conchas e armaduras corporais dos seres vivos fossem antes proteções contra a morte do que escudos contra inimigos ativos. Mas o dente e a garra surgem antes na nossa história terrestre.

Já referimos o tamanho dos primeiros escorpiões aquáticos. Por longas eras, tais criaturas foram os senhores supremos da vida. Então, numa divisão das rochas paleozoicas denominada Divisão Siluriana, que muitos geólogos da atualidade estimam ter 500 milhões de anos de existência, aparece um novo tipo de ser vivo, equipado com olhos e dentes e possuidor de uma capacidade de nadar em todos os aspectos mais poderosa. Esses foram os primeiros animais dotados de espinha dorsal, os peixes mais remotos, os primeiros vertebrados conhecidos.

Os peixes se multiplicam de modo notável na divisão seguinte das rochas, as rochas que constituem o Sistema Devoniano. Eles prevalecem de tal maneira que esse período do Registro das Rochas é conhecido como a Era dos Peixes. Peixes de um padrão que desapareceu da Terra, ao lado de peixes associados aos tubarões e esturjões dos dias de hoje, percorriam as águas, pulavam no ar, ingeriam ervas marinhas, perseguiam e abatiam uns aos outros, e conferiram uma nova vivacidade às águas do planeta. Nenhum deles era excessivamente grande, pelos nossos padrões atuais. Poucos tinham mais de meio metro ou um metro de comprimento, mas alguns espécimes excepcionais chegavam a atingir seis metros.

A geologia não nos diz nada sobre os ancestrais desses peixes. Eles não parecem ter nenhuma relação com as formas de vida que os precederam. Os zoólogos têm pontos de vista muito interessantes sobre tais ancestrais, mas suas conclusões são baseadas no estudo do desenvolvimento das ovas de espécies descendentes atuais, e em outras fontes. Aparentemente, os ancestrais dos vertebrados eram criaturas nadadoras de corpo mole, talvez muito pequenas, que começaram a desenvolver saliências mais duras, precursoras dos dentes, no entorno de suas bocas. Os dentes de uma raia ou de um cação cobrem todo o interior de suas bocas e passam pelo contorno dos lábios, juntando-se às escamas achatadas, semelhantes a dentes, que revestem a maior parte de seus corpos. À medida que os peixes desenvolvem essas escamas dentadas, no registro geológico, eles nadam para longe dos recessos escuros do passado e se aproximam da luz; são os primeiros animais vertebrados que podemos ver no registro.

5

A Era dos Pântanos de Carbono

Durante a Era dos Peixes, a terra firme permaneceu destituída de vida, aparentemente. Penhascos e planaltos de rocha árida jaziam sob sol e chuva. Não havia nada que se assemelhasse a terra vegetal – pois ainda não existiam minhocas que pudessem contribuir na produção de terra, nem plantas que transformassem as partículas de rocha em barro; não havia vestígio de musgo ou líquen. A vida ainda se restringia ao mar.

Grandes mudanças de clima sucederam sobre esse mundo de rocha árida. As causas de tais mudanças de clima eram muito complexas, e ainda precisam ser devidamente avaliadas. O formato cambiante da órbita da Terra, o gradual deslocamento dos polos de rotação, alterações nos formatos dos continentes, e até mesmo prováveis flutuações no calor produzido pelo Sol, conspiravam, num momento, para submeter enormes áreas da superfície da Terra a longos períodos de frio e gelo, e a seguir se espalhava pelo planeta, por milhões de anos, um período de calor ou de clima estável. Ocorreram, ao que tudo indica, fases de grande atividade subterrânea na história do mundo, e no decorrer de alguns milhões de anos sublevações acumulados viriam à tona por meio de erupções vulcânicas, convulsionando e rearranjando os contornos montanhosos e continentais do globo, aumentando a profundidade do oceano e a altura das montanhas e exacerbando os extremos do clima. E essas fases eram sucedidas por vastas eras de relativa quietude, nas quais gelo, chuva e rio corroíam a altura das montanhas e carregavam grandes massas de sedimento para encher e elevar o fundo do oceano e espalhar os mares, cada vez mais rasos e largos, sobre mais e mais terra firme. Ocorreram eras "altas e profundas" e eras "baixas e planas" na história do mundo. O leitor deve expulsar de sua mente a ideia de que a superfície da Terra foi esfriando progressivamente desde que sua crosta se solidificou. Quando esse primeiro resfriamento se efetivou, a temperatura interna deixou de afetar as condições da superfície. Existem sinais de períodos de gelo e neve superabundante, de "Eras Glaciais", portanto, até mesmo no período azoico.

Foi apenas nos estertores da Era dos Peixes, num período de extensos mares rasos e lagunas, que a vida deixou de existir apenas na água e se disseminou de maneira efetiva pela terra. Não há dúvida de que os tipos mais remotos das formas vivas que agora começam a aparecer em grande abundância já vinham se desenvolvendo, de maneira obscura e peculiar, por muitas dezenas de milhões de anos. Mas agora chegara a oportunidade.

As plantas, sem dúvida, precederam as formas animais nessa invasão terrestre, mas é provável que os animais tenham seguido muito de perto a emigração das plantas. O primeiro problema que a planta teve de solucionar foi a provisão de algum suporte de sustentação que fosse firme o suficiente para manter sua folhagem ao alcance da luz solar quando a água que a sustentava se afastou; o segundo foi a dificuldade de obter água para os tecidos da planta no chão pantanoso abaixo, agora que ela não estava mais tão disponível. Os dois problemas foram solucionados pelo desenvolvimento de um tecido lenhoso que a um só tempo sustentava a planta e agia como um condutor de água para as folhas. O Registro das Rochas fica subitamente tomado por uma vasta variedade de plantas lenhosas de pântano, muitas delas enormes, grandes climácios, fetos arbóreos, gigantescas cavalinhas e variedades do tipo. E com elas, era após era, arrastou-se para fora da água uma grande diversidade de formas animais. Havia centípedes e milípedes; surgiram os primeiros insetos primitivos; havia criaturas aparentadas aos antigos escorpiões marinhos e límulos, que viriam a se transformar nos primeiros escorpiões terrestres e aranhas, e logo surgiram animais vertebrados.

Alguns dos insetos mais remotos eram enormes. Existiam libélulas, nesse período, cujas asas abertas alcançavam até 73 centímetros.

Por variadas maneiras, os seres desses novos gêneros e ordens se adaptaram à respiração de ar. Até então, todos os animais respiravam ar dissolvido em água, e isso, de fato, é o que todos os animais ainda precisam fazer. Mas agora, em diversas maneiras, o reino animal estava adquirindo o poder de assegurar sua própria umidade, onde ela fosse necessária. Um homem com um pulmão perfeitamente seco sufocaria hoje; as superfícies de seu pulmão devem estar umedecidas, de modo que o ar possa atravessá-las para chegar ao sangue. A adaptação à respiração de ar consiste, em todos os casos, ou no desenvolvimento de uma cobertura para as antiquadas guelras, para impedir a evaporação, ou no desenvolvimento de tubos ou outros novos órgãos respiratórios instalados no interior profundo do corpo e umedecidos por uma secreção aquosa. As velhas guelras com as quais os peixes ancestrais de tipo vertebrado respiravam no passado não tinham como se adaptar à respiração em terra, e no caso dessa divisão do reino animal é a bexiga natatória do peixe o que se transforma num novo e arraigado órgão respiratório, o pulmão. Os animais conhecidos como anfíbios, as rãs e os tritões de hoje, começam suas vidas na água e respiram por guelras; e subsequentemente o pulmão, desenvolvendo-se como a bexiga natatória de muitos peixes, como uma extensão em forma de saco a partir da garganta, assume a responsabilidade de respirar, e o animal sai para a terra, e as guelras definham e as fendas das guelras desaparecem. (Com exceção do desenvolvimento de uma fenda de guelra, que se transforma na abertura do ouvido e do tímpano.) Agora o animal só pode viver no ar, mas precisa retornar ao menos até a beira da água para depositar seus ovos e reproduzir sua espécie.

Todos os vertebrados que respiravam ar, nessa era de pântanos e plantas, pertenciam à classe dos anfíbios. Eles eram, quase todos, seres aparentados aos tritões de hoje, e alguns atingiam um tamanho considerável. Eram animais terrestres, é verdade, mas eram animais terrestres que tinham necessidade de viver em lugares úmidos e pantanosos ou nas proximidades, e todas as grandes árvores desse período eram anfíbias em seus hábitos. Nenhuma delas desenvolvera frutos e sementes que pudessem cair em terra e se desenvolver com ajuda de uma umidade que só o orvalho e a chuva poderiam providenciar. Todas tinham de lançar seus esporos na água, ao que parece, para que eles germinassem.

Um dos mais belos interesses de uma ciência bela, a anatomia comparativa, é traçar as maravilhosas e complexas adaptações das coisas vivas às necessidades da existência no ar. Todas as coisas vivas, tanto plantas como animais, são antes de tudo criaturas da água. Por exemplo: todos os animais vertebrados mais evoluídos, acima dos peixes, incluindo o homem, passam por um estágio de desenvolvimento, no ovo ou antes do nascimento, em que ainda possuem fendas, que desaparecem antes que o filhote nasça. O olho do peixe, desprotegido e exposto à água, é protegido da secura, nas formas mais evoluídas, por pálpebras e por glândulas que secretam umidade. As vibrações mais fracas do ar exigem um tímpano. Em quase todos os órgãos do corpo podem ser detectadas modificações e adaptações semelhantes, arranjos semelhantes para condições aéreas.

Essa Era Carbonífera, essa era dos anfíbios, foi uma era de vida nos pântanos e lagunas e nos baixios em meio às águas. A vida se espalhara nessa dimensão. Os morros e as terras altas eram ainda bastante estéreis e desprovidos de vida. A vida aprendera de fato a respirar ar, mas ainda possuía raízes na água nativa; ela ainda tinha de retornar à água para reproduzir sua espécie.

6

A Era dos Répteis

A vida abundante do período carbonífero foi sucedida por um vasto ciclo de eras desoladas. Elas são representadas no Registro das Rochas por expressivos depósitos de arenito e assemelhados, nos quais os fósseis são, comparativamente, escassos. A temperatura do mundo flutuava em grande medida, e havia longos períodos de frio glacial. A profusão anterior de vegetação pantanosa cessou em grandes áreas e, soterrada por esses novos depósitos, ela começou a sofrer o processo de compressão e mineralização que forneceu ao mundo a maior parte dos depósitos de carvão atuais.

Mas é durante períodos de mudança que a vida passa por suas mais rápidas modificações, e é em tempos difíceis que ela aprende suas mais valiosas lições. Com as condições revertidas em direção a mais calor e umidade, encontramos uma nova série de formas animais e vegetais estabelecidas. Podemos encontrar, no registro, restos de animais vertebrados que botavam ovos que, em vez de soltar girinos que precisavam viver por um tempo na água, seguiam se desenvolvendo até um rompimento mais tardio, até um estágio bem próximo à fase adulta, de modo que a nova criatura podia viver no ar desde o primeiro momento da existência independente. As guelras haviam sumido de todo, e as fendas de guelra só existiam num estágio embrionário. Essas novas criaturas que não passavam pelo estágio de girino eram os répteis.

Ao mesmo tempo ocorrera um desenvolvimento de árvores portadoras de sementes, capacitadas a espalhá-las fosse em pântano ou em lago. Existiam agora cicadáceas semelhantes a palmeiras e muitas coníferas tropicais, porém ainda não existiam plantas florescentes e relvas. Havia uma grande quantidade de fetos arbóreos. E havia agora, também, uma multiplicada variedade de insetos. Existiam besouros, porém abelhas e borboletas ainda estavam por surgir. Mas todas as formas fundamentais de uma nova e real flora e fauna tinham se consolidado durante essas severas e longas eras. A nova vida terrestre precisava apenas de condições favoráveis e oportunas para proliferar e prevalecer.

Esse abrandamento se estabeleceu no passar das eras, com abundantes flutuações. Os movimentos da crosta da Terra, ainda incalculáveis, as mudanças em sua órbita, o aumento e a diminuição da inclinação mútua de órbita e polo, juntaram-se para produzir uma longa e abrangente temporada de calor. Supõe-se hoje que o período durou, ao todo, mais de 200 milhões de anos. É o chamado período Mesozoico, distinto dos ainda mais vastos Paleozoico e Azoico (1,4 bilhão de anos somados), que o precederam, e do Cenozoico, a era da nova vida, que se interpõe entre o fim da era mesozoica e a atualidade. É também chamado de Era dos Répteis, por causa da assombrosa predominância e variedade de tal forma de vida. O período se encerrou há cerca de 80 milhões de anos.

No mundo de hoje, o gênero dos répteis é comparativamente mais escasso, e sua distribuição é muito limitada. Eles são hoje mais variados, é verdade, do que os poucos membros remanescentes da ordem dos anfíbios, que dominou o mundo a certa altura do período carbonífero. Ainda temos as cobras, as tartarugas e os cágados (os quelônios), os jacarés e os crocodilos, e os lagartos. Sem exceção, são criaturas que requerem calor o ano todo; não suportam exposição ao frio, e é provável que todas as criaturas répteis do Mesozoico sofressem da mesma limitação. Tratava-se de uma fauna de estufa vivendo em uma flora de estufa. Não teve de passar por períodos de gelo. Mas o mundo agora adquirira uma efetiva fauna e flora de terra seca, distinta da fauna e flora de lama e pântano que existia no apogeu anterior da vida no planeta.

Todos os tipos de réptil que conhecemos hoje eram representados com muito mais abundância, enormes tartarugas e cágados, grandes crocodilos e muitos lagartos e cobras, mas além disso havia um numeroso grupo de maravilhosas criaturas que estão hoje completamente desaparecidas da face da Terra. Havia uma vasta variedade de criaturas que chamamos de dinossauros. A vegetação estava se espalhando agora pelos níveis mais baixos da superfície terrestre, juncos, samambaias e assemelhados; pastando nessa abundância, proliferou-se uma multidão de répteis herbívoros, que cresceram em tamanho à medida que o período Mesozoico se aproximou de seu clímax. Algumas dessas bestas superaram o tamanho de qualquer outro animal que já tivesse vivido; eram grandes como baleias. O *Diplodocus Carnegii*, por exemplo, media 25 metros do focinho até a cauda; o giganotossauro era ainda maior: media trinta metros. Vivendo às custas desses monstros havia uma profusão de dinossauros carnívoros de tamanho equivalente. Um deles, o tiranossauro, é representado e descrito em diversos livros como a última palavra em matéria de horror réptil.

Enquanto essas enormes criaturas se alimentavam e se perseguiam entre as copas e as sempre-verdes das selvas mesozoicas, outra tribo de répteis já desaparecida, com um desenvolvimento dos membros dianteiros semelhante ao dos morcegos, perseguia insetos e integrantes da própria espécie, primeiro pulando e planando e em pouco tempo voando entre as copas e os galhos das árvores das florestas. Eram os pterodátilos. Foram as primeiras criaturas voadoras dotadas de espinha dorsal; assinalam uma nova conquista nos crescentes poderes da vida vertebrada.

Além disso, alguns dos répteis estavam retornando para as águas do mar. Três grupos de grandes criaturas nadadoras haviam invadido o mar do qual seus ancestrais saíram: os mosassauros, os plesiossauros e os ictiossauros. Alguns desses animais também se aproximavam das proporções de nossas atuais baleias. Os ictiossauros parecem ter sido criaturas bastante marítimas, mas os plesiossauros eram um tipo de animal que não tem nenhuma forma aparentada hoje. O corpo era robusto e grande, com nadadeiras que se adaptavam tanto à natação quanto à função de se arrastar por charcos ou pelo leito de águas rasas. A cabeça, relativamente pequena, ficava posicionada num vasto e serpenteante pescoço, que ultrapassava o comprimento do pescoço de um cisne. O plesiossauro nadava e procurava por comida embaixo da água e se alimentava como um cisne e também podia mergulhar e se ocultar para apanhar peixes ou bestas que passassem.

    Assim se apresentava a vida terrestre que predominou ao longo da Era Mesozoica. Foi, pelos nossos padrões humanos, um passo adiante em relação a tudo que surgira antes. Apareceram animais terrestres maiores em tamanho, alcance, poder e atividade, mais "vitais", como as pessoas costumam dizer, do que qualquer coisa que o mundo vira antes. Nos mares não houve tal avanço, mas novas formas de vida se proliferaram em grande escala. Uma enorme variedade de criaturas parecidas com lulas, com conchas compartimentadas que eram quase sempre espirais, tinha aparecido nos mares rasos: as amonites. Elas tiveram predecessores nos mares paleozoicos, mas agora chegara sua época gloriosa. Não deixaram quaisquer sobreviventes nos dias de hoje; seu parente mais próximo é o perolado náutilo, um habitante de águas tropicais. E um novo e mais prolífico tipo de peixe, com escamas mais finas e mais leves do que as coberturas dentadas e semelhantes a lâminas que até ali prevaleceram, tornou-se e desde então seguiu sendo predominante nos mares e rios.

7

Os primeiros pássaros e os primeiros mamíferos

Em poucos parágrafos, foi delineado um painel da luxuriante vegetação e dos pululantes répteis do primeiro grande verão da vida, o período Mesozoico. Porém, enquanto os dinossauros eram os senhores das selvas quentes e das planícies pantanosas, enquanto os pterodátilos ocupavam as florestas com seu bater de asas e possivelmente com gritos e grasnidos no ato de perseguir os sibilantes insetos de arbustos e árvores ainda desprovidos de flores, algumas formas menos conspícuas e menos abundantes, nas margens dessa profusão de vida, começavam a adquirir certos poderes e a aprender certas lições de sobrevivência que mostrariam ser da máxima importância para a raça quando por fim a generosidade sorridente do Sol e da Terra começasse a esmorecer.

Um grupo do gênero dos répteis saltadores, pequenas criaturas da tribo dos dinossauros, parece ter sido impelido, por competição e pelo ataque dos inimigos, a escolher entre a extinção e a adaptação a condições mais frias nos montes mais altos ou no mar. Nesses grupos ameaçados se desenvolveu um novo tipo de escama; escamas que se alongaram em formas semelhantes a penas e em breve se transformaram na rudimentar manifestação das primeiras plumas. Tais escamas em forma de pena se dispunham uma sobre a outra e formavam uma cobertura que retinha calor, mais eficiente do que qualquer cobertura corporal réptil que já existira até então. Elas viabilizaram, desse modo, uma invasão das regiões mais frias que, não fosse isso, permaneceriam desabitadas. A essas mudanças também pode ter se somado, nas criaturas em questão, uma maior preocupação com os ovos. A maioria dos répteis se mostra, ao que parece, um tanto indiferente em relação a seus ovos, que são chocados ao abandono, sob sol e intempéries. Algumas variedades da nova ramificação da árvore da vida, porém, estavam adquirindo o hábito de proteger seus ovos e de mantê-los aquecidos com o calor de seus corpos.

Com as adaptações ao frio, outras modificações internas se processavam, de modo que essas criaturas, os pássaros primitivos, tornaram-se seres de sangue quente, livres da necessidade de tomar sol. Os mais remotos pássaros foram, ao que parece, aves marinhas que se alimentavam de peixes, e seus membros dianteiros não eram asas, e sim nadadeiras, semelhantes às do pinguim. O quivi neozelandês, um peculiar pássaro primitivo, possui penas muito rudimentares, não voa e não dá indícios de ser descendente de ancestrais voadores. Na evolução dos pássaros, as penas vieram antes das asas. Assim que a pena se desenvolveu, porém, a possibilidade da formação de uma leve plumagem levou, inevitavelmente, ao surgimento da asa. Sabemos da existência de ao menos um fóssil de pássaro que possuía dentes répteis em sua maxila e uma longa cauda réptil, mas que também tinha uma legítima asa de pássaro e que certamente voava e se mantinha no alto, entre os pterodátilos da época Mesozoica. No entanto, os pássaros não eram nem variados e nem abundantes nos tempos mesozoicos. Se um homem tivesse condições de voltar a uma típica região mesozoica, poderia caminhar por dias sem jamais ver ou ouvir algo que se assemelhasse a um pássaro, mas veria uma grande abundância de pterodátilos e insetos entre as frondes e os juncos.

Outra coisa ele provavelmente jamais veria: qualquer sinal de algum mamífero. É provável que os primeiros mamíferos já existissem milhões de anos antes da aparição de algo que pudéssemos chamar de pássaro, mas eles eram sem dúvida muito pequenos e obscuros e remotos, e passavam despercebidos.

Os mamíferos mais remotos eram, assim com os pássaros remotos, criaturas impelidas, por competição e ataques predatórios, a uma vida de dificuldades e adaptação ao frio.

Neles a escama também se aproximou de um formato de pena e se desenvolveu numa cobertura capaz de reter calor; e eles também passaram por modificações, similares no tipo mas diferentes nos detalhes, e se tornaram seres de sangue quente, livres da necessidade de tomar sol. Em vez de penas, desenvolveram pelos, e em vez de proteger e incubar seus ovos, mantinham-nos aquecidos e seguros retendo-os dentro de seus corpos até que estivessem quase maduros. Eles se tornaram na maioria vivíparos, e traziam o filhote vivo ao mundo. E mesmo depois do nascimento eles tendiam a manter uma relação protetora e nutridora com o filhote. A maioria dos mamíferos de hoje, mas não todos, possui mamas e amamenta seus filhotes. Ainda existem dois mamíferos que botam ovos e que não possuem mamas propriamente ditas, embora alimentem seus filhotes com uma secreção subcutânea nutritiva: o ornitorrinco, com seu bico que lembra o do pato, e a equidna. A equidna põe ovos coriáceos e então os deposita numa bolsa sob a barriga, e assim os carrega, aquecidos e protegidos, até que os filhotes saiam das cascas.

No entanto, assim como um visitante no mundo mesozoico poderia procurar por dias e semanas até que achasse um pássaro, do mesmo modo, a não ser que soubesse ao exato aonde ir para observar, ele poderia procurar em vão por quaisquer vestígios de um mamífero. Tanto pássaros quanto mamíferos dariam impressão de ser criaturas bastante excêntricas e secundárias e desimportantes nos tempos mesozoicos.

A Era dos Répteis durou, supõe-se hoje, 80 milhões de anos. Se alguma inteligência semi-humana pudesse ter observado o mundo durante esse inconcebível período de tempo, como a abundância e a luz solar pareceriam garantidas e eternas, como se mostrariam asseguradas a opulenta prosperidade dos dinossauros e a esvoaçante abundância dos lagartos voadores! E então os ritmos misteriosos e as forças acumuladas do universo começaram a se voltar contra essa estabilidade quase eterna. Os ventos de sorte para a vida estavam se esgotando. Era após era, miríades de anos após miríades de anos, sem dúvida com pausas e regressões, veio uma mudança na direção da dificuldade e das condições extremas, vieram grandes alterações de nível e grandes redistribuições de montanha e mar. Podemos encontrar algo no Registro das Rochas, durante a decadência da longa e próspera Era Mesozoica, que é muito significativo no que diz respeito a condições alteradas de modo estável e sustentado: uma violenta flutuação de formas vivas e a aparição de novas e estranhas espécies. Sob a crescente ameaça de extinção, as ordens e os gêneros mais velhos demonstram sua máxima capacidade em variação e adaptação. As amonites, por exemplo, exibem nas últimas páginas do capítulo mesozoico uma infinidade de formas fantásticas. Sob condições estabelecidas, não há estímulo para novidades; elas não se desenvolvem, elas são suprimidas; o que melhor se adapta já está lá. Sob novas condições, é o tipo comum quem sofre, e é a novidade quem pode ter uma chance melhor de sobreviver e se estabelecer...

Uma interrupção se apresenta agora no Registro das Rochas, podendo representar vários milhões de anos. Há um véu cobrindo tudo aqui, escondendo até mesmo os contornos da história da vida. Quando o véu se ergue de novo, a Era dos Répteis encontra seu fim; os dinossauros, os plesiossauros e ictiossauros, os pterodátilos, os inúmeros gêneros e espécies de amonites desapareceram todos, por completo. Foram todos extintos, em sua estupenda variedade, e não deixaram descendentes. O frio os matou. Todas as suas variações finais não foram suficientes; jamais atingiram condições de sobrevivência. O mundo passara por uma fase de condições extremadas, além de seus poderes de tolerância, um massacre lento e total da vida mesozoica ocorrera, e encontramos agora um novo cenário, uma nova e mais intrépida flora e uma nova e mais intrépida fauna tomando conta do mundo.

É com uma cena ainda desolada e empobrecida que se abre o novo volume do livro da vida. As cicadáceas e as coníferas tropicais deram lugar, em larga escala, a árvores que se desfazem de suas folhas para evitar a destruição pelas neves do inverno e a plantas e arbustos florescentes; onde houve antes uma profusão de répteis, uma crescente variedade de pássaros e mamíferos está assumindo a herança da vida passada.

8

A Era dos Mamíferos

A abertura do grande período seguinte na vida da Terra, o período Cenozoico, foi marcada por sublevações e por extrema atividade vulcânica. Num momento as vastas massas dos Alpes e do Himalaia e a espinha das Montanhas Rochosas e dos Andes eram convulsionadas, e os contornos rudimentares dos nossos atuais oceanos e continentes apareceram. O mapa do mundo começa a exibir uma primeira e vaga semelhança com o mapa dos dias de hoje. Estima-se agora que entre 40 e 80 milhões de anos se interpuseram entre os primórdios do Cenozoico e a atualidade.

No início do período, o clima do mundo era austero. Ele foi se tornando mais quente, de um modo geral, até que se chegou a uma fase de tempo fresco e de grande abundância, e a isso se seguiram condições mais árduas novamente, e a Terra passou a sofrer uma série de ciclos extremamente frios, as eras glaciais, da qual, aparentemente, está agora lentamente emergindo.

Mas não temos conhecimento suficiente sobre as causas das mudanças climáticas, no presente momento, para prever as possíveis flutuações das condições de clima que nos esperam. Podemos estar nos dirigindo a uma incidência mais forte de luz solar ou retrocedendo para uma outra era glacial; a atividade vulcânica e a sublevação das massas das montanhas podem estar crescendo ou diminuindo; nós não sabemos; não dispomos de ciência suficiente.

De início, os mamíferos remotos parecem diferir apenas em algumas poucas características dos répteis herbívoros e carnívoros que eras antes proliferaram e então desapareceram da Terra. Um observador desatento poderia supor que, nesta segunda longa era de calor e fartura que iniciava agora, a natureza estava apenas repetindo a primeira, com mamíferos herbívoros e carnívoros no lugar dos dinossauros herbívoros e carnívoros, com pássaros substituindo os pterodátilos e assim por diante. Mas essa seria uma comparação de todo superficial. A variedade do universo é infinita e incessante; ela avança eternamente; a história nunca se repete e nenhum paralelo é precisamente verdadeiro. As diferenças entre a vida no Mesozoico e no Cenozoico são bem mais profundas do que as semelhanças.

A mais fundamental de todas essas diferenças consiste na vida mental dos dois períodos. Ela provém, essencialmente, do contato contínuo entre genitor e cria, algo que distingue a vida mamífera, e em menor grau a dos pássaros, da vida do réptil. Com bem poucas exceções, o réptil abandona o ovo, e a cria nasce sozinha. O réptil jovem não tem nenhum conhecimento acerca de seu genitor; sua vida mental, nessas circunstâncias, começa e termina com suas próprias experiências. Ele pode tolerar a existência de seus companheiros, mas não tem comunicação nenhuma com eles; nunca os imita, nunca aprende com eles, é incapaz de levar adiante uma ação conjunta. Sua vida é a vida de um indivíduo isolado. Porém, com a amamentação e com a proteção carinhosa do filhote, fatores característicos das novas linhagens mamíferas e aviárias, surgiu a possibilidade do aprendizado pela imitação, da comunicação por gritos de alerta e por outras ações conjuntas, do controle e da instrução mútua. Uma forma de vida *educável* aparecera no mundo.

Os mamíferos mais antigos do período Cenozoico não são muito superiores em tamanho cerebral aos mais ativos dinossauros carnívoros; contudo, à medida que avançamos nossa análise pelo registro, em direção aos tempos modernos, encontramos, em cada uma das tribos e raças dos animais mamíferos, um incremento regular e universal em capacidade cerebral. Por exemplo: podemos constatar que bestas semelhantes a rinocerontes aparecem num estágio comparativamente adiantado. Há uma criatura, o titanotério, que viveu na divisão mais remota do período. É provável que ele fosse muito semelhante a um rinoceronte moderno em seus hábitos e necessidades. Mas sua capacidade cerebral não tinha um décimo da capacidade de seu sucessor vivo.

Os mamíferos mais antigos provavelmente se separavam de suas crias assim que terminasse o período de amamentação; uma vez que surgira a capacidade de entendimento mútuo, porém, as vantagens de dar continuidade ao relacionamento são muito grandes; e logo encontramos uma boa quantidade de espécies mamíferas dando sinais das origens de uma verdadeira vida social, com seus integrantes juntando-se em rebanhos, bandos e manadas, observando uns aos outros, imitando-se, sendo advertidos pelos atos e gritos dos outros. Trata-se de algo que o mundo jamais vira na vida dos animais vertebrados. Répteis e peixes podem sem dúvida ser encontrados em bandos e cardumes; eles saíram de seus ovos em grande número, e condições similares os mantiveram juntos, mas no caso dos sociais e gregários mamíferos o relacionamento não surge apenas de uma conjunção de forças externas; ele é sustentado por um impulso interno. Eles não são meramente parecidos uns com os outros, encontrados em função disso nos mesmos lugares e ao mesmo tempo; eles gostam uns dos outros e por isso permanecem juntos.

Essa diferença entre o mundo réptil e o mundo da nossa mentalidade humana é algo que nossa compreensão parece ser incapaz de absorver. Não somos capazes de conceber em nós mesmos a urgência ágil e descomplicada dos motivos instintivos de um réptil, seus apetites, medos e ódios. Não somos capazes de compreendê-los em sua simplicidade porque todos os nossos motivos são complicados; nossos motivos são contrapesados e consequentes, não são simples urgências. Mas os mamíferos e os pássaros têm domínio sobre si mesmos e consideração pelos outros indivíduos, uma inclinação social, ou seja, um autocontrole, em seu nível mais primitivo, que se assemelha ao feitio humano. Nós podemos, por consequência, estabelecer relações com quase todas as espécies desses animais. Quando sofrem, eles emitem gritos e fazem movimentos que afetam os nossos sentimentos. Podemos fazer deles bichos de estimação dotados de compreensão, com reconhecimento mútuo. Eles podem ser domados de modo que nos obedeçam, podem ser domesticados e ensinados.

O crescimento incomum do cérebro, que é o fato central dos tempos cenozoicos, demarca uma nova comunicação e interdependência entre os indivíduos. Esse fato antecipa o desenvolvimento das sociedades humanas, sobre as quais logo falaremos.

À medida que o período Cenozoico se desenrolava, aumentava a semelhança de sua flora e fauna com as plantas e animais que habitam o mundo de hoje. Os grandes e desajeitados uintatérios e titanotérios, grandes e desajeitados como nenhum outro ser vivo, desapareceram. Por outro lado, uma série de criaturas, grotescos e desajeitados predecessores, deu origem, de forma gradual, às girafas, aos camelos, cavalos, elefantes, cervos, cães e leões e tigres do mundo existente. A evolução do cavalo é particularmente legível no registro geológico. Temos uma série razoavelmente completa de formas, partindo de um pequeno ancestral, semelhante à anta, do Cenozoico remoto. Outra linha de evolução que está agora composta com alguma precisão é a das lhamas e a dos camelos.

9

Macacos, monos e subumanos

Os naturalistas dividem a classe dos mamíferos num certo número de ordens. À frente delas está a ordem dos primatas, que inclui os lêmures, os macacos, os monos e o homem. A classificação foi originalmente baseada em semelhanças anatômicas, e não levou em conta quaisquer qualidades mentais.

Pois bem, o passado dos primatas é algo muito difícil de se decifrar no registro geológico. Eles são, em sua maioria, animais que vivem em florestas, como os lêmures e os macacos, ou em locais abertos e rochosos, como os babuínos. Raramente se afogam ou são soterrados por sedimento, nem são, em sua maior parte, espécies numerosas, e por isso não figuram em quantidade tão expressiva entre os fósseis, se comparados aos ancestrais dos cavalos, dos camelos e de outros animais do tipo. Mas sabemos que macacos primitivos e criaturas apareceram num estágio inicial do período Cenozoico, ou seja, cerca de 40 milhões de anos atrás, com cérebros limitados, e não tão capacitados quanto seus sucessores mais distantes.

O grande verão mundial de meados do período Cenozoico por fim acabou. Ele dera sequência aos outros dois grandes verões da história da vida, o verão dos Pântanos de Carbono e o vasto verão da Era dos Répteis. Mais uma vez a Terra mergulhou numa era de gelo. O mundo esfriou, aqueceu-se por um tempo e esfriou de novo. No cálido passado recente, hipopótamos se espojaram por entre uma luxuriosa vegetação subtropical, e um tremendo tigre com dentes que lembram sabres, o tigre-de-dente-de-sabre, caçara suas presas onde hoje os jornalistas de Fleet Street vêm e vão. E então veio uma era desolada, seguida por eras ainda mais desoladas. Uma redução, uma grande extinção de espécies ocorrera. Entraram em cena um rinoceronte peludo, adaptado a climas frios, e também o mamute, grande, peludo, primo dos elefantes, e ainda a rena e o boi almiscarado do Ártico. Então, século após século, a cobertura de gelo do Ártico, a morte invernal da Grande Era do Gelo, foi rastejando para o sul. Na Inglaterra ela avançou quase até o Tâmisa, e na América alcançou Ohio. Ocorriam temporadas mais quentes, por alguns milhares de anos, e recaídas que levavam a um frio ainda mais severo.

Os geólogos se referem a essas fases invernais como Primeira, Segunda, Terceira e Quarta Eras Glaciais, e aos interlúdios como períodos interglaciais. Nós vivemos, hoje, num mundo que ainda é marcado pelas perdas e cicatrizes daquele terrível inverno. A Primeira Era Glacial começou a surgir 600 mil anos atrás; a Quarta Era Glacial chegou ao auge cerca de 50 mil anos atrás. E foi entre as neves desse longo inverno universal que viveram no nosso planeta os primeiros seres assemelhados aos homens.

Em meados do período Cenozoico já haviam surgido vários símios que possuíam muitos atributos semi-humanos, no maxilar, nos ossos da perna; mas é apenas quando nos aproximamos das eras glaciais que encontramos vestígios de criaturas que podemos chamar de "quase humanas". Tais vestígios não são ossos, são ferramentas. Na Europa, em depósitos do período com algo entre meio milhão e um milhão de anos de idade, encontramos pederneiras e pedras que foram evidentemente lascadas por uma criatura que dispunha de mão e que desejava martelar, raspar ou lutar com a ponta afiada. Esses objetos foram denominados "eólitos" (pedras da aurora). Na Europa não existem ossos ou outros restos da criatura que os fabricou, existem apenas os objetos. Até onde podemos saber, a criatura deve ter sido um macaco totalmente não humano, porém inteligente. Mas na localidade de Trinil, em Java, em acumulações da mesma época, foram encontrados um pedaço de crânio e vários dentes e ossos de uma espécie de homem-macaco, com uma caixa craniana maior do que a de qualquer símio existente, que parece ter sido capaz de andar ereto. A criatura é hoje conhecida como *Pithecanthropus erectus*, o homem-macaco que anda, e o pequeno punhado que temos de seus ossos é o único auxílio de que a nossa imaginação dispõe para que os vejamos como os fabricantes dos eólitos.

É só quando chegamos a areias de quase 250 mil anos de idade que encontramos qualquer outro fragmento de ser subumano. Mas há uma bela quantidade de ferramentas, e elas melhoram progressivamente em qualidade à medida que avançamos na análise do registro. Não são mais eólitos grosseiros; são, agora, instrumentos bem-configurados, fabricados com considerável destreza. *E são muito maiores do que as ferramentas similares que os verdadeiros humanos fabricaram mais tarde*. Então, num poço de areia em Heidelberg, aparece um único osso maxilar semi-humano, um maxilar disforme, absolutamente desprovido de queixo, bastante mais pesado que um maxilar humano e mais estreito, de modo que é improvável que a língua da criatura pudesse se mover o suficiente para uma fala articulada. Por causa da força desse maxilar, homens de ciência supõem que a criatura tenha sido um pesado monstro semi-humano, possivelmente dotado de enormes membros e mãos, possivelmente coberto por uma grossa camada de pelos, e o chamam de Homem de Heidelberg.

Esse maxilar é, creio, um dos objetos mais perturbadores do mundo para a nossa humana curiosidade. Observá-lo é como olhar para o passado com óculos defeituosos e captar um único vislumbre, borrado e tantalizante, de uma Coisa que bamboleia pelo ermo desolado, fazendo escaladas para evitar o tigre-de-dente-de-sabre, observando o rinoceronte lanoso nas matas. A seguir, antes que possamos examinar melhor o monstro, ele some. O solo, no entanto, exibe as ferramentas indestrutíveis que ele lascou para suas necessidades.

Ainda mais fascinantes e enigmáticos são os restos de uma criatura encontrada em Piltdown, no condado de Sussex, num depósito que dá indícios de ter entre 100 e 150 mil anos de idade, embora algumas autoridades situem esses restos em particular num passado mais distante, anterior ao maxilar de Heidelberg. Aqui temos os restos de um espesso crânio subumano, muito maior que o de qualquer símio existente, e um maxilar semelhante ao de um chimpanzé que pode ou não pertencer ao crânio, e ainda um pedaço de osso de elefante em forma de bastão, manufaturado com evidente dedicação, através do qual foi furado um buraco, ao que parece. Há também um fêmur de cervo com cortes em sua superfície, como numa talha. É tudo.

Que tipo de ser é esse, que se sentava para fazer buracos em ossos?

Homens de ciência denominaram-no *Eoanthropus*, o Homem da Aurora. Ele está distanciado de seus parentes; é um ser muito diferente, tanto em relação à criatura de Heidelberg quanto a qualquer outro símio existente. Não temos conhecimento de nenhum outro vestígio de um ser como ele. Mas os cascalhos e depósitos com menos de 100 mil anos são cada vez mais ricos em ferramentas de pederneira e de pedras similares. E essas ferramentas não são mais os rudes "eólitos". Os arqueólogos são capazes de distinguir, na atualidade, instrumentos para raspar, brocas, facas, dados, pedras de arremesso e machadinhas de mão...

Estamos chegando muito perto do homem. Em nossa próxima seção, teremos de descrever o mais estranho dos precursores da humanidade, o Neandertal, o homem que era quase, mas não de todo, um homem de fato.

Mas talvez seja bom que afirmemos com clareza que nenhum homem de ciência trata qualquer uma dessas criaturas, o Homem de Heidelberg ou o *Eoanthropus*, como sendo um ancestral direto do homem de hoje. Os dois são, no máximo, formas aparentadas.

10

O neandertal e o Homem da Rodésia

Cerca de 50 ou 60 mil anos atrás, antes do auge da Quarta Era Glacial, viveu sobre a Terra uma criatura que era bastante semelhante a um homem, tanto que até poucos anos atrás seus restos eram tidos como humanos de fato. Temos crânios e ossos da criatura, assim como uma grande coleção das enormes ferramentas que ela fabricou e usou. Ela fazia fogo. Abrigava-se do frio em cavernas. Provavelmente curtia peles, de modo tosco, e as vestia. Era destra como homens o são.

Agora, porém, os etnólogos nos dizem que tais seres não eram homens verdadeiros. Pertenciam a uma espécie diferente do mesmo gênero. Tinham maxilares pesados e projetados, e testas muito pequenas, e volumosas sobrancelhas acima dos olhos. Seus polegares não eram opostos aos demais dedos, como são os dos homens; seus pescoços eram dispostos de tal forma que eles não podiam jogar a cabeça para trás e olhar para o céu. Eles provavelmente andavam de modo desengonçado, para a frente, de cabeça baixa. Seus maxilares sem queixo lembram o maxilar do Homem de Heidelberg, e são marcadamente distintos dos maxilares humanos. E em seus dentes havia grandes diferenças em relação ao padrão humano. Seus molares eram estruturalmente mais complicados que os nossos, porque não contavam com as longas raízes que os nossos molares têm; além disso, esses semi-humanos não tinham os marcantes caninos (dentes de cão) de um ser humano comum. A capacidade de volume de seus crânios era próxima à humana, mas o cérebro era maior atrás e recuado na frente, se comparado ao humano. Suas faculdades intelectuais eram balanceadas em outro arranjo.

Não eram ancestrais da linhagem humana. Mentalmente e fisicamente, pertenciam a uma linhagem diferente.

Crânios e ossos dessa espécie extinta de homem foram encontrados em Neandertal e em outros lugares; graças ao nome do local, esses estranhos proto-humanos foram batizados como Homens de Neandertal, ou neandertais. Devem ter existido na Europa por muitas centenas ou até por milhares de anos.

Àquela altura, o clima e a geografia do nosso mundo eram muito diferentes de como são no presente momento. A Europa, por exemplo, estava coberta por uma camada de gelo que descia até o Tâmisa e até o centro da Alemanha e da Rússia; não havia um Canal separando a Inglaterra da França; o Mediterrâneo e o Mar Vermelho eram enormes vales, com talvez uma cadeia de lagos em suas depressões mais profundas, e um grande mar interno se espraiava a partir do atual Mar Negro, atravessando o sul da Rússia e avançando até a Ásia Central. A Espanha e toda a Europa que não estava coberta por gelo consistiam em desolados planaltos, sob um clima mais opressor que o de Labrador, e só encontraríamos um clima temperado quando chegássemos ao norte da África. Criaturas resistentes como os lanosos mamute e rinoceronte, como grandes bois e renas, vagavam pelas frias estepes do sul da Europa, em meio à esparsa vegetação ártica, sem dúvida seguindo a vegetação rumo ao norte, na primavera, e rumo ao sul, no outono.

Tal era o cenário pelo qual o neandertal vagava, obtendo sua subsistência na medida do possível, abatendo pequenos animais, ou com frutos e bagas e raízes. É provável que ele fosse principalmente vegetariano, mastigando gravetos e raízes. Seus dentes nivelados e elaborados sugerem uma dieta amplamente vegetariana. Mas em suas cavernas também encontramos compridos ossos de tutano, de grandes animais, quebrados para a extração do tutano. Suas armas não se mostrariam de muita valia num conflito aberto com grandes feras, mas se supõe que ele as atacava com lanças em difíceis travessias de rios, e até que construísse alçapões para apanhá-las. É possível que ele seguisse os bandos e que tomasse para si os mortos

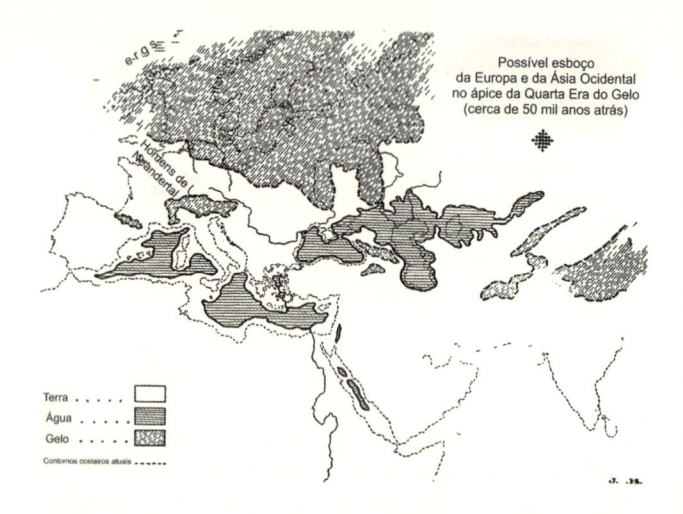

Possível esboço da Europa e da Ásia Ocidental no ápice da Quarta Era do Gelo (cerca de 50 mil anos atrás)

Terra .....
Água .....
Gelo .....
Contornos costeiros atuais

que restassem em lutas, e talvez assumisse um papel de chacal em relação ao tigre-de-dente-de-sabre, que ainda sobrevivia naquele tempo. É possível que, nos períodos mais opressores das eras glaciais, essa criatura tenha passado a atacar animais, depois de longas eras de adaptação vegetariana.

Não podemos adivinhar como era a aparência do Homem de Neandertal. Ele deve ter sido uma criatura muito peluda, que de fato não lembrava um humano em quase nada. Até mesmo a hipótese de que pudesse andar ereto é duvidosa. Pode ser que ele usasse os nós dos dedos tanto quanto os pés para se manter de pé. É provável que perambulasse sozinho ou em pequenos grupos familiares. Podemos deduzir, a partir da estrutura de seu maxilar, que era incapaz de articular o que concebemos como fala.

Por milhares de anos, os neandertais foram os animais mais evoluídos que o território europeu jamais vira; e então, cerca de 30 ou 35 mil anos atrás, com o clima se tornando mais quente, uma raça de seres assemelhados, mais inteligentes, que conheciam mais coisas e que falavam e cooperavam uns com os outros, veio se deslocando do sul e entrou no mundo dos neandertais. Eles desalojaram os neandertais de suas cavernas e de seus locais de descanso; caçavam a mesma comida; provavelmente entraram em guerra com seus medonhos antecessores e os mataram em definitivo. Esses recém-chegados do sul ou do leste – pois no presente momento não conhecemos sua região de origem –, que acabaram por dar um fim à existência dos neandertais, eram seres com os quais temos afinidade de sangue, os primeiros Homens Verdadeiros. Seus crânios e polegares e pescoços e dentes eram anatomicamente iguais aos nossos. Alguns esqueletos foram encontrados numa caverna em Cro-Magnon e numa outra em Grimaldi; são os mais antigos restos verdadeiramente humanos de que temos notícia até hoje.

É assim que a nossa raça entra no Registro das Rochas, e a história da humanidade começa.

O mundo estava cada vez mais parecido com o nosso, naqueles dias, embora o clima se mantivesse austero. As geleiras da Era do Gelo estavam recuando na Europa; a rena da França e da Espanha logo deu lugar a grandes bandos de cavalos, à medida que havia mais relva nas estepes, e o mamute se tornou cada vez mais raro no sul da Europa e por fim recuou em massa para o norte...

Não conhecemos o local de origem do Homem Verdadeiro. No verão de 1921, porém, um crânio muito interessante foi encontrado, junto a pedaços de esqueleto, em Broken Hill, na África do Sul; é uma relíquia, ao que parece, de um terceiro tipo de homem, intermediário, em suas características, entre o neandertal e o ser humano. Além de sugerir um cérebro maior na frente e menor atrás, comparado ao do neandertal, o crânio ficava postado ereto ao fim da espinha dorsal, numa disposição bastante humana. Também os dentes e os ossos são bastante humanos. Mas o rosto devia exibir uma aparência simiesca, com enormes e bastas sobrancelhas e com uma saliência estreita ao longo do meio do crânio. A criatura era de fato um homem verdadeiro, por assim dizer, com um rosto simiesco, neandertal. Esse Homem da Rodésia estava ainda mais próximo do homem real, mais do que o Homem de Neandertal.

O crânio da Rodésia é provavelmente apenas o segundo item do que, no fim, pode provar ser uma longa lista de descobertas de espécies subumanas que viveram na Terra no vasto intervalo de tempo entre os primórdios da Era do Gelo e o aparecimento de seu herdeiro comum, talvez seu exterminador comum, o Homem Verdadeiro. O próprio crânio da Rodésia pode não ser muito antigo. Não houve determinação exata de sua idade provável até o momento da publicação deste livro. Poder ser que essa criatura subumana tenha sobrevivido no sul da África até tempos bem recentes.

11

Os primeiros
homens verdadeiros

De acordo com a ciência atual, os mais remotos sinais e vestígios de uma humanidade com a qual temos indiscutível afinidade foram encontrados na Europa Ocidental e em particular na França e na Espanha. Ossos, armamentos, rabiscos em ossos e rochas, fragmentos entalhados de osso e pinturas em cavernas e em superfícies de rocha, datando, supõe-se, de 30 mil anos atrás ou mais, foram descobertos nesses dois países. A Espanha é, no momento, o país mais rico do mundo no que diz respeito às primeiras relíquias de nossos verdadeiros ancestrais humanos.

É claro que as nossas atuais coleções de tais objetos são apenas o começo das acumulações pelas quais podemos esperar no futuro, quando existirem exploradores suficientes para uma investigação aprofundada de todas as possíveis fontes, e quando outros países do mundo, ainda inacessíveis aos arqueólogos, forem explorados com alguma minúcia. A maior parte da África e da Ásia não foi sequer atravessada ainda por um observador experiente, interessado no assunto e livre para explorar, e devemos ter muito cuidado, portanto, para não concluir que os mais remotos homens verdadeiros eram indiscutivelmente habitantes da Europa Ocidental ou que tenham aparecido primeiro naquela região.

Na Ásia ou na África, ou submersos no mar da atualidade, podem existir depósitos mais ricos e bem mais remotos de restos humanos reais do que qualquer coisa que já tenha vindo à luz. Escrevo "na Ásia ou na África" e não menciono a América porque até aqui, exceto por um dente, não houve descoberta de nenhum tipo que remeta a qualquer um dos primatas mais evoluídos, nem aos grandes símios, subumanos, neandertais ou primeiros homens verdadeiros. O desenvolvimento da vida parece ter sido quase que exclusivamente um desenvolvimento do velho mundo, e ao que parece foi só no fim da Antiga Idade da Pedra que seres humanos atravessaram pela primeira vez a passagem para o continente americano, na conexão terrestre que hoje é cortada pelo Estreito de Bering.

Esses primeiros seres humanos reais encontrados na Europa parecem já ter pertencido a uma ou outra de ao menos duas raças muito distintas. Uma dessas raças era de fato bastante evoluída; seus integrantes eram altos e dotados de cérebros grandes. Um dos crânios de mulher encontrados excede em volume o crânio de um homem comum da atualidade. Um dos esqueletos de homem tem mais de um metro e oitenta de altura. O tipo físico lembra o índio norte-americano. Eles foram denominados Cro-Magnons, visto que os primeiros esqueletos foram encontrados na caverna de Cro-Magnon. Eram selvagens, mas selvagens evoluídos. A segunda raça, a raça dos restos da caverna de Grimaldi, era nitidamente negroide em suas características. Seus aparentados vivos mais próximos são os boxímanes e os hotentotes do sul da África. É interessante constatar, no exato ponto de partida da história humana conhecida, que a humanidade já estava racialmente dividida em ao menos duas variedades principais; e ficamos tentados a lançar hipóteses desautorizadas, de que a primeira raça era provavelmente mais mulata do que negra e veio do leste ou do norte, e de que a outra era mais negra do que mulata e veio do sul equatorial.

E esses selvagens de talvez 40 mil anos atrás eram tão humanos que perfuravam conchas para fazer colares, pintavam-se, esculpiam imagens em osso e pedra, rabiscavam figuras em rochas e ossos e pintavam esboços rudes, mas muitas vezes eficientes, de bestas e coisas do tipo, em paredes lisas de cavernas ou em superfícies convidativas de rochas. Fabricavam uma grande variedade de utensílios, mais refinados e em menor escala em relação aos dos homens de Neandertal. Temos hoje em nossos museus uma grande quantidade de seus utensílios, suas estatuetas, seus desenhos em rocha e coisas do tipo.

Os mais antigos eram caçadores. Perseguiam principalmente o cavalo selvagem, o pequeno pônei barbado da época. Eles o seguiam enquanto ele buscava pastagens. E também perseguiam o bisão. Conheciam o mamute, pois nos deixaram representações notavelmente hábeis da criatura. A julgar por um desenho um tanto ambíguo, aprisionaram o mamute numa armadilha e o mataram.

Caçavam com lanças e arremessando pedras. Ao que tudo indica, não faziam uso de arco, e é duvidoso que já tivessem aprendido a domar animais. Não tinham cães. Existe uma cabeça de cavalo entalhada e um ou dois desenhos que sugerem um cavalo embridado, com uma pele trançada ou tendão em volta do animal. Mas os pequenos cavalos da era e da região não seriam capazes de carregar um homem, e se o cavalo foi domesticado é porque foi usado como animal de carga. É duvidoso e improvável que esses humanos já tivessem aprendido o costume um tanto antinatural de fazer do leite animal um alimento.

Não deixaram indícios de que tenham erigido qualquer espécie de edificação, ainda que possam ter construído barracas de pele, e, embora tenham esculpido figuras em argila, nunca chegaram à fabricação de cerâmica. Na medida em que não tinham utensílios para cozinhar, seu preparo dos alimentos deve ter sido rudimentar ou não existente. Não tinham nenhuma noção de cultivo e nem de tecelagem e fabricação de cestos. A não ser por seus roupões de pele ou pelo, eram selvagens nus e pintados.

Esses primeiros homens de que temos conhecimento caçaram nas estepes abertas da Europa por talvez cem séculos, e então, com vagar, deslocaram-se e transformaram-se diante de uma mudança de clima. Século após século, a Europa estava ficando mais amena e mais úmida. As renas recuaram nas direções norte e leste, e os bisões e os cavalos as seguiram. As estepes deram lugar a florestas, e veados substituíram os cavalos e bisões. Há uma mudança nas características das ferramentas, com a mudança de suas aplicações. A pesca em rio e lago assume grande importância para o homem, e se tornam mais variados os utensílios de osso. "As agulhas de osso

53

desta era", afirma De Mortillet, "são muito superiores às que seriam usadas mais tarde, até mesmo em épocas históricas, incluindo a Renascença. Os romanos, por exemplo, nunca tiveram agulhas que se comparassem às desta era."

Quinze ou vinte mil anos atrás um povo de origem nova se deslocou para o sul da Espanha, e ali deixou admiráveis desenhos de si mesmo em faces expostas de rocha. Eram os azilianos (nomeados a partir da caverna de Mas d'Azil). Possuíam arcos; usavam, ao que parece, adornos de penas na cabeça; faziam vívidos desenhos; mas também reduziram seus desenhos a uma espécie de simbolismo – um homem, por exemplo, seria representado por um risco vertical com dois ou três riscos horizontais – que sugere a aurora de uma ideia de escrita. Junto a esboços de caçadas temos, com frequência, marcas que lembram talhas. Um desenho mostra dois homens enfumaçando um ninho de abelhas.

Esses são os últimos homens que chamamos de paleolíticos (Antiga Idade da Pedra), porque ainda tinham apenas ferramentas lascadas. Dez ou doze mil anos atrás, um novo tipo de vida surgiu na Europa, os homens aprenderam não apenas a lascar, mas também a polir e amolar ferramentas de pedra, e começaram a cultivar. A Era Neolítica (Nova Idade da Pedra) estava começando.

É interessante notar que menos de um século atrás ainda vivia, numa remota parte do mundo, na Tasmânia, uma raça de seres humanos num nível de desenvolvimento físico e intelectual mais baixo que o de qualquer uma das raças mais antigas da humanidade das quais temos vestígios na Europa. Muito tempo antes, alterações geográficas haviam isolado esse povo tasmaniano das outras espécies e de estímulos e avanços. Eles parecem ter sido submetidos a mais degeneração do que desenvolvimento. No momento em que foram descobertos por exploradores europeus, viviam uma vida rude, subsistindo com moluscos e animais pequenos. Não tinham quaisquer habitações, apenas locais de descanso. Eram homens verdadeiros, pertencentes à nossa espécie, mas não contavam com a destreza manual e nem com os poderes artísticos dos primeiros Homens Verdadeiros.

12

Pensamento primitivo

E agora abramos espaço para uma especulação muito interessante: como se sentiria um homem naqueles dias iniciais da aventura humana? Como os homens pensavam, no que é que pensavam, naqueles dias remotos, de caça e perambulação, quatrocentos séculos atrás, antes da semeadura ou da colheita? Eram dias longos, os que precederam os registros escritos de impressão humana, e em nossas respostas a essas questões somos levados, quase que sem alternativa, a fazer deduções e conjeturas.

As fontes às quais os homens de ciência recorreram, em suas tentativas de reconstruir a mentalidade primitiva, são muito variadas. Recentemente, a ciência da psicanálise, que analisa o modo em que os impulsos egoísticos e passionais da criança são reprimidos, suprimidos, modificados ou encobertos, para que se adaptem às necessidades da vida social, parece ter lançado uma considerável quantidade de luz sobre a história da sociedade primitiva; e outra proveitosa fonte de sugestão tem sido o estudo das ideias e dos costumes de selvagens contemporâneos ainda vivos. Também existe uma espécie de fossilização mental que encontramos no folclore e nos aprofundados e irracionais preconceitos e superstições que sobrevivem em povos modernos e civilizados. E finalmente temos, nos mais e mais numerosos quadros, estátuas, gravuras, símbolos e assemelhados, à medida que nos aproximamos da nossa própria época, indicações cada vez mais claras das coisas que o homem julgava interessantes e dignas de registro ou representação.

O homem primitivo provavelmente pensava, em grande medida, como pensa uma criança, ou seja, através de uma série de figurações imaginárias. Ele evocava imagens ou imagens se manifestavam em sua mente, e ele agia de acordo com as emoções que elas suscitavam. Assim age, nos dias de hoje, uma criança ou uma pessoa que não teve educação. O pensamento sistemático é, ao que parece, uma evolução comparativamente tardia na experiência humana; ele não exerceu grande função na vida humana até 3 mil anos atrás. Mesmo hoje, aqueles que realmente controlam e ordenam seus pensamentos não passam de uma pequena minoria da humanidade. A maior parte do mundo ainda vive a partir de imaginação e paixão.

É provável que as mais remotas sociedades humanas, nos estágios inaugurais da verdadeira história humana, fossem pequenos grupos familiares. Assim como os rebanhos e os bandos dos antigos mamíferos surgiram a partir de famílias que permaneciam juntas e se multiplicavam, ocorreu o mesmo, provavelmente, no caso das primeiras tribos. Antes que isso pudesse se efetivar, porém, uma certa restrição dos egoísmos primitivos do indivíduo tinha de ser estabelecida. O medo do pai e o respeito pela mãe tinham de ser estendidos à vida adulta, e a inveja natural que o homem mais velho do grupo sente pelos mais jovens, à medida que eles crescem, tinha de ser mitigado. A mãe, por outro lado, era a conselheira habitual e protegia os jovens. A vida social humana se formou a partir da confrontação entre, de um lado, o cru instinto do jovem, quando amadurece, de ir embora e se relacionar por conta própria, e de outro os perigos e as desvantagens da separação. Um escritor antropológico dotado de grande gênio, J. J. Atkinson, mostrou em seu *Lei primal* o quanto a lei habitual dos selvagens, estabelecida pelos *Tabus*, um fato tão marcante na vida tribal, pode ser atribuída a um condicionamento mental para a necessidade do animal humano primitivo de desenvolver uma vida social, e o trabalho posterior dos psicanalistas avançou muito na confirmação de sua interpretação dessas possibilidades.

Autores especulativos nos levam a acreditar que o respeito e o medo pelo Velho e a reação emocional do selvagem primitivo às mulheres mais velhas e protetoras, sentimentos exagerados em sonhos e enriquecidos por imaginações fantasiosas, exerceram um papel importante nos primórdios da religião primitiva e na concepção de deuses e deusas. Associados a esse respeito por personalidades poderosas ou prestativas estavam o temor e a exaltação dirigidos a tais personalidades depois de suas mortes, quando reapareciam em sonhos. Era fácil acreditar que eles não estavam de fato mortos, e que tinham sido apenas transferidos, fantasticamente, para uma instância longínqua e mais poderosa.

Os sonhos, as imaginações e os medos de uma criança são bem mais vívidos e reais que os de um adulto moderno, e o homem primitivo era sempre um pouco criança. Ele também era mais próximo dos animais, e podia supor que eles tivessem motivações e reações como as dele. Podia imaginar provedores animais, inimigos animais, deuses animais. Só quem foi uma criança imaginativa pode se dar conta da importância, do significado agourento ou benigno que pedras de formato estranho, protuberâncias de madeira, árvores excepcionais e coisas do tipo podem ter representado para os homens da Antiga Idade da Pedra, e de como sonho e fantasia criavam histórias e lendas sobre temas que se tornavam críveis nos relatos. Algumas dessas histórias eram boas o suficiente para que fossem lembradas e contadas outra vez. As mulheres as contavam às crianças e assim estabeleciam uma tradição. Nos dias de hoje, crianças imaginativas ainda inventam longas histórias em que um boneco ou animal preferido ou algum fantástico ser semi-humano figura como herói, e o homem primitivo provavelmente fazia o mesmo – com uma disposição muito maior em crer que seu herói era real. Pois os primeiros de todos os homens verdadeiros de que temos conhecimento eram provavelmente seres bastante inclinados à conversação. Nisso eles se diferenciaram dos neandertais e tiveram uma vantagem sobre eles. O neandertal deve ter sido um animal calado. A fala humana primitiva era, é claro, uma coleção de nomes um tanto escassa, e era possível que fosse articulada com esforço, através de gestos e sinais.

Não há selvagem que seja rude a ponto de não dominar uma espécie de ciência de causa e efeito. Mas o homem primitivo não era muito crítico em suas associações de causa com efeito; com muita facilidade, conectava um efeito a algo que estava longe de ser a causa. "Você faz tal coisa", ele dizia, "e tal coisa ocorre." Você dá uma baga venenosa a uma criança e ela morre. Você come o coração de um inimigo valioso e você fica mais forte. Aí temos duas mostras de associação de causa e efeito, uma verdadeira e outra falsa. Chamamos de fetiche o sistema de causa e efeito da mente de um selvagem; mas o fetiche é apenas ciência selvagem. Ele difere da ciência moderna na medida em que é totalmente assistemático e acrítico e, tão mais frequentemente, errado.

Em muitos casos não é difícil ligar causa e efeito, e em muitos outros ideias errôneas eram logo corrigidas pela experiência; mas havia uma grande gama de assuntos que eram muito importantes para o homem primitivo, casos em que ele procurava com persistência por causas e encontrava explicações que, embora estivessem erradas, não eram obviamente erradas ou erradas o suficiente para que pudessem ser detectadas. Era uma questão de grande importância para ele que a caça fosse abundante ou que o peixe fosse fácil de apanhar e disponível em quantidade; e sem dúvida ele acreditava em inúmeros talismãs, feitiços e preságios, e os utilizava para chegar aos resultados desejáveis. Outra grande preocupação era adoecer e morrer. Ocasionalmente, infecções se disseminavam pelo povoado, matando homens. Ocasionalmente homens eram abatidos por doenças e morriam, ou ficavam debilitados sem causa aparente. Isso também deve ter estimulado febris exercícios de imaginação na mente apressada e emocional do homem primitivo. Sonhos e suposições fantásticas o levavam a culpar isto e aquilo, ou a pedir ajuda a determinada besta ou coisa. Ele tinha a aptidão da criança para sentir medo e pânico.

Bem cedo, na pequena tribo humana, mentes mais velhas e equilibradas, submetidas aos mesmos medos e às mesmas fantasias, mas um pouco mais enérgicas do que as outras, devem ter se afirmado na função de aconselhar, de prescrever, de comandar. Declaravam que isto era impróprio e que aquilo era imperativo, que isto era um bom preságio e que aquilo era um mau preságio. O especialista em fetiches, o médico, foi o primeiro sacerdote. Ele exortava, interpretava sonhos, dava avisos, executava os complicados truques que traziam sorte ou evitavam calamidades. A religião primitiva não tinha muito do que hoje chamamos de religião, era mais prática e observação, e o sacerdote antigo decretava algo que era, de fato, uma ciência prática primitiva.

13

OS PRIMÓRDIOS DO CULTIVO

Somos ainda muito ignorantes em relação aos primórdios do cultivo e do assentamento no mundo, mesmo que uma vasta quantidade de pesquisa e especulação tenha sido dedicada ao tema nos últimos cinquenta anos. Tudo o que podemos afirmar com certeza, hoje, é que em algum momento entre 15000 e 12000 a.C., quando o povo aziliano estava no sul da Espanha e os remanescentes dos antigos caçadores se deslocavam nas direções norte e leste, em determinado lugar, no norte da África ou na Ásia Oriental ou no grande vale que está agora submerso nas águas do mar Mediterrâneo, existiam humanos que, com o passar das eras, vinham desenvolvendo duas coisas fundamentais: estavam começando a cultivar e estavam domesticando animais. Também estavam começando a fabricar, em acréscimo às ferramentas lascadas de seus antepassados caçadores, ferramentas de pedra polida. Tinham descoberto a possibilidade da fabricação de artigos de vime e de toscos tecidos de fibra de planta, e estavam começando, de modo rudimentar, a modelar cerâmica.

Estavam entrando numa nova fase da cultura humana, a fase Neolítica (Nova Idade da Pedra), que se distingue do Paleolítico (Antiga Idade da Pedra), o tempo dos Cro-Magnons, do povo de Grimaldi, dos azilianos e assemelhados.* A população neolítica se espalhou lentamente pelas partes mais quentes do mundo; e as artes que havia dominado, assim como as plantas e os animais de que fazia uso, espalharam-se ainda mais, por imitação e apropriação. Por volta de

---

* Podemos assinalar que o termo "paleolítico" também é usado em referências aos utensílios neandertais e até mesmo eolíticos. A era pré-humana é conhecida como "Paleolítico Antigo"; a era dos homens verdadeiros que usam pedras impolidas é o "Novo Paleolítico". (N.A.)

10000 a.C., a maior parte da humanidade chegara ao nível neolítico.

Ora, as ações de lavrar a terra, de semear e fazer a colheita, de debulhar e moer, podem ser, para uma mente moderna, etapas óbvias e racionais, assim como é óbvio o fato de que a Terra é redonda. Podemos perguntar: o que mais se poderia fazer? O que mais poderia haver? Para o homem primitivo de 20 mil anos atrás, porém, não eram nada óbvios os sistemas de ação e raciocínio que hoje consideramos racionais e evidentes. Ele só alcançava a prática eficiente depois de uma infinidade de tentativas e enganos, sempre através de interpretações falsas e de elaborações fantásticas e desnecessárias. Em algum ponto da região mediterrânea o trigo crescia ao natural; e pode ser que o homem tenha aprendido a bater e moer seus grãos, para obter comida, muito antes de aprender a semear. Ele colheu antes de semear.

E é notável o fato de que, no mundo inteiro, onde quer que haja plantação e colheita, ainda existam vestígios perceptíveis de uma forte associação primitiva que liga a ideia da semeadura à ideia de um sacrifício de sangue – primariamente, o sacrifício de um ser humano. O estudo do enredamento original dessas duas coisas é extremamente atrativo para uma mente curiosa; o leitor interessado o encontrará, muito aprofundado, na monumental obra *O ramo dourado*, de Sir J. G. Frazer. Era um enredamento, devemos lembrar, surgido na mente primitiva, infantil, sonhadora, criadora de mitos; não há processo racional que a explique. Naquele mundo entre 12 mil e 20 mil anos atrás, porém, havia um sacrifício humano, ao que parece, sempre que os povos neolíticos se deparavam com o tempo de semear. E não se tratava de sacrificar alguma pessoa má ou excluída; era geralmente o sacrifício de um jovem ou de uma donzela em especial; o jovem era muitas vezes tratado com profunda deferência e inclusive adoração, até o momento de sua imolação. Ele era uma espécie de deus-rei sacrificial, e todos os detalhes de sua morte já faziam parte de um ritual dirigido pelos sábios mais velhos, sancionado por um costume acumulado através das eras.

De início, tendo um conhecimento muito grosseiro a respeito das estações, os homens primitivos devem ter enfrentado grande dificuldade em determinar o momento propício para o sacrifício da semeadura. Temos alguma razão para supor que houve um estágio inicial da experiência humana em que os homens não tinham noção do que era um ano. A primeira cronologia seguia meses lunares; supõe-se que os anos dos patriarcas bíblicos são na verdade luas, e o calendário babilônico revela distintos sinais de uma tentativa de reconhecer a época da semeadura com a contagem de um período de treze meses lunares. A influência lunar sobre o calendário alcança os nossos dias. Se o costume não nos embotasse a percepção, consideraríamos estranho e notável o fato de que a Igreja Cristã não comemora a Crucificação e a Ressurreição de Cristo nos aniversários exatos, e sim em datas que variam de ano para ano, de acordo com as fases da lua.

É duvidoso que os primeiros agricultores tenham se valido da observação das estrelas. É mais provável que as estrelas tenham sido observadas primeiro por pastores migratórios, que encontravam nelas indicações convenientes de direção. Estabelecido o uso delas para determinar as estações, porém, as estrelas se tornaram muito importantes para a agricultura. O sacrifício da semeadura passou a ser definido pela movimentação para sul ou norte de determinada estrela proeminente. Para o homem primitivo, era quase inevitável que essa estrela passasse a ser mitificada e adorada.

É fácil perceber como se tornou importante, nesse novo mundo neolítico, o homem que possuía conhecimento e experiência, o homem que sabia tudo sobre o sacrifício de sangue e sobre as estrelas.

O medo da impureza e da contaminação e os métodos aconselháveis de purificação constituíam outra fonte de poder para os homens e as mulheres que detinham o conhecimento. Pois sempre existiram tanto bruxas quanto feiticeiros, tanto sacerdotisas quanto sacerdotes. O primeiro sacerdote era menos um homem de religião e mais um homem de ciência aplicada. Sua ciência era em geral empírica, e muitas vezes ruim; ele a escondia do homem comum ciosamente; mas isso não altera o fato de que sua função primária era possuir conhecimento, e de que sua utilidade primária era uma utilidade prática.

Doze ou quinze mil anos atrás, em todas as regiões quentes e abastecidas de água do mundo antigo, as comunidades humanas do Neolítico estavam se espalhando, com suas classes tradicionais de sacerdotes e sacerdotisas, com seus campos cultivados e seu desenvolvimento de vilarejos e pequenas cidades muradas. Era após era, ideias vinham sendo repassadas e compartilhadas por essas comunidades. Elliot Smith e Rivers utilizaram o termo "cultura heliolítica" para a cultura dos primeiros povos agricultores. "Heliolítico" (Sol e Pedra) talvez não seja o melhor termo possível, mas teremos de usá-lo, até que os homens de ciência forneçam um que seja melhor. Originada em algum ponto do Mediterrâneo e na área da Ásia Ocidental, essa cultura se disseminou, ao longo das eras, para o leste e de ilha em ilha através do Pacífico, até possivelmente alcançar a América e se misturar aos meios de vida mais primitivos dos imigrantes mongoloides, vindos do Norte.

Para onde quer que fossem os povos pardos da cultura heliolítica, levavam com eles, na totalidade ou em grande parte, uma certa variedade de curiosas ideias e práticas. Algumas dessas ideias eram tão esquisitas que requerem a explanação de estudiosos da mente. Eles construíram pirâmides, e grandes elevações, e grandes círculos formados por enormes pedras, talvez para facilitar a observação astronômica dos sacerdotes; mumificavam alguns de seus mortos, ou todos; tatuavam e circuncidavam; tinham o antigo costume, conhecido como "couvade", de mandar o *pai* se recolher na cama quando uma criança nascia, e tinham como símbolo de sorte a bem conhecida suástica.

Se quiséssemos esboçar um mapa do mundo, com pontos que indicassem as regiões distantes nas quais essas práticas grupais deixaram vestígios, delinearíamos um cinturão ao longo das costas temperadas e subtropicais do mundo, desde Stonehenge e da Espanha e se estendendo pelo planeta até o México e o Peru. Mas a África abaixo do equador, o norte da Europa Central e o norte da Ásia não contariam com nenhum ponto; nessas regiões viviam raças que seguiam linhas evolutivas praticamente independentes.

14

Civilizações neolíticas primitivas

Por volta de 10000 a.C., a geografia do mundo era, em linhas gerais, muito semelhante à do mundo de hoje. É provável que àquela altura já estivesse dissolvida a grande barreira do Estreito de Gibraltar, que até ali impedira que as águas oceânicas chegassem ao vale mediterrâneo, e que o mar Mediterrâneo já fosse demarcado pelos contornos atuais. O Mar Cáspio era provavelmente bem mais extenso do que é no presente, e pode ser que se prolongasse até o norte das montanhas do Cáucaso, integrado ao Mar Negro. Em torno desse grande mar da Ásia Central, as estepes e os desertos de hoje eram terras férteis e habitáveis. Era um mundo mais úmido e mais fértil, em geral. A Rússia europeia tinha muito mais pântanos e lagos do que hoje, e pode ser que ainda existisse uma conexão terrestre entre a Ásia e a América no Estreito de Bering.

Já seria possível, naquele tempo, distinguir as principais divisões raciais da humanidade, tais como as conhecemos hoje. Pelas regiões quentes e temperadas de um mundo bem mais aquecido e provido de madeira, e ao longo das costas, estavam assentados os povos pardos da cultura heliolítica, os antepassados da maior parte dos habitantes atuais do mundo mediterrâneo: os berberes, os egípcios e grande parte da população do sul e do leste da Ásia. Essa raça era formada por certo número de variedades, é claro. A raça ibérica ou mediterrânea ou "branco-negra" do Atlântico e da costa do Mediterrâneo, os povos "hamíticos" entre os quais estão os berberes e os egípcios, os dravidianos, os indianos de pele mais escura, uma infinidade de povos do leste da

Índia, várias raças polinésias, os maoris, todos esses povos são divisões mais ou menos marcantes dessa massa central da humanidade. Suas variedades ocidentais são mais brancas do que as orientais. Nas florestas do centro e do norte da Europa, ramificando-se da massa central de povos pardos, vinha se distinguindo uma variedade mais loura, com homens de olhos azuis, à qual muitas pessoas se referem hoje como sendo a raça nórdica. Nas regiões mais abertas do nordeste da Ásia havia uma outra diferenciação em relação aos humanos pardos, na direção de um tipo com olhos mais oblíquos, maçãs do rosto salientes, pele amarelada e cabelo muito liso e preto: os povos mongólicos. No sul da África, na Austrália, em muitas ilhas tropicais do sul da Ásia havia vestígios dos primeiros povos negroides. As áreas centrais da África já eram uma região de mistura racial. Quase todos os povos de cor da África atual são, ao que tudo indica, combinações dos povos pardos do norte, com um substrato negroide.

Temos de lembrar que todas as raças humanas podem cruzar livremente, e que elas se separam e se misturam e se reúnem como se fossem nuvens. As raças humanas não se ramificam como árvores, em galhos que nunca vão se tocar. O retorno ao amalgamento por parte das raças, em qualquer oportunidade, é algo que precisamos ter em mente o tempo todo. Pensando assim, estaremos livres de preconceitos e de ilusões cruéis. As pessoas costumam usar a palavra "raça" do modo mais disparatado, e tomá-la como base para as generalizações mais absurdas. Falam de uma raça "britânica" ou "europeia". Mas quase todas as nações europeias são confusas misturas de elementos pardos, branco-negros, brancos e mongólicos.

Foi durante a fase neolítica da evolução humana que povos de extração mongólica fizeram a travessia para a América pela primeira vez. Ao que parece, vieram pelo Estreito de Bering e se espalharam na direção sul. Encontraram no norte o caribu, a rena americana, e grandes bandos de bisões no sul. Quando chegaram à América do Sul, ainda viviam o gliptodonte, um tatu gigantesco, e o megatério, um bicho-preguiça monstruoso e desajeitado, do tamanho de um elefante. Eles

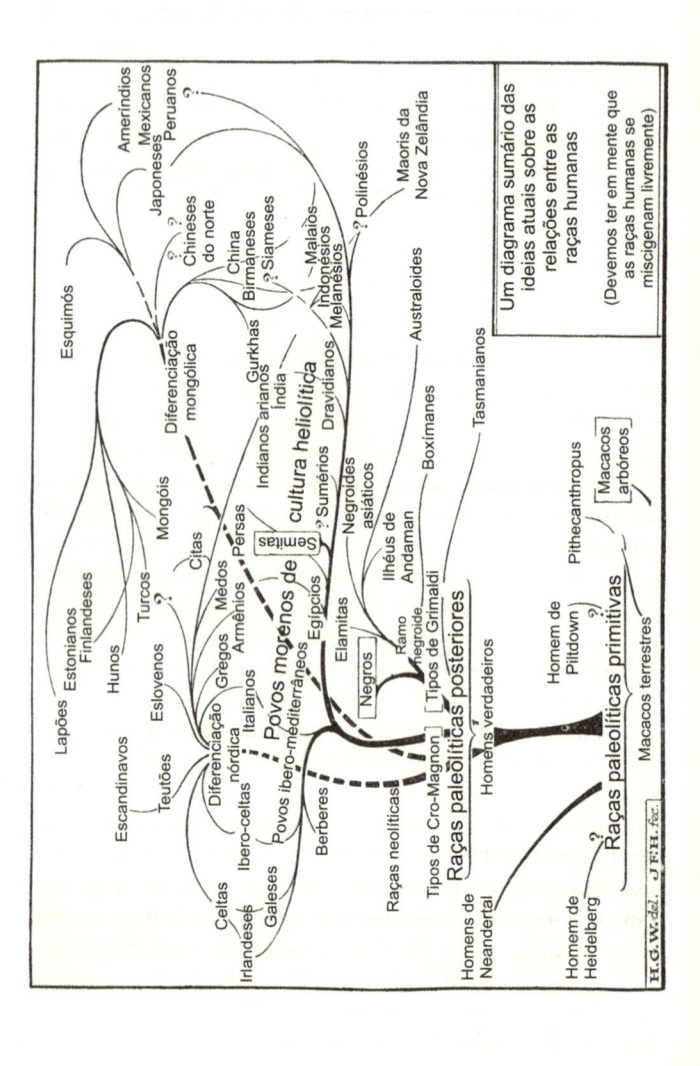

Amerindios
Mexicanos
Peruanos
Japoneses
Chineses do norte
China
Birmaneses
Siameses
Malaios
Indonésios
Melanésios
Polinésios
Maoris da Nova Zelândia

Esquimós
Lapões
Estonianos
Finlandeses
Hunos
Turcos
Mongóis
Citas
Medos
Persas
Armênios
Gurkhas
Indianos arianos
Índia
Sumérios
Dravidianos

Escandinavos
Teutões
Eslovenos
Gregos
Italianos
Egípcios
Elamitas
Negros
Negroides asiáticos
Ilhéus de Andaman
Boximanes
Australoides
Tasmanianos

Celtas
Irlandeses
Ibero-celtas
Galeses
Diferenciação nórdica
Povos ibero-mediterrâneos
Berberes
Raças neolíticas
Tipos de Cro-Magnon
Homens verdadeiros

Diferenciação mongólica
Semitas
Povos morenos de cultura heliolítica
Ramo Negroide
Tipos de Grimaldi
Raças paleolíticas posteriores

Homens de Neandertal
Homem de Heidelberg
Homem de Piltdown
Pithecanthropus
Raças paleolíticas primitivas
Macacos terrestres
Macacos arbóreos

H.G.W. del.   J.F.H. fec.

Um diagrama sumário das ideias atuais sobre as relações entre as raças humanas

(Devemos ter em mente que as raças humanas se miscigenam livremente)

66

provavelmente exterminaram esta segunda besta, que era tão desamparada quanto grande.

A maior parte dessas tribos americanas nunca avançou além de uma vida neolítica de nomadismo e caça. Nunca descobriram o uso do ferro, e suas principais possessões em metal eram o ouro e o cobre nativos. Mas no México, em Yucatán e no Peru existiam condições favoráveis para o cultivo estável, e nessas regiões, por volta de 10000 a.C., surgiram civilizações muito interessantes, de um tipo paralelo, diferenciado da civilização do velho mundo. Assim como as remotas e primitivas civilizações do velho mundo, essas comunidades lançavam mão de avançadas versões de sacrifício humano nos processos de semeadura e colheita; enquanto o velho mundo, como veremos, acabou por mitigar essas ideias primárias, confundindo-as e encobrindo-as com outras, na América elas foram desenvolvidas e elaboradas num alto grau de intensidade. As nações civilizadas americanas eram, em essência, nações governadas por sacerdotes; seus chefes guerreiros e governantes seguiam regras rigorosas e leis de augúrio.

Esses sacerdotes elevaram a ciência astronômica a um nível de alta precisão. Conheciam a passagem do ano melhor que os babilônios, dos quais falaremos em breve. Em Yucatán, dominavam uma escrita extremamente curiosa e elaborada, a escrita maia. Até onde soubemos decifrá-la, era usada principalmente na manutenção dos exatos e complicados calendários nos quais os sacerdotes empregavam sua inteligência. A arte da civilização maia chegou a seu ápice em torno de 700 ou 800 d.C. Os trabalhos em escultura desses povos espantam o observador moderno com um esplendor plástico quase sempre muito belo, e o deixam perplexo devido a uma qualidade grotesca, a uma formalidade insana e intrincada que está fora do nosso círculo de ideias. Não há nada que se compare no velho mundo. O que há de mais próximo são certas gravuras arcaicas indianas, muito remotas. Por todos os lados temos penas entrelaçadas e serpentes que se enroscam. Muitas inscrições maias fazem lembrar um certo tipo de desenho elaborado, criado por lunáticos em hospícios europeus, mais do que qualquer obra do velho mundo. É como se a mente maia tivesse se desenvolvido numa linha oposta à evolução do velho mundo, com uma abordagem diferente para as ideias, como se não fosse nem de longe, de acordo com os padrões do velho mundo, uma mente racional.

A vinculação das aberrantes civilizações americanas à ideia de uma aberração mental generalizada é reforçada por sua extraordinária obsessão pelo derramamento de sangue humano. A civilização mexicana, em especial, fazia correr sangue; oferecia milhares de vítimas humanas todos os anos. O retalhar de vítimas vivas, o arrancar de corações que ainda batiam, era um ato que dominava as mentes e as vidas desses estranhos sacerdócios. A vida pública e as festividades nacionais convergiam para ato horrível e fantástico.

A existência ordinária das pessoas comuns, nessas comunidades, era muito parecida com a existência ordinária de qualquer outro campesinato bárbaro. A cerâmica, a produção de tecidos e a tinturaria eram muito boas. A escrita maia não só era gravada em pedra como também era inscrita e pintada em peles e assemelhados. Os museus americanos e europeus dispõem de diversos e enigmáticos manuscritos maias, dos quais, de momento, pouco foi decifrado além das datas. No Peru surgiram manifestações iniciais de uma escrita semelhante, mas elas foram suplantadas por um método de manter registros através de nós de corda. Um método similar de mnemônica de corda foi utilizado na China milhares de anos atrás.

No velho mundo de antes de 4000 ou 5000 a.C., ou seja, três ou quatro mil anos antes, existiram civilizações primitivas algo parecidas com essas civilizações americanas, civilizações que giravam em torno de um templo, com uma vasta quantidade de sacrifícios de sangue e um intenso sacerdócio astronômico. No velho mundo, porém, as civilizações primitivas reagiram ao contato com as outras e evoluíram na direção do nosso mundo atual. Na América, as civilizações primitivas nunca passaram do estágio primitivo. Cada uma delas formava um pequeno mundo isolado. O México, ao que parece, sabia pouco ou quase nada sobre o Peru antes de os europeus chegarem à América. A batata, principal fonte de alimento do Peru, era desconhecida no México.

Era após era, esses povos viveram e se maravilharam com seus deuses e fizeram seus sacrifícios e morreram. A arte maia se elevou a altos níveis de beleza decorativa. As pessoas fizeram amor e as tribos fizeram guerra. Seca e fartura, pestilência e saúde se alternavam. Os sacerdotes elaboraram seu calendário e seu ritual de sacrifício ao longo de muitos séculos, mas progrediram pouco em outras direções.

15

Suméria, Egito antigo e escrita

O velho mundo é um cenário mais amplo e mais variado do que o novo. Por volta de 6000 ou 7000 a.C. já tínhamos comunidades semicivilizadas, quase no nível peruano, aparecendo em várias regiões férteis da Ásia e do vale do Nilo. Naquele tempo, o norte da Pérsia, o oeste do Turquestão e o sul da Arábia eram todos mais férteis do que são hoje, e existem vestígios de comunidades muito remotas nessas regiões. É na Baixa Mesopotâmia e no Egito, no entanto, que primeiro aparecem cidades, templos, irrigação sistemática e evidências de uma organização social que estivesse acima do nível de um simples e bárbaro vilarejo-cidade. Naqueles dias o Eufrates e o Tigre fluíam para o Golfo Pérsico em duas embocaduras diferentes, e foi na terra que os separava que os sumérios construíram suas primeiras cidades. Mais ou menos ao mesmo tempo – pois a cronologia ainda é vaga – teve início a grande história do Egito.

Os sumérios foram, aparentemente, um povo pardo, com narizes proeminentes. Eles faziam uso de uma espécie de escrita que já foi decifrada, e sua linguagem é hoje conhecida. Descobriram o uso do bronze e construíram enormes templos em forma de torre, com tijolos secados ao sol. A argila dessa região é de ótima qualidade; eles escreviam nela, e é assim que suas inscrições se mantiveram preservadas. Possuíam gado, ovelhas, cabras e asnos, mas não tinham cavalos. Combatiam a pé, em formação cerrada, portando lanças e escudos de pele. Vestiam roupas de lã e raspavam a cabeça.

Cada uma das cidades sumérias era, ao que parece, um Estado independente, com um deus próprio e sacerdotes próprios. Mas por vezes uma cidade estabelecia uma dominância sobre outras e cobrava tributos de suas populações. Uma inscrição muito antiga em Nippur registra o "império", o primeiro império de que temos registro, da cidade suméria de Erech. Seu deus e seu rei-sacerdote declaravam uma autoridade que se estendia do Golfo Pérsico ao Mar Vermelho.

De início, a escrita era apenas um método abreviado de registro pictórico. Os homens já vinham começando a escrever desde antes do período neolítico. Os desenhos das rochas azilianas, aos quais já nos referimos, assinalam o início do processo. Muitos deles registram caçadas e expedições, e em quase todos as figuras humanas estão bem delineadas. Em alguns dos desenhos, porém, o pintor não se preocupou com cabeça e membros; apenas indicou que se tratava de um homem, com um risco vertical e um ou dois riscos transversais. Desse ponto, passar para uma escrita de figuração condensada foi uma transição fácil. Na Suméria, onde a escrita era efetuada em argila, com um palito, os traços dos personagens logo se tornaram irreconhecíveis e diferentes das coisas que representavam, mas no Egito, onde os homens pintavam em paredes e em tiras de papiro (o primeiro papel), a semelhança com a coisa imitada se manteve. Pelo fato de que o buril de madeira usado na Suméria produzia marcas em forma de cunha, a escrita suméria é chamada de cuneiforme (em forma de cunha).

Um passo importante na direção da escrita foi dado quando imagens passaram a ser usadas para indicar não a coisa representada, e sim algo similar. Esse processo de representação está presente no rébus, que diverte as crianças de idade apropriada. Desenhamos um acampamento com barracas ["camp"] e um sino ["bell"], e a criança se deleita ao adivinhar que se trata do nome escocês "Campbell". A linguagem suméria era uma linguagem feita de sílabas acumuladas, como em certas linguagens contemporâneas ameríndias, e se prestou com facilidade a um método silábico de escrever palavras para expressar ideias que não tinham como ser representadas diretamente por imagens. A escrita egípcia se desenvolveu de modo análogo. Mais tarde, quando povos estrangeiros com métodos não tão silábicos de fala tiveram de compreender e utilizar esses manuscritos pictóricos, tiveram de fazer as modificações e simplificações adicionais que originaram, por fim, a escrita alfabética. Todos os verdadeiros alfabetos do mundo recente derivaram de uma mistura da escrita cuneiforme suméria e do hieróglifo (escrita sacerdotal) egípcio. Mais tarde a China desenvolveria uma escrita pictórica convencional, sem nunca chegar ao estágio alfabético.

A invenção da escrita teve grande importância na evolução das sociedades humanas. Ela passou a deixar registrados acordos, leis, mandamentos. Fez com que fosse possível que Estados crescessem mais do que as antigas cidades-estado. Fez com que uma consciência histórica contínua fosse possível. A ordem e o selo do sacerdote ou do rei podiam ir muito além do que alcançavam sua vista e sua voz, e podiam viver depois de sua morte. É interessante notar que os selos eram amplamente usados na antiga Suméria. Um rei ou nobre ou comerciante mandava fabricar uma gravura de seu selo, muitas vezes com grande refinamento artístico, e o imprimia nos documentos de argila que quisesse autorizar. A esse nível de impressão escrita chegara a civilização, seis mil anos atrás. E então a argila secava, endurecia e se tornava permanente. Pois o leitor precisa ter em mente que por incontáveis anos, nas terras da Mesopotâmia, cartas, registros e cálculos eram inscritos em telhas relativamente indestrutíveis. A esse fato devemos uma grande riqueza de conhecimento recuperado.

O bronze, o cobre, o ouro, a prata e, como raridade preciosa, o ferro meteórico eram conhecidos num estágio bastante inicial tanto na Suméria quanto no Egito.

A vida diária nas primeiras cidades do velho mundo deve ter sido muito similar tanto no Egito quanto na Suméria. E exceto pelos asnos e bois nas ruas, não deve ter sido muito diferente do que seria a vida nas cidades maias da América, três ou quatro mil anos mais tarde. Em tempos de paz, a maioria das pessoas vivia ocupada em irrigação e cultivo – a não ser nos dias de festividade religiosa. Não tinham dinheiro e não precisavam dele. Efetuavam suas pequenas e ocasionais negociações com escambo. Os príncipes e governantes, que tinham mais do que algumas poucas possessões, utilizavam barras de ouro e prata e pedras preciosas para alguma troca eventual. O templo dominava a vida; na Suméria, era um templo enorme, muito alto, encimado por um telhado, do qual eram observadas as estrelas; no Egito, era uma construção maciça, dotada apenas de um andar térreo. Na Suméria, o sacerdote governante era o maior, o mais esplêndido dos seres. No Egito, entretanto, havia um homem que era colocado acima dos sacerdotes; era a encarnação viva do principal deus da terra, o faraó, o deus rei.

Pouco mudava no mundo naqueles dias; os dias dos homens eram ensolarados, penosos e convencionais. Poucos estranhos entravam na povoação, e os que entravam passavam por desconfortos. O sacerdote dirigia a vida de acordo com regras imemoriais, observava as estrelas para identificar a época de semeadura, determinava os augúrios dos sacrifícios e interpretava os avisos dos sonhos. Os homens trabalhavam e amavam e morriam, não sem felicidade, esquecidos do passado selvagem de sua raça e descuidados em relação ao futuro. Por vezes o governante era benevolente. Foi o caso de Pepi II, que reinou no Egito por noventa anos. E às vezes o governante era ambicioso, e tomava os filhos dos homens como soldados e os enviava para cidades vizinhas para guerrear e pilhar, ou os exauria na construção de grandes edifícios. Foi assim com Quéops, Quéfren e Miquerinos, que construíram os vastos edifícios sepulcrais das pirâmides de Gisé. A maior delas tem 137 metros de altura, e seus blocos de pedra pesam 4.883 mil toneladas. Tudo isso foi trazido pelo Nilo em barcos e assentado principalmente por braços humanos. A edificação deve ter esgotado o Egito mais do que uma grande guerra.

16

Povos nômades primitivos

Não foi só na Mesopotâmia e no vale do Nilo que os homens estavam se assentando como agricultores e formando as cidades-estado nos séculos entre 6000 e 3000 a.C. Onde quer que houvesse possibilidade de irrigação e um suprimento estável de comida para o ano todo, os homens vinham trocando as incertezas e dificuldades da caça e da errância pelas rotinas do assentamento. Na parte mais alta do Tigre, um povo conhecido como assírio fundava cidades; nos vales da Ásia Menor e nas praias e ilhas do Mediterrâneo, havia pequenas comunidades que se alçavam a civilizações. Possivelmente, desenvolvimentos paralelos da vida humana já estavam ocorrendo em regiões favoráveis da Índia e da China. Em muitos pontos da Europa nos quais existiam lagos bem providos de peixe, pequenas comunidades de homens havia muito já tinham se estabelecido em habitações construídas sobre estacas em cima da água, e ganhavam a vida com pesca e caça. Em áreas bem maiores do velho mundo, porém, nenhum tipo de assentamento era possível. A terra era muito severa, muito florestada ou muito árida, ou as estações eram muito incertas, e a humanidade só contava com as ferramentas e a ciência da época para criar raízes.

Para se assentar, nas condições das civilizações primitivas, os homens precisavam de um suprimento constante de água e de calor e luz solar. Onde essas necessidades não podiam ser satisfeitas, o homem vivia de modo transitório, como um caçador que segue animais, como um pastor que segue a relva sazonal, mas não tinha condição de se estabelecer. A transição da vida de caça para a pastoreação deve ter sido gradual. De tanto seguir bandos de gado selvagem ou (na Ásia) de cavalos selvagens, os homens devem ter chegado a uma ideia de se apropriar dos animais, e aprenderam a encurralá-los em vales, lutaram para salvá-los de lobos, de cães selvagens e de outras feras predatórias.

Assim, enquanto as civilizações primitivas dos cultivadores proliferavam principalmente nos grandes vales dos rios, um modo diferente de viver, a vida nômade, uma vida em constante movimento, para um lado e para o outro, do pasto de inverno para o pasto de verão, também proliferava. Os povos nômades eram, no todo, mais resistentes que os agricultores; eram menos inventivos e menos numerosos, não tinham templos permanentes e nenhum sacerdócio altamente organizado; possuíam menos bens; mas o leitor não deve supor, em função disso, que o modo de vida deles não fosse tão evoluído. Em vários aspectos, essa vida livre era uma vida mais completa do que a dos lavradores da terra. O indivíduo era mais autoconfiante; era mais do que uma unidade da multidão. O líder era importante; o curandeiro talvez não fosse.

Viajando por longas distâncias terrestres, o nômade tinha uma visão mais abrangente da vida. Ele pisava nos confins deste e daquele assentamento. Estava acostumado a ver rostos estranhos. Tinha de maquinar e de fazer negociações com tribos adversárias para obter pasto. Sabia mais sobre minerais do que a gente das terras lavradas, porque passava por desfiladeiros de montanhas e locais rochosos. Pode ter sido um metalúrgico mais habilidoso. O bronze, possivelmente, e ainda mais provavelmente a fundição do ferro foram descobertas nômades. Algumas das mais antigas ferramentas de ferro, convertidas a partir de seus minérios, foram encontradas na Europa Central, a uma grande distância das primeiras civilizações.

Por outro lado, os povos assentados tinham seus têxteis e sua cerâmica, e fabricavam muitas coisas úteis. Era inevitável, à medida que iam se diferenciando os dois tipos de vida, o cultivador e o nômade, que uma certa incidência de saques e trocas começasse a ocorrer entre eles. Na Suméria, em particular, que tinha a um só tempo desertos e terras sazonais, deve ter sido comum que os nômades acampassem perto dos campos cultivados, negociando e roubando e talvez executando trabalhos de funilaria, como fazem hoje os ciganos. (Mas galinhas eles não roubavam, porque a ave doméstica – originalmente uma ave de selva indiana – não foi domesticada antes de 1000 a.C.) Eles traziam pedras preciosas e objetos de metal e couro. Se fossem caçadores, traziam peles. Obtinham em troca cerâmica e contas e vidro, peças de roupa e manufaturas assemelhadas.

Existiam três regiões principais e três principais tipos de gente errante e imperfeitamente estabelecida naqueles dias remotos das primeiras civilizações, na Suméria e no Egito antigo. Longe, nas florestas da Europa, estavam os louros nórdicos, caçadores e pastores, uma raça que vivia em condições humildes. As civilizações primitivas tiveram poucos vislumbres dessa raça antes de 1500 a.C. Longe, nas estepes da Ásia Oriental, várias tribos mongólicas, os povos hunos, estavam domesticando o cavalo e desenvolvendo um hábito de longas e rápidas viagens entre seus acampamentos de verão e inverno. É possível que os nórdicos e os hunos ainda estivessem separados pelos pântanos da Rússia e pelo grande Mar Cáspio daquele tempo. Pois grande parte da Rússia de então era formada por pântano e lago. Nos desertos da Síria e da Arábia, que vinham se tornando cada vez mais áridos, tribos de povos branco-escuros ou pardos, os povos semíticos, deslocavam rebanhos de ovelhas e cabras e asnos de pastagem para pastagem. Esses pastores semíticos e um certo povo mais negroide do sul da Pérsia, os elamitas, foram os primeiros nômades a entrar em contato direto com as civilizações mais remotas. Vinham como negociantes ou como invasores. Por fim, surgiram líderes de imaginação ousada entre eles, e os nômades se tornaram conquistadores.

Por volta de 2750 a.C., um grande líder semítico, Sargão, conquistara toda a terra suméria e era dono de todo o mundo que se estendia do Golfo Pérsico até o mar Mediterrâneo. Ele era um bárbaro iletrado, e sua gente, o povo acádio, aprendeu a usar a escrita suméria e adotou a linguagem suméria como sendo a língua dos oficiais e eruditos. O império que ele fundou decaiu passados dois séculos; depois de um enorme afluxo de elamitas, um novo povo semítico, o amorita, aos poucos estabeleceu domínio sobre a Suméria. Instalaram sua capital no que tinha sido até ali uma pequena cidade da parte alta do rio, a Babilônia, e seu império é conhecido como o primeiro Império Babilônico. Ele foi consolidado por um grande rei chamado Hamurabi (por volta de 2100 a.C.), que criou o mais antigo código de leis de que a história tem conhecimento.

O estreito vale do Nilo é menos aberto à invasão nômade do que a Mesopotâmia, mas nos tempos de Hamurabi ocorreu uma bem-sucedida invasão semítica no Egito, e foi iniciada uma linhagem de faraós, os hiksos, ou "reis pastores", que durou vários séculos. Os conquistadores semíticos nunca foram assimilados pelos egípcios; eram sempre encarados com hostilidade, como estrangeiros e bárbaros; e foram, expulsos, afinal, por uma rebelião popular em torno de 1600 a.C.

Mas os semitas haviam se instalado em definitivo na Suméria, as duas raças se assimilaram e o Império Babilônico se tornou semítico, em linguagem e nas características.

17

OS PRIMEIROS POVOS NAVEGADORES

Os mais remotos barcos e navios devem ter começado a navegar 25 ou 30 mil anos atrás. No mais tardar, o homem já estava remando pela água, com auxílio de um tronco de madeira ou de uma pele inflada, nos primórdios do período neolítico. Um barco de cesto coberto de pele e calafetado era utilizado no Egito e na Suméria no início das civilizações locais. Tais barcos ainda são usados nessas regiões. São usados até hoje na Irlanda e no País de Gales, e no Alasca barcos de pele de foca ainda fazem a travessia do Estreito de Bering. Com ferramentas mais elaboradas, o tronco oco veio a seguir. A construção de barcos e navios foi consequência natural.

Talvez a lenda da Arca de Noé preserve a memória de alguma antiga tentativa de fabricar um navio, assim como a história do Dilúvio, tão amplamente divulgada entre os povos do mundo, pode ser a tradição resultante da inundação da bacia do Mediterrâneo.

Navios singravam o Mar Vermelho muito antes da construção das pirâmides, e já havia navios no Mediterrâneo e no Golfo Pérsico por volta de 7000 a.C. Em grande parte, eram embarcações de pescadores, mas alguns já eram navios mercantes e piratas – pois, pelo que conhecemos da humanidade, podemos pressupor com bastante segurança que os primeiros marinheiros pilhavam quando podiam e negociavam quando não havia alternativa.

Os mares nos quais os primeiros navios se aventuraram eram mares internos, nos quais o vento soprava espasmodicamente e nos quais muitas vezes uma calmaria completa se alongava por vários dias, de modo que a navegação não avançou e não deixou de ser uma prática acessória. Foi apenas nos últimos quatrocentos anos que os navios oceânicos e bem equipados evoluíram. Os navios do mundo antigo eram essencialmente navios a remo que se mantinham perto da costa e que aportavam ao primeiro sinal de tempo ruim. Com as embarcações se transformando em grandes galés, surgiu uma demanda por cativos, escravos de galés.

Já nos debruçamos sobre a aparição dos povos semíticos como errantes e nômades na região da Síria e da Arábia, e sobre como eles conquistaram a Suméria e deram início primeiro ao Império Acadiano e depois ao Babilônico. No oeste, esses mesmos povos semíticos estavam se lançando ao mar. Eles fundaram uma sequência de cidades portuárias ao longo da costa leste do Mediterrâneo, sendo Tiro e Sídon as principais; na época em que Hamurabi dominou a Babilônia, eles já haviam se espalhado por toda a bacia do Mediterrâneo, agindo como negociantes, andarilhos e colonizadores. Esses semitas do mar eram conhecidos como fenícios. Eles se instalaram em massa na Espanha, fazendo recuar os antigos bascos ibéricos e enviando expedições costeiras pelo Estreito de Gibraltar; e fundaram colônias na costa norte da África. Sobre Cartago, uma das cidades fenícias, teremos muito a dizer mais adiante.

Mas os fenícios não foram os primeiros povos a lançar galés nas águas mediterrâneas. Já existia uma série de pequenas e grandes cidades nas ilhas e nas costas daquele mar, fundadas por povos que aparentemente estavam ligados por sangue aos bascos, no oeste, e aos berberes e egípcios, no sul: os egeus. Eles não podem ser confundidos com os gregos, que entram na nossa história bem mais adiante; eram pré-gregos, mas tinham cidades na Grécia e na Ásia Menor, como Micenas e Troia, por exemplo, e um próspero estabelecimento em Cnossos, na Ilha de Creta.

Foi apenas no último meio século que a engenhosa escavação dos arqueólogos nos trouxe ao conhecimento, em toda a sua extensão, a civilização dos egeus. Cnossos foi explorada à exaustão; felizmente, ela não foi sucedida por cidades que fossem grandes o suficiente para destruir suas ruínas, e é, assim, nossa maior fonte de informação a respeito dessa civilização que quase chegou a ser esquecida.

A história de Cnossos remete a um passado tão longínquo quanto a história do Egito; as duas nações faziam comércio ativamente, pelo mar, por volta de 4000 a.C. Em torno de 2500 a.C., ou seja, entre os impérios de Sargão e Hamurabi, a civilização cretense se encontrava em seu zênite.

Cnossos era menos uma cidade e mais um palácio para o rei e seu povo. Não havia nem mesmo uma fortificação. Ela só foi fortificada mais tarde, quando os fenícios se tornaram mais fortes e os gregos, uma nova e mais terrível linhagem de piratas, chegaram pelo mar, vindos do norte.

O minos era o monarca dos egeus, como o faraó é o monarca dos egípcios; ele governava num palácio com instalações de água corrente, banheiros e outras conveniências das quais não existem vestígios em nenhuma outra cidade antiga. Ali ele promovia grandes festivais e apresentações artísticas. Havia touradas singularmente parecidas com as touradas que ainda hoje são apreciadas na Espanha; até mesmo a vestimenta do toureiro era semelhante à atual; e havia exibições de ginástica. As roupas femininas se destacavam por um espírito notavelmente moderno; as mulheres usavam espartilhos e vestidos com babados. A cerâmica, as manufaturas têxteis, a escultura, a pintura, as joias, o mármore, os metais e trabalhos embutidos dos cretenses, tudo era, quase sempre, assombrosamente belo. E eles dominavam um sistema de escrita, que ainda está por ser decifrado.

A vida feliz, ensolarada e civilizada dos cretenses perdurou por algumas dezenas de séculos. Por volta de 2000 a.C., Cnossos e Babilônia contavam com uma multidão de habitantes cultos que levavam vidas confortáveis e, provavelmente, muito aprazíveis. Eles dispunham de apresentações artísticas e festivais religiosos, possuíam escravos domésticos que cuidavam deles e escravos industriais que lhes garantiam rendimentos. A vida devia ser um tanto tranquila para os habitantes de Cnossos, iluminada pelo sol e circundada pelo mar azul. O Egito, é claro, provavelmente aparentava ser uma nação em declínio naqueles dias, sob o comando de seus reis pastores, meio bárbaros, e quem se interessa por política poderá notar o quanto os povos semíticos pareciam estar presentes por todos os lados, governando o Egito, governando a distante Babilônia, construindo Nínive no Tigre superior, navegando a oeste até as Colunas de Hércules (o Estreito de Gibraltar) e assentando suas colônias naquelas costas distantes.

Existiam algumas mentes ativas e curiosas em Cnossos, porque mais tarde os gregos contaram lendas sobre um certo artesão cretense, o engenhoso Dédalo, que tentou fabricar uma espécie de máquina voadora, talvez um planador, que se desfez e caiu no mar.

É interessante perceber algumas das diferenças, bem como as semelhanças, entre a vida em Cnossos e a nossa. Para um cavalheiro cretense de 2500 a.C., o ferro era um metal raro que caía do céu e era mais curioso do que útil – pois até então só o ferro meteórico era conhecido, o ferro ainda não tinha sido reduzido de seus minérios. Comparemos essa situação com a nossa, na qual o ferro está em toda parte. O cavalo, por sua vez, seria uma criatura um tanto lendária para o nosso cretense, uma espécie de superasno que vivia nas ermas terras do norte, muito ao longe, além do Mar Negro. A civilização, para ele, restringia-se à Grécia dos egeus e à Ásia Menor, onde lídios, cários e troianos tinham vidas e linguagens que eram provavelmente semelhantes às dele. Havia fenícios e egeus estabelecidos na Espanha e no norte da África, mas essas regiões eram muito remotas para sua imaginação. A Itália era ainda uma terra desolada, coberta por densas florestas; os etruscos de pele escura da Ásia Menor ainda não haviam chegado lá. E um dia, quem sabe, o cavalheiro cretense se dirigiu ao porto e viu um cativo que lhe chamou a atenção por ter pele clara e olhos azuis. Talvez o nosso cretense tenha tentado conversar com ele e tenha recebido como resposta um tagarelar ininteligível. A criatura vinha de alguma região situada além do Mar Negro e dava impressão de ser um selvagem completamente ignorante. Mas na verdade ele era um integrante da tribo ariana, de uma raça e de uma cultura de que em breve falaremos bastante, e o seu tagarelar estranho acabaria por se ramificar, um dia, no sânscrito, no persa, no grego, no latim, no alemão, no inglês e na maior parte das principais línguas do mundo.

Assim era Cnossos em seu zênite, inteligente, empreendedora, brilhante e feliz. Mas por volta de 1400 a.C. o desastre se abateu, talvez muito de súbito, sobre sua prosperidade. O palácio de Minos foi destruído, e suas ruínas jamais foram reedificadas ou habitadas desde então. Nós não sabemos como ocorreu o desastre. Os escavadores identificam o que parecem ser sinais de pilhagem e marcas de fogo. Mas também foram encontrados vestígios de um terremoto arrasador. Ou a natureza destruiu Cnossos sozinha, ou os gregos deram prosseguimento ao que começou com o terremoto.

18

EGITO, BABILÔNIA E ASSÍRIA

Os egípcios nunca se submeteram de boa vontade ao comando de seus reis pastores semíticos, e por volta de 1600 a.C. um vigoroso movimento patriótico expulsou esses estrangeiros. Seguiu-se uma fase de reflorescimento no Egito, um período que os egiptólogos chamam de Novo Império. O Egito, que não chegara a se consolidar de fato antes da invasão dos hiksos, era agora um país unido; e a fase de subjugação e insurreição criou um forte espírito militar. Os faraós se tornaram conquistadores agressivos. Eles contavam agora com cavalos e bigas de guerra, introduzidos pelos hiksos. Sob Tutmés III e Amenófis III o Egito havia estendido seu domínio Ásia adentro, alcançando o Eufrates.

Estamos entrando, agora, num período de mil anos de hostilidades entre as civilizações da Mesopotâmia e do Nilo, que até então haviam vivido um tanto isoladas. A supremacia inicial coube ao Egito. As grandes dinastias, a décima sétima dinastia, que incluiu Tutmés III, os Amenófis III e IV e a grande rainha Hatasu, e a décima nona, na qual Ramsés II, que alguns supõem ter sido o faraó de Moisés, reinou por 67 anos, alçaram o Egito a altos níveis de prosperidade. No meio-tempo o Egito passou por fases de depressão, foi conquistado pelos sírios e mais tarde pelos etíopes do sul. Na Mesopotâmia, o Império Babilônico predominou, e então os hititas e os sírios de Damasco exerceram um domínio transitório, em certo momento os sírios conquistaram o Egito; as fortunas dos assírios de Nínive cresciam e diminuíam; por vezes a cidade era uma cidade conquistada; por vezes os assírios dominavam Babilônia e assaltavam o Egito. Nosso espaço é limitado demais para que possamos dar conta das idas e vindas dos exércitos egípcios e das diversas forças da

Ásia Menor, da Síria e da Mesopotâmia. Eram exércitos que dispunham agora de vastos contingentes de bigas de guerra, pois nessa altura o cavalo – usado, ainda, apenas para a guerra gloriosa – já havia se disseminado pelas antigas civilizações, vindo da Ásia Central.

Grandes conquistadores surgem na luz turva de uma longínqua conjuntura passada: Tushratta, rei de Mitanni, que dominou Nínive; Teglat-Falasar I, da Assíria, que conquistou Babilônia. E afinal os assírios se tornaram a mais poderosa força militar da época. Teglat-Falasar III conquistou Babilônia em 745 a.C. e fundou o que os historiadores chamam de Novo Império Assírio. O ferro chegara à civilização, trazido do norte; os hititas, precursores dos armênios, obtiveram-no primeiro e transmitiram seu uso aos assírios, e um usurpador assírio, Sargão II, armou suas tropas com ele. A Assíria veio a ser a primeira força armada a consolidar uma doutrina de ferro e sangue. Senaqueribe, filho de Sargão, liderou um exército que avançou até a fronteira do Egito, e foi derrotado não por força militar, mas por uma peste. Assurbanipal, neto de Senaqueribe e também conhecido historicamente por seu nome grego Sardanapalo, conquistou de fato o Egito em 670 a.C. Mas o Egito já era um país conquistado, sob uma dinastia etíope. Sardanapalo simplesmente substituiu um conquistador por outro.

Se desenhássemos uma série de mapas políticos desse longo período da história, um intervalo de dez séculos, veríamos o Egito se expandindo e se contraindo, como uma ameba vista por um microscópio, e observaríamos os vários Estados semíticos de babilônios, assírios, hititas e sírios indo e vindo, devorando uns aos outros e vomitando uns aos outros. A oeste da Ásia Menor teríamos pequenos Estados egeus como a Lídia, cuja capital era Sardes, e a Cária. Mas a partir de 1200 a.C., talvez até antes, novos nomes invadiriam o mapa do mundo antigo, vindos do nordeste e do noroeste. Seriam nomes de certas tribos bárbaras que vinham armadas com ferro e fazendo uso de bigas com cavalos, e que eram motivo de grande aflição para as civilizações egeias e semíticas das fronteiras do norte. Todos os bárbaros falavam variedades de algo que um dia deve ter sido uma mesma língua, o ariano.

Pelo nordeste dos mares Negro e Cáspio estavam vindo os medos e os persas. Os citas e sármatas se confundem com eles nos registros da época. Do nordeste ou noroeste vinham os armênios, e da península dos Bálcãs, pelo noroeste da barreira marítima, vinham os cimérios, os frígios e o povo helênico que hoje chamamos de grego. Eram invasores e ladrões e saqueadores de cidades, esses arianos, tanto os do leste quanto os do oeste. Eram todos aparentados, povos semelhantes, pastores intrépidos que se lançaram à pilhagem. No leste, ainda agiam apenas como fronteiriços ou atacantes, mas no oeste eles estavam tomando cidades e expulsando os egeus civilizados. As populações egeias foram de tal forma oprimidas que se viram obrigadas a procurar por um lar que estivesse fora do alcance dos arianos. Alguns tentaram se estabelecer no delta do Nilo e foram rechaçados pelos egípcios; os etruscos, ao que parece, saíram da Ásia Menor para encontrar refúgio nas florestas desabitadas do centro da Itália; alguns construíram cidades na costa sudeste do Mediterrâneo e se tornaram, mais tarde, o povo conhecido historicamente como filistino.

Falaremos com mais calma, num capítulo posterior, sobre os arianos que invadiram com tanta brutalidade a cena das civilizações antigas. Aqui vamos apenas registrar a emigração dessas civilizações, o tumulto deflagrado pelo turbilhão do gradual e contínuo avanço dos bárbaros arianos desde os ermos e florestas do norte entre 1600 e 600 a.C.

E num capítulo seguinte falaremos também sobre os hebreus, um pequeno povo semítico que, nas colinas situadas além das costas fenícias e filistinas, tornou-se significativo para o mundo no fim desse período. Eles produziram uma literatura de grande importância na história subsequente, uma coleção de livros, histórias, poemas, textos de sabedoria e obras proféticas, a Bíblia Hebraica.

Na Mesopotâmia e no Egito, a chegada dos arianos não acarretou alterações fundamentais antes de 600 a.C. A fuga dos egeus diante dos gregos e mesmo a destruição de Cnossos devem ter representado um distúrbio muito remoto tanto para os cidadãos do Egito quanto para os da Babilônia. Dinastias se sucediam nesses berços da civilização, mas a vida humana habitual prosseguia, com lentas melhorias, com uma complexidade um pouco maior a cada era. No Egito, os monumentos erigidos em tempos mais antigos – as pirâmides já tinham 3 mil anos de existência, e havia uma apresentação para visitantes semelhante às de hoje – ganharam a companhia de novas e esplêndidas construções, principalmente na décima sétima e na décima nona dinastia. Os grandiosos templos de Karnak e Luxor datam desse tempo. Todos os maiores monumentos de Nínive, os grandes templos, os touros alados com cabeças humanas, os relevos com reis e bigas e caçadas de leão, foram criados nos séculos entre 1600 e 600 a.C., e o período também cobre o surgimento dos maiores esplendores da Babilônia.

Tanto da Mesopotâmia como do Egito temos hoje abundantes registros públicos, contabilidades de negócios, histórias, poesia e correspondência privada. Sabemos que a vida, para as prósperas e influentes populações de cidades como a Babilônia e a Tebas egípcia, já era quase tão refinada e luxuosa quanto a das prósperas e confortáveis populações de hoje. Aquelas pessoas viviam uma vida organizada e cerimoniosa, em casas belíssimas, belissimamente mobiliadas e decoradas, e usavam roupas ricamente ornadas e joias deslumbrantes; elas participavam de festas e festivais, divertiam-se com música e dança, eram servidas por criados treinados, eram tratadas por médicos e dentistas. Não viajavam muito e não iam muito longe, mas excursões de barco eram um costumeiro entretenimento de verão, no Nilo e no Eufrates. A besta de carga era o asno; o cavalo ainda era usado apenas para bigas de guerra e cerimônias oficiais. A mula era uma novidade, e o camelo, embora já fosse conhecido na Mesopotâmia, não fora trazido ao Egito. E eram poucos os utensílios de ferro existentes; os metais predominantes seguiam sendo o cobre e o bronze. Refinados tecidos de linho e algodão eram tão conhecidos quanto a lã. Mas ainda não havia seda. O vidro já era conhecido e era produzido em belas cores, mas os objetos de vidro costumavam ser pequenos. Não havia vidro transparente e nem se fazia uso ótico dele.

As pessoas tinham obturações de ouro em seus dentes, mas não tinham óculos nos narizes.

Um estranho contraste entre a vida da velha Tebas ou da Babilônia e a vida moderna era a ausência de moeda. As negociações ainda eram efetivadas quase sempre por escambo. No que diz respeito a finanças, a Babilônia estava bem mais avançada do que o Egito. Ouro e prata eram usados nas trocas e mantidos em lingotes; e existiam banqueiros, antes do advento da cunhagem, que gravavam seus nomes nessas barras de metal precioso, assim como o peso delas. Um mercador ou viajante sempre levava pedras preciosas consigo, e as vendia para bancar suas necessidades. Os criados e trabalhadores eram, na maioria, escravos que recebiam pagamento em espécie, não em dinheiro. Quando o dinheiro começou a circular, houve um declínio na escravidão.

Um visitante moderno teria notado a falta de dois alimentos nas majestosas cidades do mundo antigo: não havia galinhas e ovos. Um cozinheiro francês teria poucos motivos para se alegrar na Babilônia. A galinha viria do leste, nos tempos do último Império Assírio.

A religião, como todo o resto, passara por grandes refinamentos. O sacrifício humano, por exemplo, desaparecera havia muito tempo; a vítima fora substituída por animais ou por bonecos comestíveis. (Mas os fenícios, em especial os cidadãos de Cartago, maior colônia fenícia na África, foram acusados mais tarde de imolar seres humanos.) Quando um grande líder morria, nos tempos antigos, era costume sacrificar suas esposas e escravos e introduzir lança e arco em sua tumba para que ele não partisse sozinho e desarmado para o mundo dos espíritos. No Egito, restou dessa tradição sombria o aprazível hábito de enterrar com o morto pequenas maquetes com sua casa, sua oficina, criados e gado, maquetes que nos legaram vívidas representações da rotina tranquila e refinada de uma gente que viveu mais de três mil anos atrás.

Assim era o mundo antigo antes da chegada dos arianos, saídos das florestas e planícies do norte. Na Índia e na China ocorreram avanços paralelos. Nos grandes vales de ambas as regiões cresciam cidades-estado rurais com populações pardas, mas na Índia elas não parecem ter progredido ou juntado forças tão rapidamente quando as cidades-estado da Mesopotâmia ou do Egito. Elas estavam mais ao nível dos antigos sumérios ou da civilização maia da América. A história chinesa ainda precisa ser modernizada por especialistas e depurada de muitas lendas. Provavelmente, a China estava à frente da Índia naquela altura. Contemporânea à 17ª dinastia do Egito, a dinastia Shang reinou na China com imperadores sacerdotes que controlavam uma rede mal costurada de reis subordinados. O principal dever desses imperadores antigos era comandar os sacrifícios sazonais. Magníficos vasos de bronze do tempo da dinastia Shang podem ser contemplados nos dias de hoje, e sua beleza e sua perfeição técnica nos levam a reconhecer que muitos séculos de civilização precederam sua manufatura.

19

OS ARIANOS PRIMITIVOS

Quatro mil anos atrás, ou seja, por volta de 2000 a.C., a Europa central e sudeste e a Ásia central eram provavelmente mais quentes, mais úmidas e mais florestadas do que são hoje. Por essas regiões da Terra vagavam tribos que pertenciam quase todas à raça nórdica, de pele branca e olhos azuis, e que se mantinham em contato o bastante para que falassem ligeiras variações de uma língua comum, do Reno ao Mar Cáspio. Àquela altura, pode ser que não formassem um grupo muito numeroso, e sua existência não chegara ao conhecimento da Babilônia na qual Hamurabi ditava as leis, ou da já antiga e culta terra do Egito, que estava provando pela primeira vez, naqueles dias, o gosto amargo da conquista estrangeira.

Os povos nórdicos estavam destinados a exercer um papel importantíssimo na história do mundo. Eram um povo das regiões arborizadas e das clareiras de floresta; não tinham cavalos, de início, mas tinham gado; quando perambulavam, carregavam suas barracas e equipamentos em rudes carros de bois; quando se assentavam por um tempo em determinado lugar, pode ser que construíssem cabanas com vime e barro. Enterravam seus mortos importantes; não os enterravam cerimoniosamente, como faziam os povos morenos. Depositavam as cinzas de seus grandes líderes em urnas e então levantavam um monte circular em volta delas, com terra e pedras. Esses montes são os "túmulos redondos" que podem ser encontrados por todo o norte da Europa. Os povos morenos, seus predecessores, não queimavam seus mortos; enterravam-nos em posição sentada, em montes alongados – os "túmulos compridos".

Os arianos cultivavam campos de trigo, lavrando-os com bois, mas não ficavam em definitivo junto aos campos;

faziam a colheita e seguiam adiante. Faziam uso de bronze, e a certa altura, por volta de 1500 a.C, começaram a usar ferro. É possível que tenham sido os descobridores da fundição do ferro. E em algum momento indefinido, pela mesma época, passaram a se valer do cavalo – apenas no transporte de carga, a princípio. Sua vida social não girava em torno de um templo como no caso dos povos mais assentados do entorno do Mediterrâneo, e seus comandantes eram mais líderes do que sacerdotes. Organizavam-se antes num sistema social aristocrático do que num sistema divino e real; já haviam distinguido certas famílias, num estágio muito inicial, como sendo aptas à liderança e à nobreza.

Eram pessoas muito propensas à oralidade. Animavam suas andanças com banquetes, nos quais todos ficavam embriagados e nos quais um tipo diferenciado de homem, o bardo, cantava e recitava. Não dominaram nenhum tipo de escrita antes de entrar em contato com a civilização, e as memórias dos bardos eram sua literatura viva. O costume de recitar para fins de entretenimento fez de sua linguagem um belo instrumento de expressão, e a isso pode ser em parte atribuída, sem dúvida, a subsequente predominância das linguagens derivadas do ariano. Todo povo ariano tinha suas lendas históricas cristalizadas em recitações de bardos, em épicos, sagas e vedas, como eram chamadas as variadas manifestações orais.

A vida social dos arianos tinha por centro as moradias de seus líderes. O alojamento do chefe, nos locais em que permaneciam por algum tempo, era muitas vezes uma espaçosa edificação de madeira. Existiam, sem dúvida, construções para proteger os rebanhos e alojamentos mais afastados; mas na maioria das tribos a moradia do líder era o centro de tudo, todos a frequentavam para banquetes, recitações de bardos e jogos e discussões. Estábulos e estrebarias a cercavam. O chefe e sua mulher e pessoas próximas dormiam num estrado ou num andar superior; as pessoas comuns dormiam em qualquer canto, como ocorre ainda hoje nos lares indianos. A não ser pelos armamentos, ornamentos, ferramentas e objetos pessoais, havia uma espécie de comunismo patriarcal na tribo. O chefe cuidava do gado e das pastagens de acordo com o interesse de todos; as florestas e os rios eram território selvagem.

Era assim que viviam os povos que vinham crescendo e se multiplicando em vastas regiões da Europa Central e do centro-oeste da Ásia no auge das grandes civilizações da Mesopotâmia e do Nilo, e que acabariam por oprimir todos os povos heliolíticos no segundo milênio antes de Cristo. Estavam chegando à França e à Inglaterra e à Espanha. Abriram caminho para o oeste em duas ondas. Os primeiros arianos a chegar à Inglaterra e à Irlanda trouxeram consigo armamentos de bronze. Eles exterminaram ou subjugaram os povos que tinham construído os magníficos monumentos de pedra de Carnac, na Bretanha, e de Stonehenge e Avebury, na Inglaterra. Alcançaram a Irlanda. São os celtas gaélicos. A segunda onda, formada por povos de raças muito próximas, talvez marcadas por outras miscigenações, introduziu o uso do ferro na Grã-Bretanha, e é conhecida como a onda dos celtas bretões. É deles que provém a língua dos galeses.

Povos celtas aparentados se dirigiam para o sul e começavam a invadir a Espanha, e entraram em contato não apenas com os povos bascos heliolíticos, que ainda ocupavam o território, mas também com as colônias fenícias semíticas do litoral. Um grupo de tribos ligado aos celtas, os italianos, ia descendo pelas terras ainda selvagens e florestadas da península italiana. Eles nem sempre efetuavam conquistas. Roma aparece na história no século VIII a.C.; era uma cidade mercantil à margem do Tibre, habitada por arianos latinos mas submetida ao comando de nobres e reis etruscos.

Na outra extremidade do avanço ariano havia um progresso similar para o sul, por parte de tribos similares. Povos arianos que falavam sânscrito haviam descido pelos desfiladeiros ocidentais até a Índia, muito antes de 1000 a.C. Ali, entraram em contato com uma civilização morena remota, a civilização dravidiana, a aprenderam muito com ela. Outras tribos arianas parecem ter se espalhado pelos maciços montanhosos da Ásia Central, na direção leste, longe do alcance da ocupação ariana dos dias de hoje. No Turquestão Oriental ainda existem tribos nórdicas de pele branca e olhos azuis, mas hoje elas falam línguas mongólicas.

Entre os mares Negro e Cáspio, os hititas antigos foram encobertos e "arianizados" pelos armênios antes de 1000 a.C., e os assírios e babilônios já tinham conhecimento da existência de um novo e formidável barbarismo invasor nas fronteiras ao nordeste, de um grupo de tribos em que se destacam os citas, os medos e os persas.

Mas foi vindo pela península balcânica que as tribos arianas desferiram seu primeiro golpe violento no coração da civilização antiga. Eles já vinham descendo para o sul e atravessando a Ásia Menor ao longo de muitos séculos antes de 1000 a.C. O primeiro grupo a chegar tinha como tribo mais conspícua os frígios, e a seguir vieram, em sucessão, os gregos eólios, jônicos e dórios. No ano 1000 a.C. eles já haviam escorraçado a antiga civilização egeia, tanto no território continental grego como na maioria das ilhas gregas; as cidades de Micenas e Tirinto foram obliteradas, e Cnossos estava praticamente esquecida. Os gregos haviam se lançado ao mar antes de 1000 a.C., tinham se estabelecido em Creta e Rodes, e estavam fundando colônias na Sicília e no sul da Itália, à maneira das cidades mercantis fenícias que se espalhavam pelas costas do Mediterrâneo.

Assim, enquanto Teglat-Falasar III e Sargão II e Sardanapalo governavam a Assíria e guerreavam com Babilônia e Síria e Egito, os povos arianos aprendiam os fundamentos da civilização e os aplicavam de acordo com seus próprios interesses na Itália, na Grécia e no norte da Pérsia. O tema histórico central, do século IX a.C. em diante, ao longo de seis séculos, é a história de como os povos arianos se tornaram poderosos e empreendedores e de como por fim subjugaram todo o mundo antigo, o mundo dos semitas, dos egeus e dos egípcios. Num plano geral, os povos arianos foram vitoriosos de modo incontestável; mas o conflito entre as ideias e os métodos de arianos, semitas e egípcios não cessou, muito depois de o cetro ter passado às mãos arianas. Trata-se, de fato, de um conflito que tem continuidade por toda a história e se mantém, de certa forma, nos dias de hoje.

20

O último Império Babilônico e o império de Dario I

Já mencionamos a transformação da Assíria em grande potência militar sob os comandos de Teglat-Falasar III e do usurpador Sargão II. O nome original deste último não era Sargão; ele o adotou para bajular os babilônios dominados, trazendo à lembrança o antigo fundador do Império Acadiano, Sargão I, que vivera dois mil anos antes. Apesar de ser uma cidade conquistada, a Babilônia tinha população maior e era mais importante que Nínive, e seu grande deus Bel-Marduk, seus mercadores e seus sacerdotes tinham de ser tratados com deferência. Na Mesopotâmia do século VIII a.C., já estava muito distante o tempo em que a captura de uma cidade implicava pilhagem e massacre. Os conquistadores tinham interesse em conciliar e seduzir os conquistados. O Império Assírio perdurou por um século e meio depois de Sargão e, como já observamos, Assurbanipal (Sardanapalo) chegou a tomar conta do baixo Egito.

Mas o poder e a solidariedade da Assíria enfraqueceram rapidamente. O Egito se mobilizou para expulsar os estrangeiros sob o comando do faraó Psamético I, e sob Neco II se lançou a uma guerra de conquista na Síria. Àquela altura a Assíria lidava com inimigos mais próximos, e não pôde oferecer mais do que uma débil resistência. Um povo semítico do sudeste da Mesopotâmia, os caldeus, juntou forças aos medos arianos e persas do nordeste para combater Nínive, e em 606 a.C. – pois agora já podemos contar com uma cronologia exata – tomaram a cidade.

Houve uma divisão dos espólios da Assíria. Um império medo foi fundado no norte, sob a liderança de Ciáxares;

incluía Nínive, e sua capital era Ecbátana. A leste, avançava até a fronteira da Índia. Ao sul, em grande ritmo de crescimento, tínhamos um novo Império Caldeu, o segundo Império Babilônico, que alcançou um elevado nível de riqueza e poder sob o comando de Nabucodonosor, o Grande (o Nabucodonosor da Bíblia). Tiveram início, na Babilônia, os últimos grandes dias, os mais grandiosos de todos. Por certo tempo os dois impérios conviveram em paz, e a filha de Nabucodonosor foi casada com Ciáxares.

Enquanto isso, Neco II dava prosseguimento a suas fáceis conquistas na Síria. Ele derrotara e executara o rei Josias de Judá (um pequeno país sobre o qual teremos mais a falar em breve) na Batalha de Megido, em 608 a.C., e abriu caminho até o Eufrates, para encontrar não uma Assíria decadente, e sim uma Babilônia renascida. Os caldeus se mostraram bastante vigorosos na luta com os egípcios. Neco teve de debandar e retornar para o Egito, e a fronteira babilônica desceu até o nível das antigas fronteiras egípcias.

De 606 até 539 a.C., o segundo Império Babilônico prosperou de modo irregular. Só prosperou na medida em que se manteve em boas relações com Império Medo do norte, que era mais forte e resistente. E durante esses 67 anos a vida prosperou na antiga cidade, e o conhecimento também prosperou.

A Babilônia sempre se sobressaiu por sua grande atividade intelectual, mesmo sob os monarcas assírios, e em especial sob Sardanapalo. Este último, embora assírio, passara por uma forte babilonização. Ele construiu uma biblioteca sem papel, uma biblioteca com as placas de argila nas quais se escrevia desde os antigos tempos sumérios. Sua coleção foi descoberta por arqueólogos e é, talvez, o mais precioso conjunto de registros históricos do mundo. O último dos monarcas caldeus da Babilônia, Nabonido, tinha gostos literários ainda mais apurados. Ele patrocinava pesquisas históricas; quando investigadores seus puderam confirmar a data da ascensão ao poder de Sargão I, comemorou o fato com inscrições. Mas havia muitos sinais de desunião em seu império, e ele procurou centralizá-lo trazendo uma boa

Mapa que mostra a relação dos impérios Medo e Babilônico (Caldeu) no reinado de Nabucodonosor, o Grande

[MONTANHAS hachuradas verticalmente.]

quantidade dos vários deuses locais para a Babilônia e construindo templos para eles. Tal artifício viria a ser praticado com bastante sucesso, mais tarde, pelos romanos, mas na Babilônia Nabonido atraiu a inveja do poderoso sacerdócio de Bel-Marduk, o maior deus dos babilônios. Os sacerdotes se puseram a procurar por alternativas a Nabonido e se decidiram por Ciro, o Persa, governante vizinho, do Império Medo. Ciro já se distinguira por derrotar Creso, o abastado rei da Lídia, no leste da Ásia Menor. Ele marchou até Babilônia, houve uma batalha fora dos muros da cidade, e os portões lhe foram abertos (538 a.C.). Seus soldados entraram na cidade sem lutar. A Bíblia relata que o príncipe herdeiro Baltazar, filho de Nabonido, foi surpreendido durante um banquete pela aparição de uma mão que escreveu na parede, em letras de fogo, estas palavras místicas: "*Menê, Menê, Teqel, Parsin*"; convocado pelo príncipe, o profeta Daniel interpretou o enigma como sendo a mensagem "Menê – Deus mediu o teu reino e deu-lhe fim; Teqel – tu foste pesado na balança e foste julgado deficiente; Parsin – teu reino foi dividido e entregue aos medos e aos persas".* É possível que os sacerdotes de Bel-Marduk soubessem de algo a respeito da inscrição na parede. Baltazar foi morto naquela noite, diz a Bíblia. Nabonido foi feito prisioneiro, e a ocupação da cidade foi tão pacífica que as cerimônias de Bel-Marduk tiveram prosseguimento sem intromissões.

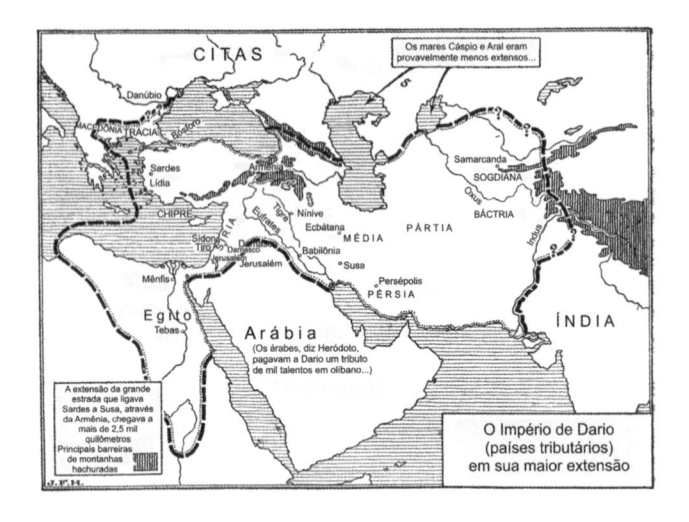

Foi assim que a Babilônia se uniu ao Império Medo. Cambises, filho de Ciro, subjugou o Egito. Cambises enlouqueceu e morreu acidentalmente, e foi logo sucedido por Dario, o Medo – Dario I, filho de Histaspes, um dos principais conselheiros de Ciro.

O Império Persa de Dario, o primeiro dos novos impérios arianos na base das antigas civilizações, foi o maior império que o mundo já vira. Ele incluía toda a Ásia Menor e a Síria, todos os antigos impérios da Assíria e da Babilônia, o Egito, as regiões do Cáucaso e do mar Cáspio, o território medo, a Pérsia, e se estendia Índia adentro até alcançar o Indus. Um império de tais proporções era possível porque agora o mundo contava com cavalos e cavaleiros e carretas

---

* As citações bíblicas, nesta edição, foram extraídas da *Bíblia de Jerusalém* (Paulus Editora, 2002). (N.T.)

e estradas abertas por mão humana. Antes disso, os métodos mais rápidos de transporte eram o asno e o boi, e o camelo para o deserto. Os governantes persas abriram grandes estradas principais para que o império se mantivesse, e cavalos de posta estavam sempre disponíveis para o mensageiro imperial ou para o viajante com sua permissão oficial. Além disso tudo, o mundo começava agora a cunhar moeda, o que facilitava em muito o comércio e as relações. Mas a capital do vasto império não era mais a Babilônia. A longo prazo, o sacerdócio de Bel-Marduk não se beneficiou em nada com sua traição. Embora ainda fosse importante, a Babilônia era agora uma cidade em declínio, e as cidades mais relevantes do novo império eram Persépolis e Susa e Ecbátana. A capital era Susa. Nínive já estava abandonada, mergulhada em ruínas.

21

A HISTÓRIA ANTIGA DOS JUDEUS

E agora podemos falar sobre os hebreus, o povo semita que teve menos importância no papel que representou em seu tempo do que na forte influência que exerceu sobre o decorrer da história do mundo. Eles se fixaram na Judeia bem antes de 1000 a.C., e sua capital, a partir desse período, foi Jerusalém. Sua história se entrelaça com as trajetórias dos grandes impérios vizinhos, ao sul o Egito e ao norte os impérios que se alternavam entre Síria, Assíria e Babilônia. Sua terra era uma inevitável estrada de passagem entre as potências do norte e o Egito.

A relevância dos judeus no mundo se deve ao fato de que produziram uma literatura escrita, uma história mundial, um conjunto de leis, crônicas, salmos, livros de sabedoria, poesia e ficção e discursos políticos que acabaram por se transformar no que os cristãos conhecem como o Velho Testamento, a Bíblia Hebraica. Essa literatura surge na história no quarto ou quinto século antes de Cristo.

É provável que esses textos tenham sido compilados pela primeira vez na Babilônia. Nós já contamos como o faraó Neco II invadiu o Império Assírio quando a Assíria defendia sua vida contra medos, persas e caldeus. Josias, rei de Judá, opôs-se a ele e foi derrotado e morto em Megido (608 a.C.). O reino de Judá se tornou tributário do Egito; Nabucodonosor, o Grande, novo rei caldeu da Babilônia, rechaçando Neco e o fazendo retornar ao Egito, tentou controlar Judá nomeando reis-marionetes em Jerusalém. O experimento fracassou, e o povo massacrou seus oficiais babilônicos, e então ele decidiu aniquilar esse pequeno Estado que desde muito tempo vinha jogando o Egito contra o império do norte. Jerusalém foi saqueada e queimada, e a população que restou foi levada como cativa para Babilônia.

Lá os judeus permaneceram, até Ciro conquistar a Babilônia (538 a.C.). Ele os reuniu e os enviou de volta, para que reorganizassem seu país e reconstruíssem os muros e o templo de Jerusalém.

Antes desse momento, ao que parece, os judeus nunca foram um povo muito civilizado ou unido. É provável que pouquíssimos deles fossem capazes de ler ou escrever. Em sua própria história, não há menção de que os primeiros livros da Bíblia fossem lidos; a primeira menção de um livro ocorre no tempo de Josias. O cativeiro babilônico os civilizou e os consolidou como povo. Eles retornaram cientes de sua própria literatura, um povo profundamente político e conhecedor de si mesmo.

Sua Bíblia, àquela altura, aparentemente consistia apenas no Pentateuco, ou seja, os cinco primeiros livros do Velho Testamento como o conhecemos. Além disso, os judeus já possuíam, na condição de livros isolados, muitos dos outros livros que desde então foram incorporados ao Pentateuco para formar a Bíblia Hebraica, entre eles Crônicas, Salmos e Provérbios.

Os relatos com os quais se inicia a Bíblia, as histórias da criação do mundo, de Adão e Eva e do dilúvio, possuem estruturas que fazem lembrar lendas babilônicas similares; parecem ter se originado em crenças populares compartilhadas por todos os povos semitas. De modo que as histórias de Moisés e Sansão também encontram equivalências em histórias sumérias e babilônicas. Com a história de Abraão e a partir daí, porém, a raça judaica passa a viver algo mais especial.

Abraão pode ter vivido em dias tão longínquos quanto os tempos de Hamurabi na Babilônia. Ele foi um patriarca semita nômade. O leitor deve recorrer ao livro do Gênesis para conhecer a história de suas andanças e as histórias de seus filhos e netos e de como eles se tornaram cativos na Terra do Egito. Abraão viajou por Canaã e, de acordo com o que diz a Bíblia, o Deus do patriarca prometeu a ele e a seus filhos essa sorridente terra de prósperas cidades.

E depois de uma longa estadia no Egito e depois de cinquenta anos de errância por vastidões sob a liderança de Moisés, os filhos de Abraão, agora uma multidão de doze tribos, invadiram a terra de Canaã vindos do leste, pelos desertos árabes. Isso pode ter ocorrido em algum momento entre 1600 a.C. e 1300 a.C.; não dispomos de registros egípcios sobre Moisés ou Canaã que ajudem a esclarecer a história. De todo modo, não conseguiram mais do que conquistar os recessos montanhosos da terra prometida. O litoral não estava nas mãos dos cananeus; pertencia agora a recém-chegados, povos egeus, os filisteus; e suas cidades, Gaza, Gate, Asdode, Ascalon e Jope, resistiram com êxito ao ataque hebreu. Por várias gerações, os filhos de Abraão seguiram sendo um povo obscuro dos recessos montanhosos, em constante animosidade com os filisteus e com tribos aparentadas do entorno, moabitas, midianitas e assim por diante. O leitor encontrará no livro dos Juízes um registro de suas lutas e desastres ao longo do período. Pois se trata, em grande medida, de um registro de desastres e fracassos, relatados com franqueza.

Durante a maior parte desse período os hebreus foram governados, até onde pudessem chegar as leis entre eles, por juízes religiosos selecionados pelos anciãos do povo, mas afinal, em certo momento perto de 1000 a.C., eles escolheram para si um rei, Saul, que os liderasse em batalha. Mas a liderança de Saul não representou grande avanço em relação à liderança dos juízes; ele pereceu sob uma chuva de flechas filistinas na Batalha do Monte Gilboa, sua armadura foi levada ao templo da Vênus filistina e seu corpo foi pregado nos muros de Beth-Shean.

Seu sucessor, Davi, era mais político e obteve mais sucesso. Com Davi nasceu o único período de prosperidade que os povos hebreus jamais viveriam. Tudo se baseou numa forte aliança com os fenícios da cidade de Tiro, cujo rei Hirão parece ter sido um homem empreendedor e de grande inteligência. Ele quis garantir uma rota mercantil segura até o Mar Vermelho através das terras montanhosas hebraicas. Normalmente os comerciantes fenícios chegavam ao Mar

A terra dos hebreus

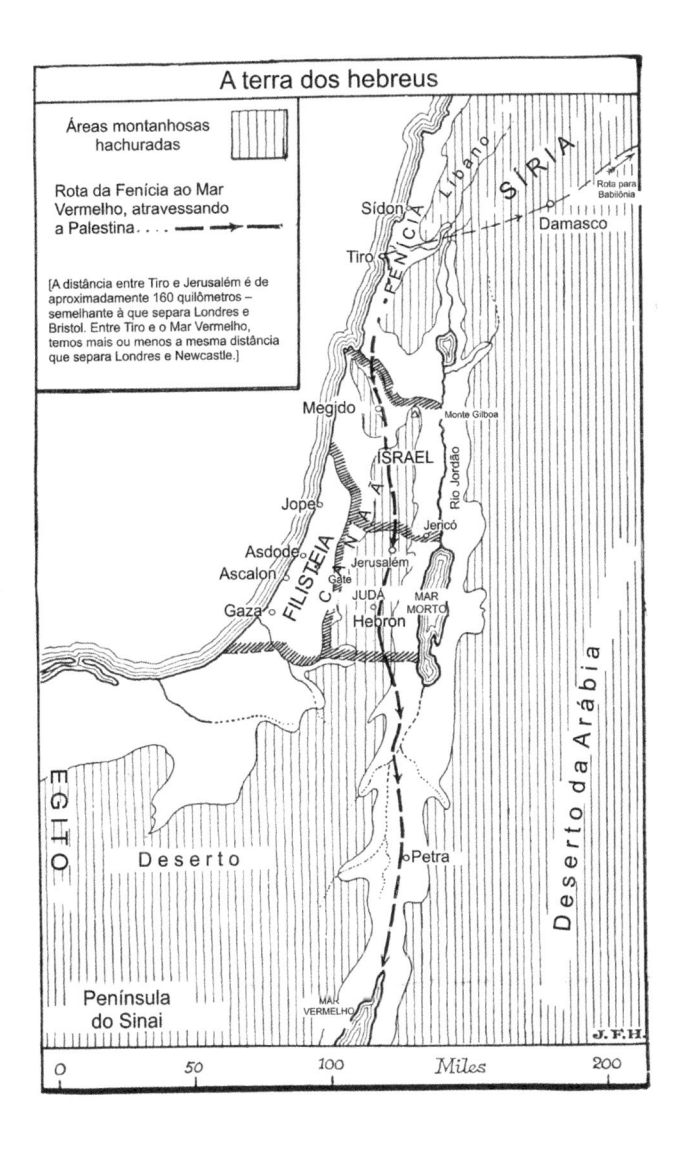

Áreas montanhosas hachuradas

Rota da Fenícia ao Mar Vermelho, atravessando a Palestina....

[A distância entre Tiro e Jerusalém é de aproximadamente 160 quilômetros – semelhante à que separa Londres e Bristol. Entre Tiro e o Mar Vermelho, temos mais ou menos a mesma distância que separa Londres e Newcastle.]

Sídon
Líbano
SÍRIA
Rota para Babilônia
Tiro
FENÍCIA
Damasco
Megido
Monte Gilboa
ISRAEL
Jope
Rio Jordão
Jericó
Asdode
Jerusalém
Ascalon
Gate
FILISTEIA
JUDÁ
MAR MORTO
Gaza
Hebron

EGITO
Deserto
Petra
Deserto da Arábia

Península do Sinai
MAR VERMELHO

J.F.H.

0   50   100   Miles   200

Vermelho pelo Egito, mas o Egito se encontrava numa situação de profunda desordem naquele tempo; pode ser que existissem outros impedimentos para uma rota mercantil fenícia por tal caminho, e de todo modo Hirão firmou relações muito cordiais tanto com Davi quanto com seu filho e sucessor, Salomão. Sob os auspícios de Hirão foram erguidos os muros, o palácio e o templo de Jerusalém, e em compensação Hirão construiu e lançou seus navios no Mar Vermelho. Uma considerável rota de negócios atravessava Jerusalém ao norte e ao sul. E Salomão obteve uma prosperidade e uma magnificência que seu povo ainda não havia conhecido. Ele chegou a receber uma filha de faraó em casamento.

Mas é bom manter em mente as proporções das coisas. No auge de suas glórias, Salomão era apenas um pequeno rei subordinado em uma cidade pequena. Seu poder era tão transitório que, poucos anos após sua morte, Sisaque, o primeiro faraó da 22ª dinastia, tomou Jerusalém e saqueou a maior parte de seus esplendores. Os relatos dos livros dos Reis e Crônicas a respeito da magnificência de Salomão são questionados por muitos especialistas. Eles afirmam que houve acréscimos e exageros por conta do orgulho patriótico de autores pósteros. Mas o que diz a Bíblia, quando a lemos com atenção, não é tão grandioso quanto parece numa primeira leitura. O templo de Salomão, se fizermos uma estimativa de suas medidas, caberia dentro de uma pequena igreja suburbana, e seus 1.400 carros deixam de impressionar quando, graças a um monumento assírio, constatamos que seu sucessor, Roboão, enviou um contingente de dois mil carros ao exército assírio. Fica também bastante evidente, na narrativa bíblica, que Salomão gastava demais em ostentações e que sobretaxava e extenuava seu povo. Quando morreu, a parte setentrional de seu reino se separou de Jerusalém e se transformou no reino independente de Israel. Jerusalém continuou sendo a capital de Judá.

A prosperidade do povo judeu teve curta duração. Hirão morreu, e a ajuda de Tiro deixou de fortalecer Jerusalém. O Egito ficou mais forte outra vez. A história dos reis de Israel e dos reis de Judá se torna uma história de dois pequenos Estados espremidos: ao norte, havia primeiro a Síria e depois a Assíria e então a Babilônia; ao sul, havia o Egito. É uma sucessão de desastres e de decisões que apenas adiavam desastres. É uma história de reis bárbaros comandando povos bárbaros. Em 721 a.C., o reino de Israel foi arrasado, e seu povo, escravizado pelos assírios, perdeu-se de vez na história. Judá conseguiu resistir até 604 a.C., quando, como já mencionamos, teve o mesmo destino que coube a Israel. Pode ser que existam detalhes controversos no que a Bíblia conta da história hebraica dos tempos dos Juízes em diante, mas, de modo geral, trata-se evidentemente de uma história verdadeira, que condiz com tudo que já foi descoberto em escavações no Egito e na Assíria e na Babilônia ao longo do último século.

Foi na Babilônia que o povo hebreu compilou sua história e desenvolveu sua tradição. O povo que voltou a Jerusalém por ordem de Ciro era muito diferente, no espírito e no conhecimento, em relação ao povo que fora feito cativo. Eles conheceram a civilização. Na formação de seu caráter, um papel muito importante foi exercido por certos homens de um novo tipo, os profetas, aos quais precisamos dirigir nossa atenção agora. Os profetas marcam o aparecimento de novas e admiráveis forças na gradual evolução da sociedade humana.

22

Sacerdotes e profetas na Judeia

As quedas de Assíria e Babilônia foram apenas os primeiros entre os inúmeros desastres que se abateriam sobre os povos semitas. No século VII a.C., a impressão era de que todo o mundo civilizado acabaria dominado por governantes semitas. Eles governavam o grande Império Assírio e haviam conquistado o Egito; Assíria, Babilônia e Síria eram semitas e falavam línguas mutuamente inteligíveis. O comércio mundial estava em mãos semitas. Tiro e Sídon, as mais majestosas cidades da costa fenícia, fundaram colônias que chegariam a proporções ainda mais grandiosas na Espanha, na Sicília e na África. Cartago, fundada antes de 800 a.C., alcançara uma população de mais de um milhão de habitantes. Foi, por algum tempo, a maior cidade da Terra. Seus navios viajavam até a Inglaterra e percorriam o Atlântico. Pode ser que tenham chegado à Ilha da Madeira. Nós já observamos como Hirão cooperou com Salomão a fim de construir navios no Mar Vermelho, para estabelecer comércio com os árabes e talvez com os indianos. No tempo do faraó Neco, uma expedição fenícia contornou toda a África pelo mar.

Àquela altura, os povos arianos ainda eram bárbaros. Só os gregos estavam reconstruindo uma nova civilização, sobre as ruínas daquela que haviam destruído, e na Ásia Central os medos estavam se tornando "formidáveis", de acordo com uma inscrição assíria. Ninguém poderia prever, em 800 a.C., que até a chegada do século III a.C. todos os vestígios de dominação semita seriam eliminados por conquistadores de língua ariana, e que em todos os cantos os povos semitas seriam ou subalternos ou tributários, ou estariam totalmente dispersos. Em todos os cantos menos nos desertos setentrionais da Arábia, onde os beduínos adotaram em definitivo um modo nômade de vida, o antigo modo de viver dos semitas, dos tempos em que Sargão I e seus acadianos ainda não tinham conquistado a Suméria. Mas o beduíno árabe jamais foi conquistado por senhores arianos.

Pois bem; de todos os semitas civilizados que foram derrotados e esmagados nesses cinco momentosos séculos, apenas um se manteve unido e se aferrou a suas tradições: o pequeno povo dos judeus, o povo que foi enviado de volta para casa por Ciro, o Persa, com o objetivo de construir Jerusalém. E eles tiveram condições para tanto, pois haviam compilado sua literatura, sua Bíblia, na Babilônia. Não é tão exato dizer que os judeus fizeram a Bíblia; a Bíblia fez os judeus. Ideias peculiares recheavam essa Bíblia, ideias diferenciadas em relação ao pensamento dos povos vizinhos, ideias que geravam sustentação e estímulo, às quais os judeus estavam destinados a recorrer ao longo de 25 séculos de dificuldade, aventura e opressão.

A ideia judaica mais importante consistia na crença de que seu Deus era invisível e remoto, um Deus invisível de um templo que não fora construído por mãos humanas, um Deus Justo para toda a Terra. Os deuses de todos os outros povos eram corporificados em imagens que viviam em templos. Se a imagem fosse destruída e o templo, arrasado, o deus morria. E esta era uma nova ideia, este Deus dos Judeus, nos céus, muito acima dos sacerdotes e dos sacrifícios. E esse Deus de Abraão, os judeus acreditavam, os escolhera como povo distinto, destinado a reconstruir Jerusalém e a fazer dela a capital da Justiça no Mundo. Eles eram um povo exaltado pela sensação de um destino comum. Essa crença os enchia de ânimo quando retornaram a Jerusalém depois do cativeiro na Babilônia.

Será por milagre que em seus dias de derrota e humilhação muitos babilônios e sírios e outros, e mais tarde muitos fenícios, falando praticamente a mesma língua e possuindo incontáveis hábitos, costumes, gostos e tradições em comum, acabaram sendo atraídos por esse culto inspirador, decidindo compartilhar as mesmas promessas? Depois das quedas de Tiro e Sídon, de Cartago e das cidades fenícias na Espanha, os fenícios desaparecem da história de súbito; e de súbito encontramos comunidades de judeus não apenas em Jerusalém mas também na Espanha, na África, no Egito, na Arábia, no Leste, onde quer que os fenícios tenham pisado. E todos eles viviam unidos pela Bíblia e pela leitura da Bíblia. Jerusalém foi, desde o começo, apenas uma capital nominal; a cidade verdadeira era o livro dos livros. Trata-se de algo novo na história. As sementes dessas novidades haviam sido plantadas no passado longínquo, quando sumérios e egípcios transformaram seus hieróglifos em escrita. Os judeus eram algo novo, um povo sem rei e que em breve não teria templo (como veremos, Jerusalém foi destruída em 70 d.C.), unido e consolidado, a partir de elementos heterogêneos, por nada mais do que a palavra escrita.

A solidificação mental dos judeus não foi nem planejada e nem prevista ou efetivada por religiosos ou homens de Estado. Ao lado de um novo tipo de comunidade, um novo tipo de homem surge na história com a evolução do povo judeu. Nos dias de Salomão, os hebreus poderiam passar a impressão de que acabariam sendo um povo pequeno como qualquer outro, aglomerando-se em volta da corte e do templo, orientado pela sabedoria do sacerdote e guiado pela ambição do rei. O leitor poderá constatar na Bíblia, porém, que o novo tipo de homem de que falamos, o profeta, já se encontrava em evidência.

À medida que os problemas se avolumam entre os divididos hebreus, a importância dos profetas cresce.

O que eram os profetas? Eram homens das mais diversas origens. O profeta Ezequiel pertencia à casta dos sacerdotes, e o profeta Amós vestia um manto de pastor, feito de pele de cabra, mas todos tinham isto em comum: não reverenciavam ninguém além do Deus Justo, e falavam diretamente com o povo. Surgiam sem licença e sem consagração. "Eis que a palavra do Senhor chegou a mim", tal era a fórmula. Eram intensamente políticos. Incentivavam o povo a se insurgir contra o Egito, "o junco quebrado", ou contra Assíria ou Babilônia; denunciavam a indolência da classe religiosa ou os pecados flagrantes do rei. Alguns deles dedicaram atenção ao que hoje chamaríamos de "reforma social". Os ricos "exploravam a força do pobre", os privilegiados consumiam o pão das crianças, pessoas abastadas mantinham relações íntimas com estrangeiros e imitavam seus vícios e hábitos luxuosos; e isso era odioso aos olhos de Jeová, o Deus de Abraão, que certamente puniria esta terra.

Essas pregações fulminantes ficaram registradas por escrito e foram preservadas e estudadas. Elas acompanhavam os judeus o tempo todo, e afirmavam um novo ideal religioso onde quer que o povo estivesse. Colocavam o homem comum acima do sacerdote e do templo e do rei e o deixavam frente a frente com a Lei da Retidão. Nisso reside a suprema importância desse povo na história da humanidade. Nos grandiosos discursos de Isaías, a voz profética assume um tom de esplêndida antecipação e prevê um mundo pacificado e unido por inteiro, sob um único Deus. É a culminância das profecias judaicas.

Nem todos os profetas falavam nesse tom, e o leitor inteligente dos livros proféticos encontrará neles muito ódio, muito preconceito e muitas ideias que lhe trarão à mente os panfletos de propaganda dos dias de hoje. Contudo, os profetas hebreus do tempo dos cativeiros babilônicos marcam o surgimento de um novo poder no mundo, o poder do apelo moral de um indivíduo, de um apelo à consciência livre dos homens em oposição aos sacrifícios fetichistas e às lealdades escravizadas que até então reprimiram e sujeitaram a nossa raça.

23

OS GREGOS

E agora, depois de Salomão (que reinou, provavelmente, por volta de 960 a.C.), enquanto os reinos divididos de Israel e Judá enfrentavam destruições e deportações, e enquanto o povo judeu consolidava sua tradição no cativeiro babilônico, vinha surgindo uma nova força da mente humana: a tradição grega. Enquanto os profetas hebreus atuavam no fortalecimento de uma noção de responsabilidade moral direta entre o povo e o Deus Justo eterno e universal, os filósofos gregos estimulavam a mente humana seguindo um novo método, um novo espírito de aventura intelectual.

Como já observamos, as tribos gregas eram uma ramificação do tronco ariano. Elas haviam chegado a algumas cidades e ilhas egeias pelo norte, alguns séculos antes de 1000 a.C. Os gregos provavelmente já estavam se dirigindo para o sul quando o faraó Tutmés caçou seus primeiros elefantes além do Eufrates conquistado. Pois naqueles tempos existiam elefantes na Mesopotâmia e leões na Grécia.

É possível que o incêndio que destruiu Cnossos tenha sido obra de um ataque grego, mas não existem lendas gregas a respeito, embora existam histórias sobre Minos e seu palácio (o Labirinto) e sobre a destreza dos artífices cretenses.

Como ocorria entre a maioria dos arianos, os gregos tinham cantores e declamadores cujas performances eram um importante meio de comunicação social e deram origem, nos primórdios bárbaros de seu povo, a dois grandes épicos: a *Ilíada*, a história de como uma liga de tribos gregas cercou, tomou e saqueou a cidade de Troia, na Ásia Menor, e a *Odisseia*, a longa aventura do sábio capitão Odisseu em seu retorno de Troia até sua ilha de origem. Os dois épicos foram registrados por escrito em algum momento entre o oitavo e o século VII a.C., quando os gregos adquiriram de seus mais civilizados vizinhos o uso de um alfabeto, mas supõe-se que já existissem muito antes. Costumavam ser atribuídos a um homem em particular, Homero, um bardo cego, que os teria composto como Milton compôs o *Paraíso perdido*. É uma questão predileta, entre os eruditos, discutir se realmente existiu tal poeta, se ele realmente compôs ou apenas registrou por escrito e burilou os épicos, e assim por diante. Não precisamos nos ocupar aqui com esse tipo de contenda. O que importa, no nosso ponto de vista, é que os gregos estavam em posse de seus épicos no século VIII a.C., e que se tratava de um bem comum, de uma conexão entre as diversas tribos, algo que lhes propiciava uma noção de companheirismo e os diferenciava dos bárbaros estrangeiros. Eles eram um grupo de povos aparentados que se uniam primeiro pela palavra falada e depois pela escrita, e que compartilhavam ideais comuns de coragem e atitude.

Os épicos revelam que os gregos eram, a princípio, bárbaros sem ferro e sem escrita que ainda não moravam em cidades. Aparentemente, viviam, num primeiro momento, em vilarejos abertos, com cabanas em torno das moradias de seus chefes, nos arredores das cidades em ruínas que eles haviam destruído. Começaram então a cercar suas cidades com muros e a adotar, dos povos que conquistaram, o uso dos templos. Já foi dito que as cidades das civilizações primitivas cresciam ao redor do altar de um deus tribal, e que os muros eram acrescidos depois; nas cidades dos gregos, os muros precediam o templo. Eles começaram a fazer negócios e a fundar colônias. Durante o século VII a.C., diversas cidades apareceram nos vales e nas ilhas da Grécia, sem que houvesse memória das cidades egeias que as precederam; entre as principais estavam Atenas, Esparta, Corinto, Tebas, Samos e Mileto. Já existiam assentamentos gregos ao longo da costa do Mar Negro, na Itália e na Sicília. As terras do sul da Itália eram conhecidas como Magna Grécia. Marselha era uma cidade grega estabelecida no lugar de uma antiga colônia fenícia.

Ora, países formados por grandes planícies, ou que contem com um grande rio como o Nilo ou o Eufrates na condição de principal meio de transporte, tendem a se unificar sob uma lei comum. As cidades do Egito ou as cidades da Suméria, por exemplo, eram administradas por um único sistema de governo. Mas os povos gregos ficavam isolados em ilhas e vales de montanhas; tanto a Grécia quanto a Magna Grécia são territórios muito montanhosos; e a tendência era absolutamente oposta. Quando os gregos passam a fazer parte da história, estão divididos em pequenos Estados que não exibem nenhum sinal de coalizão. Eles são diferentes até mesmo em matéria de raça. Alguns povos são formados principalmente por cidadãos desta ou daquela tribo grega, jônica, eólia ou dória; alguns têm uma população mista, com gregos e com descendentes dos "mediterrâneos" pré-gregos; alguns são formados por gregos livres, não miscigenados, que dominam uma população conquistada e escravizada, como os "hilotas" em Esparta. Em alguns povos, antigas famílias nobres arianas deram origem a uma aristocracia fechada; em outros existem reis eleitos ou até mesmo hereditários, e em outros há usurpadores ou tiranos.

Ao mesmo tempo em que mantiveram os Estados gregos divididos em várias unidades, essas condições geográficas também os mantiveram pequenos. Os maiores Estados eram menores que muitos condados ingleses, e é improvável que alguma cidade grega tenha alcançado a marca de 350 mil habitantes. Poucas chegavam a 50 mil. Existiam interesses e simpatias em comum, mas não havia coalizões. Cidades começaram a formar ligas e alianças à medida que o comércio crescia, e pequenas cidades se colocavam sob a proteção das maiores. No entanto, a Grécia como um todo se manteve unida num certo sentimento comunitário graças a duas coisas: os épicos e a participação de todos, a cada quatro anos, nas competições atléticas em Olímpia. As competições não evitavam guerras e rixas, mas amenizavam a selvageria das guerras internas, e uma trégua protegia todos os viajantes que se deslocavam em função dos jogos. Com a passagem do tempo, o sentimento de uma herança comum se tornou mais forte, e o número de Estados que participavam dos jogos olímpicos aumentou até que, por fim, começaram a ser admitidos competidores de fora, de países aliados como Épiro e Macedônia.

As cidades gregas foram ganhando relevância com um comércio cada vez mais intenso, e a qualidade de sua civilização subiu progressivamente no século VII a.C. e no seguinte. A vida social diferia bastante, em muitos aspectos interessantes, da vida social das civilizações egeias ou das que viviam em vales de rios. Os gregos tinham templos esplêndidos, mas o sacerdócio, ao contrário do que ocorria nas cidades do velho mundo, não era a maior das organizações, o repositório de todo o conhecimento, o depósito de todas as ideias. Existiam líderes e famílias nobres, mas não havia monarcas semidivinos em meio a uma corte altamente organizada. A organização social era mais aristocrática, tendo à frente algumas famílias que se controlavam umas às outras. Até as chamadas "democracias" eram aristocráticas; nas democracias, todo cidadão tinha direito de tomar parte em assuntos públicos e comparecia a assembleias, *mas nem todos eram cidadãos*. As democracias gregas não eram como as nossas "democracias" modernas, nas quais todos votam. Muitas das democracias gregas tinham poucas centenas ou poucos milhares de cidadãos e, também, muitos milhares de escravos, libertos e outros que não tinham direito de participar de questões públicas. Os assuntos eram geralmente decididos, na Grécia, por um grupo de homens abastados. Os reis e até os tiranos apenas exibiam certa liderança ou um poder usurpado; não eram homens superiores, quase divinos, como um faraó ou minos ou como os monarcas da Mesopotâmia. No contexto grego, tanto a ideologia quanto o governo, portanto, eram marcados por uma liberdade que jamais fora experimentada nas civilizações antigas. Os gregos introduziram nas cidades o individualismo, a iniciativa pessoal que lhes era peculiar na vida errante anterior, nos territórios arborizados do norte. Eles são os primeiros republicanos de relevo na história.

E constatamos que, quando os gregos emergem de uma condição de guerras e barbarismos constantes, algo novo se torna aparente em sua vida intelectual. Notamos a existência de homens que, sem pertencer a uma ordem religiosa, fazem pesquisas e registram conhecimentos e investigam os mistérios da vida, um tipo de atividade que até então fora privilégio do sacerdócio ou divertimento presunçoso de reis. No século VI a.C. – quando Isaías talvez ainda estivesse profetizando na Babilônia – já encontramos alguns homens, como Tales ou Anaximandro de Mileto ou Heráclito de Éfeso, que eram o que poderíamos chamar hoje de indivíduos independentes, e que se dedicavam a questionamentos sobre o mundo em que vivemos, e que queriam saber qual era a natureza verdadeira do mundo, de onde ele vinha e que destino poderia ter, e que recusavam respostas prontas ou evasivas. Teremos mais a falar logo adiante, nesta história, sobre esses questionamentos que a mente grega fazia a respeito do universo. Os questionadores gregos que começam a se notabilizar no século VI a.C. são os primeiros filósofos do mundo, os primeiros "amantes da sabedoria".

E podemos ressaltar, aqui, a importância que esse século teve na história da humanidade. Tínhamos mais do que os filósofos gregos procurando por ideias novas e lúcidas a respeito do universo e do lugar do homem nele, mais do que Isaías levando a profecia judaica a níveis sublimes; como contaremos mais adiante, tínhamos Gautama Buda pregando seus ensinamentos na Índia, e Confúcio e Lao Tsé na China. De Atenas até o Pacífico, a mente humana se inquietava.

24

AS GUERRAS ENTRE GREGOS E PERSAS

Ao mesmo tempo em que gregos mergulhavam em livres indagações intelectuais em cidades na Grécia, no sul da Itália e na Ásia Menor, e enquanto os profetas hebreus criavam uma consciência livre para a humanidade, dois aventurosos povos arianos, os medos e os persas, eram donos do mundo civilizado antigo e construíam um novo império, o Império Persa, mais amplo, em extensão, do que todos impérios que o mundo já vira. Sob Ciro, a Babilônia e a rica e antiga civilização lídia haviam sido submetidas ao comando persa; as cidades fenícias do Levante e todas as cidades gregas da Ásia Menor passaram a ser tributárias, Cambises se sujeitara ao Egito, e Dario I, o Medo, terceiro governante persa (521 a.C.), se viu na condição aparente de monarca do mundo inteiro. A cavalo, mensageiros levavam seus decretos do Estreito de Dardanelos ao Indus, do Egito Superior à Ásia Central.

Na Europa, é verdade, os gregos da Itália, de Cartago, da Sicília e dos assentamentos fenícios na Espanha não prestavam contas aos persas; mas eles tratavam o império com respeito, e os únicos povos que lhes traziam problemas sérios eram as hordas nórdicas do sul da Rússia e da Ásia Central, derivadas dos povos citas, que atacavam as fronteiras norte e nordeste.

A população do grande império persa não era, é claro, uma população de persas. Os persas eram apenas a pequena minoria que conquistara o enorme reino. O resto da população era, antes da presença persa, o que sempre fora desde tempos imemoriais, e o persa passou a ser a língua administrativa. Os negócios e as finanças ainda estavam, em grande escala, em mãos semitas, Tiro e Sídon eram, como antes, os grandes portos mediterrâneos, e navios semitas percorriam os mares. Mas muitos desses mercadores e homens de negócio que se deslocavam de um lugar para o outro já eram sempre bem recebidos, os povos tinham uma conveniente história comum graças às escrituras e tradições hebraicas. O elemento grego, cada vez mais saliente no império, era um novo elemento. Os gregos estavam se transformando em sérios rivais para os semitas nos caminhos do mar, e por sua inteligência desinteressada e vigorosa eles eram vistos como funcionários úteis e sem preconceitos.

Foi por causa dos citas que Dario I invadiu a Europa. Ele queria chegar ao sul da Rússia, lar dos cavaleiros citas. Cruzou o Bósforo com um grande exército, marchou pela Bulgária até alcançar o Danúbio, cruzou o rio numa ponte de botes e abriu caminho norte acima. Seu exército passou por terríveis provações. Tratava-se, em grande parte, de uma força de infantaria, e os citas a cercaram com seus cavalos, acabaram com os suprimentos do inimigo, aniquilaram os desgarrados e nem precisaram se engajar em batalha. Dario foi forçado a fazer uma retirada inglória.

Ele retornou em pessoa para Susa mas deixou tropas na Trácia e na Macedônia, e a Macedônia se sujeitou a Dario. A esse fracasso se seguiram insurreições nas cidades gregas da Ásia, e os gregos europeus se envolveram no conflito. Dario decidiu subjugar os gregos da Europa. Com a frota fenícia à sua disposição, pôde dominar uma ilha após a outra, e por fim, em 490 a.C., fez sua investida final, atacando Atenas. Uma armada considerável partiu dos portos da Ásia Menor e do Mediterrâneo Leste, e a expedição desembarcou suas tropas em Maratona, ao norte de Atenas. Ali os soldados foram recebidos e categoricamente derrotados pelos atenienses.

Uma coisa extraordinária se passou naqueles dias. O mais acerbo rival de Atenas, na Grécia, era Esparta, mas agora Atenas teve de recorrer a Esparta, enviando um arauto, um corredor veloz, para implorar a Esparta que não permitisse que os gregos fossem escravizados pelos bárbaros. Esse corredor (o protótipo de todos os corredores de "maratona") percorreu mais de 160 quilômetros de terreno acidentado em menos de dois dias. Os espartanos responderam pronta e generosamente; porém, três dias depois, quando a força espartana chegou a Atenas, não havia nada a fazer a não ser contemplar o campo de batalha e os corpos dos soldados persas abatidos. A frota persa retornara à Ásia. Assim terminou o primeiro ataque persa aos gregos.

O ataque seguinte foi mais impressionante. Dario morreu pouco depois de receber a notícia de sua derrota em Maratona, e ao longo de quatro anos seu filho e sucessor, Xerxes, preparou uma multidão de homens para esmagar os gregos. Por certo tempo, o terror uniu todos os gregos. O exército de Xerxes era, sem dúvida, o maior de todos os que já haviam sido reunidos no mundo até então. Era uma gigantesca reunião de elementos dissonantes. Os soldados atravessaram o Dardanelos, em 480 a.C., por uma ponte de botes; à medida que avançavam, uma frota igualmente mista se movia ao longo da costa, carregando suprimentos. Na estreita passagem do desfiladeiro das Termópilas, sob o comando do espartano Leônidas, uma pequena força de 1.400 homens fez frente à multidão e, depois de uma luta inigualavelmente heroica, foi aniquilada por completo. Todos os homens foram mortos. Mas as perdas que eles infligiram aos persas foram enormes, e o exército de Xerxes seguiu na direção de Tebas* e Atenas com certo desânimo. Tebas se rendeu e aceitou um acordo. Os atenienses abandonaram sua cidade, e ela foi queimada.

A Grécia parecia já estar nas mãos do conquistador, mas de novo a situação se reverteu, de modo inesperado, contra todas as expectativas. A frota grega, embora não tivesse nem um terço do tamanho da frota persa, atacou-a na baía de Salamina e a destruiu. Xerxes e seu imenso exército se viram sem suprimentos, e ele perdeu o ânimo. Ele retornou à Ásia com apenas metade de seu exército, deixando a outra parte para ser derrotada em Plateia (479 a.C.), ao mesmo tempo em que os navios remanescentes da frota persa foram perseguidos pelos gregos e destruídos em Micale, na Ásia Menor.

---

* Uma cidade grega, que não deve ser confundida com a grande cidade homônima do Egito. (N.A.)

A ameaça persa chegara ao fim. Quase todas as cidades gregas da Ásia se tornaram livres. Tudo isso é contado em profundidade e com minúcias pitorescas na primeira de todas as histórias escritas, a *História* de Heródoto. Heródoto nasceu por volta de 484 a.C. na cidade jônica de Halicarnasso, na Ásia Menor; ele visitou a Babilônia e o Egito em busca de detalhamentos exatos. Do desastre de Micale em diante, a Pérsia mergulhou numa confusão de problemas dinásticos. Xerxes foi assassinado em 465 a.C., e rebeliões no Egito, na Síria e na Média acabaram com a breve harmonia do poderoso reino. A história de Heródoto procura enfatizar a fraqueza da Pérsia. Sua obra era, na verdade, o que poderíamos chamar de propaganda – propaganda voltada à necessidade de unir os gregos para que conquistassem a Pérsia. Heródoto faz um personagem, Aristágoras, levar um mapa do mundo conhecido para os espartanos e dizer a eles: "Esses bárbaros não são valentes em batalha. Vocês, por outro lado, adquiriram a habilidade máxima para a guerra... Nenhuma outra nação do mundo tem o que eles possuem: ouro, prata, bronze, vestes bordadas, bestas e escravos. *Tudo isso pode pertencer a vocês, se assim desejarem.*"

25

O ESPLENDOR DA GRÉCIA

Os 150 anos que se seguiram à derrota da Pérsia foram anos de grande esplendor para a civilização grega. É verdade que a Grécia foi dilacerada por uma disputa desesperada por supremacia entre Atenas, Esparta e outros Estados (Guerra do Peloponeso, de 431 a 404 a.C.), e que em 338 a.C. os macedônios se tornaram senhores virtuais da Grécia; durante esse período, contudo, o pensamento e os impulsos criativos e artísticos dos gregos se elevaram a grandes alturas; a façanha grega é um farol para a humanidade e para todo o decorrer da história.

A cabeça, o centro de toda a atividade mental era Atenas. Por mais de trinta anos (de 466 a 428 a.C.) Atenas foi governada por um vigoroso homem de ideias liberais, Péricles, que se pôs a reconstruir a cidade a partir das cinzas às quais os persas a tinham reduzido. As belas ruínas que ainda glorificam Atenas são, na maior parte, vestígios desse grande empreendimento. E ele não reconstruiu apenas a Atenas material. Ele reconstruiu Atenas intelectualmente. Ele reuniu a seu redor não só arquitetos e escultores, mas também poetas, dramaturgos, filósofos e professores. Heródoto veio a Atenas para recitar sua história (438 a.C.). Anaxágoras apresentou as primeiras descrições científicas do Sol e das estrelas. Ésquilo, Sófocles e Eurípedes, um após o outro, alçaram o drama grego aos mais elevados níveis de beleza e nobreza.

O ímpeto que Péricles deu à vida intelectual de Atenas sobreviveu depois de sua morte, apesar do fato de que a paz grega se encontrava interrompida pela Guerra do Peloponeso e por uma longa e dispendiosa luta por "supremacia" que se iniciava. Na verdade, o escurecimento do horizonte político parece ter aguçado as mentes dos homens, em vez de desencorajá-las.

Bem antes do tempo de Péricles, a peculiar liberdade das instituições gregas já dava grande importância à arte da discussão. As decisões não cabiam a um rei ou sacerdote, e sim a assembleias formadas pela população ou por líderes. A eloquência e o talento argumentativo se tornaram qualidades muito desejáveis a partir daí, e surgiu uma classe de professores, os sofistas, que se dedicavam a treinar jovens nessas artes. Mas não há como raciocinar sem assunto, e o conhecimento também se desenvolveu, seguindo o caminho da fala. As atividades e disputas dos sofistas geraram, naturalmente, um agudo exame do estilo, dos métodos de pensamento e da validade dos argumentos. Quando Péricles morreu, um certo Sócrates estava se tornando proeminente na condição de crítico hábil e demolidor de maus argumentos – e muitos dos ensinamentos dos sofistas eram maus argumentos. Um grupo de jovens brilhantes se reuniu em torno dele. No fim, Sócrates foi executado por perturbar a mente do povo (399 a.C.); foi condenado, na digna maneira dos atenienses daqueles dias, a beber uma dose venenosa de cicuta em sua própria casa, em meio a seus próprios amigos, mas a perturbação das mentes teve prosseguimento, apesar de sua condenação. Os jovens de Sócrates levaram adiante seus ensinamentos.

O mais eminente entre esses jovens era Platão (427 – 347 a.C.), que logo começou a dar aulas de filosofia nos jardins da Academia. Seus ensinamentos se dividiam em dois ramos: um exame sobre os fundamentos e métodos do pensamento humano e um exame das instituições políticas. Platão foi o primeiro homem a escrever uma utopia, ou seja, um plano para uma comunidade diferenciada, melhor do que qualquer comunidade existente. Isso demonstra uma ousadia absolutamente sem precedentes da mente humana, que até então aceitara sem questionamentos os costumes e as tradições da sociedade. Platão disse à humanidade, com clareza: "A maioria dos males sociais e políticos com os quais você sofre está sob seu controle, e poderá acabar se você tiver vontade e coragem. Você poderá viver uma outra vida, uma vida mais sábia, se estiver disposto a pensar e a encontrar soluções. Você não tem consciência do poder que possui."

É um ensinamento radical, que ainda precisa ser absorvido pela inteligência comum da nossa raça. Uma de suas primeiras obras foi a *República*, o sonho de uma aristocracia comunista; sua última obra, inacabada, são as *Leis*, um esquema para a formação de um outro Estado utópico.

A crítica aos sistemas de pensamento e de governo teve continuidade, depois de Platão, com Aristóteles, que fora seu pupilo e que ensinou no Liceu. Aristóteles veio da cidade de Estagira, na Macedônia, e seu pai era médico da corte do rei macedônio. Por algum tempo Aristóteles foi tutor do filho do rei, Alexandre, que estava destinado a grandiosas façanhas, das quais falaremos em breve. O trabalho de Aristóteles acerca dos métodos de pensamento elevou a ciência da Lógica a um nível no qual ela permaneceu por quinze séculos ou mais, até os estudiosos medievais retornarem às antigas questões. Ele não criou utopias. Aristóteles percebeu que, antes que o homem pudesse realmente controlar seu destino, como no ideal de Platão, ele precisaria de mais conhecimento, de um conhecimento muito mais apurado. E assim Aristóteles deu início à sistemática compilação de conhecimento que hoje chamamos de Ciência. Ele enviava exploradores para que coletassem *fatos*. Ele foi o pai da história natural. Foi o fundador da ciência política. Seus alunos no Liceu examinaram e compararam constituições de 158 Estados diferentes...

Aqui, no século IV a.C., encontramos homens que são praticamente "pensadores modernos". Os sistemas infantis e fantasiosos do pensamento primitivo tinham dado lugar a uma investigação disciplinada e crítica sobre os problemas da vida. O simbolismo esquisito e monstruoso e as imagens dos deuses e dos monstros divinos, todos os tabus e espantos e restrições que haviam refreado o pensamento são deixados definitivamente de lado. O pensamento livre, exato e sistemático começou. A mente fresca e desobstruída desses recém-chegados das florestas do norte penetrou nos mistérios do templo, e permitiu que a luz entrasse.

26

O IMPÉRIO DE ALEXANDRE, O GRANDE

Entre 431 e 404 a.C., a Guerra do Peloponeso exauriu a Grécia. Ao mesmo tempo, ao norte da Grécia, um país aparentado, a Macedônia, tornava-se cada vez mais poderoso e civilizado. Os macedônios falavam uma língua bastante assemelhada ao grego, e competidores macedônios haviam participado dos jogos olímpicos em diversas ocasiões. Em 359 a.C., um homem habilidoso e cheio de ambição se tornou rei do pequeno país: Filipe. No passado, Filipe tinha sido feito refém na Grécia; tinha uma educação grega completa e provavelmente conhecia as ideias de Heródoto – que também haviam sido desenvolvidas pelo filósofo Isócrates – a respeito de uma possível conquista da Ásia por uma Grécia consolidada.

Ele se dedicou, em primeiro lugar, a ampliar e organizar seu reino e a remodelar seu exército. Ao longo de mil anos os carros puxados por cavalos tinham sido o fator decisivo das batalhas, ao lado da luta homem a homem da infantaria. Cavaleiros montados lutavam, mas apenas em escaramuças isoladas, individualmente, sem disciplina. Filipe fez com que seu exército lutasse numa massa compacta, a falange macedônia, e treinou seus cavaleiros, os paladinos ou companheiros, a lutar em formação, e com isso inventou a cavalaria. O movimento vencedor, na maioria de suas batalhas e nas batalhas de seu filho Alexandre, era um ataque de cavalaria. A falange segurava a infantaria inimiga na frente, e enquanto isso a cavalaria dispersava os cavalos inimigos nos lados e assaltava a infantaria pelos flancos e pela retaguarda. Os carros eram inutilizados por arqueiros, que abatiam os cavalos.

Com seu novo exército, Filipe estendeu suas fronteiras pela Tessália, alcançando a Grécia; e na Batalha de Queroneia (338 a.C.), ao enfrentar Atenas e aliados, colocou toda a Grécia a seus pés. Um congresso de todos os Estados gregos apontou Filipe como comandante em chefe de uma confederação greco-macedônia contra a Pérsia, e em 336 a.C. sua vanguarda atravessou a Ásia, numa longa e premeditada aventura. Mas ele não pôde ir ao encontro dela. Foi assassinado – por incentivo, acredita-se, da rainha Olímpia, mãe de Alexandre. Ela tinha ciúmes; Filipe se casara com uma segunda esposa.

Mas Filipe fizera esforços incomuns para educar Alexandre. Ele não apenas o colocou sob orientação do tutor Aristóteles, o maior filósofo do mundo, como também compartilhou suas próprias ideias com o filho, e lhe transmitiu sua experiência militar. Com apenas dezoito anos de idade, Alexandre foi comandante de cavalaria em Queroneia. E por isso foi possível ao jovem, que ascendeu ao poder com apenas vinte anos, dar prosseguimento imediato à tarefa do pai e avançar com êxito na aventura persa.

Em 334 a.C. – porque dois anos foram necessários para que ele se estabelecesse e assegurasse sua autoridade na Macedônia e na Grécia – Alexandre marchou Ásia adentro, derrotou um exército persa não muito maior que o seu, na Batalha de Granico, e capturou algumas cidades na Ásia Menor. Ele se manteve perto do litoral. Era necessário, durante o avanço, subjugar e ocupar com guarnições todas as cidades da costa, porque os persas controlavam as frotas de Tiro e Sídon e dominavam, portanto, o mar. Caso deixasse uma cidade portuária hostil para trás, os persas poderiam desembarcar forças e cortar suas comunicações. Em Isso (333 a.C.), ele enfrentou e esmagou um vasto exército conglomerado, comandado por Dario III. Como o imenso exército de Xerxes, que cruzara o Dardanelos um século e meio antes, esse conglomerado era uma acumulação incoerente de contingentes, e era estorvado por uma multidão de oficiais da corte, pelo harém de Dario e por seguidores diversos. Sídon se rendeu a Alexandre, mas Tiro resistiu obstinadamente. A grande cidade foi afinal assaltada e pilhada e destruída. Gaza também foi assaltada, e no fim de 332 a.C. o conquistador invadiu o Egito e tomou seu governo das mãos dos persas.

Em Alexandreta e em Alexandria, no Egito, ele construiu grandes cidades, acessíveis por terra e portanto incapazes de se insurgirem. O comércio das cidades fenícias foi deslocado para essas metrópoles. Os fenícios do Mediterrâneo Leste desaparecem da história subitamente – e ao mesmo tempo, também de modo repentino, aparecem os judeus de Alexandria e outras novas cidades mercantis criadas por Alexandre.

Em 331 a.C., Alexandre marchou do Egito até a Babilônia, como Tutmés, Ramsés e Neco haviam feito antes dele. Mas marchou por Tiro. Em Arbela, perto das ruínas de Nínive, que já era uma cidade esquecida, enfrentou Dario na batalha decisiva da guerra. A investida dos carros persas fracassou, um ataque da cavalaria macedônia prostrou o grande exército misto, e a falange sacramentou a vitória. Dario bateu em retirada; não fez nenhuma tentativa adicional de resistir ao invasor e fugiu para o território medo ao norte. Alexandre marchou até a Babilônia, forte e soberbo, e depois até Susa e Persépolis. Em Persépolis, depois de uma festa orgiástica, incendiou o palácio de Dario, o rei dos reis.

A partir daí, Alexandre desfilou com seu exército por toda a Ásia Central, logo alcançando, com facilidade, as fronteiras mais distantes do Império Persa. De início, seguiu para o norte. Dario foi perseguido; surpreendido ao amanhecer, morreu em seu carro, assassinado por sua própria gente. Ainda estava vivo quando os gregos mais adiantados o alcançaram. Alexandre o encontrou morto. O macedônio margeou o Mar Cáspio, subiu as montanhas do Turquestão Ocidental, e desceu por Herat (que ele fundou) e por Cabul e pelo desfiladeiro Khyber até a Índia. Lutou no Indus conta o rei indiano Porus, e foi nessa grande batalha que as tropas de Alexandre se depararam com elefantes pela primeira vez e os abateram. Por fim, ele construiu navios, navegou para o sul, até a embocadura do Indus, e marchou de volta pela costa do Beluquistão, chegando a Susa em 324 a.C., depois de uma ausência de seis anos. Preparou-se, então, para consolidar e organizar o vasto império que conquistara. Procurou seduzir seus novos súditos. Passou a usar o manto e a tiara dos monarcas persas, e isso insuflou inveja entre os comandantes macedônios. Teve muitos problemas com eles. Arranjou diversos casamentos entre oficiais macedônios e mulheres persas ou babilônias: o "Casamento do Oriente com o Ocidente". Não viveu o suficiente para efetivar a consolidação que planejara. Uma febre o acometeu depois de uma bebedeira, e ele morreu em 323 a.C.

Imediatamente, seu vasto reino caiu aos pedaços. Um de seus generais, Seleuco, reteve a maior parte do antigo Império Persa, do Indus a Éfeso; outro, Ptolomeu, tomou o Egito, e Antígono assumiu a Macedônia. O resto do império se manteve instável, passando pelo controle de uma sucessão de aventureiros locais. Ataques bárbaros começaram a atormentar o norte e ficaram cada vez mais intensos e numerosos. Por fim, como veremos, um novo poder ocidental, o poder da república romana, subjugou todos os fragmentos, um por um, e os juntou num novo e mais duradouro império.

27

O Museu e a Biblioteca de Alexandria

Antes do tempo de Alexandre, gregos já vinham atuando em todos os domínios persas como negociantes, artistas, funcionários e soldados mercenários. Nas disputas dinásticas que se seguiram à morte de Xerxes, um bando de dez mil mercenários gregos se destacou sob a liderança de Xenofonte. O retorno de Xenofonte da Grécia Asiática à Babilônia é descrito em seu livro *A retirada dos dez mil*, um dos primeiros relatos de guerra escritos por um general comandante. Mas as conquistas de Alexandre e a divisão de seu breve império entre seus generais subordinados estimularam fortemente uma penetração grega no mundo antigo, em linguagem, costumes e cultura. Indícios da disseminação grega podem ser encontrados muito longe, na Ásia Central e no noroeste da Índia. Sua influência no desenvolvimento da arte indiana foi profunda.

Atenas manteve seu prestígio como um centro de arte e cultura por muitos séculos; suas escolas permaneceram em atividade até 529 d.C., ou seja, duraram mil anos; mas a liderança intelectual do mundo logo atravessou o Mediterrâneo e se fixou em Alexandria, a nova cidade mercantil que Alexandre fundara. Nela o general macedônio Ptolomeu se tornou faraó, com uma corte que falava grego. Ele já se tornara amigo íntimo de Alexandre antes de virar rei e era profundamente influenciado pelas ideias de Aristóteles. Com grande energia e capacidade, Ptolomeu se dispôs a organizar o conhecimento e a pesquisa. Também escreveu uma história das campanhas de Alexandre que o mundo perdeu, infelizmente.

Alexandre já investira somas formidáveis financiando as investigações de Aristóteles, mas Ptolomeu I foi a primeira pessoa a criar uma dotação permanente para a ciência. Ele fundou uma instituição em Alexandria que se dedicou inicialmente às musas, o Museu de Alexandria. Por duas ou três gerações, o trabalho científico realizado em Alexandria obteve resultados extraordinários. Euclides, Eratóstenes, que estimou o tamanho da Terra e chegou a um número que diferia do diâmetro exato em apenas oitenta quilômetros, Apolônio, que escreveu sobre seções cônicas, Hiparco, que mapeou e catalogou as estrelas pela primeira vez, e Heron, que inventou a primeira máquina a vapor, são algumas das maiores estrelas numa constelação extraordinária de pioneiros científicos. Arquimedes veio de Siracusa até Alexandria para estudar, e recorria com frequência ao Museu. Herófilo foi um dos maiores anatomistas gregos, e se diz que ele praticou vivissecções.

No tempo aproximado de uma geração, durante os reinados de Ptolomeu I e Ptolomeu II, houve uma explosão de conhecimento e descoberta em Alexandria; o mundo só voltaria a ver algo parecido dezesseis séculos depois de Cristo. Mas não houve continuidade. Há várias causas possíveis para esse declínio. A causa principal, como sugeriu o recém-falecido professor Mahaffy, foi o fato de que o Museu era um colégio "real" e de que todos os seus professores e associados eram nomeados e pagos pelo faraó. Tudo correu muito bem enquanto o faraó foi Ptolomeu I, pupilo e amigo de Aristóteles. Com o suceder da dinastia, porém, os Ptolomeus foram se tornando cada vez mais egípcios e se submeteram à influência dos sacerdotes e aos movimentos religiosos egípcios, e deixaram de incentivar os trabalhos científicos, e o espírito investigativo foi extinto. O Museu produziu poucos trabalhos decentes depois de seu primeiro século de atividade.

Ptolomeu I não apenas procurou organizar, num espírito absolutamente moderno, a descoberta de novos conhecimentos. Ele também tentou criar um depósito enciclopédico de sabedoria, a Biblioteca de Alexandria. Não se tratava de um mero depósito; a biblioteca era também um local onde livros eram copiados e vendidos. Um grande exército de copistas foi mobilizado para perpetuamente copiar livros e mais livros.

Aqui, portanto, temos definitivamente o passo inicial do processo intelectual em que vivemos hoje; aqui temos o conhecimento sendo compilado e distribuído de modo sistemático. As fundações do Museu e da Biblioteca marcam uma das épocas mais grandiosas da história da humanidade. É o verdadeiro início da História Moderna.

Tanto o trabalho de pesquisa quanto o trabalho de disseminação passaram por sérias dificuldades. Uma delas consistia no grande vácuo social que separava o filósofo, que era um homem nobre, do comerciante e do artesão. Naqueles dias existiam inúmeros trabalhadores que lidavam com vidro ou metal; intelectualmente, porém, eles não tinham ligação nenhuma com os pensadores. O vidraceiro fazia contas e garrafas coloridas lindíssimas, mas não foi capaz de fazer um frasco florentino ou uma lente. O vidro transparente não lhe despertava interesse, aparentemente. O fundidor de metal fabricava armamentos e joias, mas não chegou a fabricar uma balança de precisão. O filósofo especulava com altivez a respeito da natureza das coisas, mas não tinha conhecimentos práticos sobre esmaltes e pigmentos e filtros e assim por diante. Ele não se interessava por substâncias. De modo que Alexandria, em seu curto período de oportunidades, não produziu microscópios, não produziu química. E embora Heron tenha inventado uma máquina a vapor, ela jamais foi usada para propelir um barco ou para executar qualquer coisa útil. A ciência só tinha meios de aplicação prática na área da medicina, e o progresso científico não foi estimulado e sustentado pelo interesse e pela empolgação das aplicações práticas. Quando a curiosidade intelectual dos Ptolomeus I e II se esgotou, portanto, não havia nenhum incentivo para o prosseguimento do trabalho. As descobertas do Museu foram registradas em manuscritos obscuros e, até o reflorescimento da curiosidade científica na Renascença, jamais estiveram ao alcance do homem comum.

Ao mesmo tempo, o trabalho da Biblioteca não resultou em melhorias na produção de livros. O mundo antigo não conhecia o papel feito de polpa em tamanhos definidos. O papel foi uma invenção chinesa, e só chegou ao mundo ocidental século IX. Os únicos materiais disponíveis para a fabricação de livros eram pergaminhos e tiras de papiro interligadas pelas extremidades. Essas tiras eram guardadas em rolos que eram muito difíceis de desenrolar, manusear e ler, muito inconvenientes na localização de referências. Tais características refrearam o desenvolvimento dos livros paginados e impressos. Pode-se dizer que a impressão já era conhecida no mundo desde a Antiga Idade da Pedra; e já existiam selos na Suméria antiga; mas sem papel abundante era pouco vantajoso imprimir livros, e a impressão pode ter sido combatida, mais tarde, por uniões de copistas profissionais. A Alexandria produziu livros em abundância, mas não produziu livros baratos, e o conhecimento, jamais transmitido à população do mundo antigo, ficou restrito a uma classe abastada e influente.

Assim, a explosão da iniciativa intelectual só iluminou um pequeno círculo de pessoas, os indivíduos que tinham contato com os filósofos arregimentados pelos dois primeiros Ptolomeus. A luz não foi direcionada para o mundo. O centro da explosão podia ser ofuscante, mas seu brilho não podia ser visto de fora. O resto do mundo continuou vivendo como sempre, sem saber que a semente do conhecimento científico, que um dia revolucionaria as vidas de todos, já fora plantada. Dentro de pouco tempo, a escuridão do fanatismo tomou conta de tudo, e até Alexandria afundou nela. A semente que Aristóteles plantara ficou escondida ao longo de mil anos de escuridão. E só então ela começou a germinar. Em poucos séculos, ela se transformou na massa crescente de conhecimento que hoje está disseminada pelo mundo, transformando a vida humana como um todo.

Alexandria não foi o único centro de atividade intelectual grega no século III a.C. Em meio aos fragmentos desintegrados do breve império de Alexandre, muitas outras cidades contavam com uma vida intelectual pujante. Havia, por exemplo, a cidade grega de Siracusa, na Sicília, onde o pensamento e a ciência floresceram por dois séculos; havia Pérgamo, na

Ásia Menor, que também teve uma grande biblioteca. Mas o brilhante mundo heleno foi atingido por uma invasão ao norte. Novos bárbaros nórdicos, os gauleses, atacaram com violência, descendo as trilhas que haviam sido percorridas no passado pelos ancestrais dos gregos e frígios e macedônios. Eles assaltavam, quebravam e destruíam. E na esteira dos gauleses veio, da Itália, um novo conquistador: o povo romano. Aos poucos, os romanos subjugaram toda a metade ocidental do vasto território de Dario e Alexandre. Eles eram um povo hábil mas pouco imaginativo; preferiam antes a lei e o lucro do que a ciência ou a arte. Novos invasores também vinham descendo da Ásia Central, para arrasar e conquistar o Império Selêucida e acabar outra vez com a comunicação entre o mundo ocidental e a Índia. Eram os partos, bandos de arqueiros montados que dedicaram ao império greco-persa de Persépolis e Susa, no século III a.C., o mesmo tratamento que lhe haviam dedicado os medos e persas nos séculos sétimo e sexto. E depois vieram outros nômades, também descendo do nordeste, povos que não eram brancos e nórdicos e que não falavam ariano; eles tinham pele amarela e cabelos negros e falavam uma língua mongol. Deste último povo, porém, falaremos mais num capítulo subsequente.

28

A VIDA DE GAUTAMA BUDA

Mas agora precisamos recuar três séculos em nossa história, para falar de um grande sábio que chegou perto de revolucionar o pensamento e o sentimento de toda a Ásia. Ele se chamava Gautama Buda, e orientou seus discípulos em Benares, na Índia, mais ou menos ao mesmo tempo em que Isaías profetizava entre os judeus na Babilônia e Heráclito aprofundava suas especulações sobre a natureza das coisas em Éfeso. Esses três homens estavam no mundo ao mesmo tempo, no século VI a.C. – sem que cada um soubesse da existência dos outros.

O século VI a.C. foi, de fato, um dos mais notáveis de toda a história. Em todos os cantos do mundo – pois, como veremos, na China ocorria o mesmo – a mente humana ousava como nunca. Em todos os cantos os homens estavam se libertando das tradições de realezas e sacerdócios e sacrifícios de sangue e fazendo as mais penetrantes perguntas. É como se os humanos tivessem chegado à adolescência – depois de uma infância de 20 mil anos.

A história remota da Índia é ainda muito obscura. Em algum momento, talvez por volta de 2000 a.C., um povo ariano chegou à Índia descendo pelo nordeste, numa invasão isolada ou numa série de invasões; e conseguiu disseminar sua linguagem e suas tradições por quase todo o norte do país. A peculiar variação da fala ariana, na Índia, originou o sânscrito. Esses arianos encontraram um povo moreno dominando a região do Indus e do Ganges, uma civilização mais elaborada, mas menos vigorosa e menos ativa. Porém, ao contrário do que tinham feito no passado os gregos e persas, eles não se misturaram com seus predecessores, ou se misturaram muito pouco. Eles permaneceram alheios. Quando o passado da Índia começa a ficar vagamente visível para o historiador, a sociedade indiana já está estratificada em diversas camadas, com um número variável de subdivisões cujos integrantes não compartilham refeições, não se casam e não se relacionam livremente com pessoas das outras classes. A estratificação em "castas" se mantém ao longo de toda a história do país. Isso faz com que a população indiana seja um tanto diferente das comunidades europeias ou mongólicas, que são descomplicadas e livremente miscigenadas. Ela é, de fato, uma comunidade de comunidades.

Sidarta Gautama era filho de uma família aristocrática que administrava um pequeno distrito nas encostas do Himalaia. Foi casado, aos dezenove anos, com uma bonita prima. Ele caçava e se divertia e passeava em seu mundo ensolarado de jardins e bosques e plantações de arroz irrigadas. E foi em meio a essa vida que um grande descontentamento se abateu sobre ele. Era a angústia de uma mente distinta que queria ser colocada a serviço de algo. Gautama sentia que a vida que estava levando não era uma vida real, era um passeio – um passeio que já se estendera demais.

Sua alma foi invadida pelo sentimento da doença e da mortalidade, pelo caráter inseguro e insatisfatório de todos os tipos de felicidade. Nesse estado de espírito, Gautama encontrou um dos ascetas errantes que já existiam em grande número na Índia. Esses homens viviam de acordo com regras severas, dedicando muito tempo à meditação e à discussão religiosa. O propósito deles era buscar uma realidade mais profunda na vida, e Gautama foi tomado por um apaixonado desejo de fazer o mesmo.

Ele meditava a respeito do projeto, diz a história, quando lhe trouxeram a notícia de que sua mulher dera à luz seu primeiro filho. "É mais uma amarra que devo romper", disse Gautama.

Ele retornou à vila em meio ao regozijo de seus companheiros de clã. Houve um grande banquete e uma apresentação de dança indiana para celebrar a chegada de seu rebento, e naquela noite Gautama acordou com uma grande agonia no espírito, "como um homem a quem dizem que sua casa está pegando fogo". Ele decidiu abandonar sua vida feliz e despropositada naquele mesmo instante. Com passos suaves, foi até a porta do quarto de sua esposa e a viu, sob a luz de uma pequena lamparina, dormindo docemente, cercada de flores, com o infante nos braços. Ele sentiu um desejo ardente de abraçar o filho pela primeira e última vez antes de partir, mas o medo de despertar a esposa o refreou, e afinal ele se virou e saiu para o brilhante luar indiano e montou seu cavalo e cavalgou mundo afora.

Gautama cavalgou uma enorme distância naquela noite, e parou de manhã, fora das terras de seu clã, e desmontou junto a um rio arenoso. Ali, cortou seus cachos ondeantes com sua espada, despiu-se de todos os adornos e os enviou, com o cavalo e a espada, de volta para casa. Caminhando, logo encontrou um homem andrajoso e trocou de roupa com ele, e com isso, tendo se despojado de todos os embaraços mundanos, ficou livre para empreender sua busca por sabedoria. Ele se encaminhou para o sul e chegou a um refúgio de eremitas e pregadores, no alto de um morro, nas Montanhas Vindhya. Ali, num emaranhado de grutas, viviam alguns homens sábios que só iam à cidade para buscar seus parcos suprimentos e que transmitiam oralmente seus conhecimentos a todos os que quisessem vir até eles. Gautama se tornou versado em todos os assuntos metafísicos de seu tempo. No entanto, sua inteligência aguçada não ficou satisfeita com as soluções que lhe eram oferecidas.

A mente indiana sempre esteve inclinada a acreditar que era possível obter poder e conhecimento através do ascetismo extremado, do jejum, da vigília e do sofrimento voluntário, e Gautama começou a questionar essas ideias. Ele foi viver na selva, levando consigo cinco discípulos, e se submeteu a jejuns e a terríveis penitências. Sua fama se espalhou, "como o som de um grande sino que pendesse da abóbada celeste". Mas ele não conseguiu alcançar nenhuma verdade. Num certo dia Gautama se pôs a caminhar para lá e para cá, tentando pensar apesar de sua debilidade. Ele desmaiou de repente. Quando se recuperou, o absurdo dos ascetismos semimágicos já era algo evidente para ele.

Gautama horrorizou seus companheiros ao pedir por comida ordinária e ao se recusar a prosseguir em suas mortificações. Ele chegara à conclusão de que o homem verdadeiro só terá condições de alcançar o que quiser alcançar se tiver um cérebro alimentado e um corpo saudável.

Tal concepção era algo absolutamente oposto às ideias do lugar e do tempo. Seus discípulos o abandonaram e partiram, num ânimo melancólico, para Benares. Gautama passou a vagar sozinho.

Quando a mente se aferra a um problema intrincado, ela avança passo a passo, com muito pouca percepção da distância que já percorreu, e de repente, alertada por uma iluminação abrupta, ela se dá conta de que venceu. Foi o que ocorreu com Gautama. Ele se sentara para comer sob uma grande árvore, ao lado de um rio, quando essa sensação de visão clarificada o acometeu. Ele sentiu que enxergava a vida com clareza. Segundo se diz, ficou sentado o dia todo e a noite toda, em profunda reflexão, e então se levantou para transmitir sua visão ao mundo.

Gautama foi para Benares e, com seus novos ensinamentos, conquistou seus discípulos de volta. No Parque dos Cervos do rei, na mesma cidade, eles construíram algumas cabanas e fundaram uma espécie de escola, para a qual acorriam muitas pessoas em busca de sabedoria.

O ponto de partida do ensinamento de Gautama era a pergunta que fizera a si mesmo como jovem afortunado: "Por que não sou completamente feliz?". Era uma pergunta introspectiva. Era uma pergunta muito diferenciada em relação à curiosidade *exteriorizada* e pessoalmente desinteressada com a qual Tales e Heráclito abordavam os problemas do universo, ou em relação ao igualmente desinteressado fardo de obrigação moral que os mais incisivos profetas estavam impondo à mente hebraica. O mestre indiano não esqueceu o "eu", ele se concentrou no "eu" e se dedicou a destruí-lo. Todos os sofrimentos, ele ensinava, nasciam dos desejos gananciosos do indivíduo. Até que o homem consiga controlar suas ânsias pessoais, sua vida será um problema, e seu fim será a lamentação. Existiam três tipos principais de desejo pessoal, e os três eram malignos. O primeiro era o desejo dos apetites, da ganância e de todas as formas de sensualidade, o segundo era o desejo por uma imortalidade pessoal e egoísta e o terceiro era a ânsia por sucesso pessoal, a mundanidade, a avareza. Todos esses tipos de desejo tinham de ser superados, se quiséssemos escapar às aflições e mortificações da vida. Quando os superássemos, quando o "eu" desaparecesse por completo, obteríamos o maior de todos os bens, a serenidade da alma, o Nirvana.

Essa era a essência de seu ensinamento, um ensinamento bastante sutil e metafísico, de fato, algo que não é tão fácil de entender quanto a prescrição grega de que devemos observar e conhecer de modo correto e destemido, ou quanto o mandamento hebreu de que devemos temer a Deus e buscar a retidão. Era algo que escapava até mesmo ao entendimento dos discípulos imediatos de Gautama, e não é de espantar que esse conhecimento tenha sido conspurcado e corrompido quando a influência pessoal de Gautama saiu de cena. Havia uma crença generalizada, na Índia de então, de que de tempos em tempos, com longos intervalos, a Sabedoria descia à Terra e era encarnada numa pessoa escolhida, conhecida como Buda. Os discípulos de Gautama declararam que ele era um Buda, o último dos Budas, embora não existam evidências de que ele próprio tenha aceitado o título. Ele não estava morto ainda e já circulavam lendas fantásticas a respeito dele. O coração humano sempre preferiu uma história maravilhosa a um esforço moral, e Gautama Buda se tornou absolutamente maravilhoso.

Um ganho substancial, no entanto, foi mantido para o mundo. Se o Nirvana era um conceito muito elevado e muito sutil para a imaginação da maioria, se o impulso mitificador da nossa raça se sobrepunha aos episódios simples da vida de Gautama, os homens poderiam ao menos absorver as intenções do que Gautama chamou de Caminho das Oito Bifurcações, o Caminho Ariano ou Nobre. Era uma insistência na probidade mental, em palavras, propósitos e comportamentos corretos, num meio de vida honesto. Era um aguçamento da consciência e um apelo por generosidade e desinteresse.

29

O REI ASOKA

Por algumas gerações, depois da morte de Gautama, os elevados e nobres ensinamentos budistas, a primeira proposição clara de que o maior de todos os benefícios é a subjugação do "eu", percorreram um caminho comparativamente pequeno no mundo. E então conquistaram a imaginação de um dos maiores monarcas que o mundo já vira.

Nós já mencionamos como Alexandre, o Grande, invadiu a Índia pelo norte e lutou contra Porus no Indus. Os historiadores gregos contam que um certo Chandragupta Máuria veio até o acampamento de Alexandre e tentou convencê-lo a avançar até o Ganges para conquistar toda a Índia. Alexandre não tinha como fazê-lo, porque os macedônios se recusavam a penetrar ainda mais no que para eles era um mundo desconhecido, e posteriormente (321 a.C.) Chandragupta obteve ajuda de várias tribos das montanhas e realizou seu sonho sem precisar de auxílio grego. Ele construiu um império no norte da Índia e logo (303 a.C.) teve condições de atacar Seleuco I no Punjab, eliminando o último vestígio de poder grego na Índia. Seu filho ampliou o novo império. Seu neto, Asoka, o monarca de que falaremos agora, dominou um mundo, em 264 a.C., que ia do Afeganistão a Madrasta.

Asoka se dispôs primeiro a seguir o exemplo do pai e do avô, completando a conquista da península indiana. Invadiu Kalinga (255 a.C.), um país na costa leste, perto de Madrasta, teve êxito em suas operações militares e – como nenhum outro conquistador – ficou tão enojado pela crueldade e pelo horror da guerra que renunciou a ela. Não quis mais saber dela. Ele adotou as doutrinas pacíficas do budismo e declarou que a partir dali suas conquistas seriam conquistas religiosas.

Seu reinado de 28 anos foi um dos mais brilhantes interlúdios da problemática história da humanidade. Ele organizou mutirões para perfurar poços no país e plantar árvores de sombra. Fundou hospitais e jardins públicos e hortas para o cultivo de ervas medicinais. Criou um ministério para a proteção dos aborígines e das raças desprivilegiadas da Índia. Criou um fundo para a educação das mulheres. Prestou incontáveis favores às ordens de pensadores budistas, e tentou estimular neles um criticismo melhor e mais enérgico de sua própria literatura acumulada; porque acréscimos corruptores e supersticiosos haviam se acumulado com muita rapidez sobre o puro e simples ensinamento do grande mestre indiano. Missionários de Asoka iam para Caxemira, Pérsia, Ceilão e Alexandria.

Esse foi Asoka, o maior de todos os reis. Ele estava muito à frente de sua época. Não deixou em seu lugar nenhum príncipe e nenhuma organização para que seu trabalho tivesse prosseguimento; um século depois de sua morte, os dias grandiosos de seu reinado já eram apenas uma gloriosa memória numa Índia decadente e esfacelada. A casta sacerdotal dos brâmanes, a mais alta e mais privilegiada casta do corpo social indiano, sempre se opusera aos ensinamentos francos e abertos de Buda. Gradualmente, os brâmanes minaram a influência budista no país. Os velhos deuses monstruosos e os inumeráveis cultos do hinduísmo reassumiram seus domínios. O sistema de castas se tornou mais rigoroso e mais complicado. Por longos séculos o budismo e o bramanismo floresceram lado a lado, e então o budismo decaiu aos poucos, e o bramanismo tomou o seu lugar, numa infinidade de formas. Mas além dos confins da Índia e dos domínios da casta o budismo se disseminou – até conquistar a China e Sião e Birmânia e Japão, países nos quais ele é predominante até hoje.

30

CONFÚCIO E LAO TSÉ

Ainda precisamos falar sobre outros dois grandes homens, Confúcio e Lao Tsé, que viveram naquele magnífico século em que a humanidade chegou à adolescência, o século VI a.C. Até aqui, nesta história, falamos muito pouco sobre a história antiga da China. De momento, essa história antiga é ainda muito obscura, e esperamos que os exploradores e arqueólogos chineses, na nova China que está surgindo, desvendem seu passado com a mesma obstinação com que o passado europeu foi desvendado ao longo do último século. Muito tempo atrás, as civilizações chinesas primitivas surgiram nos grandes vales fluviais da cultura heliolítica primordial. Elas tinham, assim como o Egito e a Suméria, as características gerais da cultura heliolítica, e vivam ao redor de templos nos quais sacerdotes e reis-sacerdotes promoviam os sacrifícios de sangue sazonais. A vida nas primeiras cidades chinesas deve ter sido muito semelhante à vida egípcia ou suméria de 6 ou 7 mil anos atrás, e muito semelhante à vida maia da América Central de mil anos atrás.

Se ocorreram sacrifícios humanos, foram substituídos por sacrifícios animais muito antes do alvorecer do registro histórico. E uma forma de escrita pictórica já começara a se desenvolver bem antes do ano 1000 a.C.

E assim como as civilizações primitivas da Europa e da Ásia Ocidental se encontravam em conflito com os nômades do deserto e do norte, as civilizações chinesas primitivas tinham de lidar com uma enorme nuvem de povos nômades nas fronteiras do norte. Havia algumas tribos aparentadas em matéria de linguagem e modos de vida, conhecidas sucessivamente na história como hunos, mongóis, turcos e tártaros. Elas se transformavam e se dividiam e se misturavam inúmeras vezes, assim como os povos nórdicos do norte da Europa e da Ásia Central mudavam, mais de nome do que em sua natureza. Os nômades mongóis possuíram cavalos antes dos povos nórdicos, e pode ser que tenham feito uma importante descoberta do ferro, em certo momento depois de 1000 a.C., na região das Montanhas Altai. E, assim como ocorria no Ocidente, esses nômades orientais por vezes chegavam a uma espécie de unidade política e se tornavam conquistadores e senhores e renovadores de uma ou outra região de civilização estabelecida.

É bem possível que a mais remota civilização da China não fosse nem um pouco mongol, como no caso das primeiras civilizações da Europa e da Ásia Ocidental, que não eram nórdicas ou semíticas. É bem possível que a mais remota civilização da China tenha sido uma civilização morena, idêntica às civilizações remotas egípcias, sumérias e dravidianas; quando teve início a história registrada chinesa, já tinham ocorrido conquistas e miscigenações. De todo modo, podemos constatar que por volta de 1750 a.C. a China já era um vasto sistema de pequenos reinos e cidades-estado, todas reconhecendo um nível mínimo de aliança e pagando tributos feudais mais ou menos definidos, com mais ou menos regularidade, a um grande imperador-sacerdote, o "Filho dos Céus". A dinastia "Shang" teve fim em 1125 a.C. A dinastia "Chou" sucedeu a "Shang" e manteve a China num estado de união pacífica até o período histórico em que tivemos Asoka na Índia e os Ptolomeus no Egito. A China se fragmentou aos poucos durante o longo período "Chou". Povos hunos vinham do norte e fundavam principados; governantes locais deixavam de pagar tributo e se tornavam independentes. Um especialista em história chinesa afirma que no século VI a.C. existiam, na China, 5 ou 6 mil Estados praticamente independentes. Era o que os chineses chamam, em seus registros históricos, de "Era da Confusão".

Mas essa Era da Confusão não inviabilizava uma forte atividade intelectual e a existência de vida civilizada e de muita produção local de arte. Quando soubermos mais sobre a história chinesa, veremos que ela também teve sua Atenas e sua Mileto, sua Pérgamo e sua Macedônia. De momento, temos de ser vagos e breves ao falar desse período de desunião na China, simplesmente porque nosso conhecimento não é suficiente para que possamos esboçar uma história coerente e consecutiva.

E assim como na Grécia desunida existiam filósofos e entre os judeus dispersos e cativos tínhamos profetas, na desordenada China havia filósofos e pregadores naquele tempo. Em todos os casos, as inseguranças e as incertezas pareciam ter aguçado as melhores mentes. Confúcio era um homem de origem aristocrática e de certo relevo oficial, morador de um pequeno Estado chamado Lu. Ali, num impulso muito semelhante ao grego, ele fundou uma espécie de Academia com o objetivo de investigar e disseminar a Sabedoria. A desordem e o desregramento da China o atormentavam profundamente. Ele concebeu um ideal de governo e um projeto para uma vida melhor, e viajou de Estado em Estado em busca de um príncipe que adotasse suas ideias legislativas e educacionais. Jamais encontrou seu príncipe; encontrou um, mas intrigas de corte minaram a influência do pregador e por fim derrubaram suas propostas de reforma. É interessante notar que um século e meio antes o filósofo grego Platão também procurou por um príncipe, e foi, por algum tempo, conselheiro do tirano Dionísio, que governava Siracusa, na Sicília.

Confúcio morreu desapontado. "Nenhum governante inteligente tem coragem de me adotar como mestre", ele disse, "e é chegada a hora da minha morte." Mas seus ensinamentos exibiram uma vitalidade maior do que ele poderia imaginar em seus anos de declínio e desesperança, e exerceram uma grande influência formativa sobre o povo chinês. Eles se tornaram um dos Três Ensinamentos dos chineses, os outros dois sendo os de Buda e Lao Tsé.

A essência do ensinamento de Confúcio estava no comportamento do homem nobre ou aristocrático. Ele se preocupou com a conduta pessoal tanto quanto Gautama se preocupou com a paz desinteressada, os gregos com o conhecimento externo e os judeus com a retidão. De todos os grandes pregadores, Confúcio foi quem mais se preocupou com o bem público. Ele era muitíssimo interessado pelas confusões e misérias do mundo, e queria fazer do homem um ser mais nobre, de modo a criar um mundo mais nobre. Procurou regrar a conduta pessoal com extraordinárias minúcias; quis fornecer regras seguras para todas as ocasiões da vida. O ideal de um cavalheiro educado, preocupado com as questões públicas, severamente disciplinado, era algo cujo surgimento ele chegou a poder observar, no mundo chinês do norte, um ideal ao qual deu uma forma permanente.

O ensinamento de Lao Tsé, que foi responsável por um longo tempo pela biblioteca imperial da dinastia Chou, era muito mais místico, vago e confuso do que o de Confúcio. Ele pregou, ao que parece, uma indiferença estoica em relação aos prazeres e poderes do mundo, e um retorno a uma imaginária vida simples do passado. Deixou escritos que são muito contraídos no estilo, muito obscuros. Escrevia por enigmas. Depois de sua morte, seus ensinamentos foram, como os ensinamentos de Gautama Buda, corrompidos e encobertos por lendas, e os mais complexos e extraordinários ritos e as mais supersticiosas ideias foram atribuídas a ele. Na China, assim como ocorreu na Índia, as ideias primordiais, com seus monstros e lendas mágicas do passado infantil de nossa raça, insurgiam-se contra os novos pensamentos do mundo, e eram eficientes na ação de remodelá-los em ritos grotescos, irracionais e antiquados. Tanto o budismo como o taoísmo (ligado em grande medida a Lao Tsé) que encontramos na China de hoje são religiões com monges, templos, sacerdotes e oferecimentos rituais, de um tipo tão antigo em sua forma, se não em pensamento, quanto as religiões sacrificiais do Egito e da Suméria da Antiguidade. O ensinamento de Confúcio, porém, sofreu menos transformações, porque era limitado e simples e direto e não se prestava a tais distorções.

A China do norte, a China do rio Huang-Ho, tornou-se confuciana na mente e no espírito; a China do sul, a China do Yang-Tsé-Kiang, tornou-se taoísta. Desde então, um conflito visível sempre marcou a oposição entre esses dois espíritos chineses, o espírito do norte e o espírito do sul, entre (mais tarde) Pequim e Nanquim, entre o norte oficialista, probo e conservador e o sul cético, artístico, ambíguo e experimental.

As divisões da Era da Confusão na China chegaram a seu pior estágio no século VI a.C. A dinastia Chou ficou tão enfraquecida e desacreditada que Lao Tsé abandonou a abatida corte e se retirou para a vida privada.

Três poderes nominalmente subordinados dominavam a situação naqueles dias: Qi e Qin, poderes do norte, e Chu, uma agressiva potência militar do vale do Yang-Tsé-Kiang. Qi e Qin acabaram formando uma aliança, subjugaram Chu e impuseram um tratado de paz e desarmamento na China. O poder de Qin se tornou predominante. Finalmente, na época em que Asoka reinou na Índia, o monarca Qin tomou para si os vasos sacrificiais do imperador Chou e assumiu os ritos de sacrifício. Seu filho, Shi Huangdi (rei em 246 a.C., imperador em 220 a.C.), é conhecido nas Crônicas Chinesas como "o Primeiro Imperador Universal".

Mais afortunado que Alexandre, Shi Huangdi reinou como imperador por 36 anos. Seu enérgico reinado assinala o começo de uma nova era de unidade e prosperidade para o povo chinês. Ele combateu vigorosamente os invasores hunos dos desertos setentrionais, e deu início à construção de uma imensa obra para limitar as invasões: a Grande Muralha da China.

31

ROMA ENTRA NA HISTÓRIA

O leitor identificará uma similaridade generalizada na história de todas essas civilizações, apesar das separações efetivas causadas pelas grandes barreiras fronteiriças do noroeste da Índia e pelas cadeias de montanhas da Ásia Central e da Indochina. Primeiro, ao longo de milhares de anos, a cultura heliolítica se espalhou por todos os vales fluviais de clima quente do mundo antigo e originou um sistema de templos e de líderes sacerdotais com seus sacrifícios tradicionais. Aparentemente, os primeiros integrantes dessa cultura eram aqueles povos morenos aos quais já nos referimos como sendo a raça central da humanidade. Então chegaram os nômades, vindos das regiões de relva sazonal e migrações sazonais, e impuseram suas próprias características e muitas vezes sua própria língua à civilização primitiva. Eles a subjugavam e a estimulavam, e eram estimulados a pensar em melhorias e criavam uma coisa aqui e outra ali. Na Mesopotâmia, os deflagradores desse processo foram os elamitas e depois os semitas, e por fim os medos e persas nórdicos e os gregos; na região dos povos egeus, foram os gregos; na Índia, os povos de língua ariana; no Egito, houve uma infusão menos numerosa de conquistadores, numa civilização de sacerdócio mais intenso; na China, os hunos conquistaram e foram absorvidos e foram sucedidos por novos hunos. A China foi mongolizada como a Grécia e o norte da Índia foram arianizados e a Mesopotâmia foi semitizada e arianizada. Em todos os lugares os nômades causavam enormes destruições, mas em todos os lugares eles traziam consigo um novo espírito de indagação livre e inovação moral. Eles questionavam as crenças de eras imemoriais. Arejaram os templos. Nomeavam reis que não eram sacerdotes nem deuses, mas apenas líderes entre seus chefes e companheiros.

Nos séculos que se seguiram ao século VI a.C. nós vemos, em todo lugar, uma grande eliminação de tradições antigas, e nasce um novo espírito de indagação moral e intelectual, um espírito que nunca mais seria de todo refreado no grande movimento progressivo da humanidade. Vemos a leitura e a escrita se tornando conquistas comuns e acessíveis entre a próspera minoria dos que detinham autoridade; elas não eram mais um segredo guardado ciosamente pelos sacerdotes. As viagens são cada vez mais frequentes, e o transporte é facilitado, por causa dos cavalos e das estradas. A moeda cunhada é um artifício que facilita o comércio.

Saindo da China e do extremo oriente do mundo, voltemos agora a nossa atenção à metade ocidental do Mediterrâneo. Aqui, temos de observar o surgimento de uma cidade que estava destinada a exercer, de fato, um último grande papel na história da humanidade: Roma.

Até agora falamos muito pouco sobre a Itália em nossa história. Ela era, antes de 1000 a.C., uma área de montanhas e florestas, escassamente povoada. Tribos arianas haviam descido pela península, construindo vilarejos e pequenas cidades, e a extremidade sul estava tomada por assentamentos gregos. As nobres ruínas de Paestum preservaram um pouco da dignidade e do esplendor desses remotos assentamentos gregos. Os etruscos, um povo não ariano provavelmente aparentado aos egeus, haviam se estabelecido na parte central da península. Eles tinham revertido o processo habitual, subjugando várias tribos arianas. Roma, quando vem à tona na história, é uma pequena cidade mercantil num vau do rio Tibre, com uma população que falava latim e governada por reis etruscos. As antigas cronologias indicavam 753 a.C. como sendo a data da fundação de Roma, meio século depois da fundação da grande cidade fenícia de Cartago e 23 anos depois da primeira Olimpíada. Sepulturas etruscas com datas muito anteriores ao ano 753, no entanto, já foram descobertas em escavações no Fórum Romano.

No século dos séculos, o sexto antes de Cristo, os reis etruscos foram expulsos (510 a.C.), e Roma se tornou uma república aristocrática, com uma classe nobre de famílias "patrícias" dominando uma população comum de "plebeus". Excetuando-se o fato de que a língua era o latim, a cidade se assemelhava a muitas repúblicas aristocráticas gregas.

Por alguns séculos, a história interna de Roma foi a história de uma longa e obstinada batalha dos plebeus por liberdade e por participação nas decisões do governo. Não seria difícil encontrar paralelos gregos nesse conflito, que os gregos teriam chamado de conflito entre aristocracia e democracia. No fim das contas, os plebeus acabaram com a maior parte das exclusividades das velhas famílias e estabeleceram uma igualdade nas condições de trabalho. Eliminaram os velhos privilégios, e se tornou possível e aceitável, para Roma, possuir um número cada vez maior de cidadãos pela inclusão de mais e mais "forasteiros". Enquanto lutava em casa, Roma expandia seu poderio no estrangeiro.

A expansão do poderio dos romanos começou no quinto século antes de Cristo. Até então eles haviam se engajado em guerras, quase sempre sem sucesso, contra os etruscos. Havia um forte etrusco, em Veii, a poucos quilômetros de Roma, e os romanos não conseguiam capturá-lo. Em 474 a.C., no entanto, um grande infortúnio se abateu sobre os etruscos. Sua frota foi destruída pelos gregos de Siracusa na Sicília. Ao mesmo tempo, uma onda de invasores nórdicos, os gauleses, lançou-se sobre eles pelo norte. Imobilizados entre romanos e gauleses, os etruscos foram derrotados – e desapareceram da história. Veii foi capturada pelos romanos. Os gauleses avançaram até Roma a saquearam a cidade (390 a.C.), mas não conseguiram capturar o Capitólio. Uma tentativa de empreender um ataque noturno surpreendente foi traída por cacarejos de gansos, e os invasores acabaram sendo subornados e voltaram para o norte da Itália.

Antes de enfraquecer, o assalto gaulês parece ter revigorado Roma. Os romanos venceram e assimilaram os etruscos, e expandiram seu poder por todo centro da Itália, do Arno a Nápoles. Obtiveram tudo isso antes de 300 a.C. Suas conquistas na Itália eram simultâneas ao fortalecimento de Filipe na Macedônia e na Grécia, e ao tremendo avanço de Alexandre do Egito ao Indus. Ao tempo da queda do império de Alexandre, os romanos já eram um povo célebre no mundo civilizado oriental.

Ao norte do domínio romano estavam os gauleses; ao sul estavam os assentamentos gregos da Magna Grécia, ou seja, a Sicília e o pé e o calcanhar da Itália. Os gauleses eram um povo guerreiro e forte, e os romanos mantiveram sua fronteira norte intacta com uma linha de fortes e assentamentos fortificados. As cidades gregas ao sul, tendo à frente Tarentum (hoje Taranto) e a siciliana Siracusa, mais temiam do que ameaçavam os romanos. Procuravam por alguma ajuda para enfrentar os novos conquistadores.

Nós já contamos como o império de Alexandre caiu aos pedaços e foi dividido entre seus generais e aliados. Entre esses aventureiros havia um parente de Alexandre chamado Pirro, que se estabeleceu no Épiro, à margem do Mar Adriático, no calcanhar da Itália. Sua ambição era ser um Filipe da Macedônia na Magna Grécia, e se tornar protetor e comandante em chefe de Tarentum, de Siracusa e de todo o resto daquela parte do mundo. Pirro possuía um exército muito moderno para a época; tinha uma falange de infantaria, uma cavalaria da Tessália – que já era tão qualificada quanto a cavalaria macedônia original – e vinte elefantes de guerra; ele invadiu a Itália e derrotou os romanos em duas consideráveis batalhas, Heracleia (280 a.C.) e Ásculo (279 a.C.); com os romanos debandados para o norte, dirigiu suas atenções à subjugação da Sicília.

Mas atraiu contra ele um inimigo que era mais formidável do que os romanos de então: Cartago, a cidade mercantil fenícia, que era provavelmente a maior cidade do mundo. A distância entre a Sicília e Cartago era muito pequena, e um novo Alexandre não seria bem-vindo. Cartago não tinha esquecido a queda de sua metrópole, Tiro, meio século antes. De modo que enviou uma frota para encorajar Roma a prosseguir na luta, e cortou as comunicações marítimas de Pirro. Pirro logo se viu acossado novamente pelos romanos, e foi desastrosamente repelido num ataque ao acampamento romano em Benevento, entre Nápoles e Roma.

E notícias repentinas o obrigaram a retornar para o Épiro. Os gauleses estavam atacando o sul. Dessa vez, porém, eles não tinham invadido a Itália pelo norte; a fronteira romana, fortificada e guarnecida, era impenetrável. Eles vinham pela Ilíria (o território onde hoje temos Sérvia e Albânia) e pela Macedônia até chegar ao Épiro. Repelido pelos romanos, ameaçado no mar pelos cartagineses, Pirro abandonou seu sonho de conquistador e voltou para casa (275 a.C.), e o poderio de Roma se expandiu até o Estreito de Messina.

No lado siciliano do Estreito ficava a cidade grega de Messina, que em breve caiu nas mãos de um bando de piratas. Os cartagineses, que já praticamente mandavam na Sicília e eram aliados de Siracusa, expulsaram os piratas (270 a.C.) e os substituíram por uma guarnição própria. Os piratas apelaram para Roma, e Roma deu ouvidos ao apelo. E assim, no caminho do Estreito de Messina, o grande poderio comercial de Cartago e o novo povo conquistador, os romanos, encontraram-se frente a frente, na condição de antagonistas.

32

ROMA E CARTAGO

Foi em 264 a.C. que começaram as Guerras Púnicas, a grande confrontação entre Roma e Cartago. Naquele ano, Asoka dava início a seu reinado em Bihar, Shi Huangdi era uma criança pequena, o Museu de Alexandria ainda produzia bons trabalhos científicos, e os gauleses bárbaros se encontravam na Ásia Menor, arrancando tributos de Pérgamo. As diferentes regiões do mundo ainda estavam separadas por distâncias insuperáveis, e decerto o resto da humanidade só conhecia através de vagos e remotos rumores a luta mortal que se estendeu por um século e meio na Espanha, na Itália, no norte da África e no Mediterrâneo Ocidental, opondo o último baluarte do poder semita a Roma, o recém-chegado entre os povos de língua ariana.

Essa guerra deixou vestígios em questões que ainda tumultuam o mundo. Roma triunfou sobre Cartago, mas a rivalidade entre arianos e semitas se transformaria, mais tarde, no conflito entre gentios e judeus. A nossa história está lidando agora com eventos cujas consequências e distorções ainda alimentam, com uma vitalidade moribunda, com influências complexas e confusas, os conflitos e controvérsias dos dias de hoje.

A Primeira Guerra Púnica começou em 264 a.C., em função dos piratas de Messina. Ela derivou para uma luta pela posse de toda a Sicília, menos os domínios do rei grego de Siracusa. O controle marítimo favoreceu, a princípio, os cartagineses. Eles tinham poderosos navios de guerra, de tamanhos nunca vistos antes, os quinquerremes, galés com cinco ordens de remos e um enorme esporão. Na Batalha de Salamina, dois séculos antes, os maiores navios de combate eram meros trirremes, com três ordens de remadores. Os romanos, porém, com uma energia extraordinária, e apesar do fato de que tinham pouca experiência naval, determinaram-se a superar o engenho cartaginês. Tripularam com uma maioria de marinheiros gregos os novos navios que haviam criado, e inventaram a abordagem de luta corpo a corpo para compensar a pilotagem superior do inimigo. Quando o navio cartaginês se aproximava para desferir o esporão ou para quebrar os remos romanos, enormes arpões de ferro o agarravam e uma multidão de romanos o invadia. Em Mylae (260 a.C.) e no Cabo Ecnomo (256 a.C.), os cartagineses foram desastrosamente batidos. Eles repeliram um desembarque romano perto de Cartago, mas foram severamente batidos em Palermo, perdendo ali 104 elefantes – que desfilaram pelo Fórum na procissão mais triunfal que Roma já vira. Depois disso vieram duas derrotas romanas, e a seguir sua recuperação. As últimas forças navais de Cartago foram vencidas por um grande empenho romano na Batalha das Ilhas Aegates (241 a.C.), e Cartago teve de pedir por paz. Com exceção dos domínios de Hierão, rei de Siracusa, toda a Sicília foi cedida aos romanos.

Roma e Cartago se mantiveram em paz por 22 anos. Ambos enfrentavam problemas suficientes em casa. Os gauleses desceram pela Itália outra vez, ameaçaram os romanos – *que, num estado de pânico, ofereceram sacrifícios humanos para os deuses!* – e foram derrotados em Télamon. Roma abriu caminho até os Alpes e expandiu seus domínios ao longo da costa adriática, até a Ilíria. Cartago sofreu com insurreições domésticas e com revoltas na Córsega e na Sardenha, e demonstrou uma capacidade de recuperação muito minimizada. Finalmente, num ato de agressão intolerável, Roma atacou e anexou essas duas ilhas rebeldes.

A Espanha de então era cartaginesa até o limite do rio Ebro, ao norte. O território acima era romano. Uma travessia do Ebro por parte dos cartagineses seria considerada um ato de guerra contra Roma. Por fim, em 218 a.C., os cartagineses, provocados por novas agressões romanas, cruzaram o rio sob o comando de um jovem general chamado Aníbal, um dos comandantes militares mais brilhantes de todos os tempos. Ele marchou com seu exército da Espanha até a Itália passando pelos Alpes, instigou os gauleses contra os romanos e se engajou na Segunda Guerra Púnica, em território italiano, por quinze anos. Aníbal infligiu derrotas tremendas aos romanos no Lago Trasimeno e na Batalha de Canas, e no decurso de suas campanhas italianas todos os exércitos romanos que se opuseram a ele sofreram derrotas acachapantes. Mas um exército romano desembarcara em Marselha e cortara suas comunicações com a Espanha; ele não dispunha de condições militares para cercar fortificações e jamais conseguiria capturar Roma. Por fim, ameaçados pela revolta dos númidas em casa, os cartagineses foram obrigados a recuar para defender sua própria cidade na África; um exército romano invadiu o território africano, e Aníbal foi derrotado pela primeira vez, em casa, na Batalha de Zama (202 a.C.), por Cipião Africano, o Velho. A Batalha de Zama deu fim à Segunda Guerra Púnica. Cartago capitulou; cedeu a Espanha e sua frota de guerra; pagou uma enorme indenização e concordou em entregar Aníbal aos vingativos romanos. Mas Aníbal escapou e fugiu para a Ásia, onde, mais tarde, defrontado com o perigo de cair nas mãos dos implacáveis inimigos, tomou veneno e morreu.

Por 56 anos, Roma e a debilitada cidade de Cartago ficaram em paz. Enquanto isso, Roma ampliou seu império por sobre a confusa e dividida Grécia, invadiu a Ásia Menor, e em Magnésia, na Lídia, derrotou Antíoco III, o monarca selêucida. Os romanos transformaram o Egito, que ainda era governado pelos Ptolomeus, Pérgamo e a maioria dos pequenos Estados da Ásia Menor em "aliados" – ou, como poderíamos dizer hoje, "Estados protegidos".

E ao mesmo tempo Cartago, subjugada e enfraquecida, vinha recuperando um pouco de sua antiga prosperidade. Sua recuperação reavivou o ódio e a desconfiança dos romanos. A cidade foi atacada a pretexto de uma contenda rasa e artificial (149 a.C.), ofereceu uma resistência amarga e obstinada, enfrentou um longo cerco e sofreu uma invasão violenta (146 a.C.). O combate de rua, ou massacre, durou seis dias, e foi extraordinariamente sangrento; quando a cidadela capitulou, apenas 50 mil cartagineses estavam vivos, de uma população de 250 mil. Eles foram vendidos como escravos, e a cidade foi queimada e cuidadosamente destruída. As ruínas enegrecidas foram plantadas sob a terra, numa espécie de ritual de extinção.

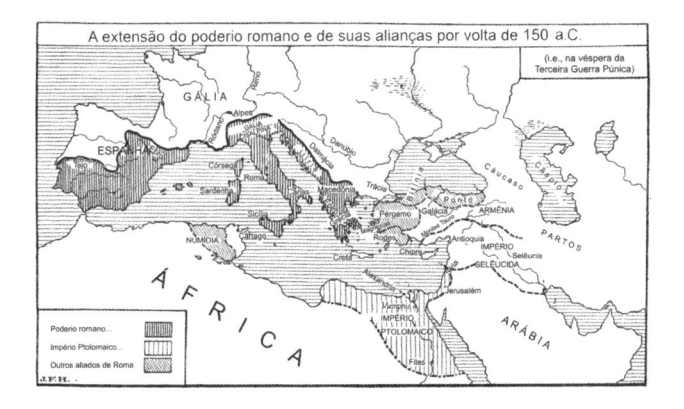

Assim acabou a Terceira Guerra Púnica. De todos os Estados e cidades semitas que haviam florescido no mundo cinco séculos antes, apenas um pequeno país permaneceu livre, com governantes nativos: a Judeia, que tinha se libertado dos selêucidas e era administrada por príncipes macabeus. A essa altura a Bíblia Hebraica estava quase completa, e se encontravam bastante desenvolvidas as distintas tradições do mundo judeu, tais como as conhecemos hoje. Era natural que cartagineses, fenícios e outros povos aparentados, dispersos pelo mundo, estivessem unidos por línguas praticamente idênticas e por sua literatura de esperança e coragem. Em grande medida, eles eram ainda os negociantes e banqueiros do mundo. O mundo semítico estava submerso, mas não fora substituído.

Jerusalém, que sempre fora mais um símbolo do que um centro para o judaísmo, foi tomada pelos romanos em 65 a.C.; e depois de muitas vicissitudes de revolta e luta por independência, foi sitiada em 70 d.C. e capturada depois de uma resistência feroz. O Templo foi destruído. Uma rebelião posterior, em 132 d.C., completou a destruição geral, e a Jerusalém que conhecemos hoje foi reconstruída sob os auspícios de Roma. Um templo do deus romano, Júpiter Capitolino, foi erguido no lugar do Templo, e os judeus foram proibidos de habitar a cidade.

33

O CRESCIMENTO DO IMPÉRIO ROMANO

Ora, a potência romana que começou a dominar o mundo ocidental era, em diversos aspectos, diferente de todos os grandes impérios que até então prevaleceram no mundo civilizado. Não se tratou, a princípio, de uma monarquia, nem de algo surgido por intermédio de um grande conquistador. Roma era, de fato, o primeiro dos impérios republicanos; Atenas dominara um grupo de aliados e dependentes no tempo de Péricles, e Cartago, quando se meteu na luta fatal contra os romanos, comandava Sardenha e Córsega, Marrocos, Argel, Túnis e a maior parte da Espanha e da Sicília. Roma foi o primeiro império republicano a escapar da extinção e a avançar na geração de novos desenvolvimentos.

Em comparação com o que ocorria nos impérios antigos, localizados nos vales fluviais da Mesopotâmia e do Egito, o centro do novo sistema se situava bem mais para o ocidente. A posição no Ocidente permitiu a Roma incluir novos povos e novas regiões no mundo civilizado. O poderio romano cobriu Marrocos e Espanha e logo se prolongou para o noroeste, sobre o território onde hoje temos França, Bélgica e Inglaterra, e para o nordeste, por sobre a Hungria e o sul da Rússia. Por outro lado, nunca conseguiu se manter na Ásia Central ou na Pérsia, que eram muito distantes de seus centros administrativos. Além de incluir, portanto, grandes massas de povos nórdicos de língua ariana, Roma em breve incorporou quase todos os povos gregos do mundo, e sua população era menos hamítica e semítica do que qualquer império precedente.

Alguns séculos se passaram e o império romano não foi absorvido pelas tradições de seus antecessores, pela rotina que engolira rapidamente persas e gregos no passado, e se desenvolveu sem parar. Os líderes medos e persas foram inteiramente babilonizados em mais ou menos uma geração, tomando para si a tiara do rei dos reis e os templos e sacerdócios de seus deuses; Alexandre e seus sucessores também trilharam o caminho fácil da assimilação; os monarcas selêucidas tinham uma corte e métodos administrativos quase idênticos aos de Nabucodonosor; os Ptolomeus viraram faraós absolutamente egípcios. Eles foram assimilados assim como, antes deles, haviam sido assimilados os conquistadores semitas e sumérios. Mas os romanos governavam em sua própria cidade, e por alguns séculos se ativeram às leis de seu próprio povo. O único povo que exerceu forte influência mental sobre eles, antes do século II ou III, foi o grego, aparentado e semelhante. De modo que o Império Romano foi, em essência, uma primeira tentativa de exercer um grande domínio sobre os territórios arianos. Era um novo padrão para a história, era uma república ariana expandida. Não tinha mais aplicação o padrão antigo, do conquistador individual governando uma cidade que crescera em volta do templo de um deus da colheita. Os romanos tinham deuses e templos; no entanto, como as divindades gregas, os seus deuses eram imortais semi-humanos, patrícios divinos. Também promoviam sacrifícios de sangue, e chegavam a fazer sacrifícios humanos em situações de calamidade, coisas que devem ter aprendido de seus sombrios mestres etruscos; enquanto os tempos áureos não passassem, porém, sacerdotes e templos não teriam papel relevante na história romana.

O Império Romano não foi planejado; era um organismo novo e crescente; os romanos se viram engajados, sem ter muita noção do que ocorria, num vasto experimento administrativo. Não se pode dizer que foi um experimento de sucesso. No fim, o império todo entrou em colapso. E ele se transformou profundamente com a passagem dos séculos, na forma e nos métodos. Mudou mais em cem anos do que Bengala ou Mesopotâmia ou Egito mudaram em mil. Estava sempre se transformando. Jamais teve forma fixa.

Num certo sentido, o experimento falhou. Num certo sentido o experimento permanece inacabado, e a Europa e a

América dos dias de hoje ainda lidam com as complexidades da arte de governar o mundo, a arte que o povo romano desenvolveu.

O estudante de história deve ter sempre em mente as enormes mudanças que ocorreram ao longo de todo o período do domínio romano, tanto no aspecto político quanto nas questões morais. As pessoas costumam ter uma forte tendência a pensar na dominação romana como algo acabado e estável, firme, polido, nobre e resoluto. Nos *Cantos da Roma antiga*, de Macauley, aparecem, num único retrato, projetando a ideia de algo elevado e cruel e honrado, o S.P.Q.R.*, Catão, o Velho, os Cipiões, Júlio César, Diocleciano, Constantino, o Grande, triunfos, orações, combates de gladiadores, mártires cristãos. É importante desemaranhar os componentes desse retrato. Eles estão dispersos em diferentes estágios de um processo de mudança mais profundo do que a transformação que separa a Londres de hoje da Londres de Guilherme, o Conquistador.

Podemos dividir a expansão de Roma, de modo muito conveniente, em quatro estágios. O primeiro estágio começou depois do ataque dos gauleses em 390 a.C. e seguiu até o fim da Primeira Guerra Púnica (240 a.C.). Podemos chamá-lo de estágio da República Assimilativa. Trata-se, talvez, do estágio mais belo e mais característico da história romana. As seculares discórdias entre patrícios e plebeus estavam se encaminhando para um desfecho, a ameaça etrusca chegara ao fim, ninguém era muito rico ou muito pobre e quase todos os homens possuíam espírito cívico. Era uma república como a república dos bôeres sul-africanos antes de 1900 ou como os Estados do norte na União americana entre 1800 e 1850; uma república de agricultores livres. Nos primeiros anos desse estágio, Roma era um Estado pequeno, com pouco mais do que trinta quilômetros quadrados. Enfrentava os vigorosos Estados aparentados do entorno e não queria destruir, queria unir. Os séculos de dissensão civil incutiram no povo romano a capacidade de fazer concessões. Algumas das

---

* *Senatus Populusque Romanus*: "O Senado e o Povo de Roma". (N.T.)

cidades derrotadas se tornavam de todo romanas, com direito a voto nas decisões governamentais, e algumas governavam a si mesmas e seus habitantes podiam fazer negócios e se casar em Roma; guarnições repletas de cidadãos romanos eram instaladas em pontos estratégicos, e colônias fundadas em territórios conquistados contavam com variados privilégios. Grandes estradas foram construídas. A consequência inevitável foi a rápida latinização de toda a Itália. Em 89 a.C., todos os habitantes livres da Itália se tornaram cidadãos da cidade de Roma. Formalmente, o Império Romano se tornou, por fim, uma gigantesca cidade. Em 212 d.C., todos os homens livres de toda a extensão do império ganharam cidadania, assim como o direito de votar em Roma, caso tivessem condições de se deslocar até lá.

A concessão de cidadania a cidades amigáveis era o artifício distintivo da expansão romana. Foi revertido por completo o antigo processo de conquista e assimilação. Pelo método romano, os conquistadores assimilaram os conquistados.

Porém, depois da Primeira Guerra Púnica e da anexação da Sicília, embora o antigo processo de assimilação seguisse em andamento, um outro processo entrou em cena. A Sicília, por exemplo, foi tratada como uma presa abatida. Foi declarada "Estado" do povo romano. Seu rico solo e sua industriosa população foram explorados com o objetivo de enriquecer Roma. Os patrícios e os plebeus mais influentes garantiram para si a maior fatia dessa riqueza. E a guerra também forneceu um enorme suprimento de escravos. Antes da Primeira Guerra Púnica, a população da república tinha sido, em grande parte, uma população de agricultores cidadãos. O serviço militar era um privilégio e uma responsabilidade para os romanos. Enquanto eles estavam na ativa, no serviço militar, suas propriedades se endividaram e surgiu uma nova agricultura de grande escala, baseada em trabalho escravo; quando retornaram, descobriram que seus produtos competiam com produtos produzidos por escravos em novas propriedades e na Sicília. Os tempos haviam mudado. A república tinha alterado suas feições. Não apenas a Sicília estava nas mãos de Roma como o homem comum estava nas mãos de credores e competidores ricos. Roma ingressara em seu segundo estágio, a República dos Aventureiros Ricos.

Por duzentos anos os soldados-agricultores de Roma lutaram por liberdade e pelo direito de uma participação no governo; por cem anos eles desfrutaram de seus privilégios. A Primeira Guerra Púnica levou embora tudo o que haviam conquistado.

O valor de seus privilégios eleitorais virou pó. O corpo governamental da república romana era composto por dois setores. O primeiro, o mais importante, era o Senado. Ele era formado originalmente por patrícios e depois por homens proeminentes de todos os tipos, convocados a princípio por certos oficiais poderosos, os cônsules e censores. Como a Câmara dos Lordes britânica, o Senado se tornou um ajuntamento de grandes proprietários de terra, políticos proeminentes, influentes homens de negócio e assim por diante. Lembrava muito mais a Câmara dos Lordes britânica do que o Senado americano; por três séculos, das Guerras Púnicas em diante, foi o centro do pensamento e das diretrizes políticas romanas. O segundo órgão era a Assembleia Popular; a intenção era de que fosse uma reunião de *todos* os cidadãos de Roma. Quando Roma era um Estado pequeno, com seus trinta quilômetros quadrados, essa assembleia era possível. Quando a cidadania de Roma se alastrou além dos limites da Itália, ela se tornou absolutamente impossível. Suas reuniões, anunciadas por toques de corneta no Capitólio e nos muros da cidade, transformaram-se cada vez mais em encontros de políticos charlatães e gentalha da cidade. No século IV a.C., a Assembleia Popular funcionava como instrumento de fiscalização do Senado, como representação competente das reivindicações e dos direitos do homem comum. Passadas as Guerras Púnicas, já era a relíquia impotente de um controle popular superado. Não restou nenhuma fiscalização legal sobre a atuação dos poderosos.

O conceito de governo representativo jamais foi introduzido na república romana. Ninguém pensou em eleger delegados que representassem os desejos dos cidadãos. O estudante deve refletir sobre esse importante aspecto.

A Assembleia Popular nunca chegou a ser o equivalente da Câmara dos Representantes americana ou da Câmara dos Comuns britânica. Na teoria, todos os cidadãos estariam incluídos; na prática, a representação não era sequer considerada.

O cidadão comum do Império Romano se encontrava em péssima condição, portanto, ao fim da Segunda Guerra Púnica; estava empobrecido, muitas vezes perdera sua lavoura, fora desalojado da produção rentável pelos escravos, e não dispunha mais de poder político para remediar suas perdas. Os únicos meios de manifestação popular para pessoas que não tinham como se expressar politicamente eram a greve e a revolta. A história dos dois últimos séculos antes de Cristo, no que diz respeito a política interna, é uma história de movimentos revolucionários fúteis. A escala desta nossa história não nos permite esmiuçar os intrincados combates daquele tempo, as tentativas de atacar propriedades e de restituir terras aos agricultores livres, os apelos por perdão integral ou parcial de dívidas. Houve revolta e guerra civil. Em 73 a.C., as perturbações na Itália foram intensificadas por uma grande insurreição de escravos, liderada por Espártaco. A revolta teve bastante repercussão, pois entre os escravos estavam os lutadores treinados dos espetáculos de gladiadores. Espártaco resistiu por dois anos na cratera do Vesúvio, que na época parecia ser um vulcão extinto. A insurreição foi afinal derrotada e aniquilada, com uma crueldade furiosa. Seis mil seguidores de Espártaco foram crucificados ao longo da Via Ápia, a grande estrada que liga Roma ao sul do país (71 a.C.).

O homem comum nunca pôde fazer frente às forças que o subjugavam e o degradavam. Mas os ricos e poderosos que o dominavam vinham preparando um novo poder para o mundo romano, um poder que estaria acima do homem comum e até mesmo deles: o poder do exército.

Até a Segunda Guerra Púnica, Roma era um conglomerado de agricultores livres, os quais, de acordo com suas capacidades, cavalgavam ou marchavam a pé para a batalha. Era uma força disponível e eficiente para guerras em territórios próximos, mas não era o tipo de exército que se desloca para o estrangeiro e enfrenta longas campanhas com paciência. Além disso, com os escravos se multiplicando e as propriedades crescendo, o suprimento de agricultores dispostos à luta decresceu. Coube a um líder popular chamado Mário introduzir um novo fator. Depois da queda da civilização cartaginesa, o norte da África se transformara num reino bárbaro, o reino da Numídia. Roma entrou em conflito com Jugurta, rei desse Estado, e passou por enormes dificuldades para subjugá-lo. Mário foi nomeado cônsul, numa fase de indignação pública, para dar fim a essa guerra desacreditada. E ele o fez, organizando *tropas pagas* e exercitando os soldados com severidade. Jugurta foi levado a Roma acorrentado (106 a.C.), e Mário, quando seu tempo de serviço expirou, manteve seu consulado ilegalmente, com suas novas legiões. Não havia poder romano que pudesse detê-lo.

Com Mário teve início a terceira fase do desenvolvimento do poderio romano, a República dos Comandantes Militares. Pois agora teve início um período em que os líderes das legiões pagas lutaram pelo domínio do mundo romano. Contra Mário se opôs o aristocrata Sula, que servira como subalterno dele na África. Os dois, isoladamente, promoveram um grande massacre de oponentes políticos. Homens eram condenados e executados aos milhares, e suas propriedades eram vendidas. Depois do período de rivalidade entre os dois e do horror da revolta de Espártaco, começou uma fase em que Lúculo, Pompeu, o Grande, Crasso e Júlio César comandaram os exércitos e dominaram as questões políticas. Foi Crasso quem derrotou Espártaco. Lúculo conquistou a Ásia Menor e invadiu a Armênia antes de, já muito rico, se recolher à vida privada. Crasso, compelido a avançar mais, invadiu a Pérsia e foi derrotado e morto pelos partos. Depois de uma longa disputa, Pompeu foi derrotado por Júlio César (48 a.C.) e assassinado no Egito, deixando Júlio César na condição de senhor de todo o mundo romano.

A figura de Júlio César transtornou a imaginação humana com uma intensidade que não corresponde aos seus méritos ou à sua verdadeira importância. Ele se tornou uma lenda e um símbolo. Para nós, ele é importante, principalmente, por marcar a transição da fase dos aventureiros militares para o começo do quarto estágio da expansão romana, o Início do Império. Apesar das profundas convulsões econômicas e políticas, apesar da guerra civil e da degeneração social, por todo esse tempo as fronteiras do Estado romano se alastraram e continuaram se alastrando até que chegassem, por volta de 100 d.C., ao limite máximo. Houve uma espécie de refluxo durante as fases hesitantes da Segunda Guerra Púnica, e depois uma evidente perda de vigor antes que Mário remodelasse o exército. A revolta de Espártaco marcou uma terceira fase. Júlio César afirmou sua reputação de líder militar na Gália, o território onde hoje temos França e Bélgica. (As principais tribos habitantes dessa terra pertenciam ao mesmo povo celta que ocupara o norte da Itália por certo tempo, e que depois invadiu a Ásia Menor e se estabeleceu e ficou conhecido como gálata.) César rechaçou uma invasão germânica da Gália e anexou todo o território a seu império, e por duas vezes cruzou o Estreito de Dover até a Inglaterra (55 e 54 a.C.), onde, porém, não realizou conquistas duradouras. Enquanto isso, Pompeu, o Grande, consolidava conquistas que se estendiam para o leste, até o Mar Cáspio.

A essa altura, meados do século I a.C., o Senado Romano ainda era nominalmente o centro do governo romano, nomeando cônsules e outros oficiais, delegando poderes e assim por diante; e alguns políticos, entre os quais se destacava a figura de Cícero, lutavam para preservar as grandes tradições da república romana e para manter o respeito por suas leis. Mas o espírito de cidadania desaparecera, com o aniquilamento dos agricultores livres; a Itália era agora uma terra de escravos e de homens empobrecidos que nem compreendiam e nem desejavam a liberdade. Não havia nada que sustentasse os líderes republicanos no Senado, enquanto que os grandes aventureiros, que eles temiam e gostariam de controlar, eram sustentados pelas legiões. Pairando acima das cabeças do Senado, Crasso e Pompeu e César dividiram entre eles o governo do império (o Primeiro Triunvirato). Quando, logo a seguir, Crasso foi morto pelos partos na distante Carras, Pompeu e César romperam. Pompeu se posicionou no lado republicano, e leis foram aprovadas para que César fosse julgado por suas transgressões à lei e por sua desobediência aos decretos do Senado.

Era ilegal, para um general, levar suas tropas para fora dos limites de seu comando, e o limite entre o comando de César e a Itália era o Rubicão. Em 49 a.C. ele cruzou o Rubicão, dizendo "A sorte está lançada", e marchou sobre Pompeu e Roma.

Era costume em Roma, no passado, em períodos de calamidade militar, eleger um "ditador" para governar, com poderes praticamente ilimitados, durante a crise. Após a queda de Pompeu, César foi feito ditador por dez anos, a princípio, e depois (em 45 a.C.) por toda a vida. Ele foi alçado à condição de monarca do império enquanto vivesse. Chegou a ser discutida a possibilidade de haver um rei, uma palavra rejeitada por Roma desde a expulsão dos etruscos cinco séculos antes. César se recusou a ser rei, mas adotou um trono e um cetro. Depois de ter derrotado Pompeu, César viajara para o Egito e fizera amor com Cleópatra, a última integrante da linhagem dos Ptolomeus, a deusa-rainha do Egito. Ao que tudo indica, ela encheu de ideias a cabeça do ditador. Ele trouxera a Roma, ao retornar, o conceito egípcio de um deus-rei. Sua estátua foi instalada num templo com a inscrição "Ao Deus Invencível". O republicanismo moribundo de Roma produziu um último protesto, e César foi esfaqueado até a morte no Senado, ao pé da estátua de seu rival assassinado, Pompeu, o Grande.

Seguiram-se mais treze anos com esses conflitos entre personalidades ambiciosas. Houve um segundo triunvirato, composto por Lépido, Marco Antônio e Otávio, sobrinho de Júlio César. Otávio, como seu tio, ficou com as províncias ocidentais, pobres e imersas em dificuldades, nas quais eram recrutadas as melhores legiões. Em 31 a.C. ele derrotou Marco Antônio, seu único rival sério, na Batalha Naval de Ácio, e se colocou na condição de único senhor do mundo romano. Mas Otávio tinha uma personalidade completamente oposta à de Júlio César. Ele não tinha pretensões tolas de ser deus ou rei. Não tinha uma rainha-amante que quisesse maravilhar.

Otávio devolveu a liberdade ao Senado e ao povo de Roma. Não quis ser ditador. O Senado, agradecido, garantiu-lhe poderes outorgados e efetivos. Não foi chamado de rei, mas de "Princeps" e "Augustus". Ele se tornou César Augusto, o primeiro dos imperadores romanos (27 a.C. a 14 d.C.).

Foi sucedido por Tibério César (14 a 37 d.C.), e este por outros, Calígula, Cláudio, Nero e assim por diante até Trajano (98 d.C.), Adriano (117 d.C.), Antônio Pio (138 d.C.) e Marco Aurélio (161-180 d.C.). Todos esses imperadores foram imperadores de legiões. Os soldados faziam a fama de alguns, e os soldados destruíam outros. O Senado aos poucos desaparece da história romana, e o imperador e seus oficiais administrativos assumem seu lugar. As fronteiras do império se alastram e agora atingem seus limites máximos. A maior parte da Grã-Bretanha foi anexada ao império, e a Transilvânia se transformou numa nova província, a Dácia; Trajano cruzou o Eufrates. Adriano teve uma ideia que nos faz lembrar de imediato algo que ocorrera na outra extremidade do velho mundo. Como Shi Huangdi, ele construiu muros para impedir o avanço dos bárbaros do norte; uma muralha que cruzava a Grã-Bretanha e uma paliçada entre o Reno e o Danúbio. Ele abandonou algumas das aquisições de Trajano.

A expansão do Império Romano chegara ao fim.

34

ENTRE ROMA E CHINA

Os séculos II e I a.C. marcam uma nova fase na história da humanidade. A Mesopotâmia e o Mediterrâneo Oriental não são mais o centro de interesse. Tanto a Mesopotâmia quanto o Egito ainda eram férteis, populosos e razoavelmente prósperos, mas não eram mais as regiões que dominavam o mundo. O poder se deslocara para o ocidente e para o oriente. Dois grandes impérios dominavam o mundo agora, o novo Império Romano e o renascido Império da China. Roma expandira seu poderio até o Eufrates, mas jamais foi capaz de ultrapassar essa fronteira. Era um território muito remoto. Além do Eufrates, os antigos domínios persas e indianos dos selêucidas haviam caído nas mãos de novos senhores. A China, agora sob a dinastia Han, que suplantara a dinastia Qin depois da morte de Shi Huangdi, expandira seu poderio por sobre o Tibete e sobre os grandes desfiladeiros da cordilheira Pamir, alcançando o Turquestão Ocidental. Mas esses, também, eram os seus limites. As terras além eram distantes demais.

A essa altura, a China era o maior, mais organizado e mais civilizado sistema político do mundo. Em área e população, era superior ao auge do Império Romano. Era possível, naquele momento, que esses dois vastos sistemas florescessem ao mesmo tempo no mundo e que um ignorasse praticamente por completo a existência do outro. Os meios de comunicação, tanto por mar quanto por terra, ainda não estavam suficientemente desenvolvidos e organizados para que os dois pudessem se confrontar.

No entanto, eles reagiam um ao outro de modo notável, e sua influência sobre o destino das regiões que estavam localizadas entre eles, sobre a Ásia Central e a Índia, era profunda. Uma certa incidência de comércio se imiscuiu, com caravanas de camelos que atravessavam a Pérsia, por exemplo, e com navios costeiros que viajavam da Índia ao Mar Vermelho. Em 66 a.C., tropas romanas comandadas por Pompeu seguiram os passos de Alexandre, o Grande, e subiram em marcha as costas orientais do Mar Cáspio. Em 102 d.C., uma força expedicionária chinesa comandada por Ban Chao alcançou o Cáspio, e enviou emissários com informes sobre o poder de Roma. Mas muitos séculos ainda teriam de passar até que um conhecimento efetivo e um relacionamento direto pudessem estabelecer uma ligação entre os grandes mundos paralelos da Europa e da Ásia Oriental.

Ao norte dos dois grandes impérios havia vastidões bárbaras. O que hoje é a Alemanha era um território de muitas florestas; as florestas se estendiam até a Rússia e faziam as vezes de lar para o gigantesco auroque, um touro quase tão grande quanto um elefante. Depois, ao norte das grandes cadeias de montanhas da Ásia, estendia-se uma faixa de desertos, estepes e então florestas e terras geladas. No trecho oriental das terras elevadas da Ásia havia o grande triângulo da Manchúria. Enormes partes dessas regiões, abrangendo a área entre o sul da Rússia e o Turquestão e chegando à Manchúria, eram e ainda são regiões de excepcional insegurança climática. A incidência de chuva, ali, variou em grande medida no decorrer de poucos séculos. São terras traiçoeiras para o homem. Oferecem pastagem e possibilidade de cultivo durante anos, e de repente chega uma época de queda na umidade, um ciclo de secas mortais.

A parte ocidental desse norte bárbaro, das florestas alemãs ao sul da Rússia e ao Turquestão, da Gotlândia aos Alpes, era a região de origem dos povos nórdicos e da fala ariana. As estepes orientais e os desertos da Mongólia eram a região de origem dos povos hunos ou mongóis ou tártaros ou turcos – pois todos esses diversos povos eram aparentados em linguagem, raça e modos de vida. E assim como os povos nórdicos parecem ter extrapolado continuamente suas fronteiras, abrindo caminho para o sul, de encontro às civilizações em desenvolvimento da Mesopotâmia e da costa mediterrânea, do mesmo modo as tribos hunas enviavam seus homens excedentes, como andarilhos, atacantes e conquistadores, às regiões civilizadas da China. Períodos de fartura nas terras do norte indicavam um aumento da população local; pastagens insuficientes ou surtos de doença no gado impeliam os guerreiros famintos para o sul.

Por certo tempo, existiram simultaneamente no mundo dois impérios que eram razoavelmente eficientes na capacidade de impedir a invasão dos bárbaros e até de forçar adiante as fronteiras da paz imperial. O avanço do império Han do norte da China em direção à Mongólia era forte e contínuo. A população chinesa se multiplicou além da barreira da Grande Muralha. Atrás dos guardas de fronteira do império vinha o lavrador chinês com cavalo e arado, arando os relvados e cercando os pastos de inverno. Os povos hunos atacavam e matavam os colonos, mas as expedições punitivas chinesas eram mais poderosas do que os invasores. O nômade se deparava com as opções de se estabelecer e lavrar e se tornar um chinês com impostos a pagar ou de se deslocar em busca de pastagens frescas de verão. Alguns optaram pela primeira alternativa e foram absorvidos. Alguns se deslocaram para leste e nordeste, passando pelos desfiladeiros das montanhas e descendo até o Turquestão Ocidental.

Esse fluxo de cavaleiros mongóis para o ocidente vinha ocorrendo desde 200 a.C. O fluxo acabava empurrando para o ocidente as tribos arianas, e estas, por sua vez, pressionavam as fronteiras romanas, prontas a invadir ao menor sinal de fraqueza. Os partos, que eram aparentemente um povo cita com características mongóis, desceram pelo Eufrates no século I a.C. Lutaram contra Pompeu, o Grande, durante a investida oriental do romano. Derrotaram e mataram Crasso. Substituíram a monarquia selêucida na Pérsia por uma dinastia de reis partos, a dinastia arsácida.

Por algum tempo, porém, a fronteira que menos resistia aos nômades famintos não ficava no Ocidente e nem no Oriente, e sim na Ásia Central, no caminho sudeste que passava pelo desfiladeiro Khyber e levava até a Índia. A Índia acabou recebendo a invasão mongol nesses séculos de força romana e chinesa. Conquistadores violentos atravessavam o Punjab em série e desciam até as planícies para saquear e destruir. O império de Asoka foi derrubado, e durante algum tempo a história da Índia mergulha em escuridão. Uma certa dinastia Kushan, fundada pelos "indo-citas" – um dos povos invasores – governou por certo tempo o norte da Índia, e manteve alguma ordem. As invasões prosseguiram por vários séculos. Durante grande parte do quinto século depois de Cristo, a Índia foi atormentada pelos heftalitas ou hunos brancos, que arrancavam tributos dos pequenos príncipes indianos e aterrorizavam o país. Nos verões os heftalitas cuidavam de pastagens no Turquestão Ocidental, e a cada outono eles voltavam pelos desfiladeiros para espalhar o terror pela Índia.

No século II, um grande infortúnio atingiu os impérios romano e chinês, e provavelmente enfraqueceu as resistências de ambos à pressão dos bárbaros: uma peste de virulência jamais vista. Ela se disseminou com violência por onze anos na China, abalando profundamente as estruturas sociais. A dinastia Han caiu, e uma nova era de divisão e confusão teve início; a China só se recuperaria no século VII, quando subiu ao poder a grande dinastia Tang.

A infecção se alastrou pela Ásia e chegou à Europa. Ela assolou os domínios do Império Romano de 164 a 180 d.C., e evidentemente enfraqueceu em grande medida o poderio de Roma. Começamos a ouvir falar em despovoamento das províncias romanas a partir de então, e houve uma marcante deterioração no vigor e na eficiência governamental. De todo modo, em pouco tempo as fronteiras já não são mais invulneráveis, brechas vão se abrindo aqui e ali. Um novo povo nórdico, os godos, originário da Gotlândia, na Suécia, migrara pela Rússia até a região do Volga e as praias do Mar Negro e se lançara ao mar, praticando pirataria. Ao fim do século II, pode ser que tenham começado a sentir a pressão da investida ocidental dos hunos. Em 247, cruzaram o Danúbio num feroz ataque terrestre, e derrotaram e mataram o imperador Décio em uma batalha na região da atual Sérvia. Em 236, outro povo germânico, os francos, havia avançado até o Reno inferior, e os alamanos haviam penetrado a Alsácia. As legiões da Gália rechaçavam os invasores, mas os godos atacavam e voltavam a atacar na península balcânica. A província da Dácia desapareceu da história romana.

Um desânimo tomara conta da orgulhosa e confiante Roma. De 270 a 275, Roma, que havia sido uma cidade aberta e segura por três séculos, foi fortificada pelo imperador Aureliano.

35

A VIDA DO HOMEM COMUM NOS PRIMÓRDIOS DO IMPÉRIO ROMANO

Antes de falarmos sobre como caiu em desordem e se desfez o Império Romano, que fora construído nos dois últimos séculos antes de Cristo e que florescera em paz e segurança por dois séculos, dos dias de César Augusto em diante, será interessante dedicarmos alguma atenção às vidas das pessoas comuns naquele vasto domínio. A nossa história está agora a menos de dois mil anos do nosso próprio tempo; e a vida dos povos civilizados, tanto sob a Paz Romana quanto sob a Paz da dinastia Han, estava se tornando, de modo evidente, cada vez mais semelhante à vida de seus sucessores civilizados dos dias de hoje.

No mundo ocidental, a moeda cunhada já era usada por todos; fora do mundo dos sacerdotes, havia muitas pessoas que tinham meios independentes de vida e que não eram nem funcionários do governo e nem sacerdotes; as pessoas viajavam para onde quisessem com uma liberdade inédita, e dispunham de estradas e de hospedarias. Comparada ao passado, aos tempos anteriores a 500 a.C., a vida estava muito mais solta. Antes disso, os homens civilizados viviam presos a um distrito ou país, estavam presos a uma tradição e viviam com um horizonte muito limitado; só os nômades faziam negócios e viajavam.

Mas nem a Paz Romana e tampouco a Paz da dinastia Han implicavam uma civilização uniforme ao longo das amplas áreas que elas controlavam. Existiam enormes diferenças locais e grandes contrastes e iniquidades culturais entre um distrito e outro, assim como hoje existem diferenças sob a Paz Britânica na Índia. As guarnições e colônias romanas estavam pontilhadas aqui e ali naquela vastidão de espaço, venerando deuses romanos e falando latim; porém, nos locais em que já existiam cidades antes da chegada dos romanos, a população seguia vivendo como sempre, subordinada a Roma mas administrando seus próprios assuntos e, ao menos por um tempo, venerando seus próprios deuses, à sua própria maneira. Na Grécia, na Ásia Menor, no Egito e no Oriente Helenizado em geral, o latim jamais prevaleceu. O grego era invencível ali. Saulo de Tarso, que se tornou o apóstolo Paulo, era judeu e cidadão romano, mas falava e escrevia em grego, e não em hebraico. Até mesmo na corte da dinastia parta, que derrubara os selêucidas gregos na Pérsia e que estava bastante afastada das fronteiras imperiais romanas, o grego era a língua corrente. Em algumas partes da Espanha e no norte da África, a língua cartaginesa também se manteve em uso por muito tempo, apesar da destruição de Cartago. Uma cidade como Sevilha, que já era próspera muito antes de surgirem os primeiros rumores sobre a existência de Roma, manteve sua deusa semita e preservou sua fala semita por várias gerações, apesar do fato de que havia uma colônia de veteranos romanos em Itálica, a poucos quilômetros de distância. Sétimo Severo, que foi imperador de 193 a 211 d.C., tinha o cartaginês como língua materna. Ele aprendeu o latim mais tarde, como língua estrangeira; e está registrado que sua irmã nunca aprendeu a falar latim e que ela administrava sua residência romana fazendo uso da língua púnica.

Em regiões como a Gália e a Grã-Bretanha e em províncias como a Dácia (mais ou menos onde fica hoje a Romênia) e a Panônia (a Hungria ao sul do Danúbio), onde não existiam anteriormente cidades e templos e culturas, o Império Romano promoveu, de fato, uma "latinização". Roma civilizou esses territórios pela primeira vez. Criou pequenas e grandes cidades nas quais o latim foi desde o começo o idioma dominante, e nas quais as pessoas só conheceram deuses e costumes romanos. O romeno, o italiano, o francês e o espanhol, variações e modificações da língua latina, seguem nos trazendo à mente essa extensão dos costumes latinos. O latim acabou prevalecendo também no noroeste da África. O Egito, a Grécia e o restante do Império Oriental jamais foram latinizados. Permaneceram egípcios e gregos na cultura e no espírito. Mesmo em Roma, entre os homens educados, o grego era aprendido na condição de língua de uma cultura nobre, e a literatura grega era mais apreciada do que a latina.

Em um império tão heterogêneo, as possibilidades de trabalhar e fazer negócios naturalmente variavam muito. Entre os povos estabelecidos, a principal ocupação ainda era, em grande escala, a agricultura. Já mencionamos como, na Itália, os robustos lavradores livres, que eram a espinha dorsal da nascente república romana, foram substituídos por propriedades impulsionadas pelo trabalho escravo, depois das Guerras Púnicas. Os gregos haviam desenvolvido variados métodos de cultivo, desde o arcadiano, no qual todos os cidadãos livres labutavam com as próprias mãos, até o espartano, no qual trabalhar era uma desonra e no qual a agricultura estava a cargo de uma classe especial de escravos, os hilotas. Mas isso era história antiga agora, e o sistema das propriedades com força escrava se espalhara por quase todo o mundo helenizado. Os escravos de cultivo eram cativos que falavam muitas línguas diferentes e que portanto não se entendiam, ou eram nascidos em cativeiro; não eram solidários na resistência à opressão, não tinham noção sobre direitos e não tinham nenhum conhecimento, pois não sabiam ler nem escrever. Embora integrassem uma maioria da população, nunca organizaram uma insurreição bem-sucedida. A insurreição de Espártaco, no século I a.C., foi uma insurreição de escravos diferenciados, treinados para os combates de gladiadores. Os trabalhadores rurais da Itália, nos últimos dias da República e no começo do Império, sofreram terríveis indignidades; eram acorrentados à noite para que não fugissem, ou tinham metade da cabeça raspada, para que fossem identificados. Não tinham esposas; podiam ser humilhados, mutilados e mortos por seus donos. O escravo podia ser vendido a qualquer momento pelo dono e ia parar na arena, lutando com feras. Se um escravo matasse o seu dono, a punição não recaía apenas sobre o assassino; todos os escravos da propriedade eram crucificados. Em algumas partes da Grécia, especialmente em Atenas, a sina do escravo não chegava a ser tão terrível, mas não deixava de ser abominável. Para uma população como essa, os invasores bárbaros, que logo romperam as linhas de defesa das legiões, não vinham como inimigos, e sim como libertadores.

O sistema do trabalho escravo estava presente na maioria das fábricas e em todos os tipos de produção que exigiam equipes. As minas e as operações metalúrgicas, os grupos de remo das galés, a construção de estradas e de grandes edifícios, todas essas atividades eram mantidas por trabalho escravo. E quase todos os serviços domésticos eram realizados por escravos. Havia homens livres e pobres e escravos libertos nas cidades e no campo, trabalhando por contra própria ou até mesmo trabalhando em troca de pagamento. Eram artesãos, supervisores e assim por diante, trabalhadores de uma nova classe, que ganhava dinheiro e que competia com os trabalhadores escravos; mas não sabemos que proporção eles representavam em relação ao total da população. Era uma proporção que provavelmente variava bastante em diferentes regiões e diferentes períodos. E existiam também muitas formas modificadas de escravidão; havia o escravo que era acorrentado à noite e que era levado a chicotadas até a lavoura ou a pedreira; e havia o escravo que, por opção do dono, ficava livre para cultivar seu pedaço de terra ou para exercer seu ofício e ter uma esposa, desde que pagasse uma quitação satisfatória ao proprietário.

Havia escravos armados. No começo do período das Guerras Púnicas, em 264 a.C., foi reavivado em Roma o passatempo etrusco de fazer um escravo lutar por sua vida. Essas lutas viraram moda muito rapidamente; em questão de pouco tempo, todos os homens ricos e poderosos de Roma tinham os seus séquitos de gladiadores, que às vezes lutavam na arena mas cuja função real era garantir a proteção pessoal do dono. E também havia escravos cultos. As conquistas da última fase da República ocuparam as cidades altamente civilizadas da Grécia, do norte da África e da Ásia

Menor; e elas forneceram escravos altamente educados. O tutor de um jovem romano de boa família costumava ser um escravo. Um homem rico geralmente possuía um escravo grego como bibliotecário, e secretários e eruditos que eram também escravos. Ele possuía um poeta como quem possui um cão adestrado. A tradição da crítica literária moderna se desenvolveu a partir dessa atmosfera de escravidão. Os escravos ainda se vangloriam e se hostilizam nas nossas resenhas de literatura. Havia empreendedores que compravam meninos escravos inteligentes e os educavam para vendê-los mais tarde. Escravos eram treinados para atuar como copistas de livros ou joalheiros, para exercer inúmeras outras habilidades.

Mas ocorreram mudanças consideráveis na posição ocupada pelos escravos durante os quatrocentos anos que se passaram entre os dias iniciais da República, tempos de conquista e riqueza, e os dias de desintegração que se seguiram à grande pestilência. No século II a.C., os cativos de guerra eram abundantes, e os costumes eram grosseiros e brutais; o escravo não tinha direito a nada; como o leitor pode imaginar, todos os ultrajes possíveis eram lançados contra os escravos. No primeiro século da era cristã, porém, já havia uma melhora perceptível na atitude da civilização romana em relação à escravidão. Por um lado, os cativos não eram mais abundantes, e os escravos custavam caro. E os proprietários de escravos começaram a perceber que ganhariam mais, em lucro e em conforto, se os desafortunados escravos se sentissem respeitados. Mas também havia o fato de que a qualidade moral da comunidade já era mais elevada; uma noção de justiça vinha se firmando. A mentalidade superior da Grécia estava qualificando a velha rispidez romana. Surgiram restrições às crueldades, um senhor não podia mais vender seu escravo para as lutas com as feras, o escravo ganhou direitos de propriedade sobre o seu *pecúlio*, escravos recebiam soldos para fins de encorajamento e estímulo, o casamento entre escravos foi reconhecido. Muitas formas de agricultura não se prestam ao trabalho com grandes equipes de trabalhadores, ou só requerem equipes em determinadas estações. Nas regiões em que prevaleciam tais condições, o escravo logo passou a ser um servo, pagando seu dono com uma parte de sua produção ou trabalhando para ele em determinadas estações.

Quando começamos a perceber o quanto o Império Romano, esse grande império de fala latina e grega dos dois primeiros séculos da era cristã, foi em essência um Estado de escravos, e como era pequena a minoria que podia viver com liberdade e orgulho, começamos a colher os indícios de sua decadência e de seu colapso. Não existia o que poderíamos chamar de vida familiar, poucos eram os lares onde houvesse vida sóbria, pensamento ativo e estudo; escolas e academias de ensino eram raras. O livre-arbítrio e a mente livre não seriam encontrados em lugar nenhum. As grandes estradas, as ruínas dos esplêndidos edifícios, a tradição das leis e do poder, todo o legado que o império deixou para as gerações futuras não podem nos esconder o fato de que todo esse esplendor externo foi construído em cima de vontades contrariadas, inteligência reprimida e desejos deformados e pervertidos. E mesmo a minoria que governava o vasto reino de subjugação e restrição e trabalho forçado sentia desconforto e infelicidade na alma; a arte e a literatura, a ciência e a filosofia, que são os frutos das mentes livres e felizes, definharam naquela atmosfera. Havia muita cópia e imitação, uma abundância de artífices artísticos, muito pedantismo servil entre os homens cultos, mas o Império Romano como um todo, em quatro séculos, não produziu nada que se igualasse às ousadas e nobres realizações intelectuais da relativamente pequena cidade de Atenas, produzidas em um século de grandeza. Atenas decaiu sob o cetro romano. A ciência de Alexandria decaiu. O espírito do homem, ao que parecia, estava em decadência naqueles dias.

36

A EVOLUÇÃO DA RELIGIOSIDADE DURANTE O IMPÉRIO ROMANO

A alma do homem, sob aquele império latino e grego dos dois primeiros séculos da era cristã, era uma alma atormentada e frustrada. A compulsão e a crueldade reinavam; havia orgulho e exibição, mas pouca honra; havia pouca serenidade ou felicidade constante. Os desafortunados eram desprezados e infames; os afortunados eram inseguros e ansiavam febrilmente por gratificações. Num grande número de cidades, a vida tinha como centro a excitação rubra da arena, onde homens e feras lutavam e eram supliciados e trucidados. Os anfiteatros são as mais características ruínas romanas. A vida era levada nesse tom. O desconforto dos corações humanos se manifestava em uma profunda inquietação religiosa.

Quando as hordas arianas irromperam pela primeira vez sobre as civilizações antigas, passou a ser inevitável que os velhos deuses dos templos e sacerdócios fossem sofrer grandes adaptações ou desaparecer. No decorrer de centenas de gerações, os povos agricultores das civilizações morenas haviam modelado suas vidas e seus pensamentos numa vivência centrada no templo. Os rituais religiosos, o medo de uma perturbação da rotina, sacrifícios e mistérios dominavam suas mentes. Seus deuses parecem ser monstruosos e ilógicos no nosso ponto de vista moderno porque pertencemos ao mundo arianizado; para esses povos antigos, porém, essas divindades eram afirmativas e vívidas como a realidade de um sonho intenso. A conquista de uma cidade ou de um Estado por outro povo, na Suméria ou no Egito antigo, implicava mudanças ou trocas de nomes para deuses e deusas, mas permitia que a forma e o espírito da veneração se mantivessem intactos. Não ocorriam mudanças nas características gerais. As figuras no sonho mudavam, mas o sonho continuava, e era o mesmo tipo de sonho. E os primeiros conquistadores semitas eram suficientemente semelhantes aos sumérios, em espírito, para adotar sem alterações profundas a religião da civilização mesopotâmica que eles haviam subjugado. O Egito, de fato, jamais foi subjugado a ponto de sofrer uma revolução religiosa. Sob os Ptolomeus e sob os Césares, seus templos e altares e sacerdócios seguiram sendo essencialmente egípcios.

Por mais que as conquistas deixassem marcas entre povos de hábitos sociais e religiosos similares, era possível superar o choque entre o deus de um templo e de uma região e outro deus através de um processo de agrupamento ou assimilação. Se os dois deuses possuíssem características semelhantes, eles eram fundidos. Era o mesmo deus com outro nome, diziam os sacerdotes e o povo. Essa fusão de deuses é chamada de teocrasia; a era das grandes conquistas, no milênio que antecedeu Cristo, foi uma era de teocrasia. Em vastas áreas os deuses locais eram trocados, ou melhor, eram absorvidos por um deus geral. Assim, quando afinal os profetas hebreus proclamaram, na Babilônia, a existência de um único Deus da Retidão em toda a Terra, as mentes dos homens estavam totalmente preparadas para a ideia.

Mas era comum que deuses fossem demasiado diferentes, impossibilitando a fusão, e então eles eram unidos em certos relacionamentos plausíveis. Uma deusa – antes da chegada dos gregos, o mundo egeu teve predileção por deusas-mães – acabava sendo casada com um deus, e um deus-animal ou um deus-astro acabava sendo humanizado, e o aspecto animal ou astronômico, a serpente ou o Sol ou a estrela, era transferido para um ornamento ou símbolo. Ou o deus de um povo derrotado se tornava um antagonista maligno que se opunha a deuses mais iluminados. A história da teologia é repleta de adaptações, concessões e racionalizações em relação a antigos deuses locais.

À medida que o Egito foi deixando de ser um conjunto de cidades-estado para ser um reino unido, houve muita teocrasia. O deus principal, por assim dizer, era Osíris, um deus de colheitas sacrificiais; supunha-se que o faraó era a sua encarnação terrena. Osíris era representado morrendo repetidamente e voltando a nascer; ele era não apenas a semente e a colheita, mas também, por uma extensão natural do pensamento, um propagador da imortalidade humana. Um de seus símbolos era o escaravelho de asas amplas, que enterra seus ovos para voltar a nascer, e outro era o Sol refulgente, que se põe para voltar a nascer. Mais tarde ele passaria a ser identificado com Apis, o touro sagrado. Osíris era associado à deusa Ísis. Ísis também era também Hathor, uma deusa-vaca, e a lua crescente e a estrela do mar. Osíris morre e ela gera um filho, Hórus, que é também um deus-falcão e a aurora, e que cresce e se torna Osíris outra vez. As efígies de Ísis a representam carregando o infante Hórus nos braços, parada em cima da lua crescente. Esses relacionamentos não são lógicos, mas foram criados pela mente humana antes do desenvolvimento do pensamento complexo e sistemático e exibem uma coerência de sonho. Abaixo desse trio temos outros deuses egípcios, mais obscuros, maléficos, Anúbis com sua cabeça de cachorro, a noite negra e coisas do tipo, entidades devoradoras, tentadoras, inimigas dos deuses e dos homens.

Todo sistema religioso se adapta, no decorrer do tempo, ao molde da alma humana, e não há dúvida de que os egípcios obtinham, com esses símbolos ilógicos e até mesmo toscos, estímulos genuínos de devoção e consolo. A ânsia pela imortalidade era muito acentuada na mente egípcia, e a vida religiosa do Egito girava em torno desse desejo. A religião egípcia era uma religião da imortalidade como nenhuma outra religião jamais fora. Com o Egito sucumbindo aos conquistadores estrangeiros, os deuses egípcios deixaram de ter um significado político satisfatório, e a ânsia por uma vida futura de compensações se intensificou.

Após a conquista grega, a nova cidade de Alexandria se tornou o centro da vida religiosa egípcia, o centro da vida religiosa de todo o mundo helênico. Ptolomeu I ergueu um grande templo, o Serapeum, no qual era venerada uma espécie de trindade de deuses. Eles eram Serápis (o novo nome de

Osíris-Apis), Ísis e Hórus. Os três não eram encarados como deuses separados, e sim como três aspectos de um mesmo deus, e Serápis era identificado com o Zeus grego, com o Júpiter romano e com o deus-Sol persa. Essa veneração se disseminou por todos os lugares em que houvesse influência helênica, chegando até mesmo ao norte da Índia e à China Ocidental. A ideia da imortalidade, de uma imortalidade de compensações e consolo, era aceita com avidez num mundo em que a vida comum era uma desgraça incontornável. Serápis era conhecido como "o salvador de almas". "Após a morte", diziam os hinos religiosos da época, "ainda estaremos protegidos por sua providência." Ísis atraía muitos devotos. Suas imagens de Rainha dos Céus, com o infante Hórus nos braços, dominavam os templos dedicados a ela. Velas eram mantidas acesas diante dela, ela recebia oferendas votivas, e sacerdotes de cabeça raspada, dedicados ao celibato, cuidavam de seu altar.

A ascensão do Império Romano abriu as portas da Europa Ocidental para esse culto crescente. Os templos de Serápis-Ísis, as cantorias dos sacerdotes e a esperança de uma vida imortal seguiram os estandartes romanos até a Escócia e a Holanda. Mas existiam muitos rivais para a religião de Serápis-Ísis. A mais proeminente era o Mitraísmo. Era uma religião de origem persa, centrada em certos mistérios, já esquecidos, sobre Mitra sacrificando um touro sagrado e benevolente. Temos aqui, ao que parece, algo mais primordial do que as crenças complexas e sofisticadas de Serápis-Ísis. Somos lançados de volta aos sacrifícios sangrentos do estágio heliolítico da cultura humana. Nos monumentos mitraicos, o touro sempre sangra copiosamente de uma ferida em seu flanco, e do sangue brota uma nova vida. O crente mitraísta se banhava com o sangue do touro sacrificado. Em sua iniciação, ele se posicionava embaixo de um estrado no qual o touro era sangrado, de modo que o sangue pudesse escorrer e banhar o seu corpo.

Ambas as religiões, e o mesmo é válido para muitos outros dos numerosos cultos paralelos que aliciavam escravos e cidadãos ao tempo dos primeiros imperadores romanos, são religiões pessoais. São direcionadas à salvação pessoal e à imortalidade pessoal. As religiões antigas não eram tão pessoais; eram sociais. A divindade à moda antiga era um deus ou deusa da cidade ou do Estado em primeiro lugar, e o indivíduo ficava em segundo plano. Os sacrifícios eram uma atividade pública, e não privada. Diziam respeito a necessidades práticas coletivas do mundo em que vivemos. Mas os gregos, num primeiro momento, e os romanos, agora, despojaram a religião de sua função política. Guiada pela tradição egípcia, a religião passara para o outro mundo.

As novas religiões, privadas, ligadas à imortalidade, tomaram para si o coração e a emoção das velhas religiões de Estado, mas não chegaram a tomar o lugar delas. Uma cidade típica, ao tempo dos primeiros imperadores romanos, possuía templos para todos os tipos de deuses. Havia um templo para Júpiter Capitolino, o grande deus de Roma, e provavelmente havia um para o César do momento. Pois os Césares aprenderam com os faraós que poderiam ser deuses. Em tais templos era praticada uma veneração política fria e oficial; o devoto fazia uma oferenda e queimava uma pitada de incenso para demonstrar sua lealdade. Mas era ao templo de Ísis, a querida Rainha dos Céus, que o sujeito recorria, com seu fardo de problemas pessoais, para obter conselho e alívio. Podiam existir excêntricos deuses locais. Sevilha, por exemplo, venerou por muito tempo ainda a antiga Vênus cartaginesa. Numa caverna ou num templo subterrâneo por certo encontraríamos um altar para Mitra, adorado por legionários e escravos. E provavelmente também existiria uma sinagoga, na qual os judeus se reuniam para ler sua Bíblia e preservar sua fé no invisível Deus de toda a Terra. Por vezes os judeus se envolviam em confusões, em função do aspecto político da religião de Estado. Afirmavam que seu Deus era um Deus que não tolerava a idolatria, e se recusavam a participar dos sacrifícios públicos dedicados a César. Eles se recusavam até mesmo a saudar os estandartes romanos, por temor à idolatria.

No Oriente, bem antes do tempo em que viveu Buda, já existiam ascetas, homens e mulheres que abriam mão da maior parte dos prazeres da vida, que repudiavam o casamento e a propriedade e que aspiravam por poderes espirituais e por uma fuga das perturbações e mortificações do mundo através da abstinência, da dor e da solidão. Buda se opôs às extravagâncias ascéticas, mas muitos de seus discípulos optavam por uma severa vida monástica. Cultos gregos obscuros preconizavam disciplinas similares, chegando ao extremo da automutilação. O ascetismo apareceu nas comunidades judaicas da Judeia e de Alexandria no século I a.C. Homens abandonavam o mundo em grupos e se dedicavam a austeridades e a contemplações místicas. Um desses grupos era a seita dos essênios. Ao longo dos dois primeiros séculos da era cristã se cristalizou uma tendência quase mundial de repúdio à vida normal, de busca por uma "salvação" que acabasse com os tormentos recorrentes. Não existiam mais a antiga sensação de ordem estabelecida e a antiga confiança no sacerdote, no templo, na lei e nos costumes. Num tempo de escravidão inescapável, de crueldade, medo, ansiedade, esbanjamento, ostentação e comodismo egoísta, grassava uma epidemia de desgosto e insegurança mental, uma busca angustiante por paz que implicava renúncia e sofrimento voluntário. Isso tudo enchia o Serapeum com penitentes chorosos e conduzia os convertidos às escuras e ensanguentadas cavernas mitraicas.

37

OS ENSINAMENTOS DE JESUS

Foi durante o reinado de César Augusto, o primeiro dos imperadores romanos, que nasceu na Judeia o Cristo do cristianismo, Jesus. Em seu nome nasceria uma religião que estava destinada a se tornar a religião oficial de todo o Império Romano.

Neste momento, é bastante conveniente manter história e teologia em separado. Grande parte do mundo cristão acredita que Jesus era a encarnação do Deus de toda a Terra que os judeus haviam reconhecido pela primeira vez. O historiador, se quiser ser historiador, não pode nem aceitar e tampouco negar essa interpretação. Materialmente, Jesus surgiu ao mundo com uma aparência de homem, e o historiador deve lidar com ele como se lidasse com um homem.

Ele apareceu na Judeia durante o reinado de Tibério César. Era um profeta. Pregava à maneira dos profetas judeus antigos. Era um homem com cerca de trinta anos, e ignoramos profundamente como vivia antes de começar a pregar.

Nossas únicas fontes diretas de informação sobre a vida e os ensinamentos de Jesus são os quatro evangelhos. Os quatro convergem ao formar o retrato de uma personalidade muito definida. Um deles se sente obrigado a afirmar: "Aqui estava um homem. Isso não poderia ter sido inventado."

Porém, assim como a personalidade de Gautama Buda foi distorcida e obscurecida pela rígida figura agachada, pelo ídolo dourado do budismo posterior, podemos sentir que a personalidade enérgica de Jesus foi desvirtuada pela arte cristã moderna, na qual uma reverência equivocada impôs a ele um tanto de surrealismo e convencionalismo. Jesus era um pregador miserável que perambulava pelas terras ressecadas e poeirentas da Judeia, sustentado por doações ocasionais de comida; e no entanto ele é sempre representado como um homem limpo, penteado e apresentável, em vestes impecáveis, ereto e com um ar de imobilidade, como se deslizasse pelo ar. Só isso já faz com que ele pareça irreal e pouco convincente para muitas pessoas, que não conseguem identificar o âmago da história em meio às invenções ornamentais e tolas da devoção ignorante.

Se eliminarmos deste registro os acessórios desconexos, vamos nos ver diante da figura de um homem muito humano, muito determinado e passional, capaz de se enfurecer de repente, que prega uma doutrina nova, simples e profunda – a doutrina do amor universal que vem do Deus Pai, a doutrina da chegada do Reino dos Céus. Para usar uma expressão comum, ele era claramente uma pessoa de intenso magnetismo pessoal. Atraía seguidores e os enchia de amor e coragem. Pessoas fracas e aflitas eram animadas e curadas com sua presença. Mas é provável que Jesus tivesse uma compleição delicada, por causa da rapidez com que morreu sob as dores da crucificação. A tradição diz que ele desmaiou quando, de acordo com o costume, foi obrigado a carregar a cruz até o local da execução. Jesus andou pelo país por três anos, divulgando sua doutrina, e então foi para Jerusalém e foi acusado de tentar criar um reino estranho na Judeia; julgado pela acusação, foi crucificado junto com dois ladrões. Muito antes que os ladrões morressem, seus sofrimentos já estavam acabados.

A doutrina do Reino dos Céus, que era a principal pregação de Jesus, é certamente uma das mais revolucionárias entre as doutrinas que sacudiram e transformaram o pensamento humano. Pouco surpreende o fato de que o mundo da época não compreendeu todo o seu significado, recusando-se, com espanto, a apreender sequer a metade dos tremendos desafios que a doutrina oferecia aos hábitos e às instituições estabelecidas da humanidade. Pois a doutrina do Reino dos Céus, como Jesus parece ter afirmado, não exigia nada menos que uma transformação completa, uma depuração ousada e intransigente na vida da nossa exaurida raça, uma limpeza profunda, por dentro e por fora. O leitor deve consultar os evangelhos para encontrar o que foi preservado de seus tremendos ensinamentos; aqui, estamos interessados apenas no estrondo de seu choque com as ideias estabelecidas.

Os judeus estavam convencidos de que Deus, o Deus único do mundo inteiro, era um deus justo, mas também acreditavam que ele fizera um acordo com o patriarca Abraão, um acordo que era muito vantajoso para eles e que lhes garantia, no futuro, uma predominância sobre a Terra. Com desalento e raiva, viram Jesus destruindo suas mais preciosas certezas. Deus, ele ensinava, não fazia acordos com ninguém; não havia um povo escolhido, não havia favoritos no Reino dos Céus. Deu era o pai amoroso de toda a vida, incapaz, como o Sol universal, de favorecer quem quer que fosse. E todos os homens eram irmãos – tanto os pecadores quanto os filhos amados – para esse pai divino. Na parábola do Bom Samaritano, Jesus desdenhou da tendência natural que faz com que todos nós glorifiquemos o nosso próprio povo e minimizemos a retidão de outros credos e outras raças. Na parábola dos lavradores, ele rechaça a reivindicação dos judeus de que tivessem direito a favores especiais por parte de Deus. Jesus ensinou que Deus serve sem distinção a todos os que pertencem a seu reino; ele trata todos como iguais, porque não há como medir sua bondade. Além disso, de todos ele exige o máximo esforço, como demonstra a parábola dos talentos, e como fica reforçado no incidente das moedas da viúva. No Reino dos Céus não existem privilégios, abatimentos ou desculpas.

Mas Jesus não ofendeu apenas o intenso patriotismo tribal dos judeus. Eles valorizavam intensamente a lealdade familiar, e Jesus acabaria liquidando as superficiais e restritivas afeições familiares na grande inundação do amor de Deus. O Reino dos Céus seria a família de seus seguidores. Podemos ler, na Bíblia. "Estando ainda a falar às multidões, sua mãe e seus irmãos estavam fora, procurando falar-lhe. Eis que tua mãe e teus irmãos estão fora e procuram falar-te. Jesus respondeu àquele que o avisou: 'Quem é minha mãe e quem são meus irmãos?' E apontando para os discípulos com a mão, disse: 'Aqui estão minha mãe e meus irmãos, porque aquele que fizer a vontade de meu Pai que está nos Céus, esse é meu irmão, irmã e mãe.'"*

E Jesus não apenas atingiu o patriotismo e os laços de família em nome do Deus Pai e da irmandade de toda a humanidade; fica claro que sua pregação condenava todas as gradações do sistema econômico, todas as riquezas e vantagens pessoais. Todos os homens pertenciam ao reino; todos os seus bens pertenciam ao reino; a vida virtuosa para todos os homens, a única virtude possível, era servir a vontade de Deus com tudo o que possuíssemos, com tudo o que fôssemos. Muitas e muitas vezes Jesus denunciou riquezas privadas e individualismos.

"Ao retomar seu caminho, alguém correu e ajoelhou-se diante dele, perguntando: 'Bom mestre, que farei para herdar a vida eterna?' Jesus respondeu: 'Por que me chamas bom? Ninguém é bom senão só Deus. Tu conheces os mandamentos: Não mates, não cometas adultério, não roubes, não levantes falso testemunho, não defraudes ninguém, honra teu pai e tua mãe.' Então ele replicou: 'Mestre, tudo isso eu tenho guardado desde minha juventude'. Fitando-o, Jesus o amou e disse: 'Uma só coisa te falta: vai, vende o que tens, dá aos pobres e terás um tesouro no céu. Depois, vem e segue-me.' Ele, porém, contristado com essa palavra saiu pesaroso, pois era possuidor de muitos bens.

"Então Jesus, olhando em torno, disse a seus discípulos: 'Como é difícil a quem tem riquezas entrar no Reino de Deus!' Os discípulos ficaram admirados com essas palavras. Jesus, porém, continuou a dizer: 'Filhos, como é difícil entrar no Reino de Deus! É mais fácil um camelo passar pelo fundo da agulha do que um rico entrar no Reino de Deus!'"**

Além disso, em sua extraordinária profecia sobre esse reino que uniria todos os homens em Deus, Jesus demonstrou ter pouca paciência com a retidão de barganha da religião formal. Uma grande parte de seus discursos registrados critica a meticulosa observância de ritos religiosos. "Os fariseus, com

---

* Mat. XII, 46-50. (N.A.)
** Marc. X, 17-25. (N.A.)

efeito, e todos os judeus, conforme a tradição dos antigos, não comem sem lavar o braço até o cotovelo, e, ao voltarem da praça pública, não comem sem antes se aspergir, e muitos outros costumes que observam por tradição: lavação de copos, de jarros, de vasos de metal – os fariseus e os escribas o interrogam: 'Por que não se comportam os teus discípulos segundo a tradição dos antigos, mas comem o pão com mãos impuras?' Ele lhes respondeu: 'Bem profetizou Isaías a respeito de vós, hipócritas, como está escrito:

'Este povo honra-me com os lábios,

'mas o seu coração está longe de mim.

'Em vão me prestam culto;

'as doutrinas que ensinam são apenas mandamentos humanos.

'Abandonais o mandamento de Deus, apegando-vos à tradição dos homens.' E dizia-lhes: 'Sabeis muito bem desprezar o mandamento de Deus para observar a vossa tradição'."*

Jesus não proclamou uma revolução meramente moral e social; fica claro, a partir de uma série de indícios, que seus ensinamentos tinham uma intenção política bastante clara. É verdade que ele disse que seu reino não era deste mundo, que o reino estava no coração dos homens e não em um trono; mas também é evidente que, quando seu reino fosse instalado em alguma medida no coração dos homens, o mundo exterior seria revolucionado e renovado na mesma medida.

Por mais que os ouvintes de Jesus, surdos e cegos, não tenham compreendido os seus discursos, eles claramente compreenderam bem seu firme propósito de revolucionar o mundo. O teor da oposição que se levantou contra ele, as circunstâncias de seu julgamento e sua execução mostram com clareza que, aos olhos de seus contemporâneos, seu propósito evidente parecia ser, e era mesmo, transformar e unir e expandir a vida humana por inteiro.

Com base no que ele disse de forma clara, será de se admirar que todos os homens ricos e prósperos tenham se horrorizado e temido coisas estranhas, que seu mundo tenha sido

---

* Marc. VII, 3-9. (N.A.)

ameaçado pelas coisas que ele disse? Jesus estava expondo à luz de uma vida religiosa universal tudo que eles haviam escondido na vida social. Ele era uma espécie de caçador implacável que tirava os seres humanos das tocas aconchegantes em que eles haviam vivido até então. No clarão de seu reino não haveria propriedade, privilégio, orgulho ou primazia; não haveria motivos, a única recompensa seria o amor. Será de se admirar que os homens tenham ficado estonteados e ofuscados, que o tenham acusado? Até seus discípulos o acusaram, quando ele não os poupou da luz. Será de se admirar que os sacerdotes tenham percebido que entre Jesus e o sacerdócio não havia escolha, que um dos dois teria de perecer? Será de se admirar que os soldados romanos, confrontados e espantados com algo que pairava acima de sua compreensão e que ameaçava suas vidas rotineiras, tenham reagido com risos e zombarias, fazendo dele uma imitação de César, com uma coroa de espinhos e um manto púrpura? Pois levar Jesus a sério significava ingressar numa vida estranha e inquietante, abandonar hábitos, controlar instintos e impulsos, experimentar uma felicidade inacreditável...

38

O DESENVOLVIMENTO DO CRISTIANISMO DOUTRINÁRIO

Nos quatro evangelhos nós podemos conhecer a personalidade e os ensinamentos de Jesus, mas encontraremos muito pouco sobre os dogmas da Igreja Cristã. É nas epístolas, uma série com textos escritos pelos seguidores imediatos de Jesus, que a crença cristã é formulada em suas linhas gerais.

São Paulo foi o principal postulador da doutrina cristã. Ele nunca vira Jesus ou ouvira seus discursos. Seu nome original era Saulo, e se tornou conhecido, a princípio, como um ativo perseguidor do pequeno grupo de discípulos que se formou depois da crucificação. E então se converteu de súbito ao cristianismo, e mudou seu nome para Paulo. Era um homem de grande vigor intelectual, e tinha um interesse profundo e apaixonado pelos movimentos religiosos de seu tempo. Era versado em judaísmo e mitraísmo e na religião alexandrina de seu tempo. Introduziu no cristianismo muitas ideias e expressões dessas religiões. Fez pouco para ampliar ou desenvolver o ensinamento original de Jesus, o ensinamento do Reino dos Céus. Mas pregou que Jesus era o Cristo prometido, o líder prometido dos judeus, e que sua morte havia sido um sacrifício, como as mortes das antigas vítimas sacrificiais das civilizações primordiais, um sacrifício para redimir a humanidade.

Quando religiões florescem lado a lado, elas tendem a adotar cerimônias e peculiaridades externas uma da outra. O budismo chinês dos dias de hoje, por exemplo, tem templos e sacerdotes e práticas que lembram muito o taoísmo, derivado dos ensinamentos de Lao Tsé. No entanto, os ensinamentos originais do budismo e do taoísmo eram opostos ao extremo. Da mesma forma, depreciando a essência do ensinamento de Jesus, o cristianismo adotou das crenças alexandrinas e mitraicas não apenas aspectos formais, como a tonsura do sacerdote, a oferenda votiva, os altares, as velas, os cantos e as imagens, como tomou emprestadas também suas expressões de devoção e ideias teológicas. Todas essas religiões estavam florescendo lado a lado, junto com vários cultos menos proeminentes. Cada uma delas procurava por adeptos, e decerto ocorriam constantes idas e vindas de convertidos entre elas. Por vezes uma ou outra era favorecida pelo governo. Mas o cristianismo era encarado com mais suspeita do que as religiões rivais porque, como os judeus, seus adeptos se recusavam a praticar atos de devoção ao Deus César. Tratava-se, portanto, à parte do espírito revolucionário dos ensinamentos do próprio Jesus, de uma religião sediciosa.

São Paulo familiarizou seus discípulos com a ideia de que Jesus, como Osíris, foi um deus que morreu para voltar a nascer a dar aos homens a imortalidade. E em breve a crescente comunidade cristã foi dilacerada por disputas teológicas complexas em torno da relação entre o Deus Jesus e o Deus Pai da Humanidade. Os arianos afirmavam que Jesus era divino, mas distinto e inferior ao Pai. Os sabelos afirmavam que Jesus era meramente um aspecto do Pai, e que Deus era Jesus e Pai ao mesmo tempo, assim como um homem pode ser pai e artífice ao mesmo tempo; e os trinitários propunham uma doutrina mais sutil, na qual Deus era um e também três, Pai, Filho e Espírito Santo. Por certo tempo, pareceu que o arianismo prevaleceria sobre seus rivais, e então, depois de disputas violentas e guerras, a fórmula trinitária se tornou a fórmula de toda a cristandade. Sua mais completa expressão pode ser encontrada no Credo de Atanásio.

Não vamos comentar essas controvérsias aqui. Elas não agitam a história tanto quanto o ensinamento pessoal de Jesus. O ensinamento pessoal de Jesus parece assinalar, de fato, uma nova fase na vida moral e espiritual de nossa raça. Sua insistência no Deus Pai universal e na irmandade implícita de todos os homens, sua insistência na sacralidade de cada personalidade humana, cada uma um templo vivo de Deus, teria um efeito incomensurável sobre toda a subsequente vida social e política da humanidade. Com o cristianismo, com os ensinamentos de Jesus em expansão, aparece no mundo um novo respeito pelo homem enquanto homem. Pode ser verdade, como críticos hostis do cristianismo já insistiram, que São Paulo tenha pregado obediência aos escravos, mas também é verdade que o espírito dos ensinamentos de Jesus, segundo o que está preservado nos evangelhos, opunha-se à subjugação do homem pelo homem. E o cristianismo opunha-se a outros ultrajes à dignidade humana, como os combates de gladiadores na arena, com ainda mais clareza.

Durante os dois primeiros séculos da era cristã, o cristianismo se disseminou por todo o Império Romano, juntando uma multidão cada vez maior de convertidos em uma nova comunidade de ideias e vontades. A atitude dos imperadores variou entre hostilidade e tolerância. Houve tentativas de suprimir a nova fé nos séculos II e III; e houve afinal, em 303 e nos anos seguintes, uma grande perseguição, a mando do imperador Diocleciano. O já considerável conjunto de bens da Igreja foi apreendido, as Bíblias e todos os escritos religiosos eram confiscados e destruídos, cristãos deixavam de ser protegidos pela lei e muitos eram executados. A destruição de livros é particularmente notável, e demonstra como as autoridades levavam em conta o poder da palavra escrita na edificação da nova fé. As "religiões do livro", o cristianismo e o judaísmo, eram religiões que educavam. Sua existência continuada dependia em grande medida de pessoas capazes de ler e compreender suas ideias doutrinárias. As religiões antigas jamais fizeram esse tipo de apelo à inteligência pessoal. Nos tempos de confusão bárbara, que se aproximavam agora na Europa Ocidental, a Igreja Cristã teve importância fundamental como instrumento de preservação da tradição do aprendizado.

A perseguição de Diocleciano fracassou totalmente na tentativa de eliminar a crescente comunidade cristã. Em muitas províncias, o fracasso se devia ao fato de que a maior parte da população e muitos oficiais eram cristãos. Em 317, um édito de tolerância foi promulgado pelo imperador associado Galério, e em 324 Constantino, o Grande, favorável ao cristianismo e convertido no leito de morte, tornou-se governante único do mundo romano. Ele abandonou todas as pretensões divinas e imprimiu símbolos cristãos nos escudos e pendões de suas tropas.

Dentro de poucos anos, o cristianismo se estabeleceu em definitivo como religião oficial do império. As religiões adversárias desapareceram ou foram absorvidas com extraordinária celeridade, e em 390 Teodósio, o Grande, ordenou que a grande estátua de Júpiter Serápis fosse destruída em Alexandria. Do início do quinto século em diante, os únicos sacerdotes ou templos do Império Romano eram sacerdotes e templos cristãos.

39

OS BÁRBAROS DIVIDEM O IMPÉRIO EM ORIENTE E OCIDENTE

Ao longo do século III, decaindo socialmente e desintegrando-se moralmente, o Império Romano defrontou-se com os bárbaros. Os imperadores do período combatiam autocratas militares, e a capital do império se deslocava, de acordo com as necessidades da diplomacia militar. O quartel-general romano era fixado ora em Milão, no norte da Itália, ora no território da atual Sérvia, em Sirmium ou Nish, ora na Nicomédia, na Ásia Menor. Roma, na metade sul da Itália, estava muito distante do centro de interesse para que pudesse ser uma base imperial conveniente. Era uma cidade decadente. Na maior parte do império a paz ainda predominava, e os homens podiam viajar sem armas. Os exércitos seguiam sendo a única fonte de poder; os imperadores, dependentes de suas legiões, tornaram-se mais e mais autocráticos em relação ao resto do império, e o Estado foi se tornando mais e mais semelhante aos reinos dos persas e de outros monarcas orientais. Diocleciano adotou um diadema real e mantos orientais.

Inimigos faziam pressão por toda a fronteira imperial, que corria mais ou menos ao longo do Reno e do Danúbio. Os francos e outras tribos germânicas se aproximaram do Reno. No norte da Hungria tínhamos os vândalos; os visigodos, ou godos ocidentais, estavam na região que um dia foi a Dácia e hoje é a Romênia. Atrás deles, no sul da Rússia, estavam os godos orientais ou ostrogodos, e atrás destes, na região do Volga, tínhamos os alanos. Mas agora os povos mongóis abriam caminho rumo à Europa. Os hunos já cobravam tributo dos alanos e ostrogodos, e os empurravam para o oeste.

Na Ásia, as fronteiras romanas estavam se esfacelando com as arremetidas de uma Pérsia renascida. Essa nova Pérsia, a Pérsia dos reis sassânidas, demonstraria ser um rival enérgico e absolutamente bem-sucedido para o Império Romano, na Ásia, durante os três séculos seguintes.

Um rápido olhar sobre o mapa da Europa fará com que o leitor perceba a fraqueza do império. A algumas centenas de quilômetros do Mar Adriático, o rio Danúbio chega à região onde estão hoje a Bósnia e a Sérvia. Ele forma um ângulo quadrado reentrante ali. Os romanos nunca mantiveram suas comunicações marítimas em ordem, e essa faixa terrestre de trezentos quilômetros quadrados lhes servia como linha de comunicação entre a parte ocidental do império, onde o idioma era o latim, e a porção oriental, onde o idioma era o grego. A pressão dos bárbaros sobre esse ângulo quadrado do Danúbio era extraordinária. Quando eles romperam a linha, era inevitável que o império se dividisse em duas partes.

Um império mais vigoroso teria reagido, avançando para reconquistar a Dácia, mas o Império Romano não dispunha de vigor nenhum. Constantino, o Grande, era certamente um monarca muito devotado e inteligente. Ele rechaçou um ataque dos godos naquela mesma região balcânica vital, mas não tinha forças para empurrar as fronteiras além do Danúbio. Estava preocupado demais com a fraqueza interna do império. Constantino recorreu à solidariedade e à força moral do cristianismo para reanimar o espírito do império decadente, e decidiu criar uma nova capital permanente em Bizâncio, no Helesponto. Essa Bizâncio refeita, rebatizada como Constantinopla em sua honra, ainda estava sendo construída quando ele morreu. Nos estertores de seu reinado ocorreu uma negociação notável. Os vândalos, pressionados pelos godos, pediram para ser recebidos no Império Romano. Eles ganharam terras na Panônia, que é hoje a região da Hungria que fica ao oeste do Danúbio, e seus guerreiros se tornaram nominalmente legionários. Mas esses novos legionários continuaram sendo comandados por seus chefes originais. Roma não conseguiu assimilá-los.

O Império e os bárbaros

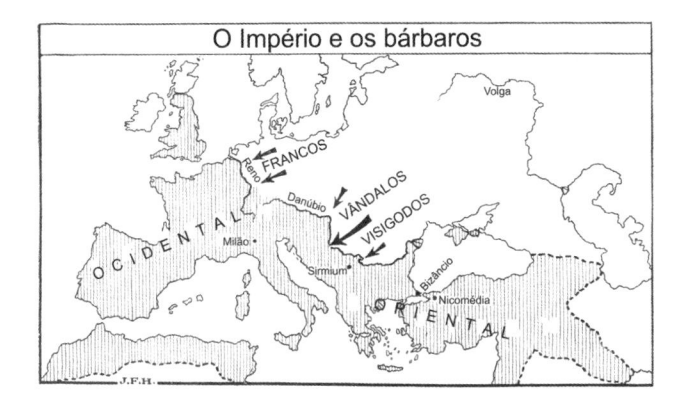

Constantino morreu trabalhando na reorganização de seu grande reino, e logo as fronteiras foram rompidas de novo, e os visigodos chegaram perto de Constantinopla. Eles derrotaram o imperador Valente em Adrianópolis e se estabeleceram no território da atual Bulgária, num assentamento semelhante ao dos vândalos na Panônia. Nominalmente, eram súditos do imperador; na prática, eram conquistadores.

De 379 até 395 d.C. reinou o imperador Teodósio, o Grande, e enquanto ele reinou o império permaneceu formalmente intacto. Os exércitos da Itália e da Panônia eram presididos por Estilicão, um vândalo, e os exércitos da península balcânica estavam nas mãos de Alarico, um godo. Ao morrer, no fim do século IV, Teodósio deixou dois filhos. Um deles, Arcádio, foi sustentado por Alarico em Constantinopla, e Estilicão sustentou o outro, Honório, na Itália. Em outras palavras, Alarico e Estilicão disputavam o império tendo os príncipes como marionetes. No decorrer da disputa, Alarico marchou Itália adentro e, depois de um rápido cerco, tomou Roma (410 d.C.).

A metade inicial do século V viu todo o Império Romano da Europa virar presa dos exércitos assaltantes dos bárbaros. É difícil visualizar o estado das coisas no mundo por aquele tempo. Na França, na Espanha, na Itália e na península balcânica, as grandes cidades que haviam florescido no começo do império ainda se mantinham, empobrecidas, em parte despovoadas e mergulhando em decadência. A vida nelas devia ser superficial, desprezível e cheia de incertezas. Funcionários locais afirmavam sua autoridade e seguiam trabalhando com a consciência que tivessem, em nome, sem dúvida, de um imperador que agora era remoto e inacessível. As igrejas ainda funcionavam, mas geralmente com sacerdotes iletrados. Havia pouca leitura e muitos medos e superstições. Entretanto, a não ser nos locais em que saqueadores os tivessem destruído, ainda era possível encontrar livros e quadros e estátuas e outras obras de arte.

A vida no campo também degenerara. Em todos os cantos, o mundo romano estava abandonado e desmazelado como nunca estivera. Em algumas regiões, a guerra e a pestilência haviam rebaixado a terra a um nível de devastação. Estradas e florestas estavam infestadas de ladrões. Por essas regiões os bárbaros marchavam, com pouca ou nenhuma oposição; seus chefes se tornavam governantes, muitas vezes com títulos oficiais romanos. Se os bárbaros fossem minimamente civilizados, garantiam condições toleráveis para os distritos conquistados, tomavam posse das cidades, relacionavam-se e casavam-se com a população local e adotavam (com sotaque) o idioma latino; mas os jutos, os anglos e os saxões que dominaram a província romana da Grã-Bretanha eram agricultores e não sabiam o que fazer com cidades; ao que parece, eliminaram a população romanizada do sul do país e trocaram a língua local por seus próprios dialetos teutônicos, dos quais acabou surgindo o inglês.

É impossível, no espaço de que dispomos, seguir os movimentos de todas as diversas tribos germânicas e eslavas que se deslocavam para cá e para lá, no império desorganizado, em busca de pilhagens e de um lar confortável. Mas deixemos que os vândalos sirvam de exemplo. Eles apareceram para a história na Alemanha Oriental. Estabeleceram-se, como já dissemos, na Panônia. Dali saíram, por volta de 425 d.C., para percorrer as províncias intermediárias da Espanha, onde encontraram, já com duques e reis, os visigodos do sul da Rússia e outras tribos germânicas. Da Espanha, comandados por Genserico, os vândalos navegaram até o norte da

África (429), capturaram Cartago (439) e construíram uma frota. Asseguraram o domínio do mar e capturaram e saquearam Roma (455), que mal pudera se recuperar da captura e da pilhagem que Alarico efetuara meio século antes. A seguir, os vândalos se fizeram senhores da Sicília, da Córsega, da Sardenha e da maior parte das outras ilhas do Mediterrâneo Ocidental. Criaram, de fato, um império marítimo bastante similar, em sua extensão, ao domínio marítimo que Cartago exercera mais de setecentos anos antes. Chegaram ao auge de seu poderio por volta de 477. Não passavam de um punhado de conquistadores, e dominavam essa vastidão. No século seguinte, quase todo o território dos vândalos seria reconquistado pelo império de Constantinopla, durante um sopro de energia, sob Justiniano I.

A história dos vândalos é apenas uma amostra em meio a uma infinidade de aventuras similares. Mas agora se aproximavam do mundo europeu os mais estranhos e mais temíveis de todos os devastadores: os hunos mongóis ou tártaros, um povo de pele amarela ativo e habilidoso, um tipo de gente que o mundo ocidental jamais havia encontrado.

40

OS HUNOS E O FIM DO IMPÉRIO OCIDENTAL

A aparição de um povo conquistador mongol na Europa pode ser vista como o marco de um novo estágio na história humana. Até o último século antes de Cristo, mais ou menos, os povos nórdicos e mongóis nunca estiveram em contato de modo efetivo. Na distância longínqua, nas terras geladas além das florestas do norte, os lapões, um povo mongol, se deslocaram na direção oeste até alcançar a Lapônia, mas não tiveram nenhum papel nos eventos decisivos da história. Por milhares de anos, o mundo ocidental foi palco para a dramática interação entre arianos, semitas e povos morenos fundamentais, com muito pouca interferência (exceto por uma invasão etíope do Egito e pouco mais) dos povos negros do sul ou do mundo mongol do oriente distante.

É provável que existissem duas causas principais para a nova investida ocidental dos nômades mongóis. Uma era a consolidação do grande Império da China, sua ampliação ao norte e o crescimento de sua população durante o próspero período da dinastia Han. A outra era algum processo de mudança climática; talvez uma incidência menor de chuva que tivesse acabado com pântanos e florestas, ou uma grande incidência de chuva que tenha espalhado pastagens pelas estepes desertas, ou talvez até mesmo ambos os processos, ocorrendo em regiões diferentes mas facilitando, de todo modo, uma migração para o oeste. Uma terceira contribuição foi a ruína econômica, a decadência interna e a população decrescente do Império Romano. Os homens ricos da república romana tardia e por fim os arrecadadores de impostos dos imperadores militares haviam consumido toda a vitalidade do império. E assim temos os fatores de incentivo, os meios e a oportunidade. Tínhamos a pressão do leste, podridão no oeste e uma estrada aberta.

Os hunos haviam chegado aos limites orientais da Rússia europeia no primeiro século depois de Cristo, mas foi só nos séculos IV e V que esses cavaleiros se tornaram predominantes nas estepes. O século V foi o século huno. Os primeiros hunos que chegaram à Itália eram mercenários pagos por Estilicão, o Vândalo, o chefe de Honório. Em breve se apossaram da Panônia, o ninho esvaziado dos vândalos.

No segundo quarto do século V, um grande chefe guerreiro surgira entre os hunos: Átila. Só podemos vislumbrar de modo vago e tantalizador o seu poder. Ele comandou não apenas os hunos, mas também um conglomerado de tribos germânicas tributárias; seu império saía do Reno e cruzava as planícies até a Ásia Central. Manteve relações com a China através de embaixadores. Seu acampamento-base ficava nas planícies da Hungria ao leste do Danúbio. Ali, foi visitado por um enviado de Constantinopla, Prisco, que nos deixou um relato sobre o seu Estado. O modo de vida desses mongóis era muito semelhante ao modo de vida dos arianos primitivos cujo lugar eles haviam tomado. As pessoas comuns viviam em cabanas e tendas; os chefes viviam em grandes construções fortificadas de madeira. Ocorriam festins e bebedeiras e cantoria de bardos. Os heróis homéricos e até mesmo os companheiros macedônios de Alexandre provavelmente teriam se sentido mais à vontade no acampamento-capital de Átila do que na culta e decadente corte de Teodósio II, filho de Arcádio, que reinava naquele momento em Constantinopla.

Por certo tempo, parecia que os nômades liderados pelos hunos de Átila exerceriam, em relação à civilização greco-romana do Mediterrâneo, o mesmo papel que os gregos bárbaros haviam exercido muito tempo antes em relação à civilização egeia. Era como se a história se repetisse numa escala maior. Mas os hunos eram muito mais afeitos à vida nômade do que os antigos gregos, que eram mais criadores de gado migratórios do que nômades. Os hunos invadiram e saquearam, mas não se estabeleceram.

Por alguns anos, Átila importunou Teodósio como bem quis. Seus exércitos devastaram e pilharam até o limite dos muros de Constantinopla; Gibbon afirma que ele destruiu por completo nada menos que setenta cidades na península balcânica, e Teodósio tentou comprá-lo pagando tributos e tentou se livrar dele de uma vez por todas enviando agentes secretos para assassiná-lo. Em 451, Átila voltou suas atenções para o que restava da metade latina do império, e invadiu a Gália. Quase todas as cidades do norte da Gália foram saqueadas. Francos, visigodos e as forças imperiais se uniram contra Átila, e ele foi derrotado em Troyes, numa vasta e dispersiva batalha, na qual morreram multidões de homens; as estimativas variam entre 150 mil e 300 mil mortos. Isso o afastou da Gália, mas não exauriu seus assombrosos recursos militares. No ano seguinte, ele entrou na Itália pelo Vêneto, queimou Aquileia e Pádua e saqueou Milão.

Inúmeros italianos fugiram dessas cidades do norte, em especial de Pádua, e se refugiaram nas lagunas do Adriático setentrional; construíram, ali, as fundações da cidade-estado de Veneza, que viria a ser um dos maiores centros comerciais da era medieval.

Átila morreu de modo repentino em 453, após um grande festim que celebrava seu casamento com uma jovem; com sua morte, sua confederação destruidora se desfez em pedaços. Os hunos propriamente ditos desaparecem da história, misturados à mais numerosa população ariana dos arredores. Mas esses grandiosos hunos praticamente consumaram o fim do Império Romano latino. Depois da morte de Átila, dez diferentes imperadores reinaram em Roma num período de vinte anos, sob ordens de vândalos e outras tropas mercenárias. Os vândalos de Cartago tomaram e saquearam Roma em 455. Finalmente, em 476, Odoacro, chefe das tropas bárbaras, derrubou um panônio que figurava como imperador sob o impressionante nome de Rômulo Augusto e informou à corte de Constantinopla que o Ocidente não teria imperador a partir dali. Assim, de modo inglório, teve fim o Império Romano latino. Em 493, Teodorico, o Godo, tornou-se rei de Roma.

Por toda a Europa Ocidental e Central, chefes bárbaros reinavam agora como reis, duques e assim por diante, independentes na prática mas, na maioria dos casos, mantendo alguma aliança obscura com o imperador. Surgiram centenas ou talvez milhares desses soberanos bandoleiros. Na Gália, na Espanha, na Itália e na Dácia a fala latina ainda prevalecia, em dialetos locais distorcidos, mas na Grã-Bretanha e ao leste do Reno as línguas do grupo germânico (no caso da Boêmia uma língua eslava, o tcheco) eram a fala comum. O alto clero e um pequeno grupo remanescente de outros homens eruditos liam e escreviam em latim. Em todos os lugares, a vida era insegura, e a propriedade era defendida pelo braço forte. Castelos se multiplicaram, e as estradas entraram em desuso. A aurora do século VI foi uma época de divisão e de escuridão intelectual por todo o mundo ocidental. Não fossem os monges e os missionários cristãos, a cultura latina teria perecido para sempre.

Por que o Império Romano crescera, e por que decaíra tão completamente? Cresceu porque, a princípio, o conceito de cidadania o manteve unido. Durante os tempos da república que se expandia, e até mesmo nos tempos do início do império, ainda havia um grande número de homens conscientes de sua cidadania romana, sentindo que ser um cidadão romano era um privilégio e uma obrigação, confiantes nos seus direitos sob a lei romana e dispostos a fazer sacrifícios em nome de Roma. O prestígio de Roma como nação justa, grandiosa e sustentada por leis ultrapassou em muito as fronteiras romanas. Mas mesmo no início, durante as Guerras Púnicas, a noção de cidadania já era minada pelo crescimento da riqueza e da escravidão. A cidadania se disseminou, de fato, mas não a ideia da cidadania.

O Império Romano era, afinal de contas, uma organização primitiva; ele não educava, não se explicava para as crescentes multidões de cidadãos, não os convidava a participar de suas decisões. Não havia uma rede de escolas para assegurar um entendimento comum, não havia uma distribuição de notícias que sustentasse atividades coletivas. Os aventureiros que lutaram pelo poder, de Mário e Sula em diante, jamais pensaram em criar uma opinião pública, em discutir com ela os assuntos do império. O espírito da cidadania morreu de inanição, e ninguém percebeu que ele estava morrendo. Todos os impérios, todas as organizações da sociedade humana são, em última instância, entidades de compreensão e vontade. Não existia mais a vontade de um Império Romano no mundo, e por isso ele chegou ao fim.

Contudo, embora o Império Romano de fala latina tenha deixado de existir no século V, algo nascera dentro dele e acabaria por se beneficiar tremendamente de seu prestígio e de sua tradição: a metade latina da igreja católica. Ela viveu enquanto o império morria porque apelou às mentes e aos desejos dos homens, porque possuía livros e um grande sistema de professores e missionários para se manter unida, fatores mais poderosos do que qualquer lei ou legião. Ao longo dos séculos IV e V, enquanto o império desmoronava, o cristianismo ia afirmando um domínio universal na Europa. Ele conquistou seus conquistadores, os bárbaros. Quando Átila parecia estar disposto a marchar sobre Roma, o patriarca de Roma interveio e fez o que nenhum exército teria condições de fazer: o convenceu a voltar fazendo uso de pura força moral.

O patriarca ou papa de Roma reivindicava ser o líder de toda a Igreja Cristã. Agora que não existiam mais imperadores, ele começou a adotar títulos e direitos imperiais. Assumiu o título de *pontifex maximus*, principal sacerdote sacrificial dos domínios romanos, o mais antigo de todos os títulos de que haviam desfrutado os imperadores.

41

OS IMPÉRIOS BIZANTINO E SASSÂNIDA

A metade oriental do Império Romano, a parte grega, exibiu muito mais tenacidade política do que a metade ocidental. Ela sobreviveu aos desastres do século V, que testemunhou a queda completa e definitiva do poderio original da Roma latina. Átila importunou o imperador Teodósio II e saqueou e devastou tudo que encontrou no caminho até o limite dos muros de Constantinopla, mas esta capital permanecera intacta. Os núbios desceram o Nilo e pilharam o norte do Egito, mas o Egito inferior e Alexandria continuaram razoavelmente prósperos. A maior parte da Ásia Menor resistia aos persas sassânidas.

O século VI, que foi uma época de escuridão completa para o Ocidente, testemunhou, de fato, um considerável renascimento do poderio grego. Justiniano I (527-565) era um soberano enérgico e muito ambicioso, e era casado com a imperatriz Teodora, uma mulher de não menos capacidade que começara a vida como atriz. Justiniano reconquistou dos vândalos o norte da África e, dos godos, quase toda a Itália. Recuperou até mesmo o sul da Espanha. Não limitou suas forças a empreendimentos navais e militares. Fundou uma universidade, construiu a grande igreja de Santa Sofia, em Constantinopla, e codificou a lei romana. Com o objetivo de destruir um rival de sua fundação universitária, porém, ele fechou as escolas de filosofia em Atenas, que haviam se mantido atuantes, de modo contínuo, desde os dias de Platão, ou seja, por quase mil anos.

Do século III em diante, o Império Persa foi um rival constante do Império Bizantino. Os dois mantiveram a Ásia

Menor, a Síria e o Egito num estado de perpétua inquietação e devastação. No primeiro século depois de Cristo, esses territórios, ricos e abundantes em população, ainda exibiam um elevado nível de civilização, mas o contínuo ir e vir de exércitos, os massacres, as pilhagens e os impostos de guerra os exauriram sem parar, até que só restaram cidades desmanteladas e arruinadas, em regiões habitadas por esparsos camponeses. Em meio a esse melancólico processo de empobrecimento e desordem, o Egito inferior se saía, talvez, um pouco melhor que o resto do mundo. Alexandria, como Constantinopla, mantinha um comércio minguante entre Oriente e Ocidente.

A ciência e a filosofia política pareciam estar mortas, agora, nesses dois impérios antagônicos e decadentes. Enquanto estiveram ativos, os últimos filósofos de Atenas preservaram os textos da magnífica literatura do passado com infinita reverência, com ânsia pelo saber. Mas não restavam no mundo homens livres, cavalheiros ousados com hábitos independentes de pensamento, que pudessem levar adiante a tradição de investigação e de manifestação franca que aqueles escritos representavam. O caos político e social pode ser responsabilizado em grande medida pelo desaparecimento dessa classe de homens, mas também havia uma outra razão para a esterilidade e a debilidade da inteligência humana naquele período. Tanto na Pérsia quanto em Bizâncio, os tempos eram intolerantes. Ambos os impérios eram impérios religiosos num novo sentido, no sentido de que obstruíam as atividades livres da mente humana.

É claro que os mais antigos impérios do mundo já eram impérios religiosos, centrados na veneração de um deus ou de um deus-rei. Alexandre era tratado como divindade, e os Césares eram deuses a tal ponto que existiam altares e templos dedicados a eles, e a oferenda do incenso era uma prova de lealdade ao Estado romano. Mas essas religiões antigas eram, em essência, religiões de ação. Não invadiam a privacidade da mente. Se um homem oferecia seu sacrifício e se curvava ao deus, estava livre não apenas para pensar mas também para dizer praticamente tudo que quisesse a respeito do assunto. Mas as novas religiões que haviam surgido no mundo, em particular o cristianismo, se voltaram para dentro.

As novas crenças exigiam, além da simples concordância, um entendimento da fé. Naturalmente, controvérsias ferozes cercavam o debate sobre o exato significado das crenças. As novas religiões eram religiões de credo. O mundo se deparou com uma nova palavra, "ortodoxia", e com uma severa determinação de que não apenas os atos mas também os discursos e o pensamento privado fossem mantidos dentro dos limites de uma doutrina estabelecida. Emitir uma opinião falsa ou, pior do que isso, transmiti-la a outras pessoas, não era mais um defeito intelectual, e sim uma falha moral que poderia condenar uma alma à destruição eterna.

Tanto Artaxerxes I, fundador da dinastia sassânida no século III, quanto Constantino, o Grande, que reconstruiu o Império Romano no século IV, recorreram a instituições religiosas em busca de ajuda, porque viam nelas um novo instrumento que permitia usar e controlar as vontades dos homens. E antes do fim do século IV os dois impérios já estavam perseguindo o discurso livre e a inovação religiosa. Na Pérsia, Artaxerxes fez uso da antiga religião persa de Zoroastro (ou Zaratustra), com seus sacerdotes e templos e um fogo sagrado que se mantinha aceso nos altares, um culto adequado aos fins de uma religião de Estado. Antes do fim do século III, o zoroastrismo já perseguia o cristianismo, e em 277 Mani, fundador de uma nova fé, o maniqueísmo, foi crucificado e teve o corpo esfolado. Constantinopla, por sua vez, estava ocupada em caçar heresias cristãs. Ideias maniqueístas contaminaram o cristianismo e tiveram de ser combatidas com métodos brutais; em contrapartida, ideias do cristianismo afetaram a pureza da doutrina zoroastriana. Todas as ideias se tornaram suspeitas. A ciência, que exige antes de tudo a ação livre de uma mente serena, sofreu um eclipse total durante essa fase de intolerância.

Guerra, crueldades teológicas e os vícios habituais da humanidade constituíam a vida bizantina daqueles dias. Era uma vida pitoresca e romântica; não era uma vida doce, não havia luz. Quando Bizâncio e Pérsia não estavam combatendo os bárbaros do norte, devastavam a Ásia Menor e a Síria em hostilidades lúgubres e destrutivas. Mesmo que se aliassem, os dois impérios enfrentariam grande dificuldade na tentativa de rechaçar os bárbaros e recuperar sua prosperidade. Os turcos ou tártaros aparecem na história como aliados de um dos poderes, primeiro, e do outro, depois. No século VI, os dois principais antagonistas foram Justiniano e Cosroes I; no início do século VII, o imperador Heráclio entrou em conflito com Cosroes II (580).

De início, e mesmo depois de Heráclio ter se tornado imperador (610), Cosroes II conquistou tudo o que encontrou pela frente. Ele tomou Antioquia, Damasco e Jerusalém, e seus exércitos alcançaram a Calcedônia, na Ásia Menor, na frente de Constantinopla. Em 619, Cosroes conquistou o Egito. Então Heráclio orquestrou um contra-ataque e venceu um exército persa em Nínive (627), embora, naquele momento, ainda existissem tropas persas na Calcedônia. Em 628, Cosroes II foi deposto e assassinado por seu filho, Kavadh, e uma paz inconclusiva foi estabelecida entre os dois exaustos impérios.

Bizâncio e Pérsia haviam lutado sua última guerra. Mas poucas pessoas poderiam prever a tempestade que se formava nos desertos e que acabaria em definitivo com esse conflito crônico e desproposital.

Enquanto Heráclio restaurava a ordem na Síria, recebeu uma mensagem. Ela fora trazida ao posto avançado imperial de Bosra, ao sul de Damasco; estava escrita em árabe, uma obscura língua semita do deserto, e foi lida para o imperador, se é que chegou mesmo até ele, por um intérprete. O remetente era alguém que se denominava "Maomé, o profeta de Deus". Ele conclamava ao imperador que reconhecesse e servisse o Único Deus Verdadeiro. O que o imperador disse não ficou registrado.

Uma mensagem similar chegou a Kavadh, em Ctesifonte. Ele ficou aborrecido, rasgou a carta e ordenou ao mensageiro que sumisse.

Esse Maomé, ao que parecia, era um líder beduíno cujo quartel-general ficava na inexpressiva cidade de Medina, no deserto. Ele pregava uma nova religião, a fé num Único Deus Verdadeiro.

"Assim mesmo, ó Senhor!", ele dizia. "Arranca seu Reino das mãos de Kavadh."

42

AS DINASTIAS SUI E TANG NA CHINA

Ao longo dos séculos V, VI, VII e VIII ocorreu um constante deslocamento de povos mongóis para o ocidente. Os hunos de Átila foram meros precursores desse avanço, que gerou, por fim, o estabelecimento de povos mongóis na Finlândia, na Estônia, na Hungria e na Bulgária, onde seus descendentes sobrevivem até hoje, falando idiomas ligados ao turco. Os búlgaros também são um povo turco, mas adotaram um idioma ariano. De fato, os nômades mongóis exerceram, em relação às civilizações arianizadas europeias e persas e indianas, o mesmo papel que os arianos haviam exercido em relação às civilizações egeias e semitas dez ou quinze séculos antes.

Na Ásia Central, os povos turcos se enraizaram no território que é hoje o Turquestão Ocidental, e a Pérsia já empregava muitos funcionários e mercenários turcos. Os partos haviam sumido da história, absorvidos pela população geral da Pérsia. Não havia mais nômades arianos na história da Ásia Central; povos mongóis tinham tomado o lugar deles. Os turcos se tornaram os donos da Ásia, da China ao Cáspio.

A mesma pestilência que abatera o Império Romano ao fim do século II derrubara a dinastia Han na China. A seguir veio um período de divisão e de conquistas hunas, do qual a China saiu renovada, com mais rapidez do que a Europa sairia, e mais completamente. Antes do fim do século VI a China já estava reunida sob a dinastia Sui; esta, ao tempo de Heráclio, daria lugar à dinastia Tang, cujo reinado marcou outro grande período de prosperidade para a China.

Ao longo dos séculos VII, VIII e IX a China foi o país mais seguro e civilizado do mundo. A dinastia Han expandira suas fronteiras ao norte; as dinastias Sui e Tang espalharam, a seguir, sua civilização pelo sul, e a China começou a assumir seus contornos atuais. Na Ásia Central a expansão avançou muito mais, alcançando por fim, através de tribos turcas tributárias, a Pérsia e o Mar Cáspio.

A nova China que emergira diferia muito da velha China dos Han. Uma escola literária nova e mais vigorosa apareceu, houve um grande reflorescimento da poesia; o budismo revolucionou o pensamento religioso e político. Ocorreram grandes avanços nos trabalhos artísticos, nas habilidades técnicas e em todas as amenidades da vida. O chá foi introduzido pela primeira vez no cotidiano; surgiram a manufatura de papel e a impressão com blocos de madeira. Milhões de pessoas, de fato, desfrutavam de vidas ordeiras, graciosas e aprazíveis durante os séculos em que as populações emaciadas da Europa e da Ásia Ocidental viveram em choupanas, pequenas cidades muradas ou repugnantes fortalezas de ladrões. Enquanto a mente ocidental se enegrecia com obsessões teológicas, a mente chinesa se abria, tolerante e curiosa.

Um dos mais antigos monarcas da dinastia Tang foi Tai Tsung, que começou a reinar em 627, o ano da vitória de Heráclio em Nínive. Ele recebeu uma embaixada de Heráclio, que provavelmente queria ter um aliado do outro lado da Pérsia. Da própria Pérsia veio um grupo de cristãos missionários (635). Eles foram autorizados a explicar seu credo a Tai Tsung, e o monarca examinou uma tradução chinesa das Escrituras. Ele declarou que aquela estranha religião era aceitável, e deu permissão para que fossem fundados uma igreja e um monastério.

A Tai Tsung também foram enviadas (em 628) mensagens de Maomé. Elas chegaram a Cantão num navio mercante. Vindas da Arábia, haviam percorrido todo o contorno das costas indianas. Ao contrário de Heráclio e Kavadh, Tai Tsung ouviu os enviados com cortesia. Afirmou ter interesse em suas ideias teológicas e lhes prestou auxílio na construção de uma mesquita em Cantão, uma mesquita que, segundo se diz, foi mantida até hoje, a mesquita mais antiga do mundo.

43

MAOMÉ E O ISLÃ

Um historiador amador que observasse o mundo no começo do século VII com um olhar profético poderia ter concluído que era apenas uma questão de poucos séculos até que a Europa e a Ásia sucumbissem por inteiro à dominação mongol. Não havia sinais de ordem ou de união na Europa Ocidental, e os impérios Bizantino e Persa estavam evidentemente destinados à destruição mútua. A Índia estava igualmente dividida e devastada. De outro lado, a China era um império que se expandia em ritmo constante e que provavelmente, àquela altura, excedia toda a Europa em população; e o povo turco que ganhava poder na Ásia Central estava disposto a trabalhar em sintonia com a China. E tal profecia não teria sido um disparate total. Estava por vir um tempo, no século XIII, em que um chefe supremo mongol dominaria todas as terras entre o Danúbio e o Pacífico, e dinastias turcas estavam destinadas a reinar nos impérios Bizantino e Persa, no Egito e na maior parte da Índia.

O erro mais provável do nosso profeta seria subestimar o poder de recuperação da extremidade latina da Europa e ignorar as forças latentes do deserto árabe. A Arábia daria a impressão de ser o que fora desde tempos imemoriais: o refúgio de pequenas e turbulentas tribos nômades. Nenhum povo semita fundara um império em mais de mil anos.

Então, de súbito, os beduínos chamejaram num breve século de esplendor. Estenderam seu domínio e sua linguagem da Espanha às fronteiras da China. Deram ao mundo uma nova cultura. Criaram uma religião que segue sendo, nos dias de hoje, uma das forças mais vitais do mundo.

O homem que inflamou a chama árabe surge na história como o jovem marido da viúva de um rico comerciante da cidade de Meca. Seu nome era Maomé. Até os quarenta anos, não fez nada que o distinguisse no mundo. Ao que parece, tinha um considerável interesse por discussões religiosas. Meca era uma cidade pagã naquele tempo, e venerava em particular uma pedra negra, a Caaba, célebre em toda a Europa e centro de peregrinações; mas existiam grandes quantidades de judeus na região – na verdade, todo o sul da Arábia professava a fé judaica – e havia igrejas cristãs na Síria.

Quando se aproximou dos quarenta anos, Maomé começou a desenvolver dons proféticos, como os dons exibidos pelos profetas hebreus doze séculos antes. Foi com sua esposa que ele primeiro falou sobre o Único Deus Verdadeiro, e sobre recompensas e punições para virtudes e perversidades. Não há como duvidar de que seus pensamentos foram fortemente influenciados por ideias judaicas e cristãs. Ele reuniu em torno de si um pequeno círculo de crentes e logo começou a pregar na cidade, criticando a idolatria predominante. Isso fez com que Maomé se tornasse extremamente impopular entre os habitantes da cidade, porque as peregrinações à Caaba eram a principal fonte da prosperidade de que Meca desfrutava. Ele ficou mais ousado e objetivo em sua pregação, declarando ser o último profeta escolhido por Deus, incumbido de uma missão de aperfeiçoar a religião. Abraão e Jesus Cristo, ele declarou, eram seus precursores. Ele fora escolhido para completar e aperfeiçoar a revelação da vontade de Deus.

Maomé compôs versos que lhe foram comunicados por um anjo, segundo afirmava, e teve uma estranha visão, na qual foi erguido aos Céus, até Deus, para ser instruído sobre sua missão.

À medida que sua pregação foi se tornando mais intensa, a hostilidade dos habitantes de Meca também se intensificou. Surgiu uma conspiração para matá-lo; mas ele fugiu com seu fiel amigo e discípulo Abu Bakr para a cidade de Medina, que o recebeu bem e adotou sua doutrina. Seguiram-se hostilidades entre Meca e Medina, e por fim houve um tratado de paz. Meca adotaria a veneração do Único Deus Verdadeiro e aceitaria Maomé como seu profeta, *mas os adeptos da nova fé deveriam continuar fazendo a peregrinação para Meca*, a mesma que costumavam fazer quando eram pagãos. Assim, Maomé instituiu o Único Deus Verdadeiro em Meca sem prejudicar o tráfego de peregrinos. Em 629, ele retornou a Meca na condição de líder, um ano após ter enviado seus mensageiros ao encontro de Heráclio, Tai Tsung, Kavadh e todos os governantes da Terra.

Então, por quatro anos, até morrer em 632, Maomé estendeu seu poder por todo o resto da Arábia. Ele se casou com várias mulheres em seus últimos anos, e sua vida como um todo, segundo os padrões modernos, não foi edificante. Maomé parece ter sido um homem repleto de vaidade, ganância, astúcia e autoengano, imbuído de uma paixão religiosa bastante sincera. Ditou um livro de prescrições e esclarecimentos, o Corão, que lhe foi comunicado por Deus, segundo declarou. Encarado ou como literatura ou como filosofia, o Corão certamente não está à altura de sua suposta autoria divina.

No entanto, quando os defeitos evidentes da vida e dos escritos de Maomé são deixados de lado, o islamismo, a fé que ele impôs aos árabes, demonstra ter muita força e inspiração. Uma de suas forças é o monoteísmo intransigente, sua fé simples e entusiasmada na soberania e na paternidade de Deus; é uma fé livre de complicações teológicas. Outra é seu afastamento absoluto dos templos e sacerdotes sacrificiais. É uma religião inteiramente profética, à prova de qualquer possibilidade de uma recaída em sacrifícios de sangue. No Corão, a natureza limitada e cerimonial da peregrinação a Meca é afirmada além de qualquer possibilidade de contestação, e Maomé tomou todas as preocupações para que não fosse deificado após sua morte. Um terceiro elemento poderoso reside na insistência do islamismo quanto à perfeita irmandade e igualdade de todos os crentes perante Deus, não importando a cor, a origem ou a posição social.

São esses os fatores que fizeram do Islã uma força nas relações humanas. Já foi dito que o verdadeiro fundador do Império Islâmico não foi tanto Maomé, e sim seu amigo e ajudante Abu Bakr. Se Maomé, com sua personalidade volúvel, foi a mente e a imaginação por trás do islamismo primitivo, Abu Bakr foi sua consciência e sua vontade. Nos momentos em que Maomé vacilou, Abu Bakr lhe deu auxílio. E quando Maomé morreu, Abu Bakr se tornou califa (sucessor) e, com a fé que move montanhas, dedicou-se com simplicidade e sensatez a organizar a subjugação de todo o mundo em nome de Alá – com pequenos exércitos de 3 ou 4 mil árabes –, de acordo com as cartas que o profeta escrevera em 628, de Medina, para todos os monarcas do mundo.

44

OS DIAS GRANDIOSOS DOS ÁRABES

Segue-se agora o processo de conquista mais espantoso de toda a história da nossa raça. O exército bizantino foi esmagado na Batalha de Yarmuk (um afluente do Jordão) em 634; e o imperador Heráclio, com suas energias consumidas pela hidropisia e seus recursos esgotados pela guerra contra os persas, viu suas recentes conquistas na Síria, em Damasco, Palmira, Antioquia, Jerusalém e todo o resto passarem, quase sem resistência, para o domínio muçulmano. Grande parte da população se convertia ao islamismo. E então os muçulmanos se voltaram para o Oriente. Os persas contavam agora com um grande general, Rostam; tinham um enorme exército e um bando de elefantes; por três dias eles lutaram contra os árabes em Qadisiya (637), mas foram batidos, por fim, e debandaram às pressas.

A conquista de toda a Pérsia veio a seguir, e o Império Muçulmano avançou com ímpeto até o Turquestão Ocidental; na direção leste, chegou à fronteira da China. O Egito foi tomado sem muita resistência; os conquistadores, levados por uma confiança fanática na suficiência do Corão, eliminaram todos os vestígios da arte de copiar livros desenvolvida na Biblioteca de Alexandria. A maré de conquista se precipitou ao longo do litoral norte africano e chegou ao Estreito de Gibraltar e à Espanha. A Espanha foi invadida em 710, e em 720 os árabes estavam nos Pirineus. Em 732 o avanço muçulmano alcançara o centro da França; aqui ele foi interrompido em definitivo, na Batalha de Poitiers, e foi empurrado de volta até os Pirineus. A conquista do Egito havia fornecido uma frota aos muçulmanos, e por certo tempo pareceu que eles tomariam Constantinopla. Eles lançaram repetidos ataques por mar entre 672 e 718, mas a grande cidade resistiu.

O crescimento do poderio muçulmano em 25 anos

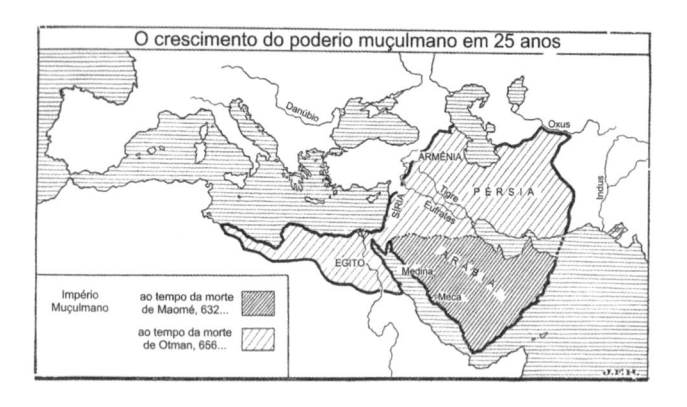

| Império Muçulmano | ao tempo da morte de Maomé, 632... |
| | ao tempo da morte de Otman, 656... |

Os árabes tinham poucas aptidões políticas e nenhuma experiência política, e o grande império que ia da Espanha à China, tendo agora Damasco como capital, estava fadado a ruir muito rapidamente. Desde o primeiro momento, diferenças doutrinárias solaparam sua unidade. Mas nosso interesse, aqui, não reside na história de sua desintegração política, e sim em seu efeito sobre a mente humana e sobre o destino da nossa raça. A inteligência árabe se projetara através do mundo mais rápido e mais dramaticamente do que a cultura grega, que se disseminara mil anos antes. A estimulação intelectual do mundo todo ao oeste da China era enorme, assim como o abandono de velhas ideias e o surgimento de novas.

Na Pérsia, a jovem e excitada mente árabe entrou em contato não apenas com as doutrinas do maniqueísmo, do zoroastrismo e do cristianismo, mas também com a literatura científica grega, através de traduções sírias. Também encontrou a cultura grega no Egito. Em todos os lugares, em particular na Espanha, os árabes descobriram uma ativa tradição judaica de especulação e discussão. Na Ásia Central, entraram em contato com o budismo e as realizações materiais da civilização latina. Aprenderam com os chineses a fabricar papel – o que possibilitava a impressão de livros. Finalmente, conheceram a matemática e a filosofia dos indianos.

A autossuficiência intolerante dos primeiros dias da fé, que fazia com que o Corão parecesse ser o único livro possível, foi abandonada muito rapidamente. O aprendizado se desenvolvia em todos os cantos, nas pegadas dos conquistadores árabes. No século VIII já existia uma organização educacional instituída em todo o mundo "arabizado". No século seguinte, eruditos de escolas de Córdoba, na Espanha, se correspondiam com eruditos do Cairo, de Bagdá, Bucara e Samarcanda. A mente judaica assimilava prontamente a mente árabe, e por algum tempo as duas raças semíticas trabalharam juntas, por meio do idioma árabe. Essa comunidade intelectual do mundo árabe perdurou por muito tempo depois do desmantelamento político e do enfraquecimento dos árabes. Ela ainda produzia realizações consideráveis no século XIII.

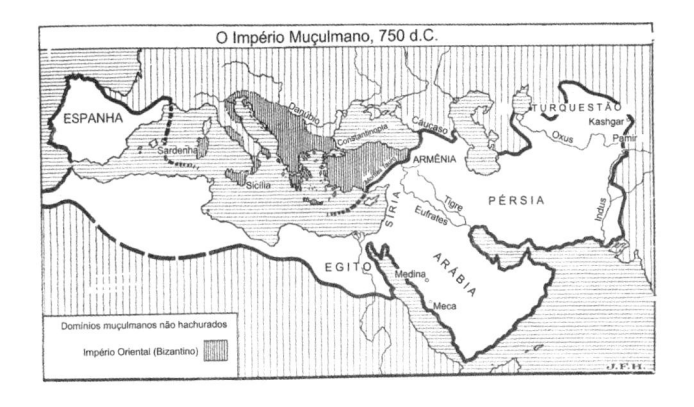

Foi assim que a acumulação de conhecimento e o criticismo, iniciativas originais dos gregos, foram retomados em um assombroso renascimento do mundo semítico. A semente de Aristóteles e do Museu de Alexandria, inativa e negligenciada por tanto tempo, germinava agora, e começava a se transformar em fruto. Enormes avanços foram obtidos nas ciências matemáticas, médicas e físicas. Os numerais romanos, nada práticos, foram substituídos pelos algarismos árabes que usamos até hoje, e o sinal do zero foi empregado pela primeira vez. A própria palavra "álgebra" vem do árabe, assim como "química". Nomes de estrelas como Algol, Aldebaran and Boötes preservam, no céu, lembranças das conquistas astronômicas dos árabes. A filosofia árabe acabaria reanimando a filosofia medieval da França, da Itália e de todo o mundo cristão.

Os químicos experimentais árabes eram chamados de alquimistas, e ainda eram suficientemente bárbaros em espírito para manter seus métodos e resultados no maior segredo possível. Eles atentaram, desde o começo, para as enormes vantagens que suas possíveis descobertas poderiam lhes oferecer, e para as consequências profundas que elas poderiam ter na vida humana. Fizeram invenções técnicas e metalúrgicas da máxima importância, descobriram ligas e corantes, destilação, tinturas e essências, o vidro óptico; mas seus dois principais objetivos eles perseguiram em vão. Um era a "pedra filosofal" – um meio para alterar e transformar os elementos metálicos para que se pudesse chegar ao ouro artificial; e o outro era o *elixir vitae*, um estimulante que reavivaria o corpo e prolongaria a vida indefinidamente. O intrincado e paciente trabalho experimental dos alquimistas árabes se espalhou pelo mundo cristão. A fascinação por suas experimentações se disseminou. Gradualmente, as atividades dos alquimistas foram se tornando mais sociais e cooperativas. Eles descobriram que era proveitoso trocar e comparar ideias. Numa transformação imperceptível, o último dos alquimistas virou o primeiro filósofo experimental.

Os velhos alquimistas buscavam um elixir da imortalidade e a pedra filosofal, que transmutaria metais ordinários em ouro; acabaram instituindo os métodos da ciência experimental moderna, que traria a promessa de dar ao homem um poder ilimitado sobre o mundo e sobre o seu próprio destino.

45

A EVOLUÇÃO DA CRISTANDADE LATINA

Vale a pena prestar atenção nas dimensões extremamente encolhidas da parte do mundo que restou sob o controle ariano nos séculos VII e VIII d.C. Mil anos antes, as raças de fala ariana triunfavam por todo o mundo civilizado ao oeste da China. Agora, os mongóis tinham avançado até a Hungria, não havia mais nada na Ásia que estivesse em mãos arianas, a não ser os domínios bizantinos na Ásia Menor, e toda a África estava perdida, assim como quase toda a Espanha. O grande mundo helênico se restringira a pequenas possessões em torno do núcleo da cidade mercantil de Constantinopla, e a memória do mundo romano era mantida viva pelo latim dos sacerdotes cristãos ocidentais. Em vívido contraste com essa história de regressão, a tradição semítica voltara a emergir da subjugação e da obscuridade, depois de mil anos de escuridão.

A vitalidade dos povos nórdicos não estava esgotada, no entanto. Confinados agora ao centro e ao noroeste da Europa e terrivelmente desnorteados em suas ideias sociais e políticas, eles estavam construindo, apesar de tudo, de modo gradual e constante, uma nova ordem social, e se preparavam, de maneira inconsciente, para a recuperação de um poder que seria ainda mais amplo do que aquele de que haviam desfrutado no passado.

Já mencionamos que não existia mais um governo central na Europa Ocidental no começo do século VI. Esse mundo estava dividido em regiões controladas por governantes locais, que faziam o possível para manter o que tinham. Era uma situação insegura demais para que pudesse durar; um sistema de cooperação e associação se desenvolveu em meio à desordem, o sistema feudal, cujas marcas ainda podem ser sentidas na vida europeia de hoje. O feudalismo era uma espécie de cristalização da sociedade em torno do poder. Em todos os lugares o homem isolado se sentia inseguro, e ele estava disposto a ceder um pouco de sua liberdade em troca de ajuda e proteção. Procurava por um homem mais forte que pudesse ser seu senhor e protetor; prestava-lhe serviços militares e lhe pagava taxas, e em retorno tinha assegurada a posse de seus bens. Seu senhor, por sua vez, encontrava segurança na vassalagem a um senhor ainda mais forte. Para as cidades também era conveniente contar com protetores feudais, e monastérios e propriedades da igreja se uniam em laços similares. Não há dúvida de que em muitos casos a submissão já era declarada antes de ser oferecida; o sistema cresceu tanto para baixo quanto para cima. De modo que se desenvolveu uma espécie de sistema piramidal, variando em grande escala em diferentes localidades, ocasionando a princípio consideráveis surtos de violência e hostilidades privadas, mas passando aos poucos para uma situação de ordem, sob novas leis. As pirâmides cresceram e se transformaram em reinados. No início do século VI já existia um reinado franco, fundado por Clóvis no território onde estão hoje a França e os Países Baixos, e logo surgiram reinados visigóticos, lombardos e góticos.

Quando os muçulmanos cruzaram os Pirineus, em 720, encontraram esse reinado franco sob a liderança ativa de Carlos Martel, administrador do palácio de um degenerado descendente de Clóvis, e contra ele sofreram a decisiva derrota de Poitiers (732). Carlos Martel podia ser considerado soberano de toda a Europa ao norte dos Alpes, dos Pirineus à Hungria. Chefiava uma infinidade de senhores subordinados que falavam franco-latim e línguas germânicas altas e baixas. Seu filho, Pepino, eliminou os últimos descendentes de Clóvis e tomou para si o Estado e o título de rei; conquistou o norte da Itália e se proclamou senhor de Roma.

Observando a história da Europa a partir dos horizontes amplos de uma história mundial, podemos enxergar, mais

Área mais ou menos dominada pelos francos ao tempo de Carlos Martel

claramente do que o mero historiador nacionalista, o quanto a tradição do Império Romano latino era espasmódica e desastrosa. Uma luta intensa e mesquinha por esse predomínio fantasmagórico consumiria as energias da Europa por mais de mil anos. Ao longo de todo esse período podemos verificar certos antagonismos inextinguíveis; eles transtornam o juízo da Europa como as obsessões de uma mente ensandecida. Uma força motriz era a ambição dos governantes exitosos, entre eles Carlos Magno (Carlos, o Grande): queriam ser Césares. O domínio de Carlos Magno consistia num complexo de Estados feudais germânicos, em variados estágios de barbarismo. Ao oeste do Reno, quase todos os povos germânicos haviam aprendido a falar vários dialetos latinos, que acabaram se fundido e formaram o francês. Ao leste do Reno, povos de raças similares não perderam seu idioma germânico. Em função disso, a comunicação se tornava difícil entre esses dois grupos de conquistadores bárbaros, e uma cisão logo se estabeleceu. A cisão foi ainda mais estimulada pelo fato de que a predominância dos costumes francos fazia com que fosse previsível a divisão do império de Carlos Magno entre seus filhos quando ele morresse. Sob esse aspecto, a história da Europa, dos dias de Carlos Magno em diante, é a história desse monarca e de sua família, primeiro, e depois a história da luta por uma precária primazia sobre os reis, príncipes, duques, bispos e cidades da Europa; no meio-tempo, desenvolve-se um antagonismo cada vez mais profundo entre os componentes germânicos e franceses. Havia uma eleição formal para cada imperador; e o auge da ambição era lutar pela posse da desgastada e deslocada capital romana, e ser coroado nela.

Outro elemento da desordem política europeia foi a decisão da Igreja, em Roma, de não ter um príncipe temporário, e de fazer com que o próprio papa de Roma fosse o imperador de fato. Ele já era o *pontifex maximus*; na prática, administrava a cidade decadente; não dispunha de exércitos, mas contava com uma vasta organização de propaganda, a rede de sacerdotes espalhada por todo o mundo latino; se não tinha poder sobre os corpos dos homens, manipulava as chaves do céu e do inferno em suas imaginações, e podia exercer muita influência sobre suas almas. Assim, ao longo de toda a Idade Média, enquanto cada príncipe tramava contra os outros, primeiro por igualdade, depois por ascendência e afinal pelo prêmio supremo, ser papa de Roma, às vezes com ousadia, às vezes com engenho, às vezes com fraqueza – pois os papas formavam uma sucessão de homens idosos, e o reinado médio de um papa não durava mais do que dois anos –, tramava pela submissão de todos os outros príncipes a ele, o chefe máximo da cristandade.

Mas os antagonismos de príncipe contra príncipe e de imperador contra papa não são, de jeito nenhum, os últimos ingredientes da confusão europeia. Ainda havia um imperador em Constantinopla falando grego e reivindicando a submissão de toda a Europa. Quando Carlos Magno se dispôs a reavivar o império, só reaviveu o império latino. Era natural que uma ideia de rivalidade entre os impérios latino e grego se desenvolvesse com muita rapidez. E a rivalidade entre o cristianismo grego e a nova versão latina do cristianismo se desenvolveu ainda mais rápido. O papa de Roma declarava ser o sucessor de São Pedro, o líder dos apóstolos de Cristo, e chefe de toda a comunidade cristã do mundo. Nem o imperador e nem o patriarca de Constantinopla estavam dispostos a reconhecer essa liderança. Uma disputa sobre um ponto delicado da doutrina da Santíssima Trindade consumou uma longa série de dissensões numa ruptura final, em 1054. A Igreja Latina e a Igreja Grega se separaram em definitivo e passaram a ser francamente antagônicas. Esse antagonismo deve ser adicionado aos outros no nosso cômputo dos conflitos que devastaram a cristandade latina na Idade Média.

O dividido mundo da cristandade foi golpeado por três povos inimigos. No Báltico e nos Mares do Norte restavam algumas tribos nórdicas que se vinham sendo cristianizadas com muita lentidão e relutância: eram os escandinavos. Eles tinham se lançado ao mar como piratas e estavam atacando todas as costas cristãs até a Espanha. Tinham subido os rios russos até as terras desoladas do centro do país e tinham transferido seus navios para os rios que corriam na direção sul. Também atuavam como piratas no Cáspio e no Mar Negro. Fundaram principados na Rússia; foram os primeiros povos conhecidos como russos. E os russos escandinavos por pouco não tomaram Constantinopla. A Inglaterra, no início do século IX, era um país baixo-germânico cristianizado comandado por um rei, Egberto, protegido e pupilo de Carlos Magno. Os escandinavos arrancaram metade do reinado das mãos do sucessor de Egberto, Alfredo, o Grande (886), e por fim, liderados por Canuto (1016), conquistaram o território por inteiro. Sob o comando do líder viking Rollo (912), outro bando de escandinavos conquistou o norte da França, que passou a ser a Normandia.

Canuto foi soberano não apenas da Inglaterra mas também da Noruega e da Dinamarca; contudo, seu breve império caiu aos pedaços quando ele morreu, graças à típica fraqueza política dos povos bárbaros – a divisão do poder entre os filhos do soberano. É interessante especular sobre o que poderia ter acontecido se a união temporária dos escandinavos tivesse perdurado. Eles eram um povo assombrosamente ousado e enérgico. Navegavam em suas galés até as longínquas Islândia e Groenlândia. Foram os primeiros europeus a pisar em solo americano. Mais tarde, aventureiros normandos recuperariam a Sicília, vencendo os sarracenos, e saqueariam Roma. É algo fascinante imaginar a grandiosa potência marítima do Norte que poderia ter nascido do reinado de Canuto, estendendo-se da América à Rússia.

Ao leste dos europeus germânicos e latinizados tínhamos uma mescla de tribos eslavas e povos turcos. Os mais proeminentes eram os magiares ou húngaros, que vinham se deslocando na direção oeste ao longo dos séculos VIII e IX. Carlos Magno interrompeu o avanço húngaro por algum tempo, mas após a morte do soberano eles se estabeleceram nas terras da atual Hungria; à maneira de seus predecessores aparentados, os hunos, atacavam as regiões civilizadas da Europa todos os verões. Em 938, atravessaram a Alemanha até a França, cruzaram os Alpes até o norte da Itália e voltaram para casa, queimando, roubando e destruindo.

Por fim, vindos do sul, passando por cima dos vestígios do Império Romano, tínhamos os sarracenos. Eles eram inigualáveis no domínio que exerciam sobre o mar; seus únicos adversários marítimos eram os escandinavos, os escandinavos russos do Mar Negro e os escandinavos do oeste.

Cercados por esses povos vigorosos e agressivos, em meio a forças que não tinham condições de compreender e perigos que não podiam estimar, Carlos Magno e, depois dele, uma série de outros espíritos ambiciosos se dedicaram ao fútil drama de restaurar o Império Ocidental sob o nome Sacro Império Romano. Da época de Carlos Magno em diante, essa ideia foi uma obsessão na vida política da Europa Ocidental; ao mesmo tempo, no Oriente, a metade grega do domínio romano decaiu e definhou, até que ao fim não restasse mais nada além da corrupta cidade mercantil de Constantinopla e uns poucos quilômetros de território em volta dela. Politicamente, o continente europeu permaneceu estagnado e não conheceu inovações do tempo de Carlos Magno em diante, por um período de mil anos.

O nome de Carlos Magno é um grande vulto da história europeia, mas sua personalidade quase sempre nos escapa. Ele não sabia ler ou escrever, mas tinha enorme respeito pelo aprendizado; gostava de ouvir leituras em voz alta durante as refeições e tinha um fraco por discussões teológicas. Em seus quartéis-generais de inverno em Aix-la-Chapelle ou Mogúncia, reunia em torno dele grupos de eruditos e procurava tirar o máximo proveito de suas conversações. Nos verões ele guerreava, contra os sarracenos espanhóis, contra eslavos e magiares, contra os saxões e outras tribos germânicas pagãs. Não sabemos se a ideia de se tornar César em sucessão a Rômulo Augusto lhe ocorreu antes de sua conquista do norte da Itália ou se ela lhe foi sugerida pelo papa Leão III, que ansiava por tornar a Igreja Latina independente de Constantinopla.

Em Roma, ocorreram manobras extraordinárias de parte do papa e do aguardado imperador no sentido de passar ou não a impressão de que o papa deu a Carlos Magno a coroa imperial. O papa conseguiu coroar seu visitante e conquistador de surpresa, na catedral de São Pedro, no dia de Natal do ano 800 d.C. Ele exibiu uma coroa, colocou-a sobre a cabeça de Carlos Magno e o saudou como César e Augusto. O povo aplaudiu com entusiasmo. Carlos Magno não ficou de modo algum satisfeito com o procedimento; considerou aquilo uma derrota: passara instruções cuidadosas a seu filho, que não deveria permitir que o papa realizasse a coroação; Carlos Magno deveria pegar a coroa com as próprias mãos e colocá-la ele mesmo em sua cabeça. Assim, no primeiro instante do renascimento do império, temos o início de uma interminável disputa por prioridade entre papa e imperador. Mas Luís, o Pio, o filho de Carlos Magno, desconsiderou as instruções do pai e se submeteu às vontades do papa.

O império de Carlos Magno desmoronou com a morte de Luís, o Pio, e a cisão entre os francos de fala francesa e os francos de fala germânica se ampliou. O imperador seguinte foi Oto, filho de um certo Henrique, o Passarinheiro, um saxão que fora eleito rei da Alemanha por uma assembleia de príncipes e prelados germânicos em 919. Oto invadiu Roma

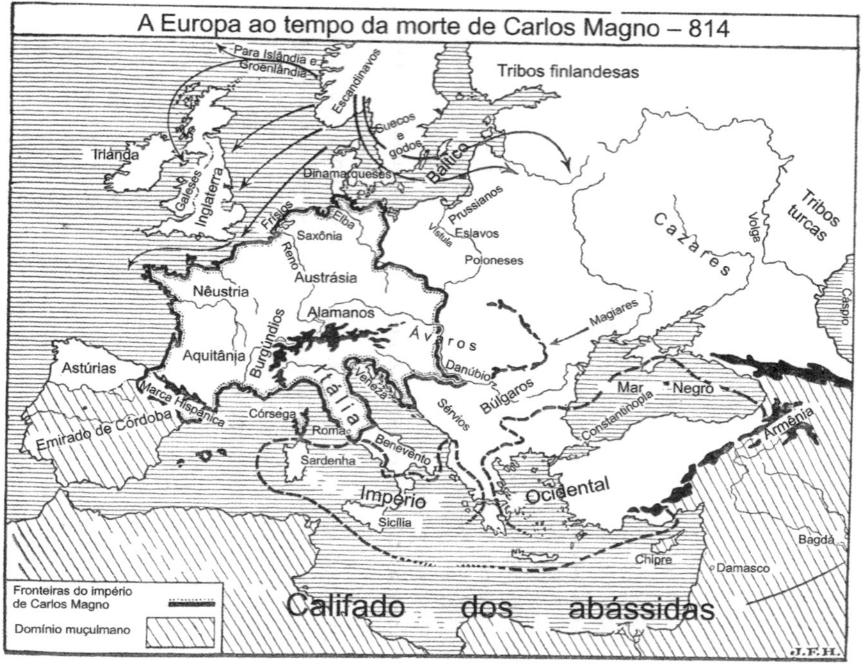
A Europa ao tempo da morte de Carlos Magno – 814
Para Islândia e Groenlândia
Escandinavos
Tribos finlandesas
Suecos e godos
Báltico
Irlanda
Dinamarqueses
Galeses
Inglaterra
Frísios
Elba
Prussianos
Vístula
Eslavos
Poloneses
Saxônia
Reno
Austrásia
Cazares
Volga
Tribos turcas
Cáspio
Nêustria
Alamanos
Burgúndios
Ávaros
Magiares
Aquitânia
Astúrias
Danúbio
Veneza
Itália
Marca Hispânica
Emirado de Córdoba
Córsega
Roma
Sérvios
Búlgaros
Mar Negro
Constantinopla
Armênia
Benevento
Sardenha
Império
Ocidental
Sicília
Chipre
Bagdá
Damasco
Califado dos abássidas
Fronteiras do império de Carlos Magno
Domínio muçulmano
J.F.H.

e foi coroado imperador na cidade em 962. A linhagem saxônica teve fim no começo do século XI e deu lugar a outros governantes germânicos. Os príncipes feudais e os nobres ocidentais que falavam vários dialetos do francês não se submeteram ao domínio desses imperadores germânicos após o fim da linhagem carolíngia, a linhagem que descendeu de Carlos Magno, e nenhuma região da Grã-Bretanha chegou a fazer parte do Sacro Império Romano. O duque da Normandia, o rei da França e outros governantes feudais menos importantes se mantiveram fora do império.

Em 987, o reino da França saiu do domínio da dinastia carolíngia e passou às mãos de Hugo Capeto, cujos descendentes ainda reinavam no século XVIII. Na época de Hugo Capeto, o rei da França regia um território comparativamente menor, em volta de Paris.

Em 1066, a Inglaterra foi atacada quase ao mesmo tempo pelos escandinavos noruegueses, liderados pelo rei Harald Hardrada, e por escandinavos latinizados sob o comando do duque da Normandia. O rei Haroldo da Inglaterra derrotou o primeiro na Batalha de Stamford Bridge e foi derrotado pelo segundo em Hastings. A Inglaterra foi conquistada pelos normandos e assim se desligou dos assuntos escandinavos, teutônicos e russos, e passou a ter relações íntimas e conflitos com os franceses. Pelos quatro séculos seguintes, os ingleses se emaranharam nos conflitos dos príncipes feudais franceses e se feriram nos campos de batalha da França.

46

AS CRUZADAS E A ERA DO DOMÍNIO PAPAL

É interessante observar que Carlos Magno se correspondeu com o califa Harum Al-Raschid, o califa Harum Al-Raschid das *Mil e uma noites*. Ficou registrado que Harum Al-Raschid enviou embaixadores de Bagdá – que substituíra Damasco como capital muçulmana – com uma esplêndida tenda, um relógio de água, um elefante e as chaves do Santo Sepulcro. Este último presente foi enviado com o astuto propósito de colocar o Império Bizantino e o Sacro Império Romano numa disputa sobre quem era o devido protetor dos cristãos de Jerusalém.

Esses presentes nos fazem lembrar que no século IX, enquanto a Europa era ainda um caos colossal de guerras e pilhagens, no Egito e na Mesopotâmia florescia um grandioso império árabe, muito mais civilizado do que qualquer coisa que a Europa pudesse exibir. Ali, a literatura e a ciência estavam vivas; as artes floresciam, e a mente humana podia atuar sem medo ou superstição. Até mesmo na Espanha e no norte da África, onde os domínios sarracenos estavam mergulhados em confusão política, persistia uma vida intelectual vigorosa. Aristóteles foi lido e discutido por judeus e árabes nos séculos da escuridão europeia. Eles cuidaram das sementes negligenciadas da ciência e da filosofia.

Ao nordeste do reino do califa estavam situadas algumas tribos turcas. Elas tinham se convertido ao islamismo, e se aferravam à fé com mais simplicidade e furor do que os ativos intelectuais árabes e persas do sul. No século X os turcos se fortaleceram, e o poderio árabe se dividiu e decaiu. As relações dos turcos com o império do califado se tornaram muito semelhantes às relações dos medos com o último Império Babilônico, catorze séculos antes. No século XI, um grupo de tribos turcas, os turcos seljúcidas, desceu até a Mesopotâmia e fez do califa seu governante nominal; na verdade, ele passou a ser um cativo e um marionete dos turcos. Eles conquistaram a Armênia. E então tomaram para si os restos do poderio bizantino na Ásia Menor. Em 1071 o exército bizantino foi completamente esmagado na Batalha de Manzikert, e os turcos seguiram avançando até que não restasse mais nenhum vestígio de domínio bizantino na Ásia. Eles tomaram a fortaleza de Niceia, na frente de Constantinopla, e se prepararam para atacar a capital.

O imperador bizantino, Miguel VII, ficou aterrorizado. Ele já estava envolvido em lutas ferozes com um bando de aventureiros normandos, que haviam capturado Durazzo, e com um violento povo turco, os pechenegues, que vinha atacando pelo Danúbio. Em desespero, pediu por ajuda como pôde, e é notável que ele não tenha apelado para o imperador ocidental, e sim para o papa de Roma, o líder da cristandade latina. Escreveu ao papa Gregório VII, e seu sucessor, Aleixo Comneno, escreveu com ainda mais urgência para Urbano II.

Não havia se passado nem um quarto de século desde a ruptura entre as igrejas latina e grega. A controvérsia ainda estava viva em todas as mentes, e esse desastre bizantino por certo ofereceu ao papa a suprema oportunidade de reafirmar a supremacia da Igreja Latina sobre os dissidentes gregos. Além disso, a ocasião deu ao papa a chance de lidar com dois outros assuntos que perturbavam em grande medida a cristandade ocidental. Um era o hábito da "guerra privada", que desorganizava a vida social, e o outro era a superabundante energia guerreira dos baixo-germânicos, dos escandinavos cristianizados e em especial dos francos e normandos. Foi defendida a necessidade de uma guerra religiosa, a Cruzada, a Guerra da Cruz, contra os captores turcos de Jerusalém, e de uma trégua em todas as hostilidades entre cristãos (1095). O objetivo declarado dessa guerra era a recuperar o Santo Sepulcro das mãos infiéis. Um homem chamado Pedro, o Eremita, fez um trabalho de propaganda por todo o território da

França e da Alemanha, numa abordagem bastante democrática. Viajava descalço, em vestes rudes, montado num asno, carregava uma cruz enorme e discursava em mercados ou igrejas. Denunciou as crueldades infligidas aos cristãos pelos turcos, e a vergonha pelo fato de que o Santo Sepulcro não estivesse em mãos cristãs. Os frutos de séculos de pregação cristã começaram a aparecer na aceitação que Pedro obteve. Uma grande onda de entusiasmo varreu o mundo ocidental, e a cristandade popular descobriu a força que tinha.

Um engajamento tão amplo de pessoas comuns em torno de uma única ideia, como começava a ocorrer agora, era algo novo na história de nossa raça. Não há nada que se compare na história prévia do Império Romano ou da Índia ou da China. Em menor escala, porém, já haviam ocorrido movimentos semelhantes unindo os povos judaicos, quando eles foram libertados do cativeiro babilônico, e mais tarde o islamismo também exibiria uma suscetibilidade aos sentimentos coletivos. Tais movimentos estavam certamente conectados ao novo espírito que surgira com o desenvolvimento das pregações religiosas missionárias. Os profetas hebreus, Jesus e seus discípulos, Mani, Maomé, todos esses homens entraram em contato direto com as almas de seus semelhantes. Fizeram com que a consciência de cada um ficasse frente a frente com Deus. Antes deles, a religião tinha a ver com fetiche, pseudociência, e não tocava a consciência. A velha religião dizia respeito a templos, sacerdotes iniciados e sacrifícios místicos, e controlava o homem comum através do medo, como se ele fosse um escravo. A nova religião fez do homem um indivíduo único.

A pregação da Primeira Cruzada foi a primeira agitação popular da história europeia. Pode ser um exagero dizer que ela representou o nascimento da democracia moderna, mas não há dúvida de que ela instigou um movimento democrático. Em questão de pouco tempo teremos uma outra agitação popular, que levantará perturbadoras questões sociais e religiosas.

Não se pode negar que a primeira agitação popular democrática terminou de um modo muito lamentável.

Consideráveis grupos populares, multidões desorganizadas, saíram da França, da Renânia e da Europa Central sem liderança e sem equipamento e partiram na direção leste para resgatar o Santo Sepulcro. Essa foi a "cruzada do povo". Duas grandes turbas invadiram desastrosamente a Hungria, tomaram os recém-convertidos magiares por pagãos, cometeram atrocidades e foram massacrados. Uma terceira multidão, não menos confusa, marchou para o leste depois de um grande pogrom de judeus na Renânia, e foi igualmente trucidada na Hungria. Lideradas pelo próprio Pedro, o Eremita, duas outras turbas enormes passaram por Constantinopla, cruzaram o Bósforo e foram massacradas com facilidade pelos turcos seljúcidas. Assim começou e terminou o primeiro movimento efetivamente popular da Europa.

No ano seguinte (1097), forças militares verdadeiras cruzaram o Bósforo. De modo geral, eram normandos na liderança e no espírito. Atacaram Niceia e marcharam até Antioquia mais ou menos pela mesma rota que Alexandre seguira catorze séculos antes. O cerco a Antioquia lhes tomou um ano, e em junho de 1099 partiram para Jerusalém. A cidade foi invadida depois de um mês de cerco. A matança foi horrível. Homens andando a cavalo se sujavam com respingos do sangue que cobria as ruas. Ao cair da noite de 15 de julho os cruzados conseguiram entrar na Igreja do Santo Sepulcro, superando todas as oposições; sujos de sangue, exaustos e "soluçando de tanta alegria", caíram de joelhos e rezaram.

A hostilidade entre latinos e gregos voltou à tona imediatamente. Os cruzados eram os servos da Igreja Latina, e o patriarca grego de Jerusalém se viu numa péssima situação: era melhor estar submetido aos turcos do que aos triunfantes latinos. Os cruzados se viram entre bizantinos e turcos, tendo de lutar contra todos. Grande parte da Ásia Menor foi recuperada pelo Império Bizantino, e os príncipes latinos, espremidos entre turcos e gregos, ficaram com Jerusalém e alguns principados pequenos, e um dos mais importantes era Edessa, na Síria. Mesmo nessas possessões, o domínio latino era precário, e em 1144 os muçulmanos tomaram Edessa, abrindo caminho para uma ineficaz Segunda Cruzada, que não recuperou Edessa, mas salvou Antioquia de um destino semelhante.

Em 1169, as forças islâmicas foram agrupadas sob o comando de um aventureiro curdo chamado Saladino, que se fizera senhor do Egito. Ele pregou uma Guerra Santa contra os cristãos, recapturou Jerusalém em 1187 e assim provocou a Terceira Cruzada, que fracassou na tentativa de retomar a cidade. Na Quarta Cruzada (1202-1204), a Igreja Latina se voltou contra o império grego abertamente, e não houve nem mesmo um pretexto de combater os turcos. Os cruzados partiram de Veneza e em 1204 atacaram Constantinopla. A grande cidade mercantil de Veneza liderava a aventura, e as cidades costeiras e ilhas do Império Bizantino foram em grande parte anexadas pelos venezianos. Um imperador "latino" (Balduíno de Flandres) foi empossado em Constantinopla, e uma reconciliação das igrejas latina e grega foi anunciada. Os imperadores latinos governaram em Constantinopla de 1204 até 1261, quando o mundo grego se rebelou e se libertou do domínio romano.

Assim como o século X havia sido a era dos escandinavos e o século XI, a era dos turcos seljúcidas, o século XII e o começo do século XIII ficaram marcados como a era da predominância papal. Pela primeira vez, surgia a possibilidade real de uma cristandade unida sob a liderança do papa.

A fé cristã simples, disseminada por grandes regiões da Europa, era uma realidade naqueles séculos. Roma passara por fases negras e desonrosas; poucos autores terão condições de dizer algo bom sobre as vidas dos papas João XI e João XII, no século X; eles foram criaturas abomináveis; mas o coração e o corpo da cristandade latina não deixaram de ser honestos e simples; os padres e os monges e as freiras viviam, em sua maioria, vidas fervorosas e exemplares. O poder da igreja tinha como alicerce a fé convicta que essas vidas inspiravam. Entre os grandes papas do passado tivemos Gregório, o Grande, Gregório I (590-604) e Leão III (795-816), que fez com que Carlos Magno se tornasse César e o coroou, contrariando-o. Nos estertores do século XI entrou em cena um grande estadista clerical, Hildebrando, que no fim da vida se tornou o papa Gregório VII (1073-1085); a seguir, depois de um papa intermediário, veio Urbano II (1087-1099), o papa da Primeira Cruzada. Estes dois últimos fundaram o período de grandeza em que os papas ficaram acima dos imperadores. Da Bulgária à Irlanda, na Noruega, na Sicília, em Jerusalém, o papa era o líder supremo. Gregório VII obrigou o imperador Henrique IV a se penitenciar diante dele e a esperar por perdão durante três dias e noites no pátio do castelo, vestido com aniagem, na neve, descalço. Em 1176, em Veneza, o imperador Frederico (Frederico Barba-Ruiva) se ajoelhou perante o papa Alexandre III e lhe jurou lealdade.

Nos primórdios do século XI, o grande poderio da igreja residia nas vontades e nas consciências dos homens. E ela não soube reter o prestígio moral no qual seu poder se baseava. Nas primeiras décadas do século XIV, constatou-se que o poder do papa evaporara. O que teria destruído a confiança ingênua que o povo cristão depositava na igreja, a tal ponto que as pessoas deixaram de se unir com seu apelo e de servir aos seus propósitos?

O primeiro problema foi, certamente, a acumulação de riqueza por parte da igreja. A igreja não morria nunca, e os crentes que morriam sem filhos demonstravam uma disposição inesgotável de deixar terras para a igreja. Pecadores penitentes eram exortados a fazer as doações. Em consequência, ocorria que em muitos países europeus até um quarto do território era propriedade da igreja. O apetite por propriedades era cada vez mais insaciável. No século XIII já se dizia em todos os cantos que padres não eram bons sujeitos, que eles viviam o tempo todo à caça de dinheiro e legados.

Os reis e os príncipes ficavam extremamente contrariados com essa alienação de propriedade. No lugar de senhores feudais capazes de fornecer apoio militar, suas terras sustentavam abades e monges e freiras. Essas terras eram, na verdade, um domínio estrangeiro. Mesmo antes do papa Gregório VII já ocorrera uma disputa entre os príncipes e o papado em torno da questão das "investiduras", ou seja, sobre quem deveria nomear os bispos. Se esse poder coubesse ao papa e não ao rei, então este último perdia o controle não apenas sobre as consciências de seus súditos como também sobre uma considerável parte de seus domínios. Pois o clero pedia isenção de taxações, já que pagava tributo a Roma. E não era só isso; a igreja também exigia o direito de arrecadar uma taxa de um décimo do valor das propriedades de leigos, em adição às taxas que os leigos já pagavam a seus príncipes.

A história de quase todos os países da cristandade latina ilustra uma mesma fase no século XI, uma fase de disputa entre monarca e papa no assunto das investiduras, e o vitorioso geralmente era o papa. Ele afirmava ter poderes para excomungar o príncipe, para libertar os súditos da submissão ao monarca, para saudar um sucessor. Ele afirmava ter poderes para colocar um país sob interdito, e então quase todas as funções sacerdotais cessariam, exceto os sacramentos do batismo, da confirmação e da penitência; os padres não poderiam ministrar outros serviços, não poderiam realizar casamentos nem enterrar os mortos. Com essas duas armas, os papas do século XII podiam controlar os mais recalcitrantes príncipes e intimidar os mais indóceis povos. Eram poderes enormes, e poderes enormes só devem ser utilizados em ocasiões extraordinárias. Mas os papas lançaram mão deles com uma recorrência que esgotou o efeito. A menos de trinta anos do fim do século XII, temos Escócia, França e Inglaterra sob interdito, uma após a outra. Além disso, os papas não conseguiam resistir à tentação de pregar cruzadas contra príncipes ofensores – até que o espírito das cruzadas se extinguiu.

Se a Igreja de Roma tivesse apenas combatido os príncipes, e se tivesse se preocupado em manter sua influência sobre as mentes das pessoas, talvez pudesse ter obtido um domínio permanente sobre toda a cristandade. Mas as manifestações de poder por parte do papa se refletiam numa conduta arrogante por parte do clero. Antes do século XI, os sacerdotes romanos podiam se casar; tinham relações íntimas com as pessoas entre as quais viviam; faziam, de fato, parte do povo. Gregório VII os transformou em celibatários; cortou os laços de intimidade que uniam os padres aos leigos, para que ficassem mais próximos de Roma, mas acabou criando uma fissura entre a igreja e a comunidade. A igreja tinha tribunais próprios. Casos que envolviam não só padres mas também monges, estudantes, cruzados, viúvas, órfãos e desamparados eram reservados para as cortes clericais, assim como todas as questões relacionadas a testamentos, casamentos e juramentos e todos os casos de feitiçaria, heresia e blasfêmia. Quanto um leigo entrava em conflito com um sacerdote, tinha de comparecer a uma corte clerical. Todas as obrigações da paz e da guerra pesavam nos ombros do leigo, e o sacerdote era livre. Não é de admirar que os sacerdotes fossem cada vez mais invejados e odiados no mundo cristão.

Roma aparentemente nunca percebeu que seu poder estava na consciência do homem comum. A igreja lutou contra o entusiasmo religioso, que deveria ser um aliado para ela, e forçou doutrinas ortodoxas quando havia uma dúvida honesta ou uma opinião aberrante. Quando interferia em questões morais, tinha o apoio do homem comum, mas o perdia quando interferia em questões doutrinárias. Quando, no sul da França, Valdo pregou o retorno à simplicidade de Jesus na fé e na vida, Inocêncio III ordenou uma cruzada contra os seguidores de Valdo, os valdenses, e permitiu que eles fossem massacrados com fogo, espada, estupro e as mais abomináveis crueldades. Quando, por sua vez, São Francisco de Assis (1181-1226) pregou que fosse seguido o exemplo de Cristo, numa vida de pobreza e serviço, seus seguidores, os franciscanos, foram perseguidos, flagelados, aprisionados e dispersados. Em 1318, quatro deles foram queimados vivos em Marselha. Por outro lado, a ordem furiosamente ortodoxa dos dominicanos, fundada por São Domingos (1170-1221), teve apoio incondicional de Inocêncio III; auxiliado pela ordem, os papa criou uma organização, a Inquisição, para perseguir a heresia e a desgraça do pensamento livre.

Foi assim, com manifestações de soberba e poder, com seus privilégios imerecidos e com uma intolerância irracional, que a igreja destruiu a fé livre do homem comum, que era a fonte primordial de toda a sua força. Na história de seu declínio não há um inimigo externo; há uma contínua decadência interna.

47

OS PRÍNCIPES RECALCITRANTES E O GRANDE CISMA

Uma fraqueza fundamental da Igreja Romana, em sua luta para assegurar o controle de toda a cristandade, era o modo pelo qual o papa era escolhido.

Se o papado quisesse, de fato, levar adiante sua ambição manifesta, estabelecendo uma mesma lei e uma mesma paz por toda a cristandade, havia uma necessidade vital de que fosse dirigido com força, firmeza e continuidade. Naqueles dias de grandiosas oportunidades era importante, antes de mais nada, que os papas que subissem ao poder fossem homens na flor da idade, que cada um tivesse um sucessor designado com o qual pudesse discutir as políticas da igreja, e que as formas e os processos de eleição fossem claros, definidos, inalteráveis e incontestáveis. Infelizmente, nada disso prevaleceu. Não era clara nem mesmo a questão de quem podia votar na eleição de um papa, ou se o imperador bizantino ou romano tinha voz na decisão. O nosso grande estadista Hildebrando (papa Gregório VII, 1073-1085) contribuiu muito na regularização das eleições. Restringiu o direito de voto aos cardeais romanos e reduziu a participação do imperador a uma sanção formal que a igreja lhe concedia, mas não tomou providências para a designação dos sucessores, e as disputas dos cardeais poderiam deixar a posição vaga, como ocorreu em algumas ocasiões, por um ano ou mais.

As consequências dessa ausência de uma definição firme podem ser verificadas em toda a história do papado até o século XVI. Desde os momentos iniciais ocorriam eleições disputadas, com dois ou mais homens reivindicando a condição de papa. A igreja se via forçada, então, à indignidade de recorrer ao imperador ou a outro árbitro neutro para que houvesse uma decisão. E a carreira de cada um dos grandes papas se encerrava com uma nota de interrogação. Com a morte do papa, a igreja se tornava uma entidade desnorteada e ineficaz, como um corpo decapitado. Podia ocorrer que o papa fosse substituído por algum velho rival que só estivesse interessado em desfazer e injuriar seu trabalho. Ou que fosse sucedido por um velho debilitado, cambaleando à beira da cova.

Era inevitável que essa fraqueza peculiar da organização papal atraísse a interferência de vários príncipes alemães, do rei francês e dos reis franceses e normandos que governavam a Inglaterra; e que eles todos tentassem influenciar as eleições, para que contassem com um papa que lhes fosse conveniente no Palácio de Latrão, em Roma. Quanto mais o papa se tornasse poderoso e importante na Europa, mais urgentes se tornavam essas intervenções. Em tais circunstâncias, não é motivo de espanto que muitos dos papas fossem fracos e fúteis. O assombroso é que muitos deles eram homens corajosos e hábeis.

Um dos mais vigorosos e interessantes papas desse grande período foi Inocêncio III (1198-1216), que teve a sorte de se tornar papa antes dos 38 anos. Ele e seus sucessores se opuseram a uma personalidade ainda mais interessante, o imperador Frederico II, conhecido como *Stupor mundi*, "Espanto do mundo". A batalha que esse monarca travou contra Roma é um momento de virada na história. No fim, Roma o derrotou e destruiu sua dinastia, mas ele deixou o papa e o prestígio da igreja feridos a tal ponto que as feridas inflamaram e agravaram a decadência papal.

Frederico era o filho do imperador Henrique VI, e sua mãe era filha de Rogério I, o rei normando da Sicília. Ele herdou seu reinado em 1198, quando era uma criança de quatro anos. Inocêncio III foi designado para ser seu tutor. Naqueles dias, a Sicília havia sido recém-conquistada pelos normandos; a corte era em grande parte oriental, e cheia de árabes eruditos; alguns destes participaram da educação do jovem rei. Os árabes sem dúvida se esforçaram ao máximo para que seus pontos de vista fossem compreendidos por ele.

Frederico adquiriu uma visão muçulmana do cristianismo e uma visão cristã do islamismo, e o resultado infeliz desse sistema duplo de educação foi a conclusão, excepcional para a sua idade, de que todas as religiões eram uma impostura. Ele falava abertamente sobre o assunto; suas heresias e blasfêmias ficaram registradas.

À medida que crescia, o garoto foi entrando em conflito com seu tutor. Inocêncio III tinha expectativas altas demais em relação a seu pupilo. Quando apareceu a oportunidade para que Frederico fosse efetivado como imperador, o papa interveio e impôs condições. Frederico precisava prometer que iria reprimir com mão forte a heresia na Alemanha. Além disso, deveria abrir mão de seus poderes na Sicília e no sul da Itália, para que sua força não sobrepujasse a do papa. E o clero alemão deveria ficar livre de todos os impostos. Frederico concordou – mas com nenhuma intenção de manter sua palavra. O papa já induzira o rei francês a guerrear com seus próprios súditos na França, na cruzada brutal e sangrenta contra os valdenses; e queria que Frederico fizesse o mesmo na Alemanha. Mas Frederico, sendo um herege ainda mais obstinado do que os simples pietistas que haviam atraído a fúria do papa, não tinha interesse em empreender cruzadas. Quando Inocêncio o instou a levar adiante uma cruzada contra os muçulmanos para recuperar Jerusalém, ele outra vez aquiesceu prontamente, e prontamente deixou de lado a tarefa.

Tendo assegurado a coroa imperial, Frederico ficou na Sicília, que achava muito melhor do que a Alemanha para estabelecer residência, e não fez nada a respeito do que prometera a Inocêncio III, que morreu, perplexo, em 1216.

Honório III, que sucedeu Inocêncio, não se saiu melhor com Frederico. Gregório IX (1227) subiu ao trono papal com uma manifesta resolução de acertar contas com o jovem, a qualquer custo. Excomungou o imperador. Todos os confortos da religião foram negados a Frederico II. De modo singular, na corte meio árabe da Sicília, o fato gerou pouco desconforto. O papa também divulgou uma carta pública ao imperador, relatando seus vícios (que eram irrefutáveis), suas heresias e suas costumeiras atitudes repreensíveis. Frederico retrucou com um texto diabolicamente astuto. Era um documento endereçado a todos os príncipes da Europa, e declarava pela primeira vez a existência de uma incompatibilidade entre o papa e os príncipes. O monarca fazia um ataque arrasador à evidente ambição do papa de se tornar o governante absoluto de toda a Europa. Sugeria que os príncipes se unissem contra essa usurpação. Pedia aos príncipes que dedicassem suas atenções à riqueza da igreja.

Tendo desferido o míssil mortal, Frederico resolveu cumprir a promessa que fizera doze anos antes e organizou uma cruzada. Essa foi a Sexta Cruzada (1228). Foi uma cruzada farsesca. Frederico II partiu para o Egito e se encontrou com o sultão para uma conversa. Os dois cavalheiros, ambos céticos em suas ideias, discutiram pontos de vista que compartilhavam, fizeram um acordo comercial que lhes era mutuamente vantajoso e concordaram em transferir Jerusalém para Frederico. Tratou-se, na verdade, de um novo tipo de cruzada, uma cruzada efetivada em um tratado particular. Aqui não tivemos o conquistador sujo de sangue, ninguém "chorou de tanta alegria". Visto que o extraordinário cruzado era um homem excomungado, ele teve de se contentar com uma cerimônia estritamente secular ao ser coroado como rei de Jerusalém, apanhando a coroa do altar com suas próprias mãos – porque nenhum integrante do clero chegaria perto dele. Frederico então retornou à Itália, rechaçou os exércitos papais que tinham invadido seus domínios, fazendo com que voltassem aos seus próprios territórios, e obrigou o papa a anular sua excomunhão. Um príncipe podia tratar o papa assim no século XIII, e a ofensa não causaria uma explosão de revolta popular. Os tempos haviam mudado.

Em 1239, Gregório IX retomou a batalha contra Frederico, excomungou-o pela segunda vez e renovou a guerra de insultos públicos que já infligira tantos danos ao papado. A controvérsia foi reavivada depois da morte de Gregório IX, com o papa Inocêncio IV; e outra vez Frederico se manifestou atacando a igreja, numa carta devastadora que dificilmente seria esquecida. Ele denunciou o orgulho e a falta de religiosidade do clero, e atribuiu todas as corrupções do período ao orgulho e à riqueza da igreja. Propôs aos demais príncipes um confisco geral das propriedades da igreja – para o bem da própria instituição. A sugestão jamais abandonaria a imaginação dos príncipes europeus.

Não vamos falar sobre os últimos anos de Frederico. Os acontecimentos particulares de sua vida são bem menos significativos do que a atmosfera que criou. É possível dar uma ideia de como era sua vida na corte da Sicília. Ele vivia com luxo e gostava de coisas belas. Segundo se costuma dizer, era licencioso. Mas é evidente que era um homem muito curioso, marcado por grande inquietação intelectual. Reuniu filósofos cristãos, judeus e muçulmanos em sua corte, e contribuiu muito para irrigar a mente italiana com influências sarracenas. Através dele, a álgebra e os numerais árabes foram introduzidos a estudantes cristãos, e entre os filósofos de sua corte estava Michael Scott, que traduziu parte da obra de Aristóteles com os comentários do grande filósofo árabe Averróis (de Córdoba). Em 1224, Frederico fundou a Universidade de Nápoles e ampliou e investiu recursos na grande escola de medicina da Universidade de Salermo. Também fundou um jardim zoológico. Deixou escrito um livro sobre falconaria, que mostra que ele foi um atento observador dos hábitos dos pássaros, e foi um dos primeiros italianos a escrever versos. A poesia italiana, de fato, nasceu em sua corte. Um autor capacitado definiu Frederico como "o primeiro dos modernos", e a frase expressa com precisão sua atuação intelectual independente, livre de preconceitos.

Uma insinuação ainda mais impactante sobre a decadência das forças que sustentavam o papado surgiu quando, logo em seguida, os papas entraram em conflito com o crescente poderio do rei francês. Ao longo do período em que o imperador Frederico II viveu, a Alemanha se desuniu, e o rei francês começou a desempenhar o papel de protetor, apoiador e rival do papa, que coubera até então aos imperadores da linhagem Hohenstaufen. Vários papas seguiam a política de apoiar os monarcas franceses. Príncipes franceses eram empossados no reino de Sicília e Nápoles, com apoio e aprovação de Roma, e os reis franceses viam diante de si a possibilidade de restaurar e controlar o império de Carlos Magno. Quando, porém, chegou ao fim o interregno alemão que se seguiu à morte de Frederico II, o último dos Hohenstaufen, e Rodolfo foi eleito e se tornou o primeiro imperador de Habsburgo (1273), a política de Roma começou a flutuar entre França e Alemanha, guinando ao sabor das simpatias de cada papa. No Oriente, os gregos retomaram Constantinopla das mãos dos imperadores latinos em 1261, e o fundador da nova dinastia grega, Miguel Paleólogo, ou Miguel VIII, rompeu com Roma em definitivo após algumas tentativas infrutíferas de reconciliação com o papa, e com isso, e com a queda dos reinados latinos na Ásia, a ascendência oriental dos papas teve seu fim.

Em 1294, Bonifácio VIII assumiu como papa. Era um italiano hostil aos franceses, movido por um senso de missão, profundamente apegado às grandes tradições de Roma. Por algum tempo, atuou com mão pesada. Em 1300 ele organizou um jubileu, e uma vasta multidão de peregrinos se reuniu em Roma. "Tão grande era o influxo de dinheiro no tesouro papal que dois assistentes se mantinham ocupados com ancinhos, recolhendo as oferendas que eram depositadas no túmulo de São Pedro."* Mas o festival foi um triunfo ilusório. Bonifácio entrou em conflito com o rei francês em 1302, e em 1303, quando estava prestes a pronunciar uma sentença de excomunhão contra o monarca, foi preso inesperadamente, em seu próprio palácio ancestral em Anagni, por Guilherme de Nogaret. Esse agente do rei francês forçara sua entrada no palácio; ele abriu caminho até o quarto do apavorado papa – que estava deitado na cama, com uma cruz nas mãos – e começou a disparar ameaças e insultos contra ele. O papa foi libertado mais ou menos um dia depois pela população da cidade, e retornou a Roma, onde foi atacado e aprisionado outra vez pela família Orsini; passadas algumas semanas, o velho, estupefato e desiludido, morreu como prisioneiro, nas mãos dos Orsini.

---

* J. H. Robinson. (N.A.)

A população de Anagni ficou de fato revoltada com a primeira injúria, enfrentando Nogaret para libertar Bonifácio, mas Anagni era a cidade natal do papa. O que é mais digno de nota é o fato de que o rei francês, ao tratar tão mal o líder da cristandade, agiu com apoio total de seu povo; ele convocara um conselho dos Três Estados da França (lordes, igreja e povo) e obteve seu consentimento antes de proceder com tamanha fúria. Nem na Itália, na Alemanha ou na Inglaterra houve o menor sinal de desaprovação ao tratamento audaz a que foi submetido o pontífice soberano. A ideia da cristandade perdera força, e seu poder sobre as mentes dos homens desaparecera.

Durante todo o século XIV, o papado não fez nada para reverter sua derrocada moral. O papa seguinte, Clemente V, era francês, e foi escolhido pelo rei Filipe da França. Ele nunca veio a Roma. Instalou sua corte em Avignon, que na época pertencia ao papado e não à França, embora se situasse em território francês, e seus sucessores permaneceram na cidade até 1377, quando o papa Gregório XI retornou ao Palácio Vaticano, em Roma. Mas Gregório não levou consigo as simpatias de toda a igreja. Muitos dos cardeais eram de origem francesa, tinham uma vida cotidiana enraizada em Avignon. Quando Gregório XI morreu, em 1378, e foi eleito um italiano, Urbano VI, esses cardeais dissidentes declararam que a eleição era inválida e elegeram um outro papa, o antipapa Clemente VII. Essa cisão é conhecida como o Grande Cisma. Os papas permaneceram em Roma, e todas as forças contrárias à França lhes eram leais: o imperador, o rei da Inglaterra, a Hungria, a Polônia e o norte da Europa. Os antipapas, por sua vez, ficaram em Avignon e tinham o apoio do rei francês, do aliado rei da Escócia, da Espanha, de Portugal e de vários príncipes alemães. Cada papa excomungava e amaldiçoava os partidários de seu rival (1378-1417).

Causa algum espanto que em toda a Europa, dentro de pouco tempo, as pessoas tenham começado a pensar por conta própria, em termos de religião?

O surgimento dos franciscanos e dominicanos, que já mencionamos nos capítulos anteriores, configurou apenas duas entre as muitas forças novas que estavam aparecendo na cristandade, fosse para apoiar ou para abalar a igreja, conforme a sabedoria de cada uma. A igreja acabou assimilando e utilizando essas duas ordens, embora tenha empregado certa violência no caso da primeira. Mas outras forças eram mais abertamente desobedientes e críticas. Um século e meio mais tarde surgiu Wycliffe (1320-1384). Ele era um erudito doutor de Oxford. Com idade já avançada, começou a fazer uma série de francas críticas à corrupção do clero e à falta de sabedoria da igreja. Organizou um movimento de padres pobres, os wycliffistas, para disseminar suas ideias por toda a Inglaterra; para que as pessoas pudessem fazer uma escolha ajuizada entre a igreja e ele próprio, traduziu a Bíblia para o inglês. Ele era bem mais culto e mais habilidoso do que São Francisco ou São Domingos. Tinha apoiadores poderosos e uma grande quantidade de seguidores entre o povo; embora Roma tenha vociferado contra ele, ordenando sua prisão, morreu livre. Mas o antigo espírito negro que estava levando a igreja católica à destruição não permitiu que seus ossos descansassem no túmulo. Um decreto do Concílio de Constança, em 1415, ordenou que seus restos fossem desenterrados e queimados; a ordem foi cumprida em 1428 pelo bispo Flemming, sob o comando do papa Martinho V. A profanação não foi cometida por um fanático qualquer; foi uma iniciativa oficial da igreja.

48

AS CONQUISTAS DOS MONGÓIS

No século XIII, porém, ao mesmo tempo em que se desenrolava na Europa a luta estranha e afinal inútil pela unificação da cristandade sob o comando do papa, eventos muito mais momentosos ocorriam no palco mais amplo da Ásia. Um povo turco, vindo dos territórios ao norte da China, tornou-se subitamente predominante no mundo, obtendo uma série de conquistas que não tem paralelo em toda a história. Eram os mongóis. No início do século XIII, eles não passavam de uma horda de cavaleiros nômades, e levavam uma vida bastante semelhante à dos seus predecessores, os hunos, subsistindo principalmente com carne e leite de égua e morando em tendas feitas de pele. Haviam se libertado do domínio chinês, e criaram uma confederação militar com outras tribos turcas. O acampamento base ficava em Karakorum, na Mongólia.

A China estava dividida nesse período. A grande dinastia Tang entrara em decadência no século X e, depois de uma fase de separação que gerou guerras entre Estados, três forças majoritárias permaneceram: no norte, o império Jin, com Pequim como capital; no sul, o império Song, tendo Nanquim como capital; e o império Hsia no centro. Em 1214, Gêngis Khan, o líder dos confederados, fez guerra contra o império Jin e capturou Pequim (1214). Ele se voltou então para o oeste e conquistou o Turquestão Ocidental, a Pérsia, a Armênia, a Índia até a altura de Lahore e o sul da Rússia até Kiev. Quando morreu, era dono de um vasto império que ia do Pacífico até o Dnieper.

Seu sucessor, Ogodai Khan, deu prosseguimento a essa assombrosa carreira de conquistas. Os exércitos de Ogodai eram organizados num elevado nível de eficiência, e dispunham de uma nova invenção chinesa, a pólvora, que usavam em pequenas armas de combate. Ele finalizou a conquista do império Jin e então atravessou a Ásia com suas tropas e chegou à Rússia (1235), numa marcha absolutamente espantosa. Kiev foi destruída em 1240, e quase toda a Rússia passou a ser tributária dos mongóis. A Polônia foi devastada, e um exército misto de poloneses e alemães foi aniquilado na Batalha de Legnica, na Baixa Silésia, em 1241. O imperador Frederico II não empregou grandes esforços, aparentemente, para interromper o avanço da maré destruidora.

"Foi apenas recentemente", afirma Bury em suas notas ao livro *Declínio e queda do Império Romano*, de Gibbon, "que a história europeia começou a compreender que os êxitos do exército mongol, que arrasou a Polônia e ocupou a Hungria na primavera de 1241 d.C., foram obtidos por estratégia consumada, e não apenas em função de uma mera superioridade numérica esmagadora. Mas esse fato ainda não é universalmente conhecido; a opinião vulgar, que representa os tártaros como uma horda selvagem que destruía tudo o que encontrava só por causa de sua força, e que galopava pela Europa Oriental sem plano estratégico, investindo contra todos os obstáculos e os esmagando com nada mais que seu peso, ainda prevalece.

"Eram maravilhosas a pontualidade e a eficácia dos arranjos militares, em operações que se estendiam do baixo Vístula à Transilvânia. Uma campanha de tal nível estava muito além das capacidades de qualquer exército europeu da época, e fora do alcance da visão de qualquer comandante europeu. Não havia um único general na Europa, de Frederico II para baixo, que não fosse um principiante em estratégia quando comparado a Sabutai. Também deve ser ressaltado que os mongóis embarcaram em sua aventura com um profundo conhecimento da situação política da Hungria e das condições polonesas – tinham tomado a precaução de criar um sistema de informação muito bem organizado, com espiões; por outro lado, os húngaros e as forças cristãs, como bárbaros infantis, não sabiam quase nada a respeito de seus inimigos."

No entanto, mesmo tendo vencido em Legnica, os mongóis não seguiram avançando para o oeste. Estavam

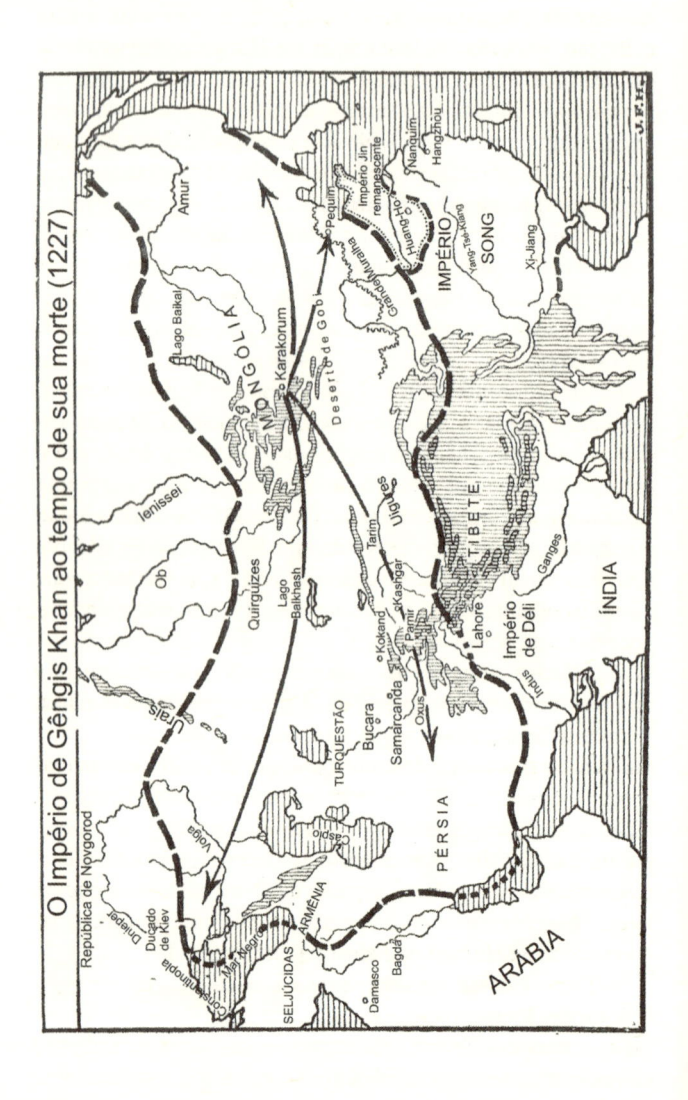

O Império de Gêngis Khan ao tempo de sua morte (1227)

começando a entrar em terras florestadas ou montanhosas, o que não lhes convinha taticamente; então partiram para o sul e fizeram preparativos para ficar na Hungria, massacrando ou assimilando os aparentados magiares, assim como estes haviam previamente massacrado e assimilado os mesclados citas, ávaros e hunos. Das planícies húngaras eles provavelmente teriam lançado ataques às terras do sul e do oeste, como os húngaros tinham feito no século IX, os ávaros no sétimo e no oitavo e os hunos no quinto. Mas Ogodai morreu repentinamente, e sua sucessão, em 1242, foi problemática; convocados a voltar em função disso, os invictos bandos mongóis começaram a recuar na direção leste, através da Hungria e da Romênia.

Dali em diante os mongóis concentraram suas atenções nas conquistas asiáticas. Em meados do século XIII eles já tinham conquistado o império Song. Mangu Khan sucedeu Ogodai como Grande Khan em 1251, e nomeou seu irmão Kublai Khan como governador da China. Em 1280 Kublai Khan já era reconhecido formalmente como imperador da China, e assim fundou a dinastia Yuan, que perdurou até 1368. Enquanto as últimas ruínas do domínio Song desmoronavam na China, outro irmão de Mangu, Hulagu, conquistava a Pérsia e a Síria. Os mongóis exibiram uma amarga animosidade em relação ao Islã, e não apenas massacraram a população de Bagdá, quando capturaram a cidade, como também se puseram a destruir o imemorial sistema de irrigação que mantivera a Mesopotâmia incessantemente próspera e populosa desde os remotos tempos sumérios. Desde então, até os dias de hoje, a Mesopotâmia é um deserto de ruínas que sustenta uma escassa população. No Egito, os mongóis jamais penetraram; o sultão egípcio impôs uma derrota cabal ao exército de Hulagu na Palestina, em 1260.

Depois desse desastre, a maré vitoriosa dos mongóis refluiu. Os domínios do Grande Khan se estilhaçaram em Estados separados. Os mongóis orientais se tornaram budistas, como os chineses; os ocidentais se tornaram muçulmanos. Os chineses se livraram do jugo da dinastia Yuan em 1368 e levaram ao poder a dinastia nativa Ming, que floresceu de

O Império Otomano antes de 1453

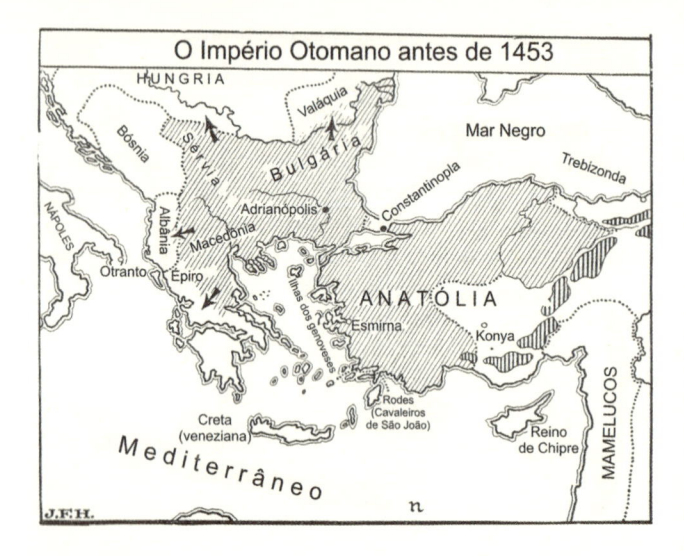

1368 até 1644. Os russos continuaram sendo tributários das hordas tártaras nas estepes do sudeste até 1480, quando o grão-duque de Moscou repudiou sua dependência e organizou a fundação da Rússia moderna.

No século XIV houve uma breve retomada do vigor mongol, sob o comando de Tamerlão, ou Timur, descendente de Gêngis Khan. Ele se fixou no Turquestão Ocidental, assumiu o título de Grande Khan em 1369 e obteve conquistas da Síria até Déli. Tamerlão foi o mais selvagem e destrutivo de todos os conquistadores mongóis. Criou um império de desolação que não sobreviveu à sua morte. Em 1505, entretanto, um descendente desse Timur, um aventureiro chamado Babur, reuniu um exército munido de armas e desceu pelas planícies da Índia. Seu neto, Akbar (1556-1605), completou suas conquistas, e essa dinastia mongol (ou "mogol", como diziam os árabes), instalada em Déli, governou a maior parte da Índia até o século XVIII.

Uma das consequências da primeira grande maré de conquistas mongóis no século XIII foi o deslocamento de uma certa tribo turca, os turcos otomanos, do Turquestão para a Ásia Menor. Eles ampliaram e consolidaram seu poderio na Ásia

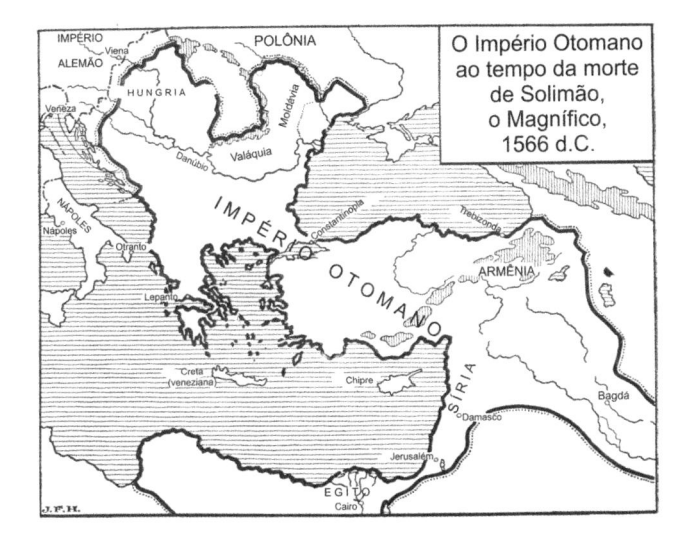

O Império Otomano ao tempo da morte de Solimão, o Magnífico, 1566 d.C.

Menor, cruzaram o Dardanelos e conquistaram a Macedônia, a Sérvia e a Bulgária até que, por fim, Constantinopla virou uma ilha entre os domínios otomanos. Em 1453, o sultão otomano Maomé II tomou Constantinopla, atacando-a pelo lado europeu, fazendo uso de um grande número de armas. O evento gerou intensa excitação na Europa, e uma cruzada chegou a ser discutida, mas os tempos das cruzadas haviam passado.

No decorrer do século XVI, os sultões otomanos conquistaram Bagdá, a Hungria, o Egito e a maior parte do norte da África, e sua frota os fez senhores do Mediterrâneo. Por muito pouco não tomaram Viena, e passaram a cobrar tributos do imperador. Duas circunstâncias interromperam o refluxo geral dos domínios cristãos no século XV. Um foi a restauração da independência de Moscou (1480); o outro foi a gradual reconquista da Espanha pelos cristãos. Em 1492, Granada, o último Estado muçulmano da península, passou para as mãos do rei Fernando de Aragão e de sua rainha Isabela de Castela.

Mas foi só em 1571 que a soberba otomana foi solapada, na Batalha Naval de Lepanto, e os cristãos recuperaram o domínio das águas mediterrâneas.

O RENASCIMENTO INTELECTUAL DOS EUROPEUS

Ao longo de todo o século XII apareciam muitos sinais de que a inteligência europeia estava voltando a ser intrépida e livre, e se preparando para retomar os empreendimentos intelectuais das primeiras investigações científicas gregas e especulações como as do italiano Lucrécio. As causas desse renascimento eram variadas e complexas. A supressão das guerras privadas, os elevados padrões de conforto e segurança que surgiram depois das cruzadas e a estimulação mental gerada pelas experiências dessas expedições configuraram, sem dúvida, condições preliminares necessárias. O comércio se reanimava; cidades voltavam a experimentar bem-estar e segurança; uma educação de alto nível se desenvolvia na igreja e se disseminava entre a população leiga. Os séculos XIII e XIV foram um período marcado por cidades em crescimento, independentes ou quase independentes, como Veneza, Florença, Gênova, Lisboa, Paris, Bruges, Londres, Antuérpia, Hamburgo, Nuremberg, Visby e Bergen. Todas eram cidades mercantis que recebiam muitos viajantes, nas quais tínhamos homens negociando e viajando, tínhamos conversação e pensamento. As polêmicas envolvendo papas e príncipes e a conspícua selvageria das cruéis perseguições aos hereges instigavam os homens a duvidar da autoridade da igreja e a questionar e discutir assuntos fundamentais.

Já vimos como Aristóteles ressurgiu na Europa através dos árabes, e como um príncipe como Frederico II pôde criar um canal que ligou a filosofia e a ciência da Arábia à renascente mente europeia. Na agitação de ideias da época, os judeus foram ainda mais influentes. Sua própria existência era um ponto de interrogação na suposta autoridade da igreja. Finalmente, as secretas e fascinantes pesquisas dos alquimistas estavam se alastrando e redundando na reanimação da ciência experimental, que começava a dar frutos mas ainda era furtiva e trivial.

E a agitação de ideias de maneira alguma se restringia às mentes independentes e bem-educadas. A mente do homem comum despertara no mundo, com uma vivacidade inédita em toda a trajetória humana. Apesar dos padres e das perseguições, os ensinamentos do cristianismo agiam como um fermento mental por onde passavam. Eles estabeleciam um vínculo direto entre a consciência do homem individual e o Deus da Retidão, de modo que agora, se fosse preciso, o homem tinha a coragem de formar seu próprio julgamento a respeito de príncipe ou prelado ou credo.

As discussões filosóficas voltaram a circular pela Europa já no início do século XI, e existiam grandes e prósperas universidades em Paris, Oxford, Bolonha e outros centros. O "escolástico" medieval voltou a se debruçar sobre uma série de questões acerca do valor e do significado das palavras, num passo preliminar que clareou o pensamento e abriu caminho para a era científica que viria. Um pensador que se sobressaía por seu gênio era Roger Bacon (c. 1210 – c. 1293), um franciscano de Oxford, o pai da ciência experimental moderna. Sua importância em nossa história só fica abaixo da grandeza de Aristóteles.

Seus escritos são um longo libelo contra a ignorância. Bacon fez uma coisa inacreditável: declarou a seus contemporâneos que o tempo em que viviam era um tempo de ignorância. Hoje em dia um homem pode declarar que o mundo é ao mesmo tempo ridículo e pomposo, que seus métodos continuam sendo infantis e canhestros e que seus dogmas são suposições pueris, e não correrá grande perigo, na Idade Média, porém, os homens, quando não estavam sendo massacrados ou passando fome ou morrendo devido uma pestilência, tinham uma apaixonada convicção de que suas crenças eram sábias, perfeitas e inatacáveis, e reagiam amargamente quando seus valores eram colocados em dúvida. Os escritos de Roger

Bacon surgiram como um raio de luz numa escuridão profunda. Ele combinou seu ataque à ignorância da época com a inestimável sugestão de que era preciso conhecer mais. O espírito de Aristóteles reviveu em sua apaixonada insistência sobre a necessidade de experimentar e acumular conhecimentos. "Experimentar, experimentar" é o lema de Roger Bacon.

Bacon se lançou contra esse mesmo Aristóteles, no entanto. Isso ocorreu porque os homens, em vez de encarar os fatos com ousadia, sentavam em recintos fechados e se punham a estudar as péssimas traduções latinas que eram o único meio de chegar à obra do mestre. "Se tivesse oportunidade", Bacon escreveu, "eu queimaria todos os livros de Aristóteles, pois o estudo deles só nos faz perder tempo, gera erros e aprofunda a ignorância", um sentimento que Aristóteles provavelmente teria aplaudido, se pudesse ter retornado a um mundo no qual suas obras eram mais veneradas do que lidas – e nas mais abomináveis traduções, como Roger Bacon demonstrou.

Em todos os seus livros, por trás de um certo disfarce ortodoxo que era necessário para evitar uma prisão ou algo pior, Roger Bacon gritava para a humanidade: "Libertem-se do domínio dos dogmas e das autoridades; *olhem para o mundo!*" Ele denunciou quatro fontes principais da ignorância: o respeito pela autoridade, os costumes, o juízo ignorante da multidão e a intocabilidade vaidosa e orgulhosa que nos é inerente. Superadas essas disposições, um mundo de novos poderes se abriria para o homem:

"Existem dispositivos de navegação que dispensam os remos, de modo que grandes navios de rio ou oceano, guiados por um único homem, são mais velozes do que embarcações repletas de marinheiros. Da mesma forma, podemos construir carros que não necessitem de animal de tração e que correrão *cum impetu inaestimabile*, como supomos que ocorria com as bigas de batalha da Antiguidade, cujas rodas eram munidas de lâminas. E máquinas voadoras são também uma possibilidade, com o homem sentado e acionando algum dispositivo que faça com que asas artificiais batam no ar, à maneira de um pássaro."

Assim Roger Bacon escrevia, mas três séculos teriam de se passar até que o homem começasse a explorar sistematicamente os poderes potenciais que existiam mas estavam escondidos, como o nosso cientista soube ver com muita clareza, sob a superfície embaçada do cotidiano humano.

Mas o mundo sarraceno deu à cristandade mais do que apenas o estímulo de seus filósofos e alquimistas; também deu o papel. Não é um exagero dizer que o papel fez com que o renascimento intelectual da Europa fosse possível. O papel teve origem na China, onde seu uso remonta, provavelmente, ao século II a.C. Em 751, os chineses atacaram os muçulmanos árabes em Samarcanda; foram rechaçados, e entre os invasores que foram feitos prisioneiros havia alguns hábeis fabricantes de papel, com os quais a arte foi aprendida. Manuscritos árabes em papel que datam do século IX ficaram preservados até hoje. A manufatura foi introduzida na cristandade ou através da Grécia ou com a captura de fábricas de papel mouras durante a reconquista da Espanha pelos cristãos. Quando começou a ser fabricado pelos cristãos espanhóis, porém, o produto infelizmente se deteriorou. Não se fabricou papel de qualidade na Europa cristã antes do fim do século XIII, e a partir de então a Itália produziu o melhor papel do mundo. Foi só no século XIV que a manufatura chegou à Alemanha, e antes do século seguinte o papel já era abundante e barato o suficiente para que a impressão de livros se tornasse um negócio prático e viável. A partir daí, a impressão se desenvolveu ao natural, por necessidade, pois a impressão é a mais óbvia das invenções. A vida intelectual do mundo entrou numa nova fase, de imenso vigor; deixou de ser um gotejamento que passava de uma mente a outra; passou a ser uma vasta torrente, reforçada por milhares e em seguida por dezenas e centenas de milhares de mentes.

Um resultado imediato da impressão disseminada foi o surgimento de uma abundância de Bíblias no mundo. Outra foi o barateamento dos livros escolares. O aprendizado da leitura se propagou com rapidez. Não houve apenas uma multiplicação dos livros pelo mundo; os livros que começaram a ser fabricados agora eram mais fáceis de ler e mais compreensíveis. Em vez de ler com dificuldade um texto confuso, fazendo pausas para refletir sobre o seu significado, agora o leitor podia ler ininterruptamente, sem grandes obstáculos para a reflexão. Com a leitura cada vez mais facilitada, o público leitor cresceu. O livro deixou de ser um brinquedo requintado ou um mistério reservado a eruditos. As pessoas começaram a escrever livros que eram lidos ou manuseados por gente comum. Começaram a escrever em língua ordinária, não mais apenas em latim. Com o século XIV, tem início a verdadeira história da literatura europeia.

Até aqui, lidamos apenas com a participação sarracena no renascimento europeu. Vejamos agora a influência exercida pelas conquistas mongóis. Elas estimularam profundamente a imaginação geográfica da Europa. Por algum tempo, sob o comando do Grande Khan, toda a Ásia e a Europa Ocidental desfrutaram de um relacionamento aberto; todas as estradas ficaram temporariamente abertas, e representantes de todas as nações compareciam à corte de Karakorum. As barreiras que separavam Europa e Ásia, erguidas pela inimizade religiosa entre o cristianismo e o islamismo, foram derrubadas. O papado acalentava uma grande esperança de converter os mongóis ao cristianismo. Até ali, a única religião praticada pelo povo conquistador era o xamanismo, uma fé pagã primitiva. Enviados do papa, sacerdotes budistas da Índia, artífices parisienses, italianos e chineses e mercadores bizantinos e armênios circulavam na corte mongol entre oficiais árabes, entre astrônomos e matemáticos persas e indianos. A história nos fala muito sobre as campanhas e os massacres dos mongóis, e muito pouco sobre sua curiosidade e sua ânsia pelo conhecimento. Se não podemos dizer que o povo mongol deixou marcas de inventividade, sua influência na história do mundo foi muito forte em transmissão de conhecimentos e metodologias. E tudo o que podemos apreender das personalidades vagas e românticas de Gêngis ou Kublai nos confirmará a impressão de que esses homens eram, no mínimo, monarcas tão inteligentes e criativos quanto o resplandecente mas egoísta Alexandre, o Grande, ou o teólogo enérgico mas iletrado que foi Carlos Magno, aquele criador de fantasmas políticos.

Um dos visitantes mais interessantes que passaram pela corte mongol foi um certo veneziano chamado Marco Polo, que mais tarde registrou sua aventura em um livro. Ele partiu para a China por volta do ano 1272, com seu pai e seu tio, que já tinham feito a viagem uma vez. O Grande Khan ficara profundamente impressionado com os dois; eram os primeiros homens "latinos" que ele via; e os enviou de volta com a missão de questionar professores e estudiosos que pudessem lhe explicar o cristianismo e muitos outros assuntos do mundo europeu que despertavam sua curiosidade. Marco os acompanhou na segunda visita.

Os três Polo iniciaram sua viagem atravessando a Palestina, e não a Crimeia, como na expedição anterior. Levavam com eles uma tabuleta de ouro que valia por salvo-conduto, além de indicações do Grande Khan que por certo lhes facilitariam a jornada. O Grande Khan pedira a eles que trouxessem um pouco do óleo da lamparina que fica acesa no Santo Sepulcro, em Jerusalém; e para lá os três se encaminharam, passando depois pela Cilícia até a Armênia. Fizeram esse desvio para o norte porque o sultão do Egito estava atacando os domínios mongóis. Então atravessaram a Mesopotâmia e chegaram a Ormuz, no Golfo Pérsico, aparentemente considerando uma viagem por mar. Em Ormuz, encontraram mercadores indianos. Por alguma razão, não embarcaram no navio; foram para o norte, cruzando os desertos persas, e passaram por Balkh e pela cordilheira Pamir até Kashgar, e por Kotan e pelo Lop Nor até o vale do rio Huang-Ho e até Pequim. Em Pequim se encontrava o Grande Khan, e eles foram recebidos com hospitalidade.

Kublai ficou encantado com Marco; ele era jovem e esperto, e é evidente que dominava muito bem a língua tártara. Marco recebeu um cargo oficial e foi enviado em diversas missões, principalmente no sudoeste da China. As histórias que ele tinha para contar, sobre vastas regiões de terra próspera e sorridente, "com excelentes hospedarias para viajantes em todos os cantos" e "belos vinhedos, campos e jardins", sobre "muitas abadias" de monges budistas, sobre manufaturas de "tecidos de seda e ouro e belíssimos tafetás", uma "constante sucessão de cidades e vilas" e assim por diante, a princípio geraram incredulidade e a seguir incendiaram a imaginação de toda a Europa. Ele contou sobre a Birmânia, sobre os seus grandes exércitos com centenas de elefantes, e como esses animais foram abatidos pelos arqueiros mongóis, e também sobre a conquista do reino de Pegu pelos mongóis. Falou sobre o Japão, estimando com muito exagero a disponibilidade de ouro no país. Marco Polo foi governador da cidade de Yang Chou por três anos, e provavelmente impressionou os habitantes chineses por não parecer tão mais estrangeiro do que um tártaro qualquer. Pode ser que tenha sido enviado numa missão para a Índia. Registros históricos chineses mencionam um certo Polo no conselho imperial em 1277, o que é uma confirmação bastante válida da veracidade geral de suas aventuras.

A publicação do relato das viagens de Marco Polo produziu um profundo efeito sobre a imaginação europeia. A literatura europeia, e em especial o romance europeu do século XV, ecoa os nomes dos lugares da história de Polo, como Catai (norte da China) e Cambulac (Pequim) e outros.

Dois séculos mais tarde, um dos leitores das *Viagens* de Marco Polo foi um certo navegador genovês chamado Cristóvão Colombo, que concebeu a brilhante ideia de circunavegar a Terra na direção oeste, até a China. Em Sevilha existe uma cópia das *Viagens* com anotações feitas por Colombo nas margens. Há muitas razões para o fato de que um genovês decidisse tomar essa direção. Até sua captura pelos turcos em 1453, Constantinopla tinha sido um centro comercial neutro que ligava Ocidente e Oriente, e os genoveses faziam negócios livremente na cidade. No entanto, os "latinos" venezianos, ferozes rivais dos genoveses, costumavam ser aliados e apoiadores dos turcos no enfrentamento com os gregos; com a chegada dos turcos a Constantinopla, eles passaram a hostilizar os comerciantes de Gênova. A descoberta de que o mundo era redondo, esquecida havia tanto tempo, aos poucos voltava a tomar conta da mente humana. A ideia de alcançar a China pelo oeste era, portanto, uma obviedade, e era reforçada por duas circunstâncias: com o invento da bússola de navegação, os navegadores não ficavam à mercê de uma noite de tempo bom, estrelada, para determinar a direção que seguiam; e os normandos, catalães, genoveses e portugueses já tinham avançado muito pelo Atlântico, chegando às Ilhas Canárias, a Madeira e aos Açores.

Entretanto, Colombo enfrentou muitas dificuldades para obter os navios com os quais testaria sua ideia. Viajou pela Europa, expondo seu projeto de corte em corte. Por fim, em Granada, que pouco antes fora retomada dos mouros, assegurou o patrocínio de Fernando e Isabela, e pôde se lançar ao oceano desconhecido com três navios pequenos. Depois de uma viagem de dois meses e nove dias, viu terra e achou que estivesse na Índia, mas chegara, na verdade, a um novo continente, de cuja existência efetiva o velho mundo jamais suspeitara até então. Colombo retornou à Espanha com ouro, algodão, estranhos animais e pássaros, e com dois índios de pele pintada, assustados, que seriam batizados. Eles foram chamados de índios porque Colombo acreditou, até o fim de seus dias, que a terra que encontrara era a Índia. Só depois de muitos anos os europeus começaram a perceber que tinham à sua disposição a América, todo um novo continente. O êxito de Colombo estimulou intensamente os empreendimentos ultramarinos. Em 1497, os portugueses contornaram a África pelo mar e chegaram à Índia, e em 1515 tínhamos navios portugueses em Java. Em 1519, Magalhães, um navegador português empregado pelos espanhóis, navegou para o oeste, partindo de Sevilha com cinco navios; um deles, o *Victoria*, retornou, subindo o rio que leva a Sevilha em 1522; foi a primeira embarcação a circunavegar o mundo. O navio tinha 31 homens a bordo, sobreviventes dos 280 marinheiros iniciais. O próprio Magalhães havia sido morto nas Ilhas Filipinas.

Livros de papel impressos, a nova noção de um mundo redondo que podia ser percorrido por inteiro, uma nova visão sobre terras estranhas, animais, plantas, hábitos e costumes estranhos, descobertas ultramarinas e celestes, descobertas práticas e novidades na vida cotidiana irromperam na mente europeia. Os gregos clássicos, enterrados e esquecidos por tanto tempo, começavam a ser cada vez mais publicados e estudados, e coloriam os pensamentos dos homens com os sonhos de Platão e as tradições de uma era de dignidade e liberdade republicana. O domínio romano introduzira a lei e a ordem na Europa Ocidental, e a Igreja Latina as restaurara; tanto nos tempos pagãos quanto nos tempos da Roma Católica, porém, uma organização governamental refreava e subordinava a curiosidade e a inovação. Agora, o reinado da mente latina caminhava para o fim. Entre os séculos XIII e XVI, graças à influência estimulante de semitas e mongóis e à redescoberta dos clássicos gregos, os arianos europeus romperam com a tradição latina e se colocaram outra vez na condição de líderes intelectuais e materiais da humanidade.

50

A REFORMA DA IGREJA LATINA

A própria Igreja Latina foi tremendamente afetada por esse renascimento mental. Ela foi desmembrada; e até mesmo a porção que sobreviveu passou por uma renovação intensa.

Já contamos como a igreja chegou perto de alcançar a liderança autocrática de toda a cristandade nos séculos XI e XII, e como seu poder sobre as mentes e o cotidiano dos homens declinou nos séculos XIV e XV. Descrevemos como o entusiasmo religioso popular, que lhe fornecera apoio e força no passado mais distante, se voltou contra ela em função de sua soberba, das perseguições e da centralização, e como o ceticismo insidioso de Frederico II gerou frutos numa crescente insubordinação dos príncipes. O Grande Cisma reduzira o prestígio religioso e político da igreja a proporções desprezíveis. As forças de insurreição atacavam agora pelos dois lados.

Os ensinamentos do inglês Wycliffe se espalharam em grande escala por toda a Europa. Em 1398, um erudito tcheco chamado Jan Huss proferiu, na Universidade de Praga, uma série de palestras sobre os ensinamentos de Wycliffe. As ideias do inglês se propagaram rapidamente, extrapolando os círculos educados, e instigaram um grande entusiasmo popular. Entre 1414-1418, um concílio de toda a igreja foi realizado em Constança com o fim de solucionar o Grande Cisma. Convidado para o concílio com a garantia de um salvo-conduto provido pelo imperador, Huss foi aprisionado, julgado por heresia e queimado vivo (1415). Longe de tranquilizar o povo boêmio, o martírio insuflou uma insurreição dos hussitas, a primeira de uma série de guerras religiosas com as quais teve início o desmoronamento da cristandade latina. O papa Martinho V, eleito especialmente em Constança como o líder de uma cristandade reunida, ordenou uma cruzada contra a insurreição dos boêmios.

Ao todo, cinco cruzadas foram lançadas contra esse povo pequeno e robusto, e todas fracassaram. Todos os rufiões desempregados da Europa se dispuseram a atacar a Boêmia no século XV, assim como haviam atacado os valdenses no século XIII. Ao contrário dos valdenses, porém, os tchecos boêmios acreditavam em resistência armada. A Cruzada Boêmia se dissolveu e fugiu do campo de batalha ao som dos carros e das cantorias distantes das tropas hussitas; os cruzados nem começaram a lutar (Batalha de Domazlice, 1431). Em 1436, na Basileia, um novo concílio da igreja costurou um acordo com os hussitas, e foram aceitas várias objeções importantes à prática religiosa latina.

No século XV, uma peste violenta causara desorganização social em toda a Europa. O povo sofrera uma miséria extrema e um desânimo generalizado, e os camponeses se insurgiram contra proprietários e endinheirados na Inglaterra e na França. Passadas as Guerras Hussitas, tais insurreições se intensificaram na Alemanha, assumindo um cunho religioso. A nova tendência foi influenciada pelo surgimento da impressão. Em meados do século XV, impressores já trabalhavam com tipos móveis na Holanda e na Renânia. A arte se disseminara pela Itália e na Inglaterra, onde Caxton já imprimia em 1477, em Westminster. A consequência imediata foi um incremento na produção e na distribuição de Bíblias; as controvérsias populares começaram a se propalar com muita facilidade. O mundo europeu se tornou um mundo de leitores, numa proporção nunca antes experimentada por qualquer comunidade. E a irrigação súbita das mentes com ideias mais claras e informações mais acessíveis ocorreu num tempo em que a igreja se encontrava confusa e dividida, sem condições de se defender com eficácia, num tempo em que muitos príncipes procuravam enfraquecer o domínio que a igreja reivindicava sobre as vastas riquezas deles.

Na Alemanha, o ataque à igreja se concentrou na figura de um ex-monge, Martinho Lutero (1483-1546), que apareceu em

Wittenberg, em 1517, contestando várias doutrinas e práticas ortodoxas. A princípio, ele apresentou suas contestações em latim, à maneira dos escolásticos. A seguir, fez uso da nova arma que era a palavra impressa, e divulgou suas opiniões com muito mais abrangência, em alemão, dirigindo-se ao povo. Sua morte foi arquitetada, como fora arquitetada no passado a morte de Huss, mas o meio impresso mudara tudo, e ele tinha muitos amigos declarados e secretos entre os príncipes alemães, de modo que seu destino foi outro.

Pois agora, em uma era de ideias que se multiplicavam e de fé enfraquecida, muitos governantes enxergavam vantagens em cortar os laços religiosos entre seus povos e Roma. Eles tinham interesse em liderar pessoalmente uma religião mais nacionalizada. Em sucessão, Inglaterra, Escócia, Suécia, Noruega, Dinamarca, o norte da Alemanha e a Boêmia se separaram da Comunhão Romana. A separação se manteve desde então.

Os diversos príncipes envolvidos pouco se importaram com a liberdade intelectual e moral de seus súditos. Aproveitaram-se da insurgência e das dúvidas religiosas de seus povos para investir com mais força contra Roma, mas procuraram manter controle sobre os movimentos populares quando a ruptura se efetivou, e instituíram uma igreja nacional, comandada pela Coroa. Mas nunca deixou de existir uma curiosa vitalidade no ensinamento de Jesus, um apelo à retidão e ao respeito próprio de todos os homens, acima de todas as lealdades e de todas as subordinações, leigas ou eclesiásticas. Além de romper com Roma, as igrejas principescas também tiveram de romper, em todos os casos, com seitas fragmentárias que não admitiam intervenção de príncipe ou papa na relação entre um homem e seu Deus. Na Inglaterra e na Escócia, por exemplo, existiam seitas, agora, para as quais o único guia de vida e de credo era a Bíblia. Elas rejeitavam as disciplinas de uma igreja de Estado. Na Inglaterra, esses dissidentes eram os não conformistas, que exerceram um papel importantíssimo na política nacional nos séculos XVII e XVIII. Os dissidentes ingleses se opuseram de tal modo a uma liderança principesca na igreja que chegaram a decapitar o rei Carlos I (1649), e por onze prósperos anos a Inglaterra viveu sob o governo republicano dos não conformistas.

O rompimento dessa enorme porção do norte da Europa com a cristandade latina é universalmente conhecido como Reforma. Mas os choques e as perturbações de todas as perdas ocasionaram transformações não menos profundas, talvez, na própria Igreja Romana. A igreja foi reorganizada, e passou a ser inspirada por um novo espírito. Uma das figuras dominantes nessa renovação foi um jovem soldado espanhol chamado Inigo Lopez de Recalde, mais conhecido no mundo como Santo Inácio de Loyola. Depois de algumas aventuras românticas iniciais, ele virou padre (1538) e teve autorização para fundar a Companhia de Jesus, cujo firme propósito era colocar a serviço da religião as nobres e generosas tradições da disciplina militar. A Companhia de Jesus, a ordem dos jesuítas, veio a ser uma das maiores sociedades missionárias e educativas que o mundo jamais vira. Ela levou a cristandade à Índia, à China e à América. Deteve a veloz desintegração da Igreja Romana. Elevou os padrões educacionais por todo o mundo católico; engrandeceu a inteligência católica e aguçou a consciência católica em todos os cantos; estimulou a Europa Protestante a realizar esforços educacionais equivalentes. A vigorosa e agressiva Igreja Católica Romana que conhecemos hoje provém, em grande medida, da renovação jesuíta.

51

O IMPERADOR CARLOS V

O Sacro Império Romano chegou a uma espécie de clímax durante o reinado do imperador Carlos V. Ele foi um dos mais extraordinários monarcas que a Europa já conhecera. Por certo tempo, deu a impressão de ser o maior monarca desde Carlos Magno.

A grandiosidade de Carlos V não se devia a ele mesmo. Tratou-se, em grande parte, de uma criação de seu avô, o imperador Maximiliano I (1459-1519). Algumas famílias se tornaram poderosas no mundo por força militar, outras através de intrigas; os Habsburgo se valeram de casamentos. Maximiliano começou sua carreira possuindo Áustria, Estíria, parte da Alsácia e outros distritos, o patrimônio Habsburgo original; ele se casou – o nome da dama pouco nos importa – com os Países Baixos e com a Borgonha. A maior parte da Borgonha lhe escapou quando sua primeira mulher morreu, mas os Países Baixos ele manteve. A seguir, sem sucesso, Maximiliano tentou se casar com a Bretanha. Ele se tornou imperador em sucessão a seu pai, Frederico III, em 1493, e se casou com o ducado de Milão. Por fim, casou seu filho com a pusilânime filha de Fernando e Isabela, os patrocinadores de Colombo, que reinavam não apenas sobre uma Espanha recém-unificada, sobre a Sardenha e as duas Sicílias, mas também sobre toda a América a oeste do Brasil. Foi assim que Carlos V, seu neto, pôde herdar a maior parte do continente americano e quase a metade do que os turcos haviam deixado da Europa. Ele conseguiu tomar posse dos Países Baixos em 1506. Quando seu avô Fernando morreu, em 1516, passou a ser, na prática, rei dos domínios espanhóis, já que sua mãe era imbecil; seu avô Maximiliano morreu em 1519, e em 1520 ele foi eleito imperador com a relativamente tenra idade de vinte anos.

Carlos era um rapaz bonito, dono de um rosto não muito inteligente, um lábio superior grosso e um queixo um tanto comprido. Lidou com um mundo de personagens jovens e vigorosos. Foi uma época de monarcas jovens e brilhantes. Francisco I subira ao trono francês em 1515, aos 21 anos, Henrique VIII se tornou rei da Inglaterra aos 18, em 1509. Foi a época de Babur na Índia (1526-1530) e de Solimão, o Magnífico, na Turquia (1520), que eram dois monarcas excepcionalmente capacitados; e o papa Leão X (1513) foi também um papa muito diferenciado. O papa e Francisco I tentaram impedir a eleição de Carlos como imperador, porque temiam a concentração de tanto poder nas mãos de um único homem. Tanto Francisco I quanto Henrique VIII se ofereceram aos eleitores imperiais. Mas já estava estabelecida uma velha tradição de imperadores Habsburgos (desde 1273), e enérgicos subornos asseguraram a eleição de Carlos.

A princípio, o jovem não passou de um magnífico marionete nas mãos de seus ministros. Depois, aos poucos, ele começou a se afirmar e a assumir controle. Carlos começou a se dar conta das complexidades perigosas de sua elevada posição. Era uma posição tão insalubre quanto esplêndida.

Desde os primeiros momentos de seu reinado ele se defrontou com a situação criada pelas agitações de Lutero na Alemanha. O imperador tinha uma razão para se alinhar com os reformadores em oposição ao papa, que se opunha à sua eleição. Mas ele fora educado na Espanha, o país mais católico do mundo, e decidiu se posicionar contra Lutero. Desse modo, entrou em conflito com os príncipes protestantes e, em particular, com o eleitor da Saxônia. Carlos se viu diante de uma fissura que se tornava cada vez maior e que acabaria por separar a estrutura da cristandade em dois campos opostos. Suas tentativas de consertar a fissura foram incansáveis e sinceras e inúteis. Na Alemanha, uma intensa revolta de camponeses se misturava as perturbações políticas e religiosas generalizadas. E esses problemas internos se complicavam com ataques que atingiam o império tanto pelo leste quanto pelo oeste. A oeste de Carlos tínhamos seu determinado rival, Francisco I; ao leste tínhamos o avanço permanente dos turcos, que se encontravam agora na Hungria, aliados a Francisco, clamando por certos tributos em atraso nos domínios austríacos. Carlos tinha o dinheiro e o exército da Espanha à sua disposição, mas era extremamente difícil obter da Alemanha qualquer apoio financeiro efetivo. Seus transtornos sociais e políticos se complicavam com problemas financeiros. Ele se viu forçado a fazer empréstimos desastrosos.

Em aliança com Henrique VIII, Carlos se saiu melhor, de um modo geral, na rivalidade com Francisco I e os turcos. O principal campo de batalha era o norte da Itália; o comando militar era frouxo em ambos os lados; os avanços e recuos dependiam quase sempre da chegada de reforços. O exército alemão invadiu a França, não conseguiu tomar Marselha, retrocedeu até a Itália, perdeu Milão e foi cercado em Pávia. Francisco I orquestrou um longo e malsucedido cerco a Pávia e, surpreendido por forças alemãs renovadas, foi derrotado, ferido e aprisionado. Porém, dali em diante, ainda assombrados pelo medo de que Carlos se tornasse excessivamente poderoso, o papa e Henrique VIII se voltaram contra ele. As tropas alemãs em Milão, chefiadas pelo condestável de Bourbon, estavam sem pagamento, e foram praticamente forçadas a seguir seu comandante em um ataque a Roma; invadiram a cidade e a pilharam (1527). O papa se refugiou no castelo de Santo Ângelo, enquanto os saques e a matança prosseguiam. Ele comprou as tropas alemãs, afinal, com um pagamento de 400 mil ducados. Dez anos de lutas confusas empobreceram toda a Europa. Por fim, o imperador triunfou na Itália. Em 1530, ele foi coroado pelo papa – foi o último imperador alemão a ser coroado – em Bolonha.

Enquanto isso, os turcos faziam progressos notáveis na Hungria. Derrotaram e mataram o rei húngaro em 1526, e tomaram Budapeste; em 1529, Solimão, o Magnífico, por muito pouco não tomou Viena. O imperador ficou extremamente preocupado com esses avanços, e fez tudo o que podia para rechaçar os turcos, mas enfrentou uma grande resistência dos príncipes alemães, que não se uniam, mesmo com o formidável inimigo chegando às suas fronteiras. Francisco I permaneceu implacável por algum tempo, e houve uma nova guerra francesa; mas em 1538 Carlos o obrigou a adotar uma atitude mais amigável depois de arrasar o sul da França. Francisco e Carlos formaram, então, uma aliança contra os turcos. Mas os príncipes protestantes, os príncipes alemães que estavam decididos a romper com Roma, haviam formado uma liga contra o imperador, a Liga de Smalkalde; em vez de organizar uma grande campanha para retomar a Hungria para a cristandade, Carlos teve de se dedicar à crescente disputa interna na Alemanha. Dessa disputa, vimos apenas a guerra inicial. Era uma disputa por ascendência, uma hostilidade sanguinária e irracional entre príncipes, que ora se incendiava em guerra e destruição, ora esfriava em intrigas e diplomacias; era uma emanação venenosa de ações políticas que se prolongaria irremediavelmente até o século XIX e que devastaria e desolaria a Europa Central sem cessar.

Aparentemente, o imperador não chegou a identificar as verdadeiras forças que moviam os tumultos crescentes. Carlos era, para seu tempo e sua posição, um homem excepcionalmente valoroso, e, ao que parece, encarou as divergências religiosas que estavam despedaçando a Europa como controvérsias teológicas genuínas. Ele organizou assembleias e concílios em fúteis tentativas de promover reconciliação. Fórmulas e confissões de fé foram experimentadas. O estudante de história alemã terá de mergulhar nos detalhes da Paz Religiosa de Nuremberg, do acordo na Dieta de Ratisbona, do Ínterim de Augsburgo e assim por diante. Aqui, só os mencionamos como detalhes na vida atribulada do imperador culminante. Na verdade, praticamente nenhum dos inúmeros e variados príncipes e governantes da Europa parecia agir de boa fé. A perturbação religiosa amplamente disseminada, a ânsia do povo por verdade e justiça social, os conhecimentos que chegavam ao alcance das pessoas, todas essas coisas não passavam de moeda de troca nas maquinações diplomáticas dos príncipes. O inglês Henrique VIII começara a sua carreira com um livro contra a heresia, e fora condecorado pelo papa com o título de "Defensor da Fé"; ansioso para se divorciar de sua primeira esposa em favor de uma jovem dama chamada Ana Bolena, e querendo também saquear as vastas riquezas da igreja na Inglaterra, juntou-se ao grupo dos príncipes protestantes em 1530. Suécia, Dinamarca e Noruega já haviam passado para o lado protestante.

A guerra religiosa alemã começou em 1546, poucos meses após a morte de Martinho Lutero. Não precisamos nos preocupar com os incidentes da campanha. O exército protestante saxão foi brutalmente batido em Lochau. Filipe de Hesse, o principal antagonista remanescente do imperador, foi apanhado e aprisionado graças a alguma espécie de traição, e os turcos foram comprados com a promessa de um tributo anual. Em 1547, para grande alívio do imperador, Francisco I morreu. Nesse ano, assim, Carlos chegou a uma situação de acordo, e despendeu seus últimos esforços para efetivar a paz onde não havia paz. Em 1552, toda a Alemanha estava em guerra novamente, e Carlos escapou de ser capturado fugindo às pressas de Innsbruck; no mesmo ano, com o Tratado de Passau, o país retornou a um equilíbrio instável...

Eis um breve esboço das políticas imperiais num período de 32 anos. É interessante notar o quanto a mente europeia estava inteiramente concentrada na luta pela ascendência interna. Turcos, franceses, ingleses e alemães ainda não manifestavam nenhum interesse político no grande continente americano, e não viam nenhuma importância nas novas rotas marítimas para a Ásia. Acontecimentos grandiosos se desenrolavam na América: com um mero punhado de homens, Cortez conquistara o grande império neolítico do México para a Espanha, e Pizarro cruzara o istmo do Panamá (1530) e subjugara outra terra encantada, o Peru. Até aquele momento, no entanto, tais acontecimentos representavam, para a Europa, apenas um proveitoso e estimulante afluxo de prata para o tesouro espanhol.

Foi depois do Tratado de Passau que Carlos começou a exibir sua distinta originalidade de pensamento. Ele estava, agora, profundamente entediado, desiludido com sua grandeza imperial. A compreensão da intolerável futilidade das rivalidades europeias tomou conta de seu espírito.

Ele nunca fora muito saudável, era naturalmente indolente e estava sofrendo bastante de gota. Abdicou. Transferiu todos os seus direitos soberanos na Alemanha para seu irmão Fernando, e passou a Espanha e os Países Baixos para seu filho Filipe. Então, com uma espécie de ressentimento majestoso, retirou-se para um monastério em Yuste, entre florestas de carvalhos e castanheiros nas colinas ao norte do vale do Tejo. Morreu ali, em 1558.

Muito já foi escrito, em tom sentimental, sobre o seu retiro, a renúncia ao mundo por parte de um titã magnífico e exausto, cansado da vida, procurando sua paz com Deus em uma solidão austera. Mas seu recolhimento não foi nem solitário e nem austero; Carlos levou consigo quase 150 criados; sem as fadigas da corte, sua residência tinha todos os esplendores e deleites possíveis; e Filipe II era um filho obediente, para quem o conselho do pai era uma ordem.

Além disso, se Carlos perdera seu vivo interesse na administração dos assuntos europeus, outras questões, mais imediatas, agitavam sua alma. Diz Prescott: "Na correspondência quase diária entre Quesada ou Gaztelu e o secretário de Estado em Valladolid, raramente há uma carta que não se refira, em maior ou menor grau, à alimentação do imperador ou à sua doença. Os dois assuntos se complementavam ao natural, comentavam um ao outro. É raro que tais tópicos tenham sido o tema principal das comunicações com o departamento de Estado. Não deve ter sido fácil, para o secretário, manter a seriedade no manuseio de despachos nos quais a política e a gastronomia se misturavam de modo tão estranho. O mensageiro que vinha de Valladolid para Lisboa recebeu ordem de fazer um desvio para que pudesse passar por Jarandilla e trazer suprimentos para a mesa real. Nas quintas-feiras, ele devia trazer o peixe que seria servido no *jour maigre** seguinte. Carlos achava que as trutas dos arredores eram muito pequenas, de modo que trutas maiores tinham de ser enviadas de Valladolid. Todos os tipos de peixe lhe apeteciam, assim como qualquer coisa que por natureza ou hábito se assemelhasse a

---

* Dia magro, sem carne. (N.T.)

peixe. Enguias, rãs e ostras ocupavam um importante lugar no cardápio real. Peixes em conserva, em especial anchovas, tinham grande preferência; e Carlos se arrependia de não ter trazido dos Países Baixos uma provisão maior. Ele consumia pastelões de enguia com sofreguidão."*

Em 1554, Carlos obtivera uma bula do papa Júlio III que lhe garantiu dispensa da obrigação de jejuar, e lhe era permitido quebrar o jejum no início da manhã, até mesmo quando tinha de receber o sacramento.

Comer e se tratar! Era um retorno às necessidades elementares. Ele jamais havia adquirido o hábito de ler, mas pedia que lhe lessem em voz alta durante refeições, à maneira de Carlos Magno, e fazia, segundo descreve um narrador, "doces e divinos comentários". Também se divertia com brinquedos mecânicos, ouvia música ou sermões e se ocupava com os negócios imperiais que ainda chegavam até ele. A morte da imperatriz, a quem era muito afeiçoado, direcionara seus pensamentos para a religião, que, em seu caso, assumiu uma forma meticulosa e cerimoniosa; em todas as sextas-feiras da Quaresma ele se flagelava com os monges, com fervor, a ponto de verter sangue. Esses exercícios e a gota despertaram em Carlos uma beatice que até então fora refreada por considerações políticas. O surgimento de pregações protestantes nas proximidades, em Valladolid, o encheu de fúria. "Diga ao grande inquisidor e a seu conselho, por pedido meu, que fiquem em seus postos e que cortem o mal pela raiz, a machadadas, antes que ele se espalhe mais..." Ele chegou a considerar se não seria melhor, numa situação tão sombria, abrir mão do processo normal da justiça e não oferecer misericórdia: "temendo que o criminoso, se perdoado, pudesse ter a oportunidade de repetir seu crime". Recomendou, para servir de exemplo, seu próprio modo de agir nos Países Baixos, "onde todos os que insistiram em seus erros foram queimados vivos, e os que puderam se arrepender foram decapitados".

---

* Apêndice de Prescott à *História de Carlos V*, de Robertson. (N.A.)

Sua fixação com funerais era de certa forma simbólica em relação a seu lugar e a seu papel na história. Carlos parece ter intuído que algo grandioso estava morto na Europa e precisava ser enterrado urgentemente, que havia a necessidade de escrever *Finis*, acabado. Ele não apenas comparecia a todos os funerais factuais que eram celebrados em Yuste; requisitava serviços fúnebres para mortos ausentes, realizava uma cerimônia em memória da esposa nos aniversários de sua morte e, por fim, celebrou as próprias exéquias.

"A capela estava forrada de preto, e o luzir de centenas de velas de cera mal era suficiente para dissipar a escuridão. Os frades, em suas vestes de convento, e todos os criados do imperador, em rigorosos trajes de luto, reuniram-se em torno de um enorme catafalco, também coberto com tecido preto, que fora erguido no centro da capela. Foi realizado, então, o serviço para o enterro do morto; em meio ao lúgubre lamento dos monges, as orações se endereçavam ao espírito que se fora, para que ele pudesse ser recebido nas mansões abençoadas. Os criados pesarosos choravam sem parar, tendo em mente a imagem da morte do amo – ou estavam tocados por compaixão, pode ser, diante da lastimável exibição de fraqueza. Carlos, encapotado num manto negro, segurando na mão uma vela acesa, se misturara entre os criados, espectador de suas próprias exéquias; e a dolorosa cerimônia foi concluída quando ele depositou o círio nas mãos do padre, sinalizando que entregava sua alma ao Todo-poderoso."

Menos de dois meses depois dessa mascarada, Carlos V estava morto. E a fugaz grandeza do Sacro Império Romano morreu com ele. Seu reino já estava dividido entre seu irmão e seu filho. O Sacro Império Romano lutou para se manter vivo até os dias de Napoleão I, de fato, mas lutou como um inválido, como um moribundo. Até os dias de hoje, sua tradição insepulta infesta os ares políticos.

52

A ERA DOS EXPERIMENTOS POLÍTICOS; O MONARQUISMO GRANDIOSO, OS PARLAMENTOS E O REPUBLICANISMO NA EUROPA

A Igreja Latina desmoronara, o Sacro Império Romano decaíra ao extremo; a história da Europa, do início do século XVI em diante, é uma história de povos que tateiam no escuro em busca de um novo método de governo, de algo que se adaptasse melhor às novas condições que surgiam. No mundo antigo, ao longo de extensos períodos de tempo, ocorriam trocas de dinastias e até mesmo trocas de raça ou língua dominante, mas a forma de governo, com monarca e templo, foi sempre bastante estável, e ainda mais estáveis eram as condições de vida do povo. Na Europa moderna que nasceu no século XVI, as trocas de dinastia não têm importância, e o interesse histórico se concentra na vasta e crescente variedade de experimentos em organização política e social.

A história política do mundo a partir do século XVI foi, como dissemos, um esforço da humanidade, um esforço em grande medida inconsciente, para adaptar os métodos políticos e sociais a certas novas condições que haviam surgido. O esforço de adaptação se complicava porque as próprias condições estavam se transformando, com uma rapidez cada vez maior. A adaptação, de modo geral inconsciente e quase sempre indesejada (pois o homem costuma detestar mudanças voluntárias), ficou mais e mais atrasada em relação à transformação das condições. Do século XVI em diante, a história da humanidade vê as instituições políticas e sociais se desajustando progressivamente e se tornando menos confortáveis e mais opressivas, com a lenta e relutante percepção de que era necessária uma reconstrução consciente e deliberada de toda a estrutura das sociedades, em face de necessidades e possibilidades inéditas na vida humana.

Que transformações são essas nas condições da vida, que corroeram o equilíbrio entre império e sacerdote e camponês e comerciante, renovado periodicamente por conquistas bárbaras, uma estabilidade que manteve as atividades humanas, no velho mundo, numa espécie de ritmo padronizado por mais de cem séculos?

Elas são multifacetadas e várias, pois os assuntos humanos são numerosamente complexos; mas as transformações principais parecem derivar de uma única causa, qual seja, o desenvolvimento e a extensão do conhecimento acerca da natureza das coisas, partindo de pequenos grupos de gente inteligente e se disseminando a princípio com lentidão, e nos últimos quinhentos anos com muita rapidez, beneficiando parcelas cada vez maiores da população total.

Mas também houve uma grande mudança nas condições humanas que se deveu a uma transformação no espírito da vida humana. Essa mudança acompanhou de perto o progresso e a ampliação do conhecimento, numa conexão sutil. Houve uma disposição cada vez maior de considerar uma vida baseada nos desejos mais simples e elementares como algo insatisfatório, e de se relacionar e servir e participar numa vida mais ampla. Essa é uma característica comum a todas as grandes religiões que se disseminaram pelo mundo nos últimos vinte séculos, no budismo, no cristianismo e no islamismo. Elas dedicaram ao espírito humano um olhar de proximidade que as religiões antigas jamais haviam praticado. São forças muito diferenciadas, na sua natureza e nos seus efeitos, em relação às religiões de fetiche, de sacrifício de sangue, de sacerdote e templo, que haviam sido, agora, em parte modificadas e em parte substituídas. Gradualmente, elas suscitaram um respeito próprio no indivíduo, um senso de participação e de responsabilidade nos interesses comuns da humanidade, noções que as antigas populações não tinham.

A primeira transformação considerável nas condições políticas e sociais foi a simplificação e o uso extensivo da escrita nas civilizações antigas, o que fez com que impérios mais abrangentes e acordos políticos mais amplos passassem a ser possíveis e inevitáveis. O passo seguinte veio com a chegada do cavalo, e mais tarde do camelo, como meio de transporte, com o uso de veículos com rodas, com a difusão das estradas e com a descoberta do ferro terrestre, que impulsionou a eficiência militar. Depois vieram as profundas perturbações econômicas devidas ao surgimento da moeda cunhada e as mudanças na natureza da dívida, da propriedade e do comércio, também decorrentes dessa conveniente mas perigosa convenção. Os impérios progrediram em tamanho e influência, e a mentalidade humana progrediu de modo correspondente. Vieram o desaparecimento dos deuses locais, a era da teocrasia e a pregação das grandes religiões mundiais. Também vieram os primeiros registros racionais em história e geografia, a primeira reflexão do homem a respeito de sua profunda ignorância e o começo da busca sistemática por conhecimento.

Por algum tempo, o progresso científico, que tivera um início brilhante na Grécia e em Alexandria, foi interrompido. Os ataques dos bárbaros teutônicos, o avanço dos povos mongólicos para o ocidente, a convulsiva reconstrução religiosa e grandes pestilências exerceram enormes pressões sobre a ordem política e social. Quando a civilização voltou a emergir da fase de conflito e confusão, a escravidão não era mais a base da vida econômica; e as primeiras fábricas de papel preparavam um novo agente de informação e cooperação coletiva, o agente da impressão. Aos poucos, aqui e ali, a busca pelo conhecimento e o processo científico sistemático foram retomados.

E agora, do século XVI em diante, como subproduto inevitável do pensamento sistemático, começaram a surgir inventos e artifícios cada vez mais variados que alteravam as intercomunicações e a interação de um homem com outro. Todas as invenções favoreciam uma gama maior de ações, benefícios ou danos mútuos maiores e uma cooperação crescente, e surgiam num ritmo mais e mais acelerado. A mente humana não estava preparada para algo assim e, até o início do século XX, quando grandes catástrofes aguçaram as mentes dos homens, o historiador terá muito pouco a dizer sobre qualquer tentativa planejada de adequação às novas condições que decorriam desse fluxo crescente de invenções. A história da humanidade nos últimos quatro séculos pode ser representada pela experiência de um prisioneiro adormecido, que se contorce em desconforto enquanto a prisão repressora e acolhedora pega fogo, e que não acorda mas absorve a crepitação e o calor do fogo em sonhos remotos e incongruentes; não se trata da experiência de um homem desperto, consciente do perigo e da oportunidade.

A história não se ocupa de vidas individuais, e sim de comunidades, e portanto é inevitável que os inventos mais presentes nos registros históricos sejam inventos que afetam as comunicações. No século XVI, o que precisamos notar é o aparecimento da impressão em papel, dos navios capazes de enfrentar grandes distâncias oceânicas e da bússola de navegação. O papel barateou, disseminou e revolucionou a educação, a informação, a discussão pública e as operações fundamentais da atividade política. A bússola uniu todos os pontos do planeta redondo. E teve quase o mesmo grau de importância a utilização crescente e o desenvolvimento das armas e da pólvora, introduzidas no Ocidente no século XIII, pelos mongóis; foi eliminada a intocabilidade dos barões em seus castelos e das cidades muradas. As armas acabaram com o feudalismo. Constantinopla foi vencida por armas. O México e o Peru foram vencidos com o terror das armas espanholas.

O século XVII viu o desenvolvimento da publicação científica regular, uma inovação menos conspícua mas, em última instância, muito mais fecunda. Conspícuo entre os líderes do grande passo adiante era Sir Francis Bacon (1561-1626), que seria depois barão Verulam, lorde chanceler da Inglaterra. Ele foi aluno e talvez porta-voz de outro inglês, dr. Gilbert, o filósofo experimental de Colchester (1540-1603). A exemplo do mestre, o aluno pregou sobre a importância da observação e da experimentação, e fez uso da inspiradora e frutífera forma de uma história utópica, *A Nova Atlântida*, para expressar seu sonho de um grande empreendimento de pesquisa científica.

Logo foram fundadas a Real Sociedade de Londres, a Sociedade Florentina e, mais tarde outras instituições nacionais dedicadas a incentivar pesquisa, publicação e difusão de conhecimento. As sociedades científicas europeias se tornaram fontes não apenas de incontáveis invenções, mas também de uma crítica destruidora à grotesca história teológica do mundo, que dominara e deformara o pensamento humano por vários séculos.

Nem o século XVII e nem o século XVIII testemunharam inovações que fossem tão imediatamente revolucionárias para as condições humanas quanto o papel impresso e as grandes navegações, mas houve uma acumulação de conhecimento e energia científica que acabaria por gerar frutos no século XIX. A exploração e o mapeamento do mundo prosseguiam. Tasmânia, Austrália e Nova Zelândia apareceram no mapa. Na Grã-Bretanha, no século XVIII, o coque de carvão começou a ser utilizado para fins metalúrgicos, levando a um considerável barateamento do ferro e à possibilidade de moldá-lo e utilizá-lo em peças maiores, em tamanhos que antes, quando ele era fundido com carvão vegetal, eram inviáveis. A maquinaria moderna teve seu alvorecer.

Como as árvores da cidade celestial, a ciência gera botão e flor e fruto ao mesmo tempo, continuamente. Com a chegada do século XIX, teve início a verdadeira fruição da ciência – algo que talvez nunca cessará, de fato. Primeiro vieram o vapor e o aço, a ferrovia, o grande navio de cruzeiro, imensas pontes e edificações, máquinas de poder quase ilimitado, a possibilidade de satisfazer copiosamente todas as necessidades materiais de um ser humano, e então, ainda mais maravilhosos, os tesouros escondidos da ciência elétrica se ofereceram aos homens...

Nós já comparamos a vida política e social do homem a partir do século XVI à vida de um prisioneiro adormecido, que sonha, inerte, enquanto a prisão se incendeia em volta dele. No século XVI, a mente europeia persistia em seu sonho de um Império Latino, em seu sonho de um Sacro Império Romano, na união de uma Igreja Católica. Porém, assim como um elemento incontrolável da nossa configuração mental pode, às vezes, introduzir à força em nossos sonhos os mais absurdos e destrutivos acontecimentos, no sonho europeu se introduz o rosto adormecido e o estômago suplicante do imperador Carlos V, enquanto Henrique VIII e Lutero estraçalham a unidade do catolicismo.

Nos séculos XVII e XVIII, o sonho se voltou para a monarquia personalizada. Durante esse período, a história de quase toda a Europa fala, com algumas variações, sobre uma tentativa de consolidar a monarquia, de torná-la absoluta e de estender seu poderio sobre regiões adjacentes mais fracas, e sobre a firme resistência às extorsões e interferências da coroa, primeiro por parte dos proprietários de terra e depois, com o desenvolvimento do comércio exterior e da indústria local, por parte da crescente classe dos comerciantes e endinheirados. Não há vitória universal em nenhum dos lados; aqui é o rei quem leva vantagem, e ali é o dono de propriedade privada que vence o rei. Num determinado país, nós vemos o rei se tornando o sol e o centro de seu mundo nacional, e na nação vizinha, ao mesmo tempo, uma robusta classe mercantil sustenta uma república. Um espectro tão amplo de variações demonstra o quanto os diversos governos do período eram, sem exceção, inteiramente experimentais, acidentes localizados.

Uma figura recorrente nesses dramas nacionais é o ministro do rei, quase sempre um prelado nos países ainda católicos, que segue de perto o monarca e lhe presta serviços, e que o domina com suas habilidades indispensáveis.

Aqui, nos limites de que dispomos, é impossível relatar com pormenores esses vários dramas nacionais. O povo comerciante da Holanda se tornou protestante e republicano, e rejeitou o governo de Filipe II da Espanha, o filho do imperador Carlos V. Na Inglaterra, Henrique VIII, com seu ministro Wolsey, e a rainha Elizabeth, com seu ministro Burleigh, assentaram as fundações de um absolutismo que foi arruinado pelos desatinos de Jaime I e Carlos I. Carlos I foi decapitado por trair seu povo (1649), uma novidade no pensamento político europeu. Por doze anos (até 1660) a Grã-

Bretanha foi uma república; e a Coroa era uma força instável, toldada pelo Parlamento, até que Jorge III (1760-1820) empreendeu um esforço, enérgico e em parte exitoso, para restaurar sua predominância. O rei da França, por outro lado, foi, entre todos os reis europeus, quem obteve mais sucesso no aperfeiçoamento da monarquia. Dois grandes ministros, Richelieu (1585-1642) e Mazarin (1602-1661), fortaleceram o poderio da coroa francesa, e o processo foi facilitado pelo longo reinado e pelas consideráveis habilidades do rei Luís XIV, "o Grande Monarca" (1643-1715).

Luís XIV foi, de fato, o rei europeu modelar. Foi, dentro de suas limitações, um rei excepcionalmente capaz; sua ambição era mais forte que suas paixões vulgares, e ele encaminhou seu país para a bancarrota com as complicações de uma política externa corajosa, com uma dignidade elaborada que ainda nos desperta admiração. Seu desejo imediato era consolidar e estender o território francês até o Reno e os Pirineus, e absorver os Países Baixos espanhóis; vislumbrava os reis franceses como possíveis sucessores de Carlos Magno em um refundado Sacro Império Romano. Fez com que o suborno se tornasse uma ação oficial de Estado, quase mais importante do que a guerra. Carlos II, da Inglaterra, era pago por ele, assim como a maioria dos nobres poloneses, dos quais falaremos em breve. Seu dinheiro, ou melhor, o dinheiro das classes que pagavam impostos na França, estava presente em todos os lugares. Mas sua preocupação majoritária era o esplendor. O grande palácio de Versalhes, com seus salões, seus corredores, seus espelhos, seus terraços e fontes e parques e paisagens, era invejado e admirado pelo mundo.

Luís XIV provocou imitação universal. Não havia rei ou principelho na Europa que não estivesse construindo seu próprio Versalhes, utilizando muito mais recursos do que seus súditos e credores permitiriam. Em todos os lugares, a nobreza refazia ou ampliava seus castelos de acordo com o novo padrão. Desenvolveu-se uma grande indústria de belíssimos e elaborados tecidos e mobiliários. As artes mais suntuosas floresceram; escultura em alabastro, faiança, madeiramento dourado, trabalhos em metal, estampas em couro, muita música, pinturas magníficas, belas impressões e encadernações, boas louças, boas vindimas. Por entre os espelhos e belos móveis circulava uma estranha estirpe de "cavalheiros" que usavam perucas altas e empoadas, sedas e rendas e que se equilibravam em saltos altos vermelhos, com bengalas assombrosas; e desfilavam "damas" ainda mais maravilhosas, sob torres de cabelo empoado e vestidas em vastos volumes de seda e cetim, com armações de arame. Em meio a tudo isso posava o majestoso Luís, sol de seu mundo, ignorando os rostos famintos e revoltados e amargos que o observavam das escuridões inferiores, nas quais sua luz solar não penetrava.

O povo alemão permaneceu politicamente dividido durante esse período das monarquias e dos governos experimentais, e um considerável número de cortes ducais e principescas copiou, em diferentes graus, os esplendores de Versalhes. A Guerra dos Trinta Anos (1618-1648), uma luta devastadora entre alemães, suecos e boêmios por vantagens políticas flutuantes, sugou as energias da Alemanha por um século. Um mapa pode revelar a absurda colcha de retalhos que resultou ao fim do conflito, um mapa da Europa segundo a Paz de Vestfália (1648). Podemos enxergar um emaranhado de principados, ducados, Estados independentes e assemelhados, alguns estando metade dentro e metade fora da Europa. O poderio sueco, o leitor notará, penetrou fundo na Alemanha; e, exceto por algumas ilhas de território nos limites imperiais, a França ainda estava longe do Reno. Nessa colcha de retalhos, o reino da Prússia – que era um reino desde 1701 – assumiu uma firme posição de proeminência e foi responsável por uma exitosa série de guerras. Frederico, o Grande, da Prússia (1740-1786), obteve seu Versalhes em Potsdam, onde sua corte falava francês, lia literatura francesa e emulava a cultura do rei francês.

Em 1714, o eleitor de Hannover se tornou rei da Inglaterra, somando mais uma integrante à lista das monarquias que se encontravam metade dentro e metade fora do império.

O ramo austríaco dos descendentes de Carlos V reteve o título de imperador; o ramo espanhol reteve a Espanha. Mas agora também havia um imperador no Oriente outra vez.

Depois da queda de Constantinopla (1453), o grão-duque de Moscou, Ivan, o Grande (1462-1505), reivindicou ser o herdeiro do trono bizantino, e adotou a águia bizantina de duas cabeças em seus brasões. Seu neto, Ivan, o Terrível (1533-1584), assumiu o título imperial de César (czar). No entanto, foi só na segunda metade do século XVII que a Rússia deixou de ser uma terra remota e asiática aos olhos europeus. O czar Pedro, o Grande (1682-1725), colocou a Rússia na arena dos assuntos ocidentais. Ele construiu junto ao rio Neva uma nova capital para seu império, Petersburgo, que exerceu uma função de janela entre a Rússia e a Europa, e instalou seu Versalhes em Peterhof, a trinta quilômetros de distância, empregando um arquiteto francês que lhe presenteou com um terraço, fontes, cascatas, galeria de arte, um parque e todos os elementos reconhecidos de uma monarquia majestosa. Na Rússia, assim como na Prússia, o francês passou a ser a linguagem da corte.

Desgraçadamente situado entre Áustria, Prússia e Rússia tínhamos o reino polonês, um Estado desorganizado, habitado por proprietários de terra que eram ciosos demais de sua grandeza individual para permitir mais do que uma realeza nominal ao monarca que elegiam. Seu destino era se dividir entre os três vizinhos, apesar dos esforços da França, que queria reter os poloneses como aliados independentes. A Suíça, a essa altura, era um amontoado de cantões republicanos; Veneza era uma república; a Itália, como grande parte da Alemanha, estava dividida entre duques e príncipes pouco importantes. O papa reinava como um príncipe sobre os Estados papais, temeroso, agora, de que pudesse perder o apoio dos príncipes católicos remanescentes se interferisse nos assuntos deles e de seus súditos, ou se falasse ao mundo sobre o bem-estar uno da cristandade. Na verdade, não havia mais uma orientação política comum na Europa; todo o continente fora entregue à divisão e à diversidade.

Todas as soberanias de príncipes e repúblicas procuravam se engrandecer diante das outras. Cada uma delas exercia uma "política externa" de agressão aos vizinhos e de alianças agressivas. Nós, os europeus, ainda hoje vivemos na última fase dessa era de multifários Estados soberanos, e

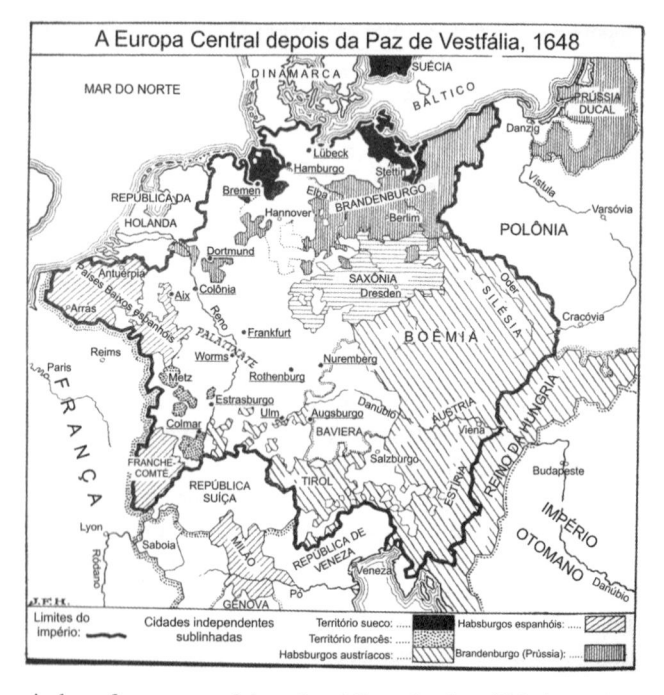

A Europa Central depois da Paz de Vestfália, 1648

ainda sofremos os efeitos dos ódios, das hostilidades e desconfianças que ela engendrou. A história desse período vai adquirindo mais e mais um tom de "bisbilhotice", vai ficando mais e mais despropositada e enfadonha para uma inteligência moderna. Vamos descobrindo que determinada guerra foi provocada pela amante do rei, e que o ciúme que um ministro tinha de um colega causou outra. Tagarelices em torno de subornos e rivalidades repugnam o estudante inteligente. Mais permanente e significativo é o fato de que, apesar das obstruções de dezenas de fronteiras, a leitura e o pensamento ainda se propagavam em velocidade crescente e invenções se multiplicavam. O século XVIII viu o aparecimento de uma literatura profundamente cética e crítica a respeito das cortes e das ações políticas da época. Num livro como *Cândido*, de Voltaire, temos a manifestação de um aborrecimento infinito em relação ao caos do mundo europeu.

53

OS NOVOS IMPÉRIOS DOS EUROPEUS NA ÁSIA E NO ULTRAMAR

Enquanto a Europa Central permanecia dividida e confusa, os europeus ocidentais, em particular os holandeses, escandinavos, espanhóis, portugueses, franceses e ingleses, estendiam sua área de atuação cruzando mares em todo o mundo. As publicações impressas haviam dissolvido as ideias políticas da Europa numa fermentação vasta e a princípio indeterminada, mas a outra grande inovação do tempo, o navio de navegação marítima, expandia o alcance da experiência europeia, inexoravelmente, até os últimos limites da água salgada.

Os primeiros estabelecimentos ultramarinos dos holandeses e dos europeus do Atlântico Norte não tinham intenção de colonizar; eram estabelecimentos de comércio e mineração. Os espanhóis saíram na frente; reivindicaram a posse de todo o novo mundo da América. Logo a seguir, contudo, os portugueses clamaram por uma parte. O papa – foi um dos últimos atos de Roma na condição de soberana do mundo – dividiu o novo continente entre esses dois primeiros desbravadores, dando a Portugal o Brasil e tudo o mais no lado leste de uma linha situada 370 léguas a oeste do Cabo Verde, e todo o resto para a Espanha (1494). A essa altura, os portugueses já vinham lançando empreendimentos ultramarinos no sul e no leste. Em 1497, o navegador Vasco da Gama partiu de Lisboa e contornou o Cabo da Boa Esperança, chegando a Zanzibar e depois a Calicute, na Índia. Em 1515, havia navios portugueses em Java e nas Ilhas Molucas, e os portugueses já fortificavam feitorias comerciais em todo o litoral do Oceano Índico. Moçambique, Goa, duas pequenas possessões na Índia, Macau, na China, e uma parte do Timor pertencem até hoje aos portugueses.

As nações excluídas da partilha da América pela decisão papal pouco se importavam com os direitos de Espanha e Portugal. Os ingleses, os dinamarqueses, os suecos e em seguida os holandeses logo começaram a reclamar direito sobre possessões na América do Norte e nas Índias Ocidentais, e o rei francês, Majestade Catolicíssima, encarava a decisão papal com a indiferença de um protestante. As guerras europeias passaram a envolver essas reivindicações e possessões.

No fim, os ingleses levaram a melhor na disputa pelas possessões ultramarinas. Os dinamarqueses e suecos estavam afundados demais nas complicadas questões alemãs para que pudessem sustentar expedições efetivas no estrangeiro. A Suécia foi arrasada nos campos de batalha da Alemanha por um rei pitoresco, Gustavo Adolfo, o "Leão do Norte". Os holandeses herdaram os pequenos assentamentos suecos na América; no entanto, com a ameaça constante das agressões francesas, não tinham forças para enfrentar os ingleses. No Extremo Oriente, os principais competidores imperiais eram os ingleses, os holandeses e os franceses; na América, eram os ingleses, os franceses e os espanhóis. A Inglaterra contava com a suprema vantagem de uma fronteira de água, a "faixa prateada" do Canal da Mancha. A tradição do Império Latino acabou por enredá-los.

A França sempre pensou mais em termos de Europa. Ao longo de todo o século XVIII, o país desperdiçou oportunidades de se expandir tanto no Ocidente quanto no Oriente, e se dedicou a dominar a Espanha, a Itália e a confusão alemã. As dissensões religiosas e políticas da Grã-Bretanha no século XVII fizeram com que muitos ingleses tivessem partido para a América em busca de um lar permanente. Eles firmaram raízes e melhoraram de vida e se multiplicaram, o que representou uma enorme vantagem para a Inglaterra nos conflitos americanos. Em 1756 e 1760, os franceses perderam o Canadá para os ingleses e seus colonos americanos, e alguns anos mais tarde a companhia mercantil britânica já dominava por completo a península da Índia, deixando em

Grã-Bretanha, França e Espanha na América, 1750

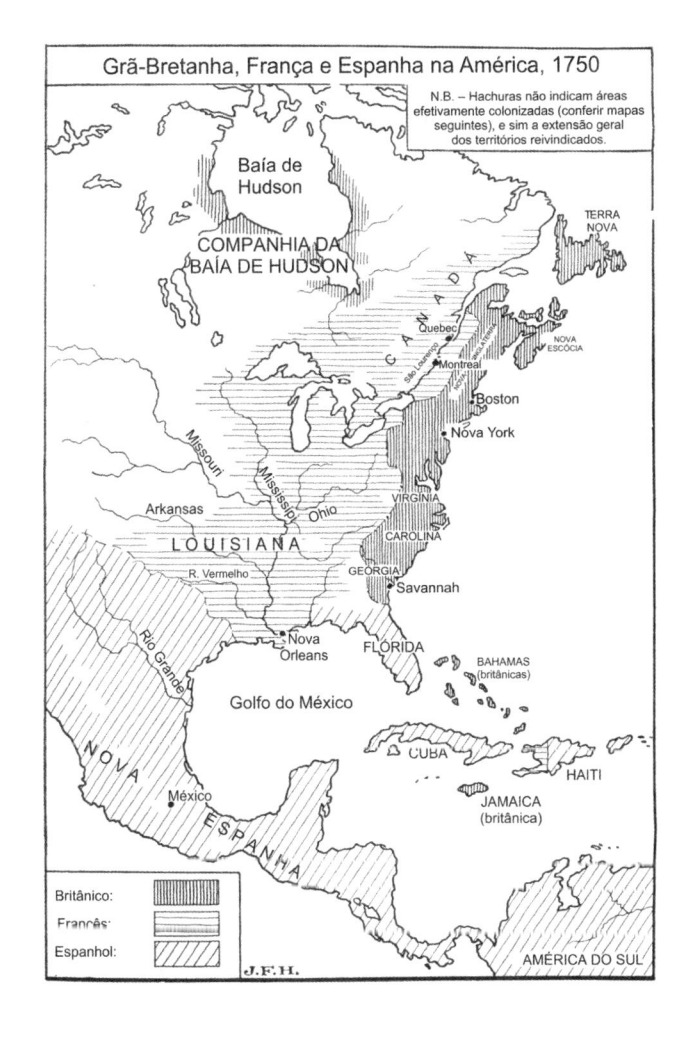

N.B. – Hachuras não indicam áreas efetivamente colonizadas (conferir mapas seguintes), e sim a extensão geral dos territórios reivindicados.

- Baía de Hudson
- COMPANHIA DA BAÍA DE HUDSON
- TERRA NOVA
- CANADÁ
- Quebec
- Montreal
- São Lourenço
- NOVA ESCÓCIA
- Boston
- Nova York
- Missouri
- Mississippi
- Ohio
- Arkansas
- VIRGÍNIA
- LOUISIANA
- CAROLINA
- GEORGIA
- R. Vermelho
- Savannah
- Nova Orleans
- FLÓRIDA
- BAHAMAS (britânicas)
- Golfo do México
- CUBA
- HAITI
- JAMAICA (britânica)
- Rio Grande
- NOVA ESPANHA
- México
- AMÉRICA DO SUL

Britânico:
Francês:
Espanhol:

J.F.H.

segundo plano franceses, holandeses e portugueses. O grande Império Mongol de Babur, Akbar e seus sucessores entrara em decadência muito antes, e a história de sua dominação efetiva por uma companhia mercantil de Londres, a Companhia das Índias Orientais, é um dos mais extraordinários episódios em toda a história das conquistas.

Originalmente, quando foi incorporada no governo da rainha Elizabeth, a Companhia das Índias Orientais não era mais do que um agrupamento de navegadores aventureiros. Gradualmente, eles foram sendo obrigados a organizar tropas e armar seus navios. E então essa lucrativa companhia mercantil se viu lidando não apenas com especiarias e tinturas e chá e joias, mas também com rendimentos e territórios de príncipes e com os destinos da Índia. A companhia surgira para comprar e vender, e se viu na condição de uma tremenda organização pirata. Não havia ninguém que pudesse questionar seus procedimentos. Será de se admirar que seus capitães e comandantes e oficiais, e mais ainda, até seus escriturários e soldados rasos regressassem à Inglaterra carregados de espólios?

Em tais circunstâncias, com uma terra de magníficos tesouros a seu dispor, os homens não eram capazes de determinar o que podiam ou não podiam fazer. Era uma terra estranha, sob uma luz solar estranha; o povo de pele morena parecia pertencer a uma raça diferente, que não merecia simpatia; seus misteriosos templos inspiravam comportamentos fantásticos. Em casa, os ingleses ficavam perplexos quando, em questão de pouco tempo, esses generais e oficiais retornavam e faziam acusações sombrias uns aos outros, envolvendo extorsões e crueldades. Clive foi censurado pelo Parlamento. Ele cometeu suicídio em 1774. Em 1788, Warren Hastings, um segundo grande administrador na Índia, recebeu acusações e foi absolvido (1792). Era uma situação estranha e sem precedentes na história do mundo. O Parlamento inglês se viu comandando uma companhia mercantil de Londres, que por sua vez dominava um império muito maior e mais populoso do que todos os domínios da coroa britânica. Para a maior parte do povo britânico, a Índia era uma terra remota, fantástica, quase inacessível, para a qual partiam jovens pobres e aventureiros, que retornavam, muitos anos depois, como velhos riquíssimos e irascíveis. Era difícil, para um inglês, conceber como seria a vida dos incontáveis milhões de indianos sob a luz do Oriente. A imaginação declinava. A Índia era romanticamente irreal. Era impossível para os ingleses, portanto, exercer qualquer tipo de supervisão ou controle efetivo sobre os procedimentos da companhia.

Enquanto as nações da Europa Ocidental lutavam por esses fantásticos impérios ultramarinos em todos os oceanos do mundo, duas grandes conquistas territoriais estavam em andamento na Ásia. A China se libertara do jugo mongol em 1360, e floresceu até 1644 sob a grande dinastia nativa dos Ming. E então os manchus, outro povo mongol, reconquistaram o país e foram seus senhores até 1912. A Rússia avançava para o leste e assumia uma posição de enorme destaque no mundo. A ascensão desse grande poder central do velho mundo, um poder que não é de todo oriental e nem de todo ocidental, é da máxima importância para o nosso destino humano. Sua expansão se deve, em grande medida, ao surgimento de um povo cristão das estepes, os cossacos, que formaram uma barreira entre a agricultura feudal da Polônia e da Hungria, no oeste, e os tártaros, no leste. A terra cossaca era o leste selvagem da Europa, e em muitos aspectos se assemelhava ao oeste selvagem dos Estados Unidos de meados do século XIX. Criminosos e inocentes perseguidos, servos rebeldes, sectários religiosos, ladrões, vagabundos, assassinos, todos os homens que não podiam circular livremente na Rússia buscaram refúgio nas estepes do sul, e ali encetaram uma nova vida e lutaram por ela contra poloneses, russos e tártaros. É certo que fugitivos tártaros, vindos do leste, também se misturaram aos cossacos. Aos poucos, essa gente fronteiriça foi sendo absorvida pelos serviços imperiais russos, assim como os clãs das montanhas da Escócia foram convertidos em regimentos pelo governo britânico. Novas terras foram oferecidas aos cossacos na Ásia. Eles passaram a ser uma arma contra o poder decadente dos nômades mongóis, primeiro no Turquestão e depois pelo território da Sibéria até o rio Amur.

O declínio do vigor mongol nos séculos XVII e XVIII é muito difícil de explicar. Num período de dois ou três séculos após a era de Gêngis e Tamerlão, a Ásia Central saiu de uma condição de supremacia mundial e recaiu em uma extrema impotência política. Mudanças climáticas, pestilências não registradas ou infecções maláricas podem ter contribuído no retrocesso – na perspectiva da história universal, um retrocesso temporário – dos povos da Ásia Central. Alguns especialistas consideram que a disseminação do budismo chinês exerceu uma influência pacificadora sobre os mongóis. De todo modo, na altura do século XVI os povos mongóis, tártaros e turcos já não ampliavam domínios; começavam a ser invadidos, subjugados e rechaçados pela Rússia Cristã, no oeste, e pela China, no leste. Ao longo de todo o século XVII, os cossacos foram saindo da Rússia Europeia e se assentando onde quer que encontrassem condições de cultivar terra. Um cordão de fortes e postos militares formava uma fronteira móvel para esses assentamentos no sul, onde os turcomanos ainda eram fortes e ativos; no nordeste, entretanto, a Rússia não tinha fronteira alguma antes do Pacífico...

54

A GUERRA AMERICANA DE INDEPENDÊNCIA

As últimas décadas do século XVIII testemunharam o notável e instável espetáculo de uma Europa que se dividia em função de si mesma e que já não dispunha de uma ideia unificadora em termos de política ou religião, embora fosse capaz, de um modo desorganizado e conflituoso, de dominar todas as regiões costeiras do mundo, graças à imensa estimulação mental provida pelo livro impresso, pelo mapa impresso e pelas novas oportunidades da navegação marítima. Ocorrera uma ebulição incoerente de empreendimentos, sem planejamento, ocasionada por vantagens temporárias e quase acidentais sobre o resto da humanidade. Em virtude dessas vantagens, o novo continente americano, em grande medida vazio, foi povoado principalmente por gente da Europa Ocidental, e a África do Sul, a Austrália e a Nova Zelândia ficavam em segundo plano como perspectivas para a população europeia.

A motivação que levara Colombo à América e Vasco da Gama à Índia era a perene motivação que instigava navegadores desde sempre – o comércio. Porém, se no já populoso e produtivo Oriente a motivação comercial ainda predominava, e se os povoados europeus eram assentamentos comerciais dos quais os habitantes europeus esperavam voltar para gastar seu dinheiro, os europeus estabelecidos na América, lidando com comunidades muito menos produtivas, encontraram uma nova razão para persistir na busca por ouro e prata. As minas da América Espanhola eram mananciais de prata. Os europeus tinham de partir para a América não como simples mercadores armados, mas como prospectores, mineiros, pesquisadores de produtos naturais e em breve como plantadores. No norte, coletavam peles. Minas e plantações exigiam colônias; exigiam lares permanentes no ultramar. Finalmente, em alguns casos, os europeus cruzaram o oceano com a franca resolução de encontrar lares permanentes, como quando os puritanos ingleses foram para a Nova Inglaterra no início do século XVII, a fim de escapar da perseguição religiosa, ou quando Oglethorpe enviou devedores aprisionados da Inglaterra para a Geórgia no século XVIII, ou ainda quando, no fim do século XVIII, os holandeses enviaram órfãos para o Cabo da Boa Esperança. No século XIX, e especialmente depois da chegada do navio a vapor, o fluxo da emigração europeia para as terras novas e vazias da América e da Austrália aumentou por algumas décadas e atingiu um nível de migração em massa.

Assim, tivemos populações cada vez mais numerosas de europeus no ultramar, e a cultura europeia foi transplantada para regiões muito maiores do que aquelas em que havia se desenvolvido. Trazendo com elas uma civilização já pronta, as novas comunidades cresceram, por assim dizer, sem planejamento e de modo imperceptível; os governos da Europa não as previram, e não dispunham de quaisquer ideias sobre como lidar com elas. Os políticos e ministros europeus continuaram a encará-las como estabelecimentos expedicionários em essência, fontes de receita, "possessões" e "dependências", quando os novos povos já haviam desenvolvido, desde muito antes, um aguçado senso de vida social isolada. E também continuaram a tratá-las como súditas impotentes do país materno quando a população já se espalhara pelo interior do território, fora do alcance de operações marítimas punitivas que pudessem ter êxito.

Porque antes do século XIX, é preciso lembrar, a conexão entre todos esses impérios ultramarinos era o veleiro de navegação oceânica. Em terra, o que havia de mais rápido ainda era o cavalo, e a coesão e a unidade dos sistemas políticos em terra ainda enfrentavam as limitações da comunicação a cavalo.

Por volta da década de 1770, os dois terços setentrionais da América do Norte pertenciam à coroa britânica. A

França abandonara a América. Exceto pelo Brasil, que era português, e por uma ou duas pequenas ilhas ou regiões que estavam nas mãos de franceses, ingleses, dinamarqueses e holandeses, a Flórida, a Louisiana, a Califórnia e toda a América dali para o sul eram propriedade espanhola. As colônias britânicas do sul do Maine e do Lago Ontário demonstraram pela primeira vez que os navios veleiros não eram capazes de manter as populações ultramarinas unidas em um único sistema político.

Essas colônias britânicas eram muito variadas em suas origens e características. Havia assentamentos franceses, suecos e holandeses assim como havia os britânicos; havia católicos ingleses em Maryland e ingleses ultraprotestantes na Nova Inglaterra; e, enquanto os habitantes da Nova Inglaterra lavravam suas próprias terras e condenavam a escravidão, os ingleses da Virgínia e do sul eram plantadores que empregavam uma multidão crescente de negros escravos importados. Não havia uma unidade natural que fosse comum aos Estados. Viajar de um para outro poderia exigir uma navegação costeira dificilmente menos tediosa que a travessia do Atlântico. Contudo, a união que as origens diversas e as condições naturais negaram aos ingleses da América lhes foi imposta à força pelo egoísmo e pela estupidez do governo britânico em Londres. Eles pagavam taxas sem fazer a menor ideia de como os impostos eram aplicados; seus negócios eram sacrificados pelos interesses britânicos; o comércio de escravos, altamente lucrativo, foi mantido pelo governo britânico apesar da oposição dos proprietários da Virgínia, que – embora estivessem bem-dispostos a manter e utilizar escravos – temiam que pudessem ser assoberbados por uma população negra e bárbara, cada vez maior.

A Grã-Bretanha, àquela altura, afundava numa monarquia mais rígida, e a personalidade obstinada de Jorge III (1760-1820) contribuiu em muito na intensificação da disputa entre a metrópole e os governos coloniais.

O conflito foi precipitado pela legislação que favorecia a Companhia das Índias Orientais de Londres, às expensas do remetente americano. Três cargas de chá, importadas de acordo com as novas condições, foram atiradas ao mar, no porto de Boston, por um grupo de homens disfarçados de índios (1773). O conflito só teve início em 1775, quando o governo britânico tentou prender dois dos líderes norte-americanos em Lexington, perto de Boston. Os primeiros tiros foram disparados em Lexington pelos britânicos; os primeiros confrontos ocorreram em Concord.

Assim começou a Guerra da Independência Americana; por mais de um ano, no entanto, os colonos se mostraram extremamente relutantes em romper suas ligações com a terra natal. Foi só em meados de 1776 que o Congresso dos Estados insurgentes publicou "A Declaração de Independência". George Washington que, como muitos dos líderes colonos da época, tivera um treinamento militar nas guerras contra os franceses, foi designado comandante em chefe. Em 1777, um comandante britânico, o general Burgoyne, tentou chegar a Nova York partindo do Canadá, e foi derrotado na fazenda Freeman e obrigado a renunciar em Saratoga. No mesmo ano, França e Espanha declararam guerra contra a Grã-Bretanha, dificultando em grande medida suas comunicações marítimas. Um segundo exército britânico, comandado pelo general Cornwallis, foi dominado na península de Yorktown, na Virgínia, e obrigado a capitular em 1781. Em 1783, a paz foi selada em Paris, e as Treze Colônias do Maine até a Geórgia passaram a ser uma união de Estados soberanos independentes. Assim teve início a existência dos Estados Unidos da América. O Canadá se manteve fiel à bandeira britânica.

Por quatro anos, esses Estados tiveram um governo central muito fraco, fundado em certos Artigos da Confederação; davam a impressão de que acabariam separados em comunidades independentes. A separação imediata foi adiada devido à hostilidade dos britânicos e a uma certa agressividade por parte dos franceses, uma situação que evidenciava os perigos imediatos da divisão. Uma Constituição foi elaborada e ratificada em 1788, estabelecendo um governo federal mais eficiente, com um presidente dispondo de poderes bastante consideráveis; e o débil sentimento de unidade nacional

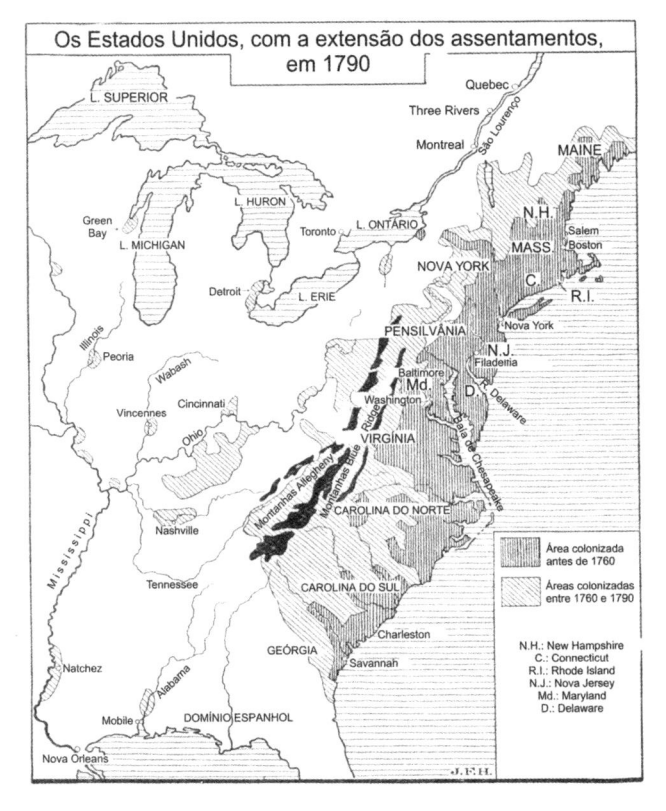

Os Estados Unidos, com a extensão dos assentamentos, em 1790

foi revigorado por uma segunda guerra com a Inglaterra em 1812. No entanto, a área que os Estados abrangiam era tão vasta e seus interesses eram tão diversos naquele momento que, levando-se em consideração os meios de comunicação disponíveis, a desintegração da União em Estados separados, num padrão europeu de tamanho, era apenas uma questão de tempo. Comparecer a Washington exigia uma jornada longa, tediosa e insegura para os senadores e congressistas dos distritos mais remotos, e os impedimentos técnicos para difundir inteligência e uma educação comum e uma literatura comum eram praticamente intransponíveis. Existiam forças no mundo, porém, que estancaram por completo o processo de diferenciação. Em breve surgiu o barco a vapor nos rios, e em seguida vieram a estrada de ferro e o telégrafo, para impedir que os Estados Unidos se fragmentassem, para unir novamente suas populações dispersas e formar a primeira grande nação moderna.

Vinte e dois anos mais tarde, as colônias espanholas na América seguiriam o exemplo dos treze Estados norte-americanos e romperiam sua ligação com a Europa. No entanto, sendo mais dispersas no continente e separadas por grandes cadeias de montanhas, por desertos e florestas e pelo Império Português do Brasil, elas não conseguiram se unir. Tornaram-se uma constelação de Estados republicanos, com uma forte tendência inicial para guerras entre si e revoluções.

O Brasil seguiu uma linha um tanto diferente no rumo da separação inevitável. Em 1807, os exércitos franceses de Napoleão haviam ocupado Portugal, e a monarquia fugira para o Brasil. Dali em diante, até o momento da separação, Portugal dependeu mais do Brasil do que o Brasil dependeu de Portugal. Em 1822, o Brasil se declarou império independente sob o comando de Pedro I, filho do rei português. Mas o novo mundo nunca foi muito favorável à monarquia. Em 1889, o imperador do Brasil foi embarcado sem alarde para a Europa, e os Estados Unidos do Brasil se alinharam com o resto da América republicana.

55

A Revolução Francesa e a restauração da monarquia na França

A Grã-Bretanha mal tinha perdido as treze colônias na América quando uma profunda convulsão social e política no coração da Grande Monarquia revelou para a Europa com ainda mais clareza a natureza essencialmente temporária dos arranjos políticos do mundo.

Já dissemos que a monarquia francesa era a mais bem-sucedida das monarquias pessoais na Europa. Foi motivo de inveja e serviu de modelo para uma infinidade de cortes concorrentes e menores. Mas ela floresceu na injustiça, o que acarretou seu dramático colapso. Foi brilhante e agressiva, mas esgotou a vida e a substância de seu povo. O clero e a nobreza eram protegidos da tributação por um sistema de isenção que jogava todo o peso do Estado sobre as classes média e baixa. Os camponeses foram aniquilados pela tributação; a classe média era dominada e humilhada pela nobreza.

Em 1787, a monarquia francesa se viu falida, e foi obrigada a consultar os representantes das diferentes classes do reino sobre as perplexidades de uma situação de renda insuficiente e despesas excessivas. Em 1789, foram convocados em Versalhes os Estados Gerais, uma reunião de nobres, clérigos e representantes do povo, de certa forma equivalente à formação inicial do Parlamento britânico. A reunião não ocorria desde 1610. A França havia sido uma monarquia absoluta por todo esse período. E agora o povo podia expressar um descontentamento que vinha fermentando havia muito tempo. Disputas foram imediatamente deflagradas entre os três Estados, devido à determinação do Terceiro Estado, o Povo, de controlar a Assembleia. O Povo se saiu vitorioso nos conflitos, e os Estados Gerais se tornaram uma Assembleia Nacional, claramente decidida a controlar a Coroa, assim como o Parlamento britânico controlava a coroa britânica. O rei (Luís XVI) se preparou para lutar e arrebanhou tropas nas províncias. Paris e a França se revoltaram.

O colapso da monarquia absoluta ocorreu com muita rapidez. A sombria prisão da Bastilha foi invadida pela população de Paris, e a insurreição se espalhou rapidamente por toda a França. Nas províncias do leste e do noroeste, muitos castelos pertencentes à nobreza foram queimados pelos camponeses, títulos de propriedade foram cuidadosamente destruídos e proprietários foram assassinados ou expulsos. Em um mês, o sistema antigo e decadente da ordem aristocrática havia desmoronado. Muitos dos mais importantes príncipes e cortesãos do círculo da rainha fugiram para o estrangeiro. Um governo provisório foi organizado em Paris e na maioria das outras grandes cidades, e uma nova força armada, a Guarda Nacional, planejada com a óbvia intenção inicial de resistir às forças da Coroa, foi criada por esses órgãos municipais. A Assembleia Nacional se viu encarregada de criar um novo sistema político e social para uma nova era.

Era uma tarefa que testou ao máximo os poderes daqueles homens reunidos. Eles promoveram uma grande limpeza das principais injustiças do regime absolutista; aboliram as isenções fiscais, a servidão, os títulos e os privilégios aristocráticos, e procuraram estabelecer uma monarquia constitucional em Paris. O rei abandonou Versalhes e seus esplendores e manteve uma autoridade enfraquecida no palácio das Tulherias, em Paris.

Por dois anos, a Assembleia Nacional deu mostras de que poderia batalhar por um governo eficaz e modernizado. Muitas das inovações foram benéficas e ainda perduram, mas houve muitos trabalhos experimentais que tiveram de ser desfeitos. Muito do trabalho foi ineficaz. Houve um ordenamento do código penal; tortura, prisões arbitrárias e perseguições por heresia foram abolidas. As antigas províncias da França, Normandia, Borgonha e outras, deram lugar a oitenta departamentos. A promoção para os mais altos escalões do exército foi oferecida como possibilidade a homens de todas as classes. Um simples e excelente sistema de tribunais foi instituído, mas seu valor era bastante prejudicado pelo fato de que os juízes eram nomeados por eleição popular por curtos períodos de tempo. Isso fez com que o público se tornasse uma espécie de tribunal de última instância, e os juízes, como os membros da Assembleia, eram obrigados a bajular a tribuna. E toda a vasta propriedade da igreja foi apreendida e administrada pelo Estado; os estabelecimentos religiosos não comprometidos com educação ou obras de caridade foram fechados, e os salários do clero ficaram a cargo da nação. Isso, em si, não era algo ruim para o baixo clero da França, que muitas vezes era escandalosamente mal pago em comparação com os dignitários ricos. Além disso, a escolha dos sacerdotes e bispos passou a ser eletiva, o que feriu o cerne ideológico da Igreja Romana, que centralizava tudo na figura do papa, e na qual toda autoridade vem de cima para baixo. Na prática, a Assembleia Nacional quis, de um só golpe, tornar a Igreja da França protestante, se não na doutrina, ao menos na organização. Por toda parte havia disputas e conflitos entre os sacerdotes de Estado nomeados pela Assembleia Nacional e os padres recalcitrantes (não juramentados) que eram leais a Roma.

Em 1791, a experiência de uma monarquia constitucional na França teve um fim abrupto por ação do rei e da rainha, que trabalhavam em conjunto com os seus aliados aristocráticos e monárquicos no exterior. Os exércitos estrangeiros se reuniram na fronteira oriental, e numa noite de junho o rei, a rainha e seus filhos fugiram às pressas de Tulherias e se juntaram aos estrangeiros e exilados aristocráticos. Eles foram presos em Varennes e trazidos de volta a Paris, e toda a França se incendiou na paixão do republicanismo patriótico. Uma República foi proclamada, uma guerra aberta contra Áustria e Prússia se seguiu, e o rei foi julgado e executado (janeiro de 1793) de acordo com o modelo já estabelecido pela Inglaterra, por traição a seu povo.

E então teve início uma fase estranha na história do povo francês. Inflamou-se uma grande chama de entusiasmo pela França e pela República. Seria o fim das concessões em casa e no exterior; em casa, os monarquistas e todas as formas de deslealdade seriam erradicados; no exterior, a França proveria proteção e auxílio para todos os revolucionários. Toda a Europa, todo o mundo seria republicano. Os jovens franceses corriam para se alistar nos exércitos republicanos, uma canção nova e maravilhosa se propagou pela terra, uma canção que ainda aquece o sangue como vinho, a Marselhesa. Diante da cantoria francesa, do avanço ritmado das colunas de baionetas e das armas empunhadas com entusiasmo, os exércitos estrangeiros recuavam; antes do fim do ano de 1792, os exércitos franceses tinham ido muito além das maiores conquistas de Luís XIV; fincavam pé em todos os solos estrangeiros. Eles ocupavam Bruxelas, devastaram a Saboia, invadiram a Mogúncia, tomaram o Escalda da Holanda. E então o governo francês tomou uma medida insensata. Exasperado com a expulsão de seu representante na Inglaterra após a execução de Luís, declarou guerra contra a Inglaterra. Foi uma atitude realmente insensata, porque a revolução dera à França uma nova e entusiasmada infantaria, uma artilharia brilhante e livre de seus oficiais aristocráticos e de muitas condições obstrutivas, mas tinha destruído a disciplina da marinha, e os ingleses eram imbatíveis no mar. E essa provocação uniu toda a Inglaterra contra a França, sendo que houvera no início um considerável movimento liberal na Grã-Bretanha, em solidariedade com a revolução.

Não podemos relatar com detalhes a luta que a França empreendeu nos anos seguintes contra uma coligação europeia. Os austríacos foram expulsos da Bélgica para sempre, e a Holanda se tornou uma república. A frota holandesa, paralisada pelo gelo em Texel, rendeu-se a uma pequena cavalaria sem disparar suas armas. Durante algum tempo, o avanço francês em direção à Itália se estancou, e foi só em 1796 que um novo general, Napoleão Bonaparte, conduziu os exércitos republicanos esfarrapados e famintos em triunfo através do Piemonte até Mântua e Verona. Afirma C. F. Atkinson*: "O que assombrou os aliados, acima de tudo, foi o número e a velocidade dos republicanos. Esses exércitos improvisados não tinham, de fato, nada que os atrasasse. Barracas não podiam ser obtidas por falta de dinheiro e nem poderiam ser transportadas devido aos inúmeros carros que teriam sido imprescindíveis, e também eram desnecessárias, pois o desconforto que causaria uma deserção generalizada em exércitos profissionais foi alegremente suportado pelos homens de 1793-1794. Os suprimentos para os inéditos e imensos exércitos não podiam ser transportados em comboios, e os franceses logo se familiarizaram com a rotina de 'viver da terra'. Assim, 1793 viu o nascimento do sistema moderno de guerra – rapidez de movimento, pleno desenvolvimento da força nacional, bivaques, confiscos e força em vez de manobras cautelosas, pequenos exércitos profissionais, barracas, rações completas e tramoias. O primeiro representa o espírito de decisão impetuosa, e o segundo, o espírito de arriscar pouco para ganhar pouco..."

E enquanto essas andrajosas hordas de entusiastas cantavam a Marselhesa e lutavam por *la France*, sem que ficasse muito claro em suas mentes se estavam saqueando ou libertando os países sobre os quais se jogavam, em Paris o entusiasmo republicano se manifestava num tom muito menos glorioso. A revolução era agora comandada por um líder fanático, Robespierre. Homem difícil de julgar, ele tinha compleição física fraca, era naturalmente tímido e pedante. Mas possuía o dom mais importante para obter poder: a fé. Robespierre se dedicou a salvar a República tal como a concebeu, e julgou que ela não poderia ser salva por nenhum outro homem que não fosse ele. De modo que permanecer no poder significava salvar a República. O espírito vivo da República, ao que parecia, nascera de uma matança de monarquistas e da execução do rei. Houve insurreições: uma no oeste, no distrito da Vendeia, onde o povo se insurgiu contra

---

* Em seu artigo "Guerras revolucionárias francesas", na *Encyclopaedia Britannica*. (N.A.)

o serviço militar obrigatório e contra a espoliação do clero ortodoxo, sob a liderança de nobres e sacerdotes, e uma no sul, onde Lyon e Marselha haviam se revoltado e os monarquistas de Toulon tinham admitido uma guarnição de ingleses e espanhóis. Seguir matando monarquistas parecia ser a reação mais produtiva.

O Tribunal Revolucionário entrou em funcionamento, e teve início uma matança sistemática. A invenção da guilhotina foi oportuna naquele estado das coisas. A rainha foi guilhotinada, quase todos os antagonistas de Robespierre foram guilhotinados, ateus que argumentavam que não existia um Ser Supremo foram guilhotinados; dia após dia, semana após semana, a máquina infernal decepava cabeças e mais cabeças. Ao que parecia, o reinado de Robespierre se alimentava de sangue; e precisava de mais e mais, como um viciado em ópio necessita de cada vez mais ópio.

Finalmente, no verão de 1794, o próprio Robespierre foi deposto e guilhotinado. Ele foi sucedido por um Diretório composto por cinco membros, que deram prosseguimento à guerra defensiva no estrangeiro e mantiveram a França em ordem por cinco anos. Tal reinado representou um interlúdio curioso nessa história de reviravoltas violentas. O Diretório deixou tudo como estava. O fervor propagandista da revolução levou o exército francês à Holanda, à Bélgica, à Suíça, ao sul da Alemanha e ao norte da Itália.

Reis foram expulsos e repúblicas foram criadas por toda parte. Mas o fervor propagandista que o Diretório estimulava não impediu que fossem saqueadas as riquezas dos povos libertados, para aliviar as dificuldades financeiras do governo francês. Suas guerras se tornaram cada vez menos guerras santas pela liberdade, e cada vez mais se assemelhavam às guerras agressivas do antigo regime. A última característica de Grande Monarquia de que a França estava disposta a se desfazer era a tradição da política externa. Sob o Diretório, a política externa era ainda muito vigorosa, como se não tivesse ocorrido revolução alguma.

Para infelicidade da França e do mundo, entrou em cena um homem que incorporou na forma mais intensa o egoísmo nacional dos franceses. Ele deu a seu país dez anos de glória e a humilhação de uma derrota final. Era o mesmo Napoleão Bonaparte que conduzira os exércitos do Diretório para a vitória na Itália.

Ao longo dos cinco anos do Diretório ele tramara e trabalhara para promover a si mesmo. Aos poucos, foi subindo ao poder supremo. Napoleão era um homem de compreensão extremamente limitada, mas de objetividade implacável e grande energia. Iniciara sua vida como um extremista da escola de Robespierre; nessa condição, obteve sua primeira promoção; mas não tinha noção real das novas forças que agiam na Europa. Sua extremada imaginação política o levou a uma tardia e espalhafatosa tentativa de restaurar o Império Ocidental. Napoleão tentou destruir os restos do antigo Sacro Império Romano, na intenção de substituí-lo por um novo, tendo Paris como centro. Em Viena, o imperador deixou de ser o imperador do Sacro Império Romano e ficou sendo simplesmente imperador da Áustria. Napoleão se divorciou de sua esposa francesa para casar com uma princesa austríaca.

Ele se tornou praticamente um monarca: foi primeiro cônsul a partir de 1799 e se fez imperador da França em 1804, em imitação evidente de Carlos Magno. Foi coroado pelo papa em Paris, tirando a coroa das mãos do papa e colocando-a ele mesmo sobre sua cabeça, como fizera Carlos Magno. Seu filho foi coroado rei de Roma.

Por alguns anos, o reinado de Napoleão foi uma carreira vitoriosa. Ele conquistou a maior parte da Itália e da Espanha, derrotou a Prússia e a Áustria, e dominou toda a Europa ao oeste da Rússia. Mas nunca tomou para si o comando que os ingleses exerciam sobre o mar, e suas frotas sofreram uma derrota definitiva, infligida pelo almirante britânico Nelson, em Trafalgar (1805). A Espanha se insurgiu contra Napoleão em 1808, e um exército britânico comandando por Wellington lentamente empurrou os exércitos franceses para o norte e para fora da península. Em 1811, Napoleão entrou em conflito com o czar Alexandre I; em 1812, invadiu a Rússia com um imenso exército conglomerado de 600 mil homens que foi derrotado e em grande parte aniquilado pelos russos e pelo inverno russo. A Alemanha se insurgiu contra ele, a Suécia se voltou contra ele. Os exércitos franceses bateram em retirada e Napoleão abdicou em Fontainebleau (1814). Ele foi exilado na Ilha de Elba, retornou à França para uma última tentativa em 1815 e foi derrotado pelos aliados britânicos, belgas e prussianos na Batalha de Waterloo. Morreu como prisioneiro britânico na Ilha de Santa Helena em 1821.

As forças liberadas pela Revolução Francesa foram desperdiçadas e esgotadas. Um grande congresso dos aliados vitoriosos se reuniu em Viena para restaurar, na medida do possível, o estado de coisas que a grande tempestade havia destroçado. Durante quase quarenta anos foi mantida na Europa uma espécie de paz, uma paz de esforços exauridos.

56

A INQUIETA PAZ EUROPEIA DEPOIS DA QUEDA DE NAPOLEÃO

Duas causas principais impediram que esse período fosse marcado por uma completa paz social e internacional, e prepararam o caminho para um ciclo de guerras entre 1854 e 1871. A primeira foi a tendência das cortes envolvidas para a restauração de privilégios injustos e as interferências na liberdade de pensamento e escrita e ensino. O segundo foi o impossível sistema de fronteiras elaborado pelos diplomatas de Viena.

A disposição inerente à monarquia de marchar de volta para as condições do passado foi manifestada primeiro e mais particularmente na Espanha, onde até mesmo a Inquisição foi restaurada. Do outro lado do Atlântico, as colônias espanholas tinham seguido o exemplo dos Estados Unidos e se revoltaram contra o Grande Sistema de Poder Europeu, quando Napoleão colocou seu irmão José no trono espanhol em 1810. O George Washington da América do Sul foi o general Bolívar. A Espanha foi incapaz de suprimir essa revolta, que se arrastou tanto quanto a guerra de independência dos Estados Unidos se arrastara; por fim, em conformidade com o espírito da Santa Aliança, a Áustria sugeriu que os monarcas europeus deveriam auxiliar a Espanha no combate. Houve oposição por parte da Inglaterra, e a ação imediata do presidente norte-americano Monroe, em 1823, reprimiu em definitivo a projetada restauração monárquica. Ele anunciou que os Estados Unidos considerariam qualquer extensão do sistema europeu no hemisfério ocidental como um ato hostil. Assim surgiu a Doutrina Monroe, a doutrina segundo a qual não deve haver interferência de governo não americano na

América, o que manteve o sistema de Grande Poder fora da América por quase cem anos e permitiu que os novos Estados da América espanhola construíssem seus destinos como bem quisessem.

Porém, se a monarquia espanhola perdeu suas colônias, poderia ao menos, sob a proteção do Concerto da Europa, fazer o que quisesse no continente europeu. Uma insurreição popular na Espanha foi esmagada em 1823 por um exército francês, com um mandato de um congresso europeu, e ao mesmo tempo a Áustria suprimiu uma revolução em Nápoles.

Luís XVIII morreu em 1824 e foi sucedido por Carlos X. Carlos se aplicou no intuito de destruir a liberdade de imprensa e as universidades e de restaurar o governo absolutista; votou-se pela soma de um bilhão de francos para compensar os nobres pelos castelos sequestrados e queimados em 1789. Em 1830, Paris se insurgiu contra essa retomada do antigo regime e substituiu Carlos por Luís Filipe, filho do Filipe – duque de Orleans – que fora executado durante o Terror. Em face da manifesta aprovação da revolução pela Grã-Bretanha e de fortes agitações liberais na Alemanha e na Áustria, as outras monarquias continentais não interferiram na questão. Afinal de contas, a França ainda era uma monarquia. Luís Filipe (1830-1848) foi rei constitucional na França por dezoito anos.

Foram essas as inquietas oscilações da paz do Congresso de Viena, provocadas pelos procedimentos reacionários dos monarquistas. As tensões que surgiram em função das fronteiras ilógicas projetadas pelos diplomatas em Viena ganharam força mais deliberadamente, mas se tornaram ainda mais perigosas para a paz da humanidade. É inconveniente ao extremo tentar administrar as vidas de povos que falam línguas diferentes e portanto leem literaturas diferentes e possuem diferentes ideias em geral, especialmente se essas diferenças são exacerbadas por disputas religiosas. Somente um forte interesse mútuo, tal como a necessidade comum de defesa dos montanheses suíços, pode justificar uma estreita ligação entre povos de diferentes línguas e crenças; e até mesmo na Suíça existem autonomias locais. Quando as populações são misturadas numa colcha de retalhos de vilas e distritos, como na Macedônia, o sistema cantonal se faz imperativo. No entanto, se o leitor olhar para o mapa da Europa que o Congresso de Viena delineou, verá que é como se os congressistas tivessem planejado causar o máximo de exasperações localizadas.

O Congresso destruiu a República Holandesa sem que houvesse necessidade, agrupou os protestantes holandeses com os católicos de língua francesa dos antigos Países Baixos espanhóis (austríacos) e criou um reino dos Países Baixos. Entregou para os austríacos de língua alemã não apenas a antiga república de Veneza como também todo o norte da Itália, até Milão. A francófona Saboia foi combinada com pedaços da Itália para restaurar o reino da Sardenha. A Áustria e a Hungria já eram uma mistura suficientemente explosiva de nacionalidades discordantes, com alemães, húngaros, tchecoslovacos, iugoslavos, romenos e agora italianos; a harmonia passou a ser ainda mais impossível com a confirmação das aquisições polonesas feitas pela Áustria em 1772 e 1795. A católica e republicana população polonesa foi em grande parte submetida ao comando menos civilizado do czar greco-ortodoxo, mas distritos importantes passaram para a Prússia protestante. O czar também teve confirmada a sua aquisição da Finlândia, um país totalmente estranho. Os povos noruegueses e suecos, tendo muito pouco em comum, foram unidos sob um único rei. A Alemanha, o leitor verá, foi deixada numa situação desordenada, particularmente perigosa. A Prússia e a Áustria estavam ambas em parte dentro em parte fora de uma confederação alemã, que incluía inúmeros Estados menores. O rei da Dinamarca entrou na confederação graças a certas possessões de língua alemã em Holstein. Luxemburgo foi incluído na confederação, embora seu governante fosse também rei dos Países Baixos, e apesar da questão de que grande parte da população falasse francês.

Aqui houve um completo desrespeito a um fato: as pessoas que falam alemão e baseiam suas ideias na literatura alemã, as pessoas que falam italiano e baseiam suas ideias na literatura italiana, e as pessoas que falam polonês e baseiam

A Europa depois do Congresso de Viena

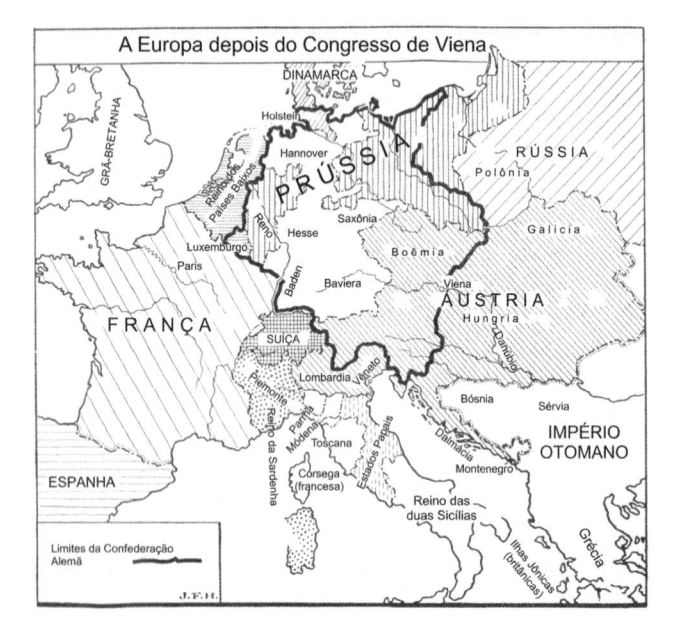

suas ideias na literatura polonesa, todas viverão melhor e serão mais úteis e menos enervantes para o resto da humanidade se conduzirem seus próprios assuntos em seu próprio idioma, nos confinamentos de sua própria fala. Será de se admirar que uma das canções mais populares na Alemanha, durante esse período, declarasse que a pátria alemã ficava onde quer que a língua alemã fosse falada?

Em 1830, agitada pela revolução em curso na França, a Bélgica francófona revoltou-se contra a sua associação à Holanda no reino dos Países Baixos. As potências europeias, apavoradas com a possibilidade de uma república belga ou de uma anexação da Bélgica à França, pacificaram a situação às pressas e deram aos belgas um monarca, Leopoldo I de Saxe-Coburgo-Gota. Ocorreram também revoltas ineficazes na Itália e na Alemanha em 1830, e uma rebelião muito mais grave na Polônia russa. Um governo republicano em Varsóvia resistiu por um ano contra Nicolau I (que sucedera Alexandre em 1825), e então foi erradicado por completo, com grande violência e crueldade. A língua polonesa foi banida, e a Igreja Ortodoxa Grega foi substituída pela Igreja Católica Romana na condição de religião do Estado...

Em 1821, houve uma insurreição dos gregos contra os turcos. Por seis anos eles travaram uma guerra desesperada, enquanto os governos da Europa apenas observavam. Opiniões liberais protestaram contra essa inatividade; voluntários de todos os países europeus se juntaram aos insurgentes, e por fim Grã-Bretanha, França e Rússia agiram em conjunto. A esquadra turca foi destruída por franceses e ingleses na Batalha de Navarino (1827), e o czar invadiu a Turquia. Pelo Tratado de Adrianópolis (1829), a Grécia foi declarada livre, mas não foi autorizada a retomar suas antigas tradições republicanas. Um rei alemão foi imposto à Grécia, um certo príncipe Oto da Baviera, e governadores cristãos foram designados para as províncias do Danúbio (que são hoje a Romênia) e para a Sérvia (uma parte da região iugoslava). Muito sangue ainda teria de correr, no entanto, até que os turcos fossem expulsos de vez daquelas terras.

O DESENVOLVIMENTO DAS CONQUISTAS MATERIAIS

Ao longo dos séculos XVII e XVIII e nos primeiros anos do século XIX, enquanto esses conflitos de potências e príncipes se desenrolavam na Europa, a colcha de retalhos do Tratado de Vestfália (1648) se transformava de modo caleidoscópico na colcha de retalhos do Tratado de Viena (1815) e os navios veleiros propagavam a influência europeia pelo mundo, houve um aumento constante do conhecimento no mundo europeu e europeizado, e os homens puderam ter ideias cada vez mais claras a respeito do mundo em que viviam.

Esse processo avançou ao largo da vida política, e ao longo dos séculos XVII e XVIII não produziu resultados políticos imediatos ou surpreendentes. E tampouco afetou em profundidade o pensamento popular durante o período. Essas reações viriam mais tarde, e só manifestariam força total na segunda metade do século XIX. Foi um processo que afetou principalmente um pequeno mundo de pessoas prósperas, de espírito livre. Sem o que os ingleses chamam de "cavalheiro independente", o processo científico não poderia ter começado na Grécia e não poderia ter sido renovado na Europa. As universidades desempenharam um certo papel no pensamento filosófico e científico do período, mas não se tratou de um papel de liderança. A aprendizagem dotada tende a ser uma aprendizagem acanhada e conservadora, desprovida de iniciativa e resistente à inovação, a menos que seja estimulada pelo contato com espíritos independentes.

Já mencionamos a formação da Real Sociedade em 1662 e seu trabalho na realização do sonho da *Nova Atlântida* de Bacon. Ao longo do século XVIII, houve muito esclarecimento intelectual sobre matéria e movimento, muitos avanços matemáticos, um desenvolvimento sistemático do uso do vidro óptico no microscópio e no telescópio, uma energia renovada na classificação da história natural, um grande renascimento da ciência anatômica. A ciência da geologia – prenunciada por Aristóteles e antecipada por Leonardo da Vinci (1452-1519) – iniciou sua grande tarefa de interpretar o Registro das Rochas.

O progresso da ciência física teve efeitos sobre a metalurgia. Com a possibilidade de uma maior e mais ousada manipulação de massas de metal e outros materiais, os avanços na metalurgia resultaram em invenções práticas. Numa nova escala e numa abundância inédita, máquinas apareceram para revolucionar a indústria.

Em 1804, Trevithick adaptou o motor de Watt para o transporte e criou a primeira locomotiva. Em 1825 foi inaugurada a primeira ferrovia, entre Stockton e Darlington, e o "Foguete" de Stephenson, com um trem de treze toneladas, alcançou uma velocidade de setenta quilômetros por hora. De 1830 em diante, as ferrovias se multiplicaram. Em meados do século, uma rede de estradas de ferro se espalhara por toda a Europa.

Aqui tivemos uma mudança brusca em algo que tinha sido, durante muito tempo, uma condição fixa da vida humana: a velocidade máxima de transporte terrestre. Depois do desastre russo, Napoleão viajou das proximidades de Vilna até Paris em 312 horas. Foi uma jornada de mais ou menos 2.250 quilômetros. Ele viajava com todas as vantagens possíveis, e avançava numa média inferior a oito quilômetros por hora. Um viajante comum não conseguiria percorrer a mesma distância no dobro do tempo. Tratava-se de um ritmo de avanço tido como bom desde os tempos das viagens entre Roma e Gália, no século I a.C. Então, de súbito, houve essa tremenda mudança. As ferrovias reduziram o tempo dessa mesma viagem, para qualquer viajante comum, a menos de 48 horas. Ou seja, reduziram as mais importantes distâncias europeias a mais ou menos um décimo do que costumavam exigir em tempo. Foi possível realizar trabalhos administrativos em áreas dez vezes maiores do que qualquer outra área administrada no passado. O significado pleno de tal possibilidade ainda não foi bem compreendido na Europa. A Europa ainda é talhada em fronteiras que foram traçadas na era do cavalo e da estrada. Na América, os efeitos foram imediatos. Para os Estados Unidos da América, com o progresso do continente para o oeste, houve a possibilidade de um acesso contínuo a Washington, por mais distante que fosse a fronteira alcançada. Com isso existia uma unidade, sustentada numa escala que de outra forma teria sido impossível.

O navio a vapor chegou um pouco antes, se muito, em relação às primeiras locomotivas a vapor. Havia um navio a vapor, o *Charlotte Dundas*, no canal do Fiorde de Clyde em 1802, e em 1807 um americano chamado Fulton era dono de um barco a vapor com motores de fabricação britânica, o *Clermont*, que percorria o rio Hudson em Nova York. O primeiro navio a vapor a ser lançado ao mar também foi uma embarcação americana, batizada *Phoenix*, que ia de Nova York (Hoboken) à Filadélfia. E era americano o primeiro navio que se valeu de vapor (também tinha velas) para atravessar o Atlântico, o *Savannah* (1819). Todos eram barcos equipados com rodas de pás giratórias, e barcos com rodas de pás não têm condições de enfrentar mares agitados. As pás se quebram com muita facilidade, e o barco fica inutilizado. O vapor movido a hélice surgiu aos poucos. Muitas dificuldades tiveram de ser superadas antes que a hélice se tornasse algo praticável. Não foi antes da segunda metade do século que a tonelagem dos navios a vapor oceânicos começou a ultrapassar a dos veleiros. A partir daí, a evolução do transporte marítimo foi rápida. Pela primeira vez, os homens puderam cruzar os mares e oceanos com alguma certeza quanto à data da chegada. A travessia transatlântica, que costumava ser uma aventura incerta de várias semanas, podendo se estender por meses, foi se acelerando, até que em 1910 chegou a uma média de menos de cinco dias, no caso dos navios mais rápidos, com hora de chegada praticamente anunciada.

Em simultaneidade com o desenvolvimento do transporte a vapor em terra e mar, um complemento novo e impressionante às novas comodidades nas relações humanas surgiu a partir das investigações de Volta, Galvani e Faraday em torno de vários fenômenos elétricos. O telégrafo elétrico apareceu em 1835. O primeiro cabo submarino foi lançado em 1851, entre a França e a Inglaterra. Em questão de poucos anos, o sistema telegráfico tinha se espalhado por todo o mundo civilizado, e as notícias, que até então viajavam lentamente de um ponto a outro, tornaram-se praticamente simultâneas em toda a Terra.

Essas coisas, a locomotiva a vapor e o telégrafo elétrico, representaram para o imaginário popular de meados do século XIX a mais marcante e revolucionária das invenções, mas foram apenas os mais conspícuos e canhestros frutos iniciais de um processo muito mais amplo. Conhecimento técnico e habilidades estavam se desenvolvendo com rapidez extraordinária, com alcance extraordinário, sem possibilidade de comparação com qualquer época anterior. Na vida cotidiana, bem menos conspícua num primeiro momento, mas por fim muito mais importante, foi a extensão do poder do homem sobre vários materiais estruturais. Antes de meados do século XVIII, o ferro era reduzido de seus minérios por meio de carvão vegetal, era manejado em fragmentos pequenos, era martelado e forjado em diferentes formatos. Era material para artesãos. Qualidade e acabamento dependiam em grande medida da experiência e da sagacidade do ferreiro individual. As maiores massas de ferro que podiam ser trabalhadas sob tais condições se restringiam, no século XVI, a no máximo duas ou três toneladas. (Havia um limite bem definido, portanto, para o tamanho do canhão.) O alto-forno surgiu no século XVIII e evoluiu com o uso de coque. Só com a chegada do século XVIII tivemos ferro laminado (1728) e hastes e barras (1783). O martelo a vapor de Nasmyth só apareceu em 1838.

Devido à sua inferioridade metalúrgica, o mundo antigo não podia utilizar o vapor. O motor a vapor e até mesmo o primitivo motor de bombeamento não tinham como evoluir enquanto não estivesse disponível o ferro laminado. Aos olhos modernos, os motores antigos não passam de lamentáveis e toscas ferragens, mas eles eram o ápice do que a ciência metalúrgica do tempo podia fazer. Em 1856 surgiu o processo de Bessemer, e pouco depois (1864) o processo de forno aberto, no qual podiam ser derretidos o aço e todos os tipos de ferro, purificados e moldados em formatos e escalas inéditas. Hoje em dia, na fornalha elétrica, toneladas de aço incandescente turbilhonam e fervem como leite em uma panela. Nada, nos avanços práticos anteriores da humanidade, pode ser comparado, em suas consequências, ao domínio completo que o homem obteve agora sobre enormes massas de ferro e aço e sobre sua textura e qualidade. As ferrovias e os primeiros motores de todos os tipos foram os meros triunfos iniciais da nova metalurgia. Logo a seguir vieram navios de ferro e aço, vastas pontes e um novo método de construir com aço, em tamanhos gigantescos. Os homens perceberam, tarde demais, que haviam planejado suas ferrovias numa medida muito acanhada, que poderiam ter organizado suas viagens com muito mais confiabilidade e conforto, numa escala muito maior.

Antes do século XIX, não existiam navios no mundo com muito mais do que 2 mil toneladas de capacidade; hoje, não há nada de espetacular num cruzeiro de 50 mil toneladas. Há pessoas que zombam desse tipo de progresso, como se fosse apenas um progresso "em tamanho", mas tais zombarias apenas evidenciam as limitações intelectuais de quem as comete. O grande navio ou a construção com estrutura de aço não é, como os zombeteiros imaginam, uma versão aumentada do pequeno navio ou da construção do passado; é algo de outra de natureza, mais leve, fabricado com firmeza, com materiais mais refinados e fortes; em vez de ser algo antigo, corriqueiro e básico, é algo que foi criado a partir de um cálculo sutil e intrincado. Na casa ou no navio dos tempos antigos, a matéria determinava tudo – o material e suas necessidades tinham de ser obedecidos cegamente; nos novos tempos, a matéria havia sido capturada, transformada, coagida. Pensemos no carvão e no ferro e na areia extraídos de ribanceiras e das profundezas das minas, em todo o material arrancado, forjado, fundido e moldado para afinal ser arremessado, um delgado e brilhante pináculo de aço e vidro, duzentos metros acima da multidão da cidade!

Estamos entrando em detalhes nesses avanços do conhecimento humano sobre a metalurgia do aço e seus resultados para fins de ilustração. Uma história paralela poderia ser contada sobre a metalurgia do cobre e do estanho, e sobre uma infinidade de metais que eram, como o níquel e o alumínio, para citar apenas dois, desconhecidos antes da aurora do século XIX. É no grande e crescente domínio sobre as substâncias, sobre os diferentes tipos de vidro, sobre rochas e argamassas e similares, sobre cores e texturas, que os principais triunfos da revolução mecânica foram alcançados até a atualidade. Ainda estamos, no entanto, na fase dos primeiros frutos. Dispomos do poder, mas ainda temos de aprender a utilizar o nosso poder. Muitas das primeiras aplicações desses dons da ciência têm sido vulgares, de mau gosto, estúpidas ou horríveis. O artista e o adaptador mal começaram a trabalhar com a infinita variedade de substâncias que está agora à disposição.

Em paralelo à ampliação das possibilidades mecânicas, nasceu a nova ciência da eletricidade. Foi somente na década de 80 do século XIX que esse campo de pesquisa começou a produzir resultados, impressionando a mente vulgar. Então, de repente, chegaram a luz elétrica e a tração elétrica, e a transmutação das forças – a possibilidade de *enviar energia*, que podia ser transformada em movimento mecânico ou luz ou calor como quiséssemos, ao longo de um fio de cobre, como a água é enviada por uma tubulação – começou a ser absorvida pelo entendimento das pessoas comuns...

Os britânicos e franceses estiveram à frente, de início, nessa grande proliferação de conhecimento; mas dentro de pouco tempo os alemães, que tinham aprendido a ser humildes sob Napoleão, demonstraram tal zelo e tal pertinácia na investigação científica que se colocaram em posição de liderança. A ciência britânica foi em grande medida uma criação de ingleses e escoceses que trabalhavam fora dos renomados centros de erudição.

As universidades da Grã-Bretanha se encontravam naquela altura em um estado de retrocesso educacional, principalmente por causa dos estudos excessivos e pedantes dos clássicos latinos e gregos. O ensino francês também estava dominado pela tradição clássica das escolas jesuítas; em consequência, não foi difícil para os alemães organizar um grupo de investigadores, pequeno, de fato, em relação às possibilidades em questão, mas grande se comparado aos raros inventores e experimentalistas ingleses e franceses. E embora o trabalho de pesquisas e experimentos estivesse tornando a Grã-Bretanha e a França os países mais ricos e poderosos do mundo, ele não estava tornando ricos e poderosos os homens científicos e inventivos. Há um desapego que é necessário para um homem de ciência sério; ele se preocupa demais com sua pesquisa para que planeje e maquine como fazer dinheiro com ela. A exploração econômica de suas descobertas cai com muita facilidade e naturalidade, portanto, nas mãos de um sujeito mais aquisitivo; e por isso podemos verificar que as manadas de homens ricos que são produzidas a cada nova fase de progresso científico e técnico na Grã-Bretanha, embora não tenham manifestado um desejo tão apaixonado de insultar e matar a galinha dos ovos de ouro nacional como manifestaram os escolásticos e membros do clero, ficam bastante contentes em permitir que a rentável criatura passe fome. Inventores e descobridores surgiram ao natural, eles pensaram, para proveito e lucro dos mais espertos.

Nesse ponto, os alemães foram um pouco mais sábios. Os alemães "aprenderam" a não manifestar o mesmo ódio veemente ao novo aprendizado. Permitiram o seu desenvolvimento. O homem de negócios ou o fabricante alemão também não tinha o mesmo desprezo pelo homem de ciência que tinha o concorrente britânico. O conhecimento, os alemães acreditavam, podia ser uma lavoura cultivada, que responde bem a adubos. Eles concederam, portanto, uma boa quantidade de oportunidades para a mente científica; suas despesas públicas com trabalhos científicos eram relativamente maiores, e os gastos geraram recompensas abundantes. Pela segunda metade do século XIX, o trabalhador científico alemão tinha feito com que o alemão fosse um idioma necessário para qualquer estudante de ciências que desejasse se manter a par com o mais recente trabalho em sua área de estudo; em certos ramos, e particularmente em química, a Alemanha adquiriu uma grande superioridade sobre seus vizinhos ocidentais. O esforço científico dos anos 60 e 70 na Alemanha começou a dar resultados na década de 80, e os alemães foram superando a Grã-Bretanha e a França a passos firmes em prosperidade técnica e industrial.

Uma nova fase na história da invenção teve início na década de 80, quando um novo tipo de motor passou a ser usado, um motor em que a força expansiva de uma mistura explosiva substituía a força expansiva do vapor. Foi possível criar motores leves e altamente eficientes, que foram aplicados ao automóvel e, por fim, desenvolvidos a tal ponto de leveza e eficiência que o voo – algo que desde muito antes se sabia ser possível – se tornou uma conquista efetiva. Uma bem-sucedida máquina voadora – embora não fosse grande o suficiente para levar consigo corpo humano – foi criada pelo professor Langley, do Instituto Smithsonian de Washington, já em 1897. Em 1909, o avião já estava disponível para o deslocamento humano. A velocidade humana parecia ter chegado ao auge com o aperfeiçoamento das ferrovias e autoestradas; com a máquina voadora, porém, vieram novas reduções na distância efetiva entre um ponto e outro da superfície terrestre. No século XVIII, viajar entre Londres e Edimburgo exigia uma jornada de oito dias; em 1918, a Comissão de Transporte Aéreo Civil da Inglaterra informou que a viagem de Londres para Melbourne, meia volta ao redor da Terra, provavelmente seria realizada, dentro de alguns anos, nesse mesmo período de oito dias.

Não devemos insistir em demasia nessas reduções marcantes do tempo no qual se pode ir de um lugar a outro. Elas são apenas uma das características de uma ampliação mais profunda e muito mais relevante das possibilidades humanas. A ciência da agricultura e a química agrícola, por exemplo, fizeram avanços paralelos durante o século XIX. Os homens aprenderam a fertilizar o solo de modo a quadruplicar e quintuplicar as colheitas que eram obtidas em áreas do mesmo tamanho no século XVII. Houve um avanço ainda mais extraordinário na ciência médica; a expectativa de vida aumentou, a eficiência do dia a dia aumentou, o desperdício de vida por problemas de saúde diminuiu.

Pois bem: estamos testemunhando uma transformação na vida humana que vai constituir uma nova fase na história. Em pouco mais de um século, a revolução mecânica se fixou. Nesse intervalo de tempo, o homem deu um salto, nas condições materiais de sua vida, que ultrapassou toda a sua caminhada durante o vasto período que se passou entre o estágio paleolítico e a era do cultivo, ou entre os dias de Pepi no Egito e os de Jorge III. Passou a existir uma nova e gigantesca base material para os assuntos humanos. São necessários, é claro, grandes reajustamentos dos nossos métodos sociais, econômicos e políticos. Mas tais reajustes ainda dependem de um desenvolvimento aprofundado da revolução mecânica, e se encontram num estágio meramente inicial.

58

A REVOLUÇÃO INDUSTRIAL

Há uma tendência, em muitos livros de história, de confundir o que aqui estamos chamando de *revolução mecânica*, que era algo inteiramente novo na experiência humana, decorrente do desenvolvimento da ciência organizada, um novo passo adiante, como a invenção da agricultura ou a descoberta dos metais, com outra coisa, com algo que é completamente diferente em suas origens, algo que já tinha um precedente histórico, o desenvolvimento social e financeiro que conhecemos como *revolução industrial*. Os dois processos avançavam juntos, reagiam constantemente um ao outro, mas eram diferentes em suas raízes e na essência. Poderia ter ocorrido uma espécie de revolução industrial se não houvesse carvão, vapor ou máquinas; nesse caso, porém, o processo teria seguido com muito mais proximidade as linhas da evolução social e financeira dos últimos anos da República Romana. Ele teria repetido a história dos agricultores livres e despossuídos, do trabalho coletivo, de grandes propriedades, grandes fortunas financeiras e um processo financeiro socialmente destrutivo. Até mesmo o sistema das fábricas surgiu antes da energia e das máquinas. As fábricas não eram produto de um maquinário, e sim da "divisão do trabalho". Trabalhadores treinados e extenuados fabricavam coisas como móveis e caixas de papelão para chapéus, e mapas coloridos e ilustrações de livros e assim por diante, num tempo em que as rodas hidráulicas ainda não eram utilizadas para fins industriais. Existiam fábricas em Roma nos dias de Augusto. Livros novos, por exemplo, eram ditados para as equipes de copistas nas fábricas dos livreiros. O leitor atento de Defoe e dos panfletos políticos de Fielding vai perceber que a ideia de agrupar pessoas pobres em estabelecimentos, a fim de que trabalhassem para ganhar a vida, já era corrente na Grã-Bretanha antes do fim do século XVII. Temos insinuações mais antigas ainda na *Utopia* de Morus (1516). Era uma evolução social, e não mecânica.

Até depois de meados do século XVIII, a história social e econômica da Europa Ocidental recauchutou, de fato, o caminho que o Estado romano percorrera nos últimos três séculos antes de Cristo. Mas as discórdias políticas da Europa, as convulsões políticas contra a monarquia, a recalcitrância do povo comum, e talvez também a maior acessibilidade da inteligência da Europa Ocidental às ideias e invenções mecânicas, impulsionaram o processo em direções absolutamente novas. As ideias de solidariedade humana, graças ao cristianismo, eram muito mais amplamente difundidas no mundo europeu mais recente, o poder político não estava tão concentrado, e o homem obstinado, ansioso por enriquecer, voltou sua mente com muito boa vontade, portanto, à ideia da energia mecânica e das máquinas, em detrimento das ideias do escravo e do trabalho coletivo.

A revolução mecânica, o processo de invenções e descobertas mecânicas, foi algo novo na experiência humana, e se desenvolveu sem levar em conta as consequências sociais, políticas, econômicas e industriais que pudesse produzir. A revolução industrial, por outro lado, como a maioria dos outros assuntos humanos, foi e é cada vez mais profundamente transformada e desviada pela variação constante das condições humanas que a revolução mecânica causou. E a diferença essencial entre a acumulação de riquezas, a extinção de pequenos agricultores e pequenos homens de negócio durante a fase de exuberância financeira nos últimos séculos da República Romana, de um lado, e a concentração muito semelhante do capital nos séculos XVIII e XIX, de outro, reside na profunda diferença do tipo de trabalho que a revolução industrial estava criando. A potência do mundo antigo era a força humana; tudo dependia, em última instância, da força motriz do músculo humano, o músculo de homens ignorantes e subjugados. Havia a contribuição de um mísero músculo animal, fornecido por bois de arrasto, cavalos de tração e assim por diante. Quando um peso precisava ser levantado, os homens o levantavam; onde uma pedra tinha que ser extraída, os homens a lascavam; onde havia um campo a ser arado, homens e bois o aravam; o equivalente romano do navio a vapor foi a galera, com seu banco de remadores transpirantes. Nas civilizações mais antigas, uma vasta proporção da humanidade era empregada em trabalho penoso, puramente mecânico. No começo, as máquinas movidas a energia não pareciam prometer qualquer libertação de tais labutas braçais. Enormes grupos de homens eram empregados em escavações de canais, ou fazendo aberturas e terraplenagens ferroviárias e coisas do tipo. O número de mineiros cresceu enormemente. Mas a extensão das comodidades e a produção de mercadorias aumentou muito mais. E à medida que o século XIX avançava, a lógica simples da nova situação se afirmou com mais clareza. Os seres humanos não eram mais solicitados como uma fonte de energia indiscriminada e simples. O que poderia ser feito mecanicamente por um ser humano poderia ser feito melhor e mais rapidamente por uma máquina. O ser humano era necessário, agora, somente onde a escolha e a inteligência tinham de ser exercidas. Os seres humanos eram solicitados apenas como seres humanos. O *burro de carga*, do qual se aproveitaram todas as civilizações anteriores, a criatura da mera obediência, o homem cujo cérebro era supérfluo, tornou-se desnecessário para o bem-estar da humanidade.

Tal fato passou a valer tanto para atividades antigas, como agricultura e mineração, quanto para os mais recentes processos metalúrgicos. Para arar, semear e colher, máquinas velozes se prontificaram a fazer o trabalho de dezenas de homens. A civilização romana foi construída com a degradação de seres humanos baratos; a civilização moderna está sendo reconstruída com energia mecânica barata. Ao longo de cem anos, a energia foi ficando mais barata, e o trabalho foi se tornando mais caro. Se, por mais ou menos uma geração, as máquinas tiveram que esperar sua vez nas minas, é apenas porque durante algum tempo os homens eram mais baratos do que a maquinaria.

Bem, aqui houve uma mudança de importância bastante primária nos assuntos humanos. A principal preocupação dos ricos e dos governantes, na velha civilização, havia sido manter uma provisão de burros de carga. À medida que o século XIX avançou, tornou-se cada vez mais claro para os dirigentes inteligentes que o homem comum tinha agora de ser algo melhor do que um burro de carga. Ele teve que ser educado – mesmo que fosse apenas para garantir a "eficiência industrial". Ele tinha de entender o que teria para fazer. Desde os primeiros dias da propaganda cristã, a educação popular se manteve latente na Europa, tal como ocorrera na Ásia, onde o islamismo fincara seu pé, por causa da necessidade de fazer com que o crente entendesse um pouco da crença que o salvava, e para que ele pudesse ler um pouco dos livros sagrados nos quais sua crença era transmitida. As controvérsias cristãs, com sua competição por adeptos, lavraram a terra para a colheita da educação popular. Na Inglaterra, por exemplo, pelos anos 30 e 40 do século XIX, as disputas das seitas e a necessidade de atrair novos adeptos tinha produzido uma série de organizações educativas concorrentes para crianças, as escolas "nacionais" da igreja, as escolas dissidentes "britânicas" e até mesmo escolas elementares católicas romanas. A segunda metade do século XIX foi um período de rápido progresso na educação popular em todo o mundo ocidentalizado. Não houve avanço paralelo no ensino das classes mais altas – houve um certo avanço, sem dúvida, mas nada que se equiparasse –, e assim o grande abismo que até então tinha dividido aquele mundo entre os leitores e a massa que não lia passou a ser pouco mais do que uma pequena diferença perceptível no nível de escolaridade. Por trás desse processo estava a revolução mecânica, aparentemente indiferente às condições sociais, mas insistindo inexoravelmente, de fato, na abolição completa de uma classe totalmente analfabeta em todo o mundo.

A revolução econômica da República Romana jamais foi claramente apreendida pelo povo de Roma. O cidadão romano comum nunca pôde ver as transformações através das quais viveu com a clareza e a abrangência com que nós as vemos. A revolução industrial, porém, com a proximidade do final do século XIX, era mais e mais claramente *vista* como um processo integral pelo povo que estava sendo afetado por ela, porque em pouco tempo as pessoas já podiam ler, discutir e se comunicar, e porque elas circulavam e viam as coisas como nenhuma comunidade pudera fazer no passado.

59

A EVOLUÇÃO DAS IDEIAS POLÍTICAS E SOCIAIS MODERNAS

As instituições e costumes e ideias políticas das antigas civilizações evoluíram lentamente, era após era, nenhum homem projetou nada e nenhum homem previu nada. Foi só naquele grande século da adolescência humana, o século VI a.C., que os homens começaram a pensar claramente sobre suas relações uns com os outros e a questionar e a propor que fossem alteradas e reorganizadas as crenças e as leis e as metodologias estabelecidas de governo humano.

Já falamos sobre a gloriosa aurora intelectual da Grécia e de Alexandria, e sobre como, em pouco tempo, o colapso das civilizações escravistas e as nuvens da intolerância religiosa e do governo absolutista obscureceram as promessas daquele amanhecer. A luz do pensamento destemido não voltou a romper a obscuridade europeia efetivamente até os séculos XV e XVI. Tentamos dar conta da participação dos grandes ventos da curiosidade árabe e das conquistas mongóis nesse clareamento gradual dos céus mentais da Europa. E, no início, foi principalmente o conhecimento material que cresceu. Os primeiros frutos da virilidade recuperada da raça foram as realizações materiais e o poder material. As ciências das relações humanas, da psicologia individual e social, da educação e da economia, não são apenas mais sutis e intrincadas em si, mas são também ligadas inextricavelmente a profundas questões emocionais. Os avanços em tais ciências têm sido mais lentos, e obtidos contra uma oposição maior. Os homens ouvem desapaixonadamente as sugestões mais diversas sobre estrelas ou moléculas, mas ideias sobre o nosso modo de viver nos afetam e nos fazem reagir.

E assim como na Grécia as especulações ousadas de Platão vieram antes das árduas pesquisas factuais de Aristóteles, na Europa, do mesmo modo, as primeiras proposições políticas da nova fase foram manifestadas sob a forma de histórias "utópicas", em imitação direta da *República* e das *Leis* de Platão. A *Utopia*, de Sir Thomas Morus, é uma curiosa imitação de Platão que deu frutos em uma nova legislação inglesa, voltada à pobreza. *A Cidade do Sol*, do napolitano Campanella, foi mais fantástica e menos frutífera.

Ao fim do século XVII, podemos verificar que uma considerável e crescente literatura de ciência política e social estava sendo produzida. Um dos pioneiros nessa discussão foi John Locke, filho de um republicano inglês, um acadêmico de Oxford que primeiro dirigiu seu interesse para a química e a medicina. Seus tratados sobre o governo, a tolerância e educação revelam uma mente totalmente desperta para as possibilidades da reconstrução social. Em paralelo e um pouco mais tarde em relação a John Locke na Inglaterra, Montesquieu (1689-1755), na França, submeteu instituições sociais, políticas e religiosas a investigações e análises fundamentais. Ele despiu a monarquia absolutista da França de seu prestígio mágico. Compartilha com Locke o crédito de ter eliminado muitas das falsas ideias que haviam até então refreado tentativas deliberadas e conscientes de reconstruir a sociedade humana.

A geração que o acompanhou ao longo das décadas de meados e fim do século XVIII especulou com ousadia a partir das aberturas morais e intelectuais que ele criara. Um grupo de brilhantes escritores, os "enciclopedistas", na maior parte espíritos rebeldes das excelentes escolas dos jesuítas, dedicou-se a esquematizar um mundo novo (1766). Lado a lado com os enciclopedistas trabalhavam os economistas ou fisiocratas, que realizavam ousados e brutos estudos sobre a produção e distribuição de alimentos e bens. Morelly, o autor do *Code de la Nature**, condenou a instituição da propriedade privada e propôs uma organização comunista da sociedade. Ele foi o precursor da grande e variada escola de

---

* *Código da natureza*. (N.T.)

pensadores coletivistas do século XIX que formou o grupo dos socialistas.

O que é o socialismo? Há uma centena de definições de socialismo e mil seitas de socialistas. Em essência, o socialismo não é mais nem menos do que uma crítica à ideia de propriedade sob a luz do interesse público. Podemos analisar, muito brevemente, a história dessa ideia através das eras. O socialismo e o conceito do internacionalismo são as duas ideias cardeais para as quais, em grande parte, a nossa vida política está convergindo.

O conceito de propriedade surge dos instintos combativos da espécie. Muito antes que os homens fossem homens, o macaco ancestral já era um proprietário. Propriedade primitiva é o que faz uma besta lutar. O cachorro e seu osso, a tigresa e seu covil, o macho rugindo e seu rebanho, tudo isso é propriedade em estado puro. Nenhuma expressão concebível na sociologia é mais absurda do que o termo "comunismo primitivo". O Velho da tribo familiar dos primeiros tempos paleolíticos insistia em sua propriedade sobre esposas e filhas, sobre suas ferramentas e seu universo visível. Se qualquer outro homem penetrasse seu universo visível, o Velho o enfrentava, e o matava se pudesse. A tribo evoluiu no decorrer das eras, como Atkinson mostrou de forma convincente em seu *Lei primal*, com a gradual tolerância do Velho quanto à presença de homens mais jovens e quanto à propriedade de esposas que eles capturavam fora da tribo, de ferramentas e enfeites que faziam e da caça que matavam. A sociedade humana evoluiu graças a um acordo de que esta propriedade era de um e aquela era de outro. Foi uma transigência com os instintos, forçada nos homens pela necessidade de expulsar alguma outra tribo do universo visível. Se os montes e as florestas e os rios não eram *seus* montes ou *minha* terra, era porque tinham de ser a *nossa* terra. Cada um de nós teria preferido que a terra fosse *minha*, mas não daria certo. Nesse caso, os outros companheiros acabariam nos destruindo. A sociedade, portanto, é desde o seu início uma *atenuação da posse*. Na fera e no selvagem primitivo, a posse era algo muito mais intenso do que é hoje, no mundo civilizado. Ela está enraizada com mais força em nossos instintos do que em nossa razão.

No selvagem natural e no homem inculto de hoje não há nenhuma limitação para a esfera da propriedade. Tudo aquilo que você pode disputar, você pode possuir: mulheres, cativos poupados, feras capturadas, clareira de floresta, fossa de pedra ou o que seja. À medida que a comunidade cresceu, uma espécie de lei surgiu para coibir lutas internas, e os homens desenvolveram um método rude e imediatista de determinar propriedade. Os homens poderiam possuir o que capturassem ou reivindicassem primeiro. Parecia natural que o devedor que não conseguisse pagar devesse se tornar propriedade de seu credor. Igualmente natural era o fato de que, depois de reivindicar um pedaço de terra, um homem devesse exigir pagamentos de quem quisesse utilizá-lo. Foi apenas muito lentamente, com as possibilidades da vida organizada amadurecendo nos homens, que essa propriedade ilimitada em todos os aspectos começou a ser percebida como um incômodo. Os homens se viram nascidos num universo em que todas as propriedades já tinham sido reivindicadas, não!, eles se viram já reivindicados como propriedade de alguém. As lutas sociais da civilização mais remota são difíceis de traçar agora, mas a história que contamos da República Romana mostra uma comunidade despertando para o entendimento de que dívidas podem ser uma inconveniência pública e devem, portanto, ser repudiadas, e de que a propriedade ilimitada da terra também é uma inconveniência. Podemos verificar que, mais tarde, a Babilônia limitou severamente os direitos de propriedade de escravos. Por fim temos o ensinamento do grande revolucionário Jesus de Nazaré, que atacou a propriedade com uma força nunca vista antes. Mais fácil era, ele disse, um camelo passar pelo buraco de uma agulha do que um proprietário de grandes posses entrar no reino dos céus. Uma crítica constante e contínua do alcance admissível da propriedade vem ocorrendo no mundo, ao que parece, nos últimos 25 ou 30 séculos. Mil e novecentos anos depois de Jesus de Nazaré, constatamos que todo o mundo que vive de acordo com o ensinamento cristão está certo de que não pode existir propriedade sobre seres humanos. E a ideia de que "um homem pode fazer o que quiser com o que possui" ficou muito abalada em relação a outros tipos de propriedade.

Nesse assunto, porém, o mundo do encerramento do século XVIII ainda se encontrava num estágio de interrogação. Nada estava claro o suficiente, muito menos resolvido o suficiente, para que se pudesse agir. Um dos impulsos primários foi proteger a propriedade contra a cobiça e o desperdício dos reis e contra a exploração de aventureiros nobres. Em grande medida, foi para livrar de impostos a propriedade privada que a Revolução Francesa começou. Mas as fórmulas igualitárias da revolução a levaram para uma crítica da mesma propriedade que ela quisera proteger. Como os homens podem ser livres e iguais, quando muitos deles não têm um teto para viver e nada para comer, e se os proprietários só lhes darão alimentação ou moradia se trabalharem pesado? Era intolerável, reclamavam os pobres.

Para o enigma, a resposta de um grupo político importante foi encaminhar a "divisão de tudo". Eles queriam intensificar e universalizar a propriedade. Buscando o mesmo fim por outro caminho, havia os socialistas primitivos – ou, para ser mais exato, os comunistas –, que queriam "abolir" a propriedade privada por completo. O Estado (seria um Estado democrático, é claro) seria dono de todas as propriedades.

É paradoxal que homens diferentes, visando aos mesmos fins de liberdade e felicidade, propusessem, de um lado, fazer com que a propriedade fosse tão absoluta quanto possível, e de outro acabar com ela de vez. Mas foi o que ocorreu. E a chave para o paradoxo pode ser encontrada no fato de que a propriedade não é uma só coisa, e sim uma infinidade de coisas diferentes.

Foi somente com o desenrolar do século XIX que os homens começaram a perceber que a propriedade não era uma coisa simples, e sim uma grande complexidade de posses de valores e consequências diferentes, que muitas coisas (como o corpo de uma pessoa, as ferramentas de um artista, roupas, escovas de dente) são propriedades pessoais de modo muito profundo e irrevogável, e que existe uma enorme gama de coisas, ferrovias, máquinas de vários tipos, casas, jardins cultivados, barcos de passeio, por exemplo, que precisam ser consideradas em particular para que se possa determinar em que medida e sob quais limitações elas podem ser admitidas como propriedade privada, e o quanto elas dizem respeito ao domínio público e podem ser administradas e fornecidas pelo Estado ao interesse coletivo. Na prática, esses assuntos passam para a política, assim como o problema de organizar e manter uma administração pública eficiente. Eles suscitam questões de psicologia social e interagem com as investigações da ciência educacional. Mais do que uma ciência, a crítica da propriedade é ainda uma vasta e passional fermentação. De um lado temos os individualistas, que querem proteger e ampliar as nossas liberdades atuais com o que possuímos, e do outro os socialistas, que se dedicariam, em muitos sentidos, a distribuir nossas posses e a restringir nossas aquisições. Na prática, podemos encontrar todas as gradações entre o extremo individualista, que dificilmente vai tolerar uma taxa de qualquer tipo para sustentar um governo, e o comunista, que vai negar toda e qualquer posse. O socialista comum da atualidade é o que chamamos de coletivista; ele aceitaria uma quantidade considerável de propriedade privada, mas deixaria assuntos como educação, transportes, mineração, posse de terra, a maioria das produções em massa de artigos básicos, e assim por diante, nas mãos de um Estado altamente organizado. Hoje em dia, o que parece ocorrer é que os homens razoáveis estão convergindo gradualmente para um socialismo moderado, cientificamente estudado e planejado. Percebemos cada vez mais claramente que o homem ignorante não coopera com facilidade e com sucesso em grandes empreendimentos, e que cada passo rumo a um Estado mais complexo, em todas as funções em que o Estado assume o papel da iniciativa privada, necessita de um avanço educacional correspondente e da organização de uma crítica e de um controle adequados. Tanto a imprensa quanto os métodos políticos do Estado contemporâneo são muito rudimentares para qualquer grande extensão das atividades coletivas.

Por algum tempo, no entanto, as tensões entre empregador e empregado, e em particular entre empregadores egoístas e trabalhadores relutantes, levou à disseminação mundial de uma forma muito dura e elementar de comunismo que está associada ao nome de Marx. Marx baseou suas teorias na crença de que as mentes dos homens são limitadas por suas necessidades econômicas, e de que existe um inescapável conflito de interesses na nossa civilização atual, opondo as prósperas classes empregadoras e a massa empregada. Com o avanço na educação exigido pela revolução mecânica, essa grande maioria empregada terá cada vez mais consciência de classe e será cada vez mais sólida em seu antagonismo em relação à minoria dominante (consciente de classe). De algum modo, Marx profetizou, os trabalhadores dotados de consciência de classe tomariam o poder e inaugurariam um novo estado social. O antagonismo, a insurreição, a revolução possível são bastante compreensíveis, mas isso não quer dizer que se seguirá um novo estado social ou qualquer coisa que não seja um processo socialmente destrutivo. Colocado à prova na Rússia, o marxismo, como veremos mais adiante, revelou-se singularmente desprovido de criatividade.

Marx procurou substituir o antagonismo nacional por antagonismos de classe; o marxismo produziu em uma sucessão uma Primeira, uma Segunda e uma Terceira Internacional Comunista. Do ponto de vista do pensamento individualista moderno, porém, também é possível chegar a ideias internacionais. Desde os tempos do grande economista inglês Adam Smith, houve uma percepção crescente de que o comércio e livre e desonerado em todo o planeta é imprescindível para a prosperidade mundial. O individualista, com a sua hostilidade em relação ao Estado, também é hostil a tarifas e limites e a todas as restrições à liberdade de ir e vir que as fronteiras nacionais parecem justificar. É interessante ver duas linhas de pensamento, tão diversas em espírito, tão diferentes em substância quanto o socialismo de guerra de classes dos marxistas e a filosofia individualista de livre comércio dos homens de negócios britânicos da era vitoriana, encaminhando-se afinal, apesar dessas diferenças fundamentais, na direção das mesmas sugestões de um novo tratamento mundial dos assuntos humanos, fora das fronteiras e limitações de qualquer Estado existente. A lógica da realidade triunfa sobre a lógica da teoria. Começamos a perceber que, a partir de pontos de partida muito divergentes, a teoria individualista e a teoria socialista fazem parte de uma busca comum, uma busca por ideias sociais e políticas e interpretações mais amplas, com as quais os homens podem ter meios de trabalhar em conjunto, uma busca que começou de novo na Europa e se intensificou quando a confiança dos homens nas ideias do Sacro Império Romano e na cristandade decaiu, e quando a era das descobertas ampliou os horizontes do mundo do Mediterrâneo, abarcando o mundo inteiro.

Descrever a elaboração e o desenvolvimento das ideias sociais, econômicas e políticas no percurso que culminou nos debates dos dias de hoje seria introduzir temas controversos demais para o alcance e as intenções deste livro. Contudo, observando tudo isso, como fazemos aqui, a partir das vastas perspectivas do estudante da história do mundo, somos obrigados a reconhecer que a reconstrução dessas ideias diretivas na mente humana é ainda uma tarefa inacabada – ainda não podemos nem mesmo estimar o quão inacabada pode estar a tarefa. Certas crenças comuns parecem estar emergindo, com uma influência muito perceptível sobre os eventos políticos e atos públicos de hoje; neste momento, porém, não são claras o suficiente ou convincentes o suficiente a ponto de impelir os homens definitiva e sistematicamente para a sua realização. Os atos dos homens vacilam entre a tradição e o novo, e, no geral, tendem a gravitar ao redor do tradicional. No entanto, em comparação com o pensamento de poucas décadas atrás, parece que vai se delineando o esboço de uma nova ordem nos assuntos humanos. É um esboço impreciso, que afunda em obscuridades aqui e ali, que vagueia em detalhes e fórmulas, mas ele vai ficando cada vez mais claro, e suas linhas principais mudam cada vez menos.

Fica mais e mais evidente a cada ano que, em muitos aspectos e numa crescente variedade de assuntos, a humanidade está se tornando uma única comunidade, e que é cada vez mais necessário que em tais assuntos deva existir um controle que seja comum ao mundo inteiro. Por exemplo: é cada vez mais verdadeiro o fato de que todo o planeta é agora uma única comunidade econômica, que a exploração adequada de seus recursos naturais exige uma regulamentação abrangente, e que o poder imensurável que as descobertas forneceram às atividades humanas faz com que a administração fragmentária e contenciosa de tais questões se torne cada vez mais devastadora e perigosa. Expedientes financeiros e monetários também se tornaram interessantes e exitosos quando aplicados em escala mundial. As doenças infecciosas e os crescimentos e as migrações populacionais também são claramente encarados como preocupações mundiais. O poder e o alcance das atividades humanas também fizeram da guerra algo desproporcionalmente destrutivo, desorganizador e, até mesmo como uma maneira desajeitada de solucionar problemas entre governo e governo ou entre povo e povo, ineficaz. Todos esses problemas clamam por controle e por autoridades que detenham um alcance mais abrangente do que qualquer governo que já existiu.

Mas isso não significa que a solução de tais dificuldades resida em algum supergoverno de todo o mundo, obtido por força de conquista ou pela coalizão dos governos existentes. Em analogia com as instituições existentes, os homens já consideraram um Parlamento da Humanidade, um Congresso Mundial, um presidente ou imperador da Terra. Nossa primeira reação natural se encaminha para alguma conclusão do tipo, mas a discussão e as experiências de meio século de sugestões e tentativas desencorajaram por completo a óbvia ideia inicial. No caminho para a unidade do mundo, as resistências são muito grandes. O pensamento corrente parece se direcionar agora para uma série de comissões especiais ou organizações, com o poder mundial delegado a elas pelos governos existentes de acordo com este ou aquele assunto; são órgãos envolvidos com o lixo ou com o desenvolvimento da riqueza natural, com a equalização das condições de trabalho, com a paz mundial, com dinheiro, população ou saúde, e assim por diante.

O mundo pode vir a descobrir que todos os seus interesses comuns estão sendo geridos como uma só preocupação, antes que perceba que existe um governo mundial. Mas antes mesmo que seja atingida tamanha unidade humana, antes que os acordos internacionais possam ser colocados acima das suspeitas e invejas patrióticas, é preciso que a mente comum da raça absorva a ideia da unidade humana, e que a ideia da humanidade como uma única família seja uma questão de instrução e compreensão universal.

Por vinte séculos ou mais, o espírito das grandes religiões universais vem se esforçando para manter e ampliar a ideia de uma irmandade universal humana, mas ainda hoje os rancores, as raivas e desconfianças dos atritos tribais, nacionais e raciais obstruem, e obstruem com sucesso, os entendimentos mais amplos e os impulsos generosos que fariam de cada homem um servo de toda a humanidade. A ideia da fraternidade humana se empenha agora para impregnar a alma humana, assim como a ideia da cristandade lutou para impregnar a alma da Europa na confusão e na desordem dos séculos VI e VII da era cristã. A difusão e o triunfo de tais ideias deve ser o trabalho de uma multidão de missionários devotados e indistintos, e nenhum escritor contemporâneo pode pretender adivinhar o quanto esse trabalho já avançou, ou que colheita ele pode estar preparando.

As questões sociais e econômicas parecem estar inseparavelmente misturadas às internacionais. A solução, em cada caso, está num apelo para que o mesmo espírito de serviço possa envolver e inspirar o coração humano. A desconfiança, a insociabilidade e o egoísmo das nações refletem e são refletidos pela desconfiança, pela insociabilidade e pelo egoísmo individual do proprietário e do trabalhador em face do bem comum. Exageros de possessividade por parte do indivíduo são paralelos e dizem respeito à ganância arrebatadora de nações e imperadores. São produtos das mesmas tendências instintivas, das mesmas ignorâncias e tradições. O internacionalismo é o socialismo das nações. Ninguém que tenha enfrentado esses problemas poderá dizer que já existe uma ciência psicológica profunda e forte o suficiente e um método suficientemente planejado e organizado de ensino para que cheguemos a qualquer solução real e definitiva para os enigmas das relações e da cooperação entre os humanos. Somos tão incapazes de planejar uma organização pacificadora que seja de fato eficaz para o mundo de hoje quanto seriam os homens em 1820 no planejamento de um sistema ferroviário elétrico; até onde sabemos, porém, o plano é igualmente viável, e pode estar ao alcance da mão.

Nenhum homem pode ultrapassar seu próprio conhecimento, nenhum pensamento pode ultrapassar o pensamento contemporâneo, e é impossível adivinhar ou prever quantas gerações da humanidade poderão ter de viver em guerra e devastação e insegurança e miséria até o momento em que o alvorecer da grande paz para a qual toda a história parece estar apontando, paz no coração e paz no mundo, encerre a nossa noite de vidas destrutivas e despropositadas. As soluções propostas ainda são vagas e rudimentares. Paixões e suspeitas as cercam. Está em andamento uma grande tarefa de reconstrução intelectual, ainda incompleta, e as nossas concepções vão ficando mais claras e exatas – lentamente, ou rapidamente, é difícil dizer. À medida que ficam mais claras, porém, elas se fortalecem nas mentes e na imaginação dos homens. Se ainda não estão fortes o bastante, é por falta de segurança e de exatidão. Elas não são de todo compreendidas porque são apresentadas de modo confuso e variado. Contudo, com precisão e convicção, o novo olhar sobre o mundo será poderoso e atraente. Pode ser que ganhe força com muita rapidez, em breve. E uma grande obra de reconstrução educacional se seguirá, lógica e necessariamente, ao aprofundamento da nossa compreensão.

60

A EXPANSÃO DOS ESTADOS UNIDOS

A região do mundo que obteve os resultados mais imediatos e impressionantes com as novas invenções nos transportes foi a América do Norte. Politicamente, os Estados Unidos encarnaram as ideias liberais de meados do século XVIII, e sua constituição as cristalizou. Dispensaram igreja-Estado ou coroa, não admitiram títulos de nobreza, protegeram a propriedade, com muito zelo, em nome da liberdade, e garantiram (a princípio a prática variava nos diferentes Estados) a quase todos os cidadãos adultos do sexo masculino o direito de voto. Seu método de votação era barbaramente simples, e em consequência a vida política do país caiu, dentro de pouco tempo, nas mãos de máquinas partidárias altamente organizadas, mas isso não impediu que a população recém-emancipada desse mostras de energia, empreendimento e espírito público numa intensidade que deixava qualquer outra população contemporânea para trás.

Depois veio a aceleração de locomoção para a qual já demos atenção. É curioso que os Estados Unidos, que devem muito a essa aceleração de locomoção, tenham se ressentido pouco dela. O país adotou a estrada de ferro, o barco a vapor de rio, o telégrafo e assim por diante como se fossem parte natural de seu crescimento. Eles não eram. Ocorreu que as inovações vieram bem a tempo de salvar a unidade americana. Os Estados Unidos de hoje foram feitos primeiro pelo barco a vapor de rio e depois pela estrada de ferro. Sem essas coisas, os Estados Unidos atuais, esta vasta nação continental, teriam sido algo completamente impossível. O fluxo da população para o oeste teria sido muito mais arrastado; poderia nem ter cruzado as grandes planícies centrais. Foram necessários quase duzentos anos para que assentamentos se fixassem da costa até o rio Missouri, bem menos que metade da largura continental. O primeiro Estado estabelecido além do rio foi o Missouri, o Estado do barco a vapor, em 1821. Mas o restante da distância até o Pacífico foi habitado em poucas décadas.

Se contássemos com os recursos do cinema, seria interessante mostrar um mapa da América do Norte do ano 1600 em diante, com pequenos pontos que representassem centenas de pessoas, cada ponto uma centena, e estrelas para representar as cidades de 100 mil pessoas.

Por um período de duzentos anos, o leitor veria o pontilhado rastejando lentamente ao longo dos distritos do litoral e das águas navegáveis, e se espalhando ainda mais gradualmente em Indiana, Kentucky e assim por diante. Então, em algum momento por volta de 1810, ocorreria uma mudança. As coisas ficariam mais vívidas ao longo do curso dos rios. Os pontos estariam se multiplicando e se espalhando. Por causa do barco a vapor. Os pontos pioneiros logo se espalhariam por Kansas e Nebraska a partir de inúmeros pontos de partida ao longo dos grandes rios.

A seguir, a partir de 1830, teríamos as linhas pretas das ferrovias, e depois disso os pequenos pontos pretos não simplesmente se arrastariam, e sim correriam. Eles estariam surgindo tão rápido, agora, que seria quase como se estivessem sendo disparados por alguma espécie de metralhadora. E de súbito, aqui e ali, apareceriam as primeiras estrelas, indicando as primeiras grandes cidades com 100 mil habitantes. Primeiro uma ou duas e, logo depois, uma infinidade de cidades – cada uma delas como um nó na crescente rede de estradas de ferro.

O crescimento dos Estados Unidos é um processo que não tem precedentes na história do mundo; é um novo tipo de acontecimento. Uma comunidade em tais moldes não poderia ter surgido antes, e, caso tivesse surgido, certamente teria se despedaçado em muito pouco tempo, sem as ferrovias. Sem ferrovias e sem telégrafo, seria mais fácil administrar a Califórnia a partir de Pequim do que de Washington. Mas a grande população dos Estados Unidos da América não apenas cresceu de modo exorbitante; ela se manteve uniforme. Ou melhor, ela se tornou mais uniforme. O homem de São Francisco é mais parecido com o homem de Nova York nos dias de hoje do que o homem da Virgínia se assemelhava ao homem da Nova Inglaterra um século atrás. E o processo de assimilação prossegue sem obstáculos. O país está sendo costurado por ferrovias, pelo telégrafo, e é cada vez mais uma vasta unidade, uma nação que fala, pensa e age em harmonia consigo mesma. Em breve, a aviação fará sua parte no trabalho.

A grande comunidade dos Estados Unidos é algo completamente novo na história. Já tivemos grandes impérios antes com populações superiores a 100 milhões, mas eram associações de povos divergentes; nunca houve um único povo em tamanha escala antes. Precisamos de um novo termo para essa coisa inédita. Chamamos os Estados Unidos de país assim como chamamos de país a França ou a Holanda. Mas as duas coisas são tão diferentes quanto um automóvel e uma charrete puxada por um cavalo. São produtos de diferentes períodos e diferentes condições; trabalham num ritmo diferente e de uma forma inteiramente diferente. Os Estados Unidos, em escala e possibilidade, estão a meio caminho entre um Estado europeu e os Estados Unidos de todo o mundo.

Contudo, no caminho para a grandeza e para a segurança do presente, o povo norte-americano passou por uma fase de severo conflito. Os barcos a vapor dos rios, as estradas de ferro, o telégrafo e as comodidades decorrentes não chegaram a tempo de evitar um conflito de interesses e ideias cada vez mais profundo entre os Estados do sul e do norte da União. Os primeiros eram Estados escravistas; os outros, Estados em que todos os homens eram livres. As ferrovias e barcos a vapor, a princípio, apenas acentuaram as hostilidades em uma divergência já estabelecida entre as duas metades dos Estados Unidos. A crescente unificação devida aos novos meios de transporte expôs a questão: deveria prevalecer, como mais urgente, o espírito do sul ou o do norte? A possibilidade de acordo era quase nula. O espírito do norte era livre e individualista; o sulista favorecia grandes propriedades e uma nobreza consciente que controlava e subjugava uma multidão de pele escura.

Cada novo território transformado em Estado com a maré da população tomando o oeste, cada nova incorporação ao rápido crescimento do sistema norte-americano virava um campo de batalha entre as duas ideias: ser um Estado de cidadãos livres ou deixar que prevalecessem a grande propriedade e a escravidão. Desde 1833, uma organização antiescravagista americana vinha não apenas resistindo à expansão da instituição como também agitando o país todo no rumo de sua abolição completa. A questão explodiu em conflito aberto quando o Texas foi incorporado à União. O Texas era originalmente um território da República do México, mas foi amplamente colonizado por americanos dos Estados escravistas, se separou do México, declarou sua independência em 1835 e foi anexado aos Estados Unidos em 1844. Sob a lei mexicana, a escravidão naquele momento era proibida no Texas; porém, o Sul reivindicou o Texas para o sistema da escravidão e obteve o que desejou.

Enquanto isso, o desenvolvimento da navegação oceânica trazia uma multidão crescente de imigrantes da Europa e despejava habitantes nos Estados do norte, cada vez mais populosos, e a ascensão à condição de Estados por parte de Iowa, Wisconsin, Minnesota e Oregon, terras agrícolas nortistas, forneceu ao Norte antiescravagista a chance de predominar tanto no Senado quanto na Câmara dos Representantes. O Sul produtor de algodão, irritado com a ameaça crescente do movimento abolicionista, e atemorizado com a predominância no Congresso, começou a discutir a possibilidade de se separar da União. Os sulistas começaram a sonhar com anexações ao sul, no México e nas Antilhas, e com um grande Estado escravista, separado do Norte e chegando até o Panamá.

O retorno de Abraham Lincoln como presidente contrário ao expansionismo, em 1860, fez com que o Sul se decidisse pela separação. A Carolina do Sul aprovou um "decreto de secessão" e se preparou para a guerra. Mississippi, Flórida,

Alabama, Geórgia, Louisiana e Texas se juntaram a ela; uma convenção realizada em Montgomery, no Alabama, elegeu Jefferson Davis como presidente dos "Estados Confederados" da América, e aprovou uma constituição que defendia em específico "a instituição da escravidão dos negros".

Ocorreu que Abraham Lincoln era um típico integrante dos novos povos que haviam se desenvolvido depois da Guerra da Independência. Seus primeiros anos foram despendidos sem rumo, no fluxo da população para o oeste. Ele nasceu em Kentucky (1809), foi levado para Indiana quando menino e, mais tarde, para Illinois. A vida era dura nos ermos de Indiana, naqueles dias; a casa era uma mera cabana no deserto, e sua escolaridade era deficiente e irregular. Mas sua mãe o ensinou a ler cedo, e ele se tornou um leitor voraz. Aos dezessete anos, Abraham era um jovem corpulento e atlético, um grande lutador e corredor. Trabalhou por algum tempo como balconista de armazém, virou comerciante em parceria com um sujeito beberrão e contraiu dívidas que não conseguiu pagar integralmente por quinze anos. Em 1834, quando ainda tinha apenas 25 anos, foi eleito membro da Câmara dos Representantes pelo Estado de Illinois. Em Illinois, a questão da escravidão era particularmente delicada, porque o grande líder da causa da expansão da escravidão, no Congresso nacional, era o senador Douglas, de Illinois. Douglas era um homem de grande habilidade e prestígio, e por alguns anos Lincoln lutou contra ele em discursos e panfletos, elevando-se com firmeza à posição de adversário mais formidável de Douglas e saindo, por fim, vitorioso. A luta culminante foi a campanha presidencial de 1860; no dia quatro de março de 1861, Lincoln foi empossado como presidente, e os Estados do sul já estavam desligados do governo federal de Washington, e já cometiam atos de guerra.

Essa guerra civil na América foi travada por exércitos improvisados que cresceram de forma constante, passando de algumas dezenas de milhares para centenas de milhares – até que as forças federais excederam, por fim, um milhão de homens; ela foi travada sobre uma vasta área entre o Novo México e o mar do Leste, Washington e Richmond sendo os principais objetivos. Está além do nosso alcance, aqui, falar sobre a energia cada vez mais intensa dessa batalha épica, que se deslocava para lá para cá por colinas e bosques no Tennessee e na Virgínia e desciam até o Mississippi. A matança e os ferimentos foram terríveis. Golpes eram respondidos por contragolpes; a esperança dava lugar ao desânimo, e voltava e se desapontava outra vez. Por vezes, Washington parecia estar ao alcance da Confederação; e outra vez os exércitos federais se deslocavam para Richmond. Os confederados, superados em número e muito mais pobres em recursos, lutaram comandados por um general de habilidades supremas, o general Lee. O generalato da União era bem inferior. Generais eram dispensados, novos eram nomeados; finalmente, sob o comando de Sherman e Grant, veio a vitória sobre o esfarrapado e exaurido Sul. Em outubro de 1864, um exército federal liderado por Sherman rompeu a esquerda confederada e marchou a partir do Tennessee, atravessando a Geórgia e descendo até o litoral, ao longo do território inimigo, e então virou e subiu pelas Carolinas, atacando a retaguarda dos exércitos confederados. Enquanto isso, Grant detinha Lee diante de Richmond até que Sherman se lançasse sobre ele. Em nove de abril de 1865, Lee e seu exército se renderam no tribunal de Appomattox, e em menos de um mês todos os exércitos separatistas restantes depuseram suas armas, e a Confederação teve seu fim.

Os quatro anos de guerra tinham significado uma enorme tensão física e moral para o povo dos Estados Unidos. O princípio da autonomia de Estado era muito apreciado por muitas mentes, e o Norte parecia estar, de fato, forçando o Sul a aceitar a abolição. Nos Estados da fronteira, irmãos e primos, e até mesmo pais e filhos, tomavam lados opostos e se viam em exércitos inimigos. O Norte encarava sua causa como sendo justa, mas para um grande número de pessoas não se tratava de uma justiça vigorosa e incontestável. Para Lincoln, porém, não havia dúvida. Ele era um homem lúcido em meio a muita confusão; defendeu a união; defendeu a paz para toda a América. Lincoln se opunha à escravidão, mas a escravidão, para ele, era uma questão secundária; seu propósito principal era impedir que os Estados Unidos se dividissem em dois fragmentos contrastados e dissonantes.

Quando, nos estágios iniciais da guerra, o Congresso e os generais federais se lançaram a uma emancipação precipitada, Lincoln se opôs e mitigou o entusiasmo. Ele propunha uma emancipação por etapas, beneficiada por compensações. Foi só em janeiro de 1865 que a situação amadureceu o suficiente para que o Congresso pudesse propor a abolição da escravidão para sempre por uma emenda constitucional, e a guerra já tinha acabado quando a emenda foi ratificada pelos Estados.

Enquanto a guerra se arrastava em 1862 e 1863, as primeiras paixões e os entusiasmos diminuíram, e a América viveu todas as fases do cansaço da guerra e do desgosto em relação à guerra. O presidente se viu cercado por derrotistas, traidores, generais dispensados, políticos traiçoeiros, tendo atrás de si um povo exausto e desconfiado e diante de si generais sem inspiração e tropas deprimidas; seu maior consolo deve ter sido o fato de que Jefferson Davis, em Richmond, não poderia estar em situação muito melhor. O governo inglês agiu mal, e permitiu que agentes confederados na Inglaterra lançassem e tripulassem com soldados três velozes navios corsários – o *Alabama* é o mais lembrado –, que passaram a perseguir as embarcações dos Estados Unidos no mar. No México, o exército francês pisoteou na lama a Doutrina Monroe. De Richmond, partiram sutis propostas de que a guerra fosse abandonada, de que as questões da guerra fossem discutidas mais tarde, e de que federais e confederados se aliassem e atacassem os franceses no México. Mas Lincoln não quis saber de tais propostas, queria que a supremacia da União fosse mantida. Os americanos poderiam agir como um só povo, mas não como dois.

Lincoln manteve o país unido durante longos e exaustivos meses de reveses e de esforços ineficazes, por fases negras de divisão e falta de coragem; e não há registro de que ele jamais tenha vacilado em seu propósito. Houve momentos em que não havia nada a ser feito, quando ele se sentava na Casa Branca, quieto e imóvel, um austero monumento de resolução; e por vezes o presidente relaxava sua mente, gracejava e contava anedotas indecentes.

Ele testemunhou o triunfo da União. Chegou a Richmond um dia após sua rendição, e soube da capitulação de Lee. Retornou a Washington e fez seu último discurso público no dia 11 de abril. Seus temas eram a reconciliação e a reconstrução de governos leais nos Estados derrotados. Na noite de 14 de abril, Lincoln foi ao Teatro Ford, em Washington; sentado, olhando para o palco, ele foi baleado na parte de trás da cabeça; o assassino era um ator chamado Booth, que tinha alguma espécie de ressentimento contra ele, e que entrara furtivamente no camarote. Mas o trabalho de Lincoln estava feito; a União foi salva.

No início da guerra, não existiam ferrovias que levassem até a costa do Pacífico; terminada a guerra, as estradas de ferro se espalharam como uma planta que cresce sem parar, e agora elas agarraram e prenderam e costuraram todo o vasto território dos Estados Unidos em uma unidade mental e material indissolúvel; aquela seria a maior comunidade real do mundo, até que a população da China aprendesse a ler.

61

A ALEMANHA TORNA-SE PREDOMINANTE NA EUROPA

Já contamos como, após as convulsões da Revolução Francesa e da aventura napoleônica, a Europa se aquietou outra vez por um momento, numa paz insegura e numa espécie de reavivamento modernizado das condições políticas de cinquenta anos antes. Até meados do século, as novas facilidades no tratamento do aço, nas ferrovias e na navegação a vapor não produziram consequências políticas marcantes. Mas a tensão social ocasionada pelo desenvolvimento da industrialização urbana cresceu. A França continuou a ser um país conspicuamente inquieto. A revolução de 1830 foi seguida por outra em 1848. E então Napoleão III, um sobrinho de Napoleão Bonaparte, tornou-se primeiro presidente e depois (em 1852) imperador.

Ele tomou providências para a reconstrução de Paris, e a transformou de uma pitoresca cidade insalubre do século XVII na espaçosa e latinizada cidade de mármore que ela é hoje em dia. Tomou providências para reconstruir a França, e fez dela uma modernizada e refulgente nação imperialista. Revelou disposição para reavivar a competitividade das grandes potências que mantivera a Europa ocupada com guerras fúteis durante os séculos XVII e XVIII. O czar Nicolau I da Rússia (1825-1856) também vinha se mostrando agressivo, e fazia pressão sobre o Império Turco no sul, com os olhos voltados para Constantinopla.

Depois da virada do século, a Europa mergulhou em um novo ciclo de guerras. Mais do que tudo, eram guerras por ascendência e "equilíbrio de poder". Inglaterra, França e Sardenha investiram contra a Rússia na Guerra da Crimeia,

Mapa da Europa, 1848-1871

Legenda:
- Prússia: até 1866; território tomado 1866-7; Conf. da Alemanha do Norte, 1866; Império Alemão, 1871
- França: território adquirido (Saboia e Nice, 1860); território perdido (Alsácia-Lorena, 1871)
- Áustria: território perdido (Lombardia, 1859; Vêneto, 1866)

em defesa da Turquia; Prússia (com a Itália como aliada) e Áustria lutaram pela liderança da Alemanha; a França libertou o norte da Itália do domínio austríaco, tomando a Saboia como pagamento, e a Itália gradualmente se unificou em um reino. A seguir, Napoleão III foi mal aconselhado a ponto de se aventurar no México, durante a Guerra Civil Americana; empossou um imperador Maximiliano no país e o abandonou ao seu destino (ele foi fuzilado pelos mexicanos) às pressas quando o vitorioso governo federal mostrou os dentes.

Em 1870 teve início uma longa batalha entre França e Prússia, pendente havia muito, pela supremacia na Europa. A Prússia estava preparada para essa batalha e a previra com bastante antecedência, e a França apodrecia em corrupção financeira. A derrota francesa foi rápida e dramática. Os alemães invadiram a França em agosto, um grande exército francês comandado pelo imperador capitulou em Sedan em setembro, outro se rendeu em outubro em Metz, e em janeiro de 1871, depois de cerco e bombardeio, Paris caiu nas mãos alemãs. A paz foi assinada em Frankfurt, com a entrega das províncias de Alsácia e Lorena para os alemães. A Alemanha, excluída a Áustria, foi unificada como império, e o rei da Prússia foi adicionado à galáxia dos césares europeus na condição de imperador alemão.

Pelos 43 anos seguintes, a Alemanha foi a maior potência do continente europeu. Houve uma guerra russo-turca em 1877-1878, mas a partir de então, com exceção de alguns reajustes nos Bálcãs, as fronteiras europeias permaneceram inquietamente estáveis durante trinta anos.

62

OS NOVOS IMPÉRIOS ULTRAMARINOS DO NAVIO A VAPOR E DAS FERROVIAS

O fim do século XVIII foi um período de impérios estilhaçados e de expansionistas desiludidos. A viagem longa e tediosa da Inglaterra e da Espanha até suas colônias na América impedia um ir e vir livre e efetivo entre a terra natal e as terras dependentes, de modo que as colônias se separaram em comunidades novas e distintas, com ideias e interesses distintos e até mesmo variações de fala. À medida que elas se desenvolviam, tensionavam cada vez mais a linha de navegação débil e incerta que atravessava o oceano. Postos comerciais de pouca serventia, em meio ao nada, como os postos franceses no Canadá, ou estabelecimentos comerciais em grandes comunidades estranhas, como os da Grã-Bretanha na Índia, poderiam muito bem optar por uma existência independente na nação que lhes dava apoio e uma razão para sua existência. Isso e nada mais, para muitos pensadores no início do século XIX, parecia ser o limite para o domínio ultramarino. Em 1820, o traçado dos grandes "impérios" europeus fora da Europa, que figurara tão vigorosamente nos mapas de meados do século XVIII, havia encolhido para dimensões muito pequenas. Só os russos ampliavam seus domínios, maiores do que nunca na Ásia.

Em 1815, o Império Britânico consistia nas pouco povoadas regiões costeiras de rio e lago do Canadá e num vasto interior deserto em que os únicos assentamentos eram as estações de comércio de peles da Companhia da Baía de Hudson; em cerca de um terço da península indiana, sob o comando da Companhia das Índias Orientais; nos distritos costeiros do Cabo da Boa Esperança, habitados por negros e por colonos holandeses de espírito rebelde; e possuía ainda alguns postos comerciais no litoral da África Ocidental, a Rocha de Gibraltar, a Ilha de Malta, a Jamaica, poucas e pequenas possessões movidas a trabalho escravo nas Antilhas, a Guiana Britânica na América do Sul e, no outro lado do mundo, dois entulhos para envio de condenados, um na Tasmânia e outro em Botany Bay, na Austrália. A Espanha manteve Cuba e alguns poucos assentamentos nas Ilhas Filipinas. Portugal retinha, na África, vestígios de suas antigas posses. A Holanda tinha várias ilhas e possessões nas Índias Orientais e na Guiana Holandesa, e a Dinamarca tinha uma e outra ilha nas Índias Ocidentais. A França tinha uma ou duas ilhas nas Antilhas e a Guiana Francesa. Isso parecia ser mais do que suficiente para as potências europeias, parecia ser tudo o que estavam dispostas a adquirir do resto do mundo. Só a Companhia das Índias Orientais dava mostras de algum espírito expansionista.

Enquanto a Europa se mantinha ocupada com as guerras napoleônicas, a Companhia das Índias Orientais, sob uma sucessão de governadores-gerais, estava exercendo um papel semelhante ao que já fora exercido na Índia, no passado, por turcomanos e outros invasores vindos do norte. E depois da Paz de Viena ela seguiu coletando suas receitas, fazendo guerras, enviando embaixadores às potências asiáticas, quase um Estado independente, com acentuada disposição, no entanto, para enviar riquezas para o ocidente.

Não podemos contar em detalhes, aqui, como a companhia britânica abriu seu caminho para a supremacia ora como aliada de um, ora como aliada de outro, e por fim como conquistadora de todos. Seu poder se alastrou pelos territórios de Assam, Sind, Oudh. O mapa da Índia começou a assumir os contornos que são familiares a um garoto inglês dos dias de hoje, uma colcha de retalhos de Estados nativos envolvida e unida pelas grandes províncias, sob direto domínio britânico...

Em 1859, depois de um grave motim das tropas nativas indianas, o império da Companhia das Índias Orientais foi anexado à coroa britânica. Por um decreto intitulado *Um decreto para melhor governar a Índia*, o governador-geral tornou-se um vice-rei representante do Soberano, e as funções da Companhia foram repassadas para um secretário de Estado para a Índia, homem de confiança do Parlamento britânico. Em 1877, para finalizar o trabalho, Lord Beaconsfield fez com que a rainha Vitória fosse proclamada imperatriz da Índia.

Nessas extraordinárias condições, a Índia e a Grã-Bretanha estão conectadas no presente momento. A Índia ainda é o Império do Grão-mogol, mas o Grão-mogol foi substituído pela "república coroada" da Grã-Bretanha. A Índia é uma autocracia sem um autocrata. Sua administração combina a desvantagem da monarquia absoluta com a impessoalidade e a irresponsabilidade do oficialismo democrático. O indiano que quiser fazer uma reclamação não dispõe de um monarca visível a quem recorrer; seu imperador é um símbolo dourado; ele terá que distribuir panfletos na Inglaterra ou encaminhar um questionamento à Câmara dos Comuns britânica. Quanto mais o Parlamento estiver ocupado com os assuntos britânicos, menos a atenção a Índia vai receber, e tanto mais ela estará à mercê de seu pequeno grupo de altos funcionários.

A não ser pela Índia, não houve grande expansão de qualquer império europeu até que as ferrovias e os navios a vapor estivessem ativos. Uma considerável vertente de pensadores políticos da Grã-Bretanha se dispunha a considerar que as possessões ultramarinas eram uma fonte de fraqueza para o reino. Os assentamentos australianos se desenvolveram com lentidão, até que descobertas de valiosas minas de cobre, em 1842, e de ouro, em 1851, lhes deram uma nova importância. Melhorias no transporte também faziam com que a lã australiana se tornasse um produto cada vez mais comercializável na Europa. O Canadá também não progrediu notavelmente até 1849; havia problemas causados por divergências entre seus habitantes franceses e britânicos, ocorreram várias rebeliões graves, e foi só em 1867 que uma nova constituição, criando um Governo Federal do Canadá, aliviou suas tensões internas. A estrada de ferro foi o que alterou o panorama canadense; permitiu ao Canadá, assim como permitiu aos Estados Unidos, que se expandisse para o oeste, que comercializasse seu milho e outros produtos na Europa e, apesar de seu crescimento rápido e extenso, que seguisse sendo uma comunidade em língua e harmonia e interesses. A ferrovia, o navio a vapor e o cabo do telégrafo estavam transformando, de fato, todas as condições de desenvolvimento colonial.

Já existiam assentamentos ingleses na Nova Zelândia antes de 1840, e uma Companhia da Nova Zelândia foi formada para explorar as possibilidades da ilha. Em 1840, a Nova Zelândia também foi adicionada às possessões coloniais da coroa britânica.

O Canadá, como vimos, foi a primeira das possessões britânicas a responder bem às novas possibilidades econômicas que os novos métodos de transporte abriam. Atualmente, as repúblicas da América do Sul, e em particular a República da Argentina, começaram a sentir, em seu comércio de gado e cultivo de café, a proximidade cada vez maior do mercado europeu. Antes disso, o que mais atraía as potências europeias em regiões não colonizadas e bárbaras era o ouro, ou outros metais, ou especiarias, marfim, escravos. No último quarto do século XIX, porém, o crescimento das populações europeias obrigou seus governantes a olhar para o estrangeiro em busca de alimentos básicos; e o crescimento do industrialismo científico gerou uma demanda por novas matérias-primas, gorduras e graxas de todo tipo, borracha e outras substâncias até então ignoradas. Ficava evidente que Grã-Bretanha, Holanda e Portugal colhiam uma grande e crescente vantagem comercial com seu considerável controle sobre produtos tropicais e subtropicais. Depois de 1871, a Alemanha, e em seguida a França e mais tarde a Itália, começaram a procurar por territórios não anexados que fossem fonte de matéria-prima, ou por países orientais que pudessem ser submetidos a uma modernização rentável.

E assim começou em todo o mundo uma renovada disputa por terras politicamente desprotegidas, exceto na América, onde a Doutrina Monroe agora barrava tais aventuras.

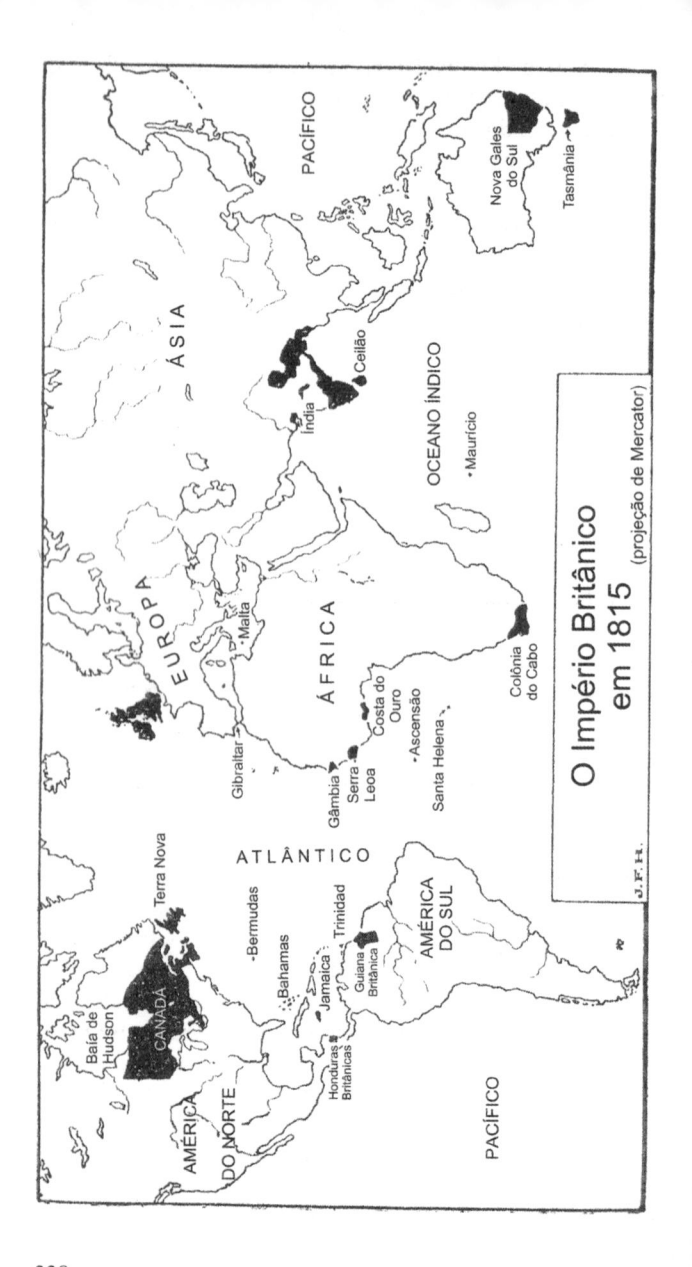

O Império Britânico em 1815 (projeção de Mercator)

Perto da Europa havia o continente africano, cheio de possibilidades que mal eram conhecidas. Em 1850, tratava-se de um continente de negro mistério; apenas o Egito e o litoral eram conhecidos. Não temos espaço, aqui, para contar a espantosa história dos exploradores e aventureiros que primeiro penetraram a escuridão africana, e dos agentes políticos, administradores, comerciantes, colonos e homens de ciência que seguiram a trilha aberta. Raças deslumbrantes de homens como os pigmeus, animais estranhos como o ocapi, maravilhosos frutos e flores e insetos, terríveis doenças, uma paisagem atordoante de florestas e montanhas, enormes mares interiores e gigantescos rios e cascatas foram revelados; todo um novo mundo. Foram descobertos até mesmo (no Zimbábue) vestígios de uma civilização não registrada e desaparecida, a aventura pelo sul de um povo remoto. Nesse novo mundo os europeus entraram; e encontraram o rifle, que já existia nas mãos dos comerciantes árabes de escravos, e a vida dos negros em desordem.

Em 1900, passado meio século, toda a África estava mapeada, explorada, estimada e dividida entre as potências europeias. Pouca atenção se deu ao bem-estar dos nativos na disputa. O traficante de escravos árabe foi antes controlado do que expulso, mas a ganância por borracha, que era um produto selvagem coletado sob coação pelos nativos no Congo Belga, uma ganância exacerbada pelo choque entre os administradores europeus inexperientes e as populações nativas, ocasionou horríveis atrocidades. Nenhuma potência europeia tem as mãos totalmente limpas na questão.

Não podemos contar em detalhes como a Grã-Bretanha se apossou do Egito em 1883 e permaneceu no país, apesar do fato de que o Egito fazia, tecnicamente, parte do Império Turco, nem como isso quase causou uma guerra entre França e Grã-Bretanha em 1898, quando um certo coronel Marchand, atravessando a África Central a partir da costa oeste, tentou tomar o alto Nilo em Fachoda.

Também não podemos falar sobre como o governo britânico permitiu pela primeira vez aos bôeres (ou colonos holandeses) do distrito do rio Orange e do Transvaal que criassem repúblicas independentes nas regiões interiores da África do Sul, para depois se arrepender e anexar a República do Transvaal em 1877; nem sobre como os bôeres do Transvaal lutaram pela liberdade e a conquistaram depois da Batalha de Majuba Hill (1881). Majuba Hill ficou marcada com dor na memória do povo inglês, graças a uma persistente campanha da imprensa. Uma guerra com ambas as repúblicas teve início em 1899, uma guerra de três anos que custou muito ao povo britânico e que teve fim com a rendição das duas repúblicas.

O período de subjugação foi breve. Em 1907, depois da queda do governo imperialista que as havia conquistado, os liberais tomaram para si o problema sul-africano, e essas repúblicas se tornaram livres e se associaram de boa vontade com Colônia do Cabo e Natal em uma confederação de todos os Estados da África do Sul, formando uma república autônoma sob a coroa britânica.

Em um quarto de século, a partilha da África foi concluída. Restaram não anexados três países relativamente pequenos: a Libéria, uma colônia de escravos negros libertados na costa oeste; o Marrocos, sob um sultão muçulmano; e a Abissínia, um país bárbaro, praticante de uma forma antiga e peculiar do cristianismo, que havia mantido sua independência com êxito em 1896, contra a Itália, na Batalha de Adwa.

63

A AGRESSÃO EUROPEIA NA ÁSIA E A ASCENSÃO DO JAPÃO

É difícil acreditar que um número tão grande de pessoas realmente tenha aceitado essa pintura abrupta do mapa da África, em cores europeias, como uma definição nova e permanente das questões mundiais, mas é dever do historiador registrar que ela foi, sim, aceita. A mente europeia do século XIX dispunha de um conhecimento histórico muito superficial, e não existia o hábito da crítica penetrante. As vantagens um tanto temporárias que a revolução mecânica ocidental dera aos europeus em relação ao resto do velho mundo eram vistas pelas pessoas, que ignoravam por completo eventos como as grandes conquistas mongóis, como evidências de uma permanente e assegurada liderança europeia sobre a humanidade. Elas não tinham noção de que a ciência e seus frutos podiam ser transferidos. Não se davam conta de que chineses e indianos poderiam dar prosseguimento aos trabalhos de pesquisa tão habilmente quanto franceses ou ingleses. Acreditavam que havia uma tendência intelectual inata no Ocidente, e uma indolência e um conservadorismo inatos no Oriente, o que garantiria aos europeus a predominância mundial eterna.

Em consequência de tal crença, os vários postos europeus estrangeiros se dedicavam não apenas a brigar com os britânicos pelas regiões selvagens e menos desenvolvidas da superfície do mundo, mas também a despedaçar os países populosos e civilizados da Ásia, como se seus povos também não passassem de matéria-prima para exploração. O imperialismo da classe governante britânica na Índia, em essência precário, mas esplêndido nas aparências, assim como as extensas e rentáveis possessões dos holandeses nas Índias Orientais, arrebatava as Grandes Potências rivais com sonhos de glórias semelhantes na Pérsia, no Império Otomano desintegrado e na Indochina, na China e no Japão.

Em 1898, a Alemanha tomou Kiauchau na China. A Grã-Bretanha respondeu tomando Wei-Hai-Wei, e no ano seguinte os russos se apossaram de Port Arthur. Uma onda de ódio aos europeus varreu a China. Ocorreram massacres de europeus e cristãos convertidos, e em 1900 as legações europeias em Pequim foram atacadas e cercadas. Uma força conjunta de europeus fez uma expedição punitiva a Pequim, resgatou as legações e roubou uma grande quantidade de bens valiosos. Os russos tomaram a Manchúria a seguir, e em 1904 os britânicos invadiram o Tibete...

Mas agora surge uma nova potência na luta das grandes potências: o Japão. Até então, o Japão tivera uma participação pouco significativa na história; sua civilização isolada não contribuíra em grande medida para a formação geral dos destinos humanos; recebera muito, mas dera pouco. Os japoneses propriamente ditos pertencem à raça mongol. Sua civilização, sua escrita e suas tradições literárias e artísticas são derivadas dos chineses. Sua história é interessante e romântica; eles desenvolveram um sistema feudal e um sistema de cavalaria nos primeiros séculos da era cristã; seus ataques à Coreia e à China são o equivalente oriental das guerras inglesas na França. O Japão entrou em contato com a Europa pela primeira vez no século XVI. Portugueses chegaram ao Japão em 1542 numa barcaça chinesa, e um missionário jesuíta chamado Francisco Xavier começou a atuar no país em 1549. Por algum tempo o Japão viu com bons olhos a interação com a Europa, e os missionários cristãos converteram um grande número de japoneses. Um certo William Adams se tornou o conselheiro europeu mais confiável para os japoneses, e lhes ensinou a construir grandes navios. Foram realizadas viagens para a Índia e o Peru em navios construídos por japoneses. E então surgiram complicadas rixas entre os dominicanos espanhóis, os jesuítas portugueses e os protestantes ingleses e holandeses, cada um denegrindo os projetos políticos dos outros perante os japoneses. Os jesuítas, em uma fase de ascensão, perseguiram e insultaram os budistas com grande aspereza. Os japoneses acabaram chegando à conclusão de que os europeus eram um incômodo insuportável, e de que o cristianismo católico, em particular, era um mero disfarce para os sonhos políticos do papa e da monarquia espanhola – que já tinha posse das Ilhas Filipinas; houve uma grande perseguição aos cristãos, e em 1638 o Japão se fechou totalmente para os europeus, e permaneceu fechado por mais de duzentos anos. Durante esses dois séculos, os japoneses ficaram completamente isolados do resto do mundo, como se vivessem em outro planeta. Era proibido construir um navio que fosse maior que um simples barco costeiro. Nenhum japonês podia ir para o estrangeiro, e nenhum europeu entrava no país.

Por dois séculos, o Japão se manteve fora do fluxo principal da história. Seguiu vivendo num sistema de feudalismo pitoresco, no qual cerca de cinco por cento da população – os *samurais*, ou guerreiros, e os nobres e suas famílias – tiranizava sem restrições o restante da população. Ao mesmo tempo, o grande mundo exterior adotava visões mais amplas e novos poderes. Embarcações estranhas começaram a aparecer com mais frequência, passando pelos promontórios japoneses; por vezes, navios naufragavam e marinheiros chegavam à praia. Da colônia holandesa na Ilha de Dejima, único elo do país com o universo exterior, vieram advertências de que o Japão estava ficando para trás em relação ao poderio do mundo ocidental. Em 1837, um navio entrou na baía de Edo exibindo uma estranha bandeira com listras e estrelas, e tendo a bordo alguns marinheiros japoneses, recolhidos à deriva no Pacífico, muito longe dali. O navio foi expulso a tiro de canhão. A bandeira logo reapareceu, em outros navios. Um deles, em 1849, veio exigir a libertação de dezoito marinheiros americanos naufragados. Então, em 1853, apareceram quatro navios de guerra americanos, comandados pelo comodoro Perry, que se recusaram a ser rechaçados. Perry deitou âncora em águas proibidas e enviou mensagens para os dois governantes que, na época, dividiam o controle do Japão. Em 1854, ele voltou com dez navios, navios espantosos movidos a vapor, equipados com armamento pesado, e apresentou propostas de comércio e relacionamento; os japoneses não tinham poder para resistir. Perry desembarcou com uma guarda de quinhentos homens para assinar o tratado. Multidões incrédulas testemunharam a visita daqueles homens do mundo exterior que marchavam pelas ruas.

Rússia, Holanda e Grã-Bretanha vieram a seguir, no caminho aberto pela América. Um grande fidalgo que mandava no Estreito de Shimonoseki achou por bem atirar em navios estrangeiros, e um bombardeio de uma frota de guerra britânica, francesa e holandesa destruiu suas baterias e dispersou seus espadachins. Por fim, um esquadrão aliado (1865), fundeado junto a Kyoto, impôs uma ratificação dos tratados que abriram o Japão para o mundo.

A humilhação infligida aos japoneses por tais acontecimentos foi intensa. Com energia e inteligência assombrosas, eles se lançaram ao trabalho de elevar sua cultura e suas organizações ao nível das potências europeias. Nunca, em toda a história da humanidade, uma nação avançou como o Japão avançou então. Em 1866, os japoneses eram um povo medieval, uma caricatura fantástica do feudalismo romântico mais extremado; em 1899, eram um povo completamente ocidentalizado, que podia ser equiparado às mais avançadas potências europeias. O Japão dissipou por completo a certeza de que a Ásia estaria sempre, de modo irrevogável e desesperançado, atrás da Europa. Em comparação, o progresso europeu pareceu ser lento.

Nós não podemos entrar em qualquer pormenor, aqui, sobre a guerra do Japão contra a China em 1894-1895. Ficou revelada a extensão de sua ocidentalização; o Japão tinha um exército ocidentalizado eficiente e uma frota pequena, mas razoável. O significado de seu renascimento, porém, apesar de ter sido valorizado pela Grã-Bretanha e pelos Estados Unidos, que já o tratavam como se fosse um Estado europeu, não foi compreendido pelas outras grandes potências, engajadas na busca por novas Índias na Ásia. A Rússia pressionava de cima, da Manchúria até a Coreia. A França já estava estabelecida no extremo sul, em Tonkin e Annam, e a Alemanha rondava, faminta, procurando por algum assentamento. As três potências se juntaram para impedir que os japoneses obtivessem vantagens com a guerra chinesa. O Japão estava exaurido pela luta, e os três países o ameaçaram com uma guerra.

O Japão cedeu por um tempo, e reuniu suas forças. Dentro de dez anos, estava pronto para lutar com a Rússia, o que marca uma época na história da Ásia, o encerramento da era da arrogância europeia. O povo russo era inocente e ignorava, é claro, a perturbação que lhe era armada meio mundo afora, e os estadistas russos mais sábios se opunham àquelas investidas insensatas; mas um bando de aventureiros financeiros cercava o czar, incluindo os grão-duques, seus primos. Eles haviam apostado com força no saqueamento prospectivo da Manchúria e da China, e não aceitariam nenhuma retirada. Assim, grandes exércitos de soldados japoneses começaram a ser transportados pelo mar até Port Arthur e a Coreia, e intermináveis carregamentos de camponeses russos percorreram a ferrovia siberiana para morrer nos campos de batalha distantes.

Os russos, malconduzidos e desonestamente providos, foram derrotados tanto no mar quanto em terra. A frota báltica russa circunavegou a África para ser totalmente destruída no Estreito de Tsushima. Um movimento revolucionário popular, enfurecido pela matança remota e irracional, obrigou o czar a encerrar a guerra (1905); ele voltou para a metade sul do Amur, que havia sido tomada pela Rússia em 1875, evacuou a Manchúria e cedeu a Coreia para o Japão. A invasão europeia da Ásia estava chegando ao fim, e teve início a retração dos tentáculos da Europa.

64

O Império Britânico em 1914

Podemos referir aqui, brevemente, a natureza variada do que compunha o Império Britânico em 1914, o conjunto agregado pelo navio a vapor e pela ferrovia. Esse império era, e ainda é, uma combinação política um tanto singular; nada do gênero jamais existiu antes.

Em primeiro lugar, e no centro de todo o sistema, havia a "república coroada" do Reino Unido Britânico, incluindo (contra a vontade de uma parte considerável do povo irlandês) a Irlanda. A maioria do Parlamento britânico, formado pelos três parlamentos unidos da Inglaterra e País de Gales, Escócia e Irlanda, determina a chefia, a qualidade e a política do ministério, e o faz, em grande medida, a partir de considerações que decorrem da política interna britânica. Esse ministério é o efetivo governo supremo, com poderes de paz e de guerra, que comanda todo o resto do império.

A seguir, por ordem de importância política para os Estados britânicos, tínhamos as "repúblicas coroadas" de Austrália, Canadá, Terra Nova (a mais antiga possessão britânica, 1583), Nova Zelândia e África do Sul, todas, na prática, independentes e autogovernadas, em aliança com a Grã-Bretanha, mas cada uma tendo um representante da Coroa nomeado pelo governo do momento;

A seguir, o Império Indiano, uma extensão do Império do Grão-mogol, com seus Estados dependentes e "protegidos" abrangidos agora do Beluquistão à Birmânia, e incluindo Áden, sendo que em todo o império a coroa britânica e o poder indiano (sob o controle parlamentar) exerciam o papel da dinastia turcomana original;

Depois, a ambígua possessão do Egito, ainda nominalmente parte do Império Turco e mantendo ainda seu próprio

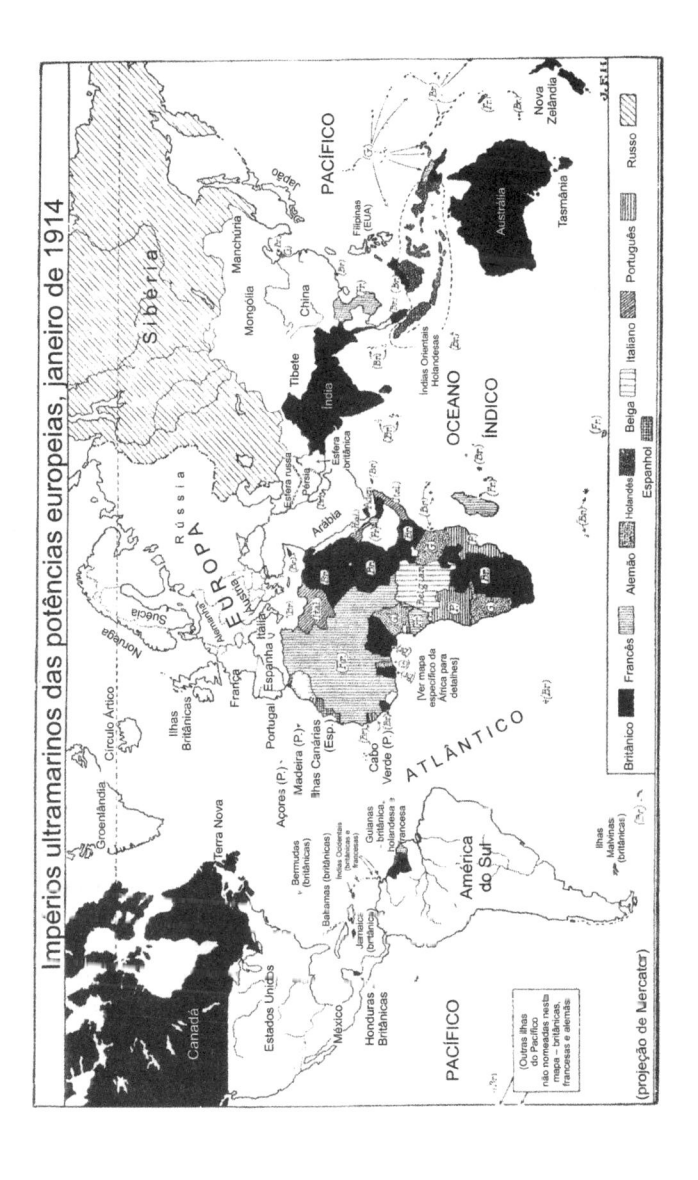

Impérios ultramarinos das potências europeias, janeiro de 1914

(projeção de Mercator)

Legenda: Britânico | Francês | Alemão | Holandês | Belga | Italiano | Português | Espanhol | Russo

347

monarca, o quedive, mas sob um controle oficial britânico quase despótico;

Depois, a ainda mais ambígua província do Sudão, "anglo-egípcia", ocupada e administrada em conjunto pelos britânicos e pelo governo egípcio (sob controle britânico);

Depois, um grupo de comunidades parcialmente autônomas, algumas de origem britânica e outras não, com legisladores eleitos e um poder executivo nomeado, como Malta, Jamaica, Bahamas e Bermudas;

Depois, as colônias da Coroa, nas quais o comando do governo britânico (por meio do Escritório Colonial) beirava a autocracia, como Ceilão, Trinidad e Fiji (onde havia um conselho nomeado), e Gibraltar e Santa Helena (onde havia um governador);

Depois, grandes áreas de (em grande parte) terras tropicais, áreas de produção de matéria-prima, com comunidades nativas politicamente fracas e subcivilizadas que eram nominalmente protetorados, e administradas ou por um alto comissário que comandava chefes nativos (como na Basutolândia) ou através de uma companhia licenciada (como na Rodésia). Em alguns casos o Ministério das Relações Exteriores, em alguns casos o Ministério Colonial e em outros o Ministério da Índia se encarregou de adquirir as possessões deste último tipo, o menos definido de todos, mas na maior parte das vezes o Escritório Colonial era agora responsável por elas.

Fica claro, portanto, que nenhum governo e nenhum cérebro em específico jamais compreendera o Império Britânico como um todo. Era uma mistura de crescimentos e acumulações totalmente diferente de tudo o que já foi chamado de império no passado. Ele garantia uma paz ampla e segurança; é por isso que foi suportado e sustentado por tantos homens de raças "súditas" – apesar das tiranias e deficiências oficiais e de muita negligência por parte das pessoas "de casa". Como o império ateniense, era um império ultramarino; seus métodos eram métodos marítimos, e sua ligação comum era a marinha britânica. Como todos os impérios, sua coesão dependia fisicamente de um sistema de comunicação;

o desenvolvimento da náutica, da construção naval e da navegação a vapor entre os séculos XVI e XIX fizera com que fosse possível e conveniente uma Pax, a "Pax Britannica", e novas evoluções em transporte rápido terrestre ou aéreo poderiam torná-la inconveniente a qualquer momento.

65

A ERA ARMAMENTISTA NA EUROPA E A GRANDE GUERRA DE 1914-1918

O progresso na ciência material, que criou a vasta república americana de barco-a-vapor-e-ferrovia e disseminou pelo mundo o precário império britânico dos navios, produziu efeitos bastante diferentes nas nações congestionadas do continente europeu. Elas se viram confinadas dentro de limites fixados na era de cavalos-e-estradas-principais da vida humana, e sua expansão ultramarina já tinha sido antecipada, em grande medida, pela Grã-Bretanha. Só a Rússia tinha alguma liberdade para se expandir para o leste; e ela estendeu um grande caminho ferroviário através da Sibéria até se enredar num conflito com o Japão, e pressionou na direção sudeste, visando as fronteiras da Pérsia e da Índia e importunando a Grã-Bretanha. As demais potências europeias se encontravam numa situação cada vez mais intensa de congestionamento. Para que pudessem apreender as plenas possibilidades do novo aparelhamento da vida humana, elas tiveram de se reorganizar a partir de uma base mais ampla, fosse por alguma espécie de união voluntária ou por uma união que lhes era imposta por um poder predominante. A tendência do pensamento moderno se inclinava para a primeira alternativa, mas toda a força da tradição política empurrava a Europa para a segunda.

A queda do "império" de Napoleão III e o estabelecimento do novo Império Alemão inspirava nas esperanças e nos medos dos homens a ideia de uma Europa consolidada sob os auspícios da Alemanha. Durante 36 anos de paz inquieta, a política europeia se centrou nessa possibilidade. A

França, rival constante da Alemanha pela ascendência europeia desde a divisão do império de Carlos Magno, procurou corrigir sua própria fraqueza através de uma aliança estreita com a Rússia, e a Alemanha se aliou ao Império Austríaco (que deixara de ser o Sacro Império Romano nos tempos de Napoleão I) e, com menos sucesso, ao novo reino da Itália. De início, a Grã-Bretanha se posicionou como sempre, metade dentro e metade fora dos assuntos continentais; mas foi gradualmente forçada a uma estreita associação com o grupo franco-russo, devido ao desenvolvimento agressivo de uma grande marinha alemã. A imaginação grandiosa do imperador Guilherme II (1888-1918) impulsionou a Alemanha em aventuras marítimas prematuras que, em última instância, trouxeram ao seu círculo de inimigos não apenas a Grã-Bretanha mas também o Japão e os Estados Unidos.

Todas essas nações se armaram. Ano após ano, foi aumentando a proporção da produção nacional dedicada à fabricação de armas, equipamentos, navios de guerra e assemelhados. Ano após ano, a balança parecia estar se inclinando para a guerra, e então a guerra era evitada. E afinal ela veio. Alemanha e Áustria atacaram França, Rússia e Sérvia; com os exércitos alemães marchando pela Bélgica, a Grã-Bretanha entrou na guerra imediatamente ao lado dos belgas, trazendo o Japão como seu aliado, e muito em breve a Turquia tomou parte no lado alemão. A Itália entrou na guerra contra a Áustria em 1915, e a Bulgária se juntou às Potências Centrais em outubro do mesmo ano. A Romênia, em 1916, e os Estados Unidos e a China, em 1917, também foram forçados a entrar em guerra contra a Alemanha. Não está no alcance desta história definir as parcelas exatas de culpa por essa vasta catástrofe. A questão mais interessante não é saber por que a Grande Guerra começou, e sim entender por que a Grande Guerra não foi prevista e evitada. É algo muito grave, para a humanidade, que dezenas de milhões de pessoas fossem "patrióticas", estúpidas ou apáticas demais para impedir o desastre num movimento pela unidade europeia em linhas francas e generosas, quando um pequeno número de pessoas poderia ter atuado para efetivar esse movimento.

É impossível, dentro do espaço de que dispomos aqui, traçar os detalhes intrincados da guerra. Dentro de poucos meses, ficou evidente que o progresso da ciência técnica moderna transformara muito profundamente a natureza da guerra. A ciência física fornece poder, poder sobre o aço, sobre distâncias, sobre doenças; o uso desse poder para o bem ou para o mal depende da inteligência moral e política do mundo. Os governos da Europa, inspirados por políticas antiquadas de ódio e suspeita, tiveram em suas mãos, de repente, poderes jamais conhecidos, tanto para destruir quanto para resistir. A guerra virou um incêndio que consumia o mundo todo, causando perdas a vencedores e vencidos, fora de qualquer proporção com as questões envolvidas. Na primeira fase da guerra, houve uma tremenda corrida dos alemães sobre Paris e uma invasão da Prússia Oriental pelos russos. Ambos os ataques foram enfrentados e revertidos. E então o poder defensivo evoluiu; houve uma rápida elaboração da guerra de trincheiras; por certo tempo, os exércitos adversários ficaram entrincheirados em longas linhas por toda a Europa, incapazes de fazer qualquer avanço sem sofrer perdas enormes. Os exércitos contavam com milhões de homens, e na retaguarda populações inteiras se organizavam para o fornecimento de alimentos e munições para o front. Houve uma interrupção de quase todos os tipos de atividade produtiva, com exceção do que contribuísse para as operações militares. Toda a humanidade saudável da Europa foi empurrada para os exércitos ou para as marinhas ou para as fábricas improvisadas que serviam a guerra. Ocorreu uma enorme substituição de homens por mulheres na indústria. É provável que mais da metade da população, nos países beligerantes da Europa, tenha mudado completamente de emprego durante a luta estupenda. As pessoas foram desenraizadas e transplantadas socialmente. A educação e o trabalho científico normal eram restritos ou desviados para fins militares imediatos, e a distribuição de notícias era mutilada e corrompida pelo controle militar e pelas atividades de "propaganda".

A fase de paralisação militar passou aos poucos para um período de agressão às populações combatentes por trás das frentes de batalha, com destruição de estoques de alimentos e com ataques pelo ar. E também houve uma melhoria constante no tamanho e no alcance das armas utilizadas e em dispositivos engenhosos, como cápsulas de gás venenoso e os fortins móveis conhecidos como tanques, para enfraquecer a resistência das tropas nas trincheiras. A ofensiva aérea foi o mais revolucionário de todos os novos métodos. A guerra passou a ter uma terceira dimensão. Até então, na história da humanidade, a guerra ocorrera apenas onde os exércitos marchavam e ficavam frente a frente. Agora, ela ocorria em todos os lugares. O zepelim, primeiro, e o avião bombardeiro, em seguida, fizeram com que ela se deslocasse do front e passasse para uma área cada vez maior das atividades civis. A velha distinção que se fazia na guerra civilizada entre população civil e população combatente desapareceu. Quem quer que cultivasse alimento, ou costurasse roupas, quem quer que derrubasse uma árvore ou fizesse reparos numa casa, cada estação de trem, cada armazém passou a ser alvo aberto para a destruição. A ofensiva aérea aumentava em alcance e terror, mês após mês, durante a guerra. Por fim, grandes áreas da Europa se encontraram em estado de sítio, sujeitas a ataques noturnos. Cidades expostas como Londres e Paris passavam noites e noites sem dormir enquanto bombas explodiam, os canhões antiaéreos faziam um barulho constante e intolerável e os carros de bombeiros e as ambulâncias rodavam com ímpeto pelas ruas escuras e desertas. Os efeitos nas mentes e na saúde de idosos e crianças foram particularmente perturbadores e destrutivos.

A pestilência, velha seguidora das guerras, não chegou antes que os combates terminassem, em 1918. Durante quatro anos, a ciência médica preveniu qualquer tipo de epidemia generalizada; e então houve um grande surto mundial de gripe que aniquilou milhões e milhões de pessoas. A fome também foi evitada por algum tempo. No início de 1918, porém, a maioria da Europa se encontrava numa mitigada e regulamentada condição de fome. A produção de alimentos em todo o mundo decrescera num grau muito acentuado por causa da convocação dos camponeses para a batalha, e a distribuição dos alimentos produzidos foi prejudicada pela devastação causada pelos submarinos, pela ruptura das rotas habituais com o fechamento das fronteiras e pela desorganização do sistema de transportes do mundo. Os vários governos se apossaram dos estoques cada vez menores de alimentos e, com maior ou menor sucesso, impingiram racionamento a suas populações. No quarto ano, o mundo inteiro já sofria com escassez de vestuário, de habitação e da maioria dos itens de uma vida normal, bem como de alimentos. Os negócios e a vida econômica estavam profundamente desorganizados. Todos se afligiam, e a maioria das pessoas levava uma vida de desconforto fora do comum.

A guerra real cessou em novembro de 1918. Depois de um esforço supremo que quase levou os alemães a Paris na primavera de 1918, as Potências Centrais entraram em colapso. Elas tinham esgotado seus recursos e sua força de vontade.

66

A REVOLUÇÃO E A PENÚRIA NA RÚSSIA

Pouco mais de um ano após o colapso das Potências Centrais, porém, a monarquia meio oriental da Rússia, que alegara ser a continuação do Império Bizantino, também desmoronou. O czarismo vinha exibindo sinais de profunda podridão por alguns anos, antes da guerra, a corte estava enfeitiçada por um fantástico impostor religioso, Rasputin, e a administração pública, civil e militar, afundava em extrema ineficiência e corrupção. No início da guerra, houve uma grande contaminação de entusiasmo patriótico na Rússia. Foi convocado um vasto exército de conscritos para o qual não havia nem equipamento militar adequado, nem um quadro decente de oficiais competentes, e essa grande multidão, mal suprida e pessimamente orientada, foi arremessada contra as fronteiras alemãs e austríacas.

Não pode haver dúvida de que o aparecimento precoce dos exércitos russos na Prússia Oriental, em setembro de 1914, desviou as energias e a atenção da Alemanha de sua primeira investida vitoriosa sobre Paris. O sofrimento e as mortes de dezenas de milhares de camponeses russos malconduzidos salvaram a França de uma queda completa naquela importante campanha inicial, e fizeram de toda a Europa Ocidental uma devedora desse povo valoroso e trágico. Mas esse império desorganizado e expansivo não teve forças para suportar a tensão da guerra. Os soldados russos comuns eram enviados para a batalha sem armas que lhes dessem apoio, sem nem mesmo munição de espingarda; foram lançados à morte por seus oficiais e generais em um delírio de entusiasmo militarista. Por algum tempo, eles pareceram sofrer em silêncio, como sofre um animal; mas há um limite para a resistência, até mesmo nos mais ignorantes. Um profundo desgosto pelo czarismo foi tomando conta desses exércitos de homens traídos e arruinados. Do final de 1915 em diante, a Rússia foi uma fonte cada vez mais forte de ansiedade para os seus aliados ocidentais. Ao longo de 1916, ela permaneceu em grande medida na defensiva, e surgiram rumores de uma paz em separado com a Alemanha.

Em 29 de dezembro de 1916, o monge Rasputin foi assassinado durante um jantar em Petrogrado, e houve uma tentativa tardia de colocar o czarismo em ordem. Em março, as coisas se moviam rapidamente; distúrbios causados por falta de alimentos, em Petrogrado, evoluíram para uma insurreição revolucionária; houve uma tentativa de suprimir a Duma, o órgão representativo, houve tentativas de prender líderes liberais, a formação de um governo provisório sob o príncipe Lvov e a abdicação (15 março) do czar. Por algum tempo, houve a impressão de que uma revolução moderada e controlada poderia ser possível – talvez sob um novo czar. E logo ficou evidente que a destruição da confiança popular, na Rússia, tinha ido longe demais para que tais ajustes fossem viáveis. O povo russo simplesmente não tolerava mais a velha ordem das coisas na Europa, os czares e as guerras e as grandes potências; o povo queria ser aliviado, o mais rápido possível, de misérias insuportáveis. Os Aliados não compreendiam a realidade russa; seus diplomatas eram ignorantes em relação aos russos, eram pessoas requintadas que davam atenção à corte russa e não à Rússia, e que cometiam erros constantes naquela nova situação. Houve pouca boa vontade entre esses diplomatas no que dizia respeito ao republicanismo, e uma disposição manifesta de constranger o novo governo tanto quanto fosse possível. À frente do governo republicano russo estava um líder eloquente e pitoresco, Kerenski, que se viu atacado pelas forças de um movimento revolucionário mais profundo, a "revolução social", um movimento nacional desprezado pelos governos aliados no exterior. Os aliados de Kerenski não lhe permitiam dar os camponeses russos a terra que eles tanto queriam, e muito menos lhe deram uma paz exterior. Os franceses e a imprensa britânica importunaram seu exausto aliado por uma nova ofensiva; pouco tempo depois, porém, quando os alemães efetuaram um forte ataque a Riga por mar e terra, o almirantado britânico se intimidou diante da perspectiva de uma expedição báltica de socorro. A nova República Russa foi obrigada a lutar sem ajuda. Apesar de sua supremacia naval e dos amargos protestos de um grande almirante inglês, Lord Fisher (1841-1920), é digno de nota o fato de que os britânicos e seus aliados, com exceção de alguns ataques submarinos, deixaram que os alemães tivessem domínio completo sobre o Báltico durante a guerra.

As massas russas, no entanto, estavam decididas a encerrar a guerra. A qualquer custo. Entrara em funcionamento em Petrogrado um órgão que representava os trabalhadores e soldados comuns, o Soviete, e esse órgão clamou por uma conferência internacional de socialistas em Estocolmo. Rebeliões de famintos estavam ocorrendo em Berlim nesse momento, a exaustão da guerra era profunda na Áustria e na Alemanha, e não se pode duvidar de que, à luz de acontecimentos subsequentes, tal conferência poderia ter precipitado em 1917 uma paz razoável, em termos democráticos, e uma revolução alemã. Kerenski implorou a seus aliados ocidentais que autorizassem a realização da conferência, mas, temendo um surto mundial de socialismo e republicanismo, eles se recusaram, apesar da resposta favorável de uma pequena maioria do Partido Trabalhista britânico. Sem ajuda moral ou física dos Aliados, a infeliz e "moderada" República Russa seguiu na batalha e lançou uma última e desesperada ofensiva em julho. Ela fracassou depois de alguns sucessos preliminares, e ocorreu outra grande matança de russos.

Era o limite da resistência russa. Motins estouraram nos exercitos russos, em particular na frente norte, e em 7 de novembro de 1917 o governo de Kerenski foi derrubado e o poder foi tomado pelos sovietes, dominados pelos socialistas bolcheviques de Lênin, com o compromisso de estabelecer paz, não importando os interesses das potências ocidentais. Em 2 de março de 1918, foi assinada em Brest-Litovsk uma paz em separado entre a Rússia e a Alemanha.

Logo ficou claro que os socialistas bolcheviques eram homens de uma qualidade muito diversa em relação aos retóricos constitucionalistas e revolucionários da fase de Kerenski. Eles eram comunistas marxistas fanáticos. Acreditavam que a sua chegada ao poder na Rússia era apenas o início de uma revolução social que arrebataria todo o mundo, e se puseram a modificar a ordem social e econômica com o rigor da fé perfeita e da inexperiência absoluta. Os governos da Europa Ocidental e da América eram muito mal informados e incapazes de fornecer orientação ou ajuda ao experimento extraordinário; a imprensa se dedicou a desacreditar os usurpadores, e as classes dominantes quiseram acabar com eles em quaisquer condições, qualquer que fosse o custo para elas mesmas ou para a Rússia. Uma propaganda de mentiras abomináveis e repugnantes se disseminou, sem que fosse checada, pela imprensa do mundo; os líderes bolcheviques eram caracterizados como monstros inacreditáveis que se fartavam de sangue e pilhagens e que levavam vidas de luxúria, diante das quais as realidades da corte czarista do regime de Rasputin se elevavam a uma pureza ideal. Expedições foram lançadas contra o país exausto, insurgentes e invasores foram incentivados, armados e subsidiados, e nenhum método de ataque era maldoso ou monstruoso demais para os inimigos amedrontados do regime bolchevique. Em 1919, os bolcheviques russos, governando um país que já fora exaurido e desorganizado por cinco anos de guerra intensa, combateram uma expedição britânica em Arcangel, invasores japoneses na Sibéria Oriental, romenos com contingentes franceses e gregos no sul, o almirante russo Kolchak na Sibéria e o general Denikin, apoiado pela frota francesa, na Crimeia. Em julho daquele ano, um exército estoniano comandado pelo general Yudenitch quase alcançou São Petersburgo. Em 1920, os poloneses, incitados pelos franceses, fizeram um novo ataque à Rússia; e um novo agressor reacionário, o general Wrangel, assumiu a tarefa do general Denikin de invadir e devastar seu próprio país. Em março de 1921, os marinheiros de Kronstadt se revoltaram. Sob seu presidente Lênin, o governo russo sobreviveu a todos esses vários ataques, demonstrando uma incrível tenacidade, e o povo comum da Rússia o sustentou sem vacilar, em condições de extrema dificuldade. No final de 1921, tanto a Grã-Bretanha quanto a Itália afirmaram uma espécie de reconhecimento do regime comunista.

Contudo, se o governo bolchevique obteve êxito em sua luta contra intervenções externas e revoltas internas, ele foi bem menos feliz em sua tentativa de estabelecer na Rússia uma nova ordem social baseada em ideias comunistas. O camponês russo é um pequeno proprietário faminto por terra, tão afeito ao comunismo em seus pensamentos e hábitos quanto uma baleia é afeita a voar; a revolução lhe deu a terra dos grandes proprietários, mas não conseguiria fazê-lo cultivar alimento em troca de nada que não fosse dinheiro negociável, e a revolução, entre outras coisas, praticamente destruíra o valor do dinheiro. A produção agrícola, já bastante prejudicada com o colapso das ferrovias nos esforços de guerra, encolheu a um mero cultivo de alimentos para consumo próprio dos camponeses. As cidades passaram fome. Tentativas apressadas e mal planejadas de criar uma nova produção industrial, adaptada às ideias comunistas, também fracassaram. No ano de 1920, a Rússia exibia o espetáculo sem precedentes de uma civilização moderna em completo colapso. Ferrovias enferrujavam e se tornavam imprestáveis, cidades caíam em ruínas, em todos os lugares havia uma imensa mortalidade. No entanto, o país ainda lutava contra seus inimigos diante de seus portões. Em 1921, uma seca e uma violenta fome coletiva se abateram sobre os camponeses nas províncias do sudeste, devastadas pela guerra. Milhões de pessoas sofreram com fome.

Mas a questão das aflições e da possível recuperação da Rússia nos aproxima de controvérsias que são demasiado atuais para que possamos discuti-las aqui.

67

A RECONSTRUÇÃO POLÍTICA E SOCIAL DO MUNDO

O esquema e a escala em que esta história foi planejada não nos permitem comentar as disputas complicadas e amargas que envolveram os tratados, em especial o Tratado de Versalhes, que puseram fim à Grande Guerra. Estamos começando a perceber que esse conflito, terrível e enorme como foi, não encerrou nada, não começou nada e não resolveu nada. Ele matou milhões de pessoas; devastou e empobreceu o mundo. Esmagou toda a Rússia. Foi, na melhor das hipóteses, um lembrete doloroso e medonho de que estávamos vivendo como tolos e em confusão, sem muito planejamento ou previsão, em um universo perigoso e hostil. Rudemente organizados, os egoísmos e as paixões de ganância nacional e imperial que arrastaram a humanidade para essa tragédia emergiram dela suficientemente inteiros, e é altamente provável que ocasionem algum outro desastre similar tão logo o mundo se recupere um pouco da exaustão e da fadiga da guerra. Guerras e revoluções não levam a nada; seu melhor serviço à humanidade é, de um modo muito severo e doloroso, destruir coisas obsoletas e obstrutivas. A Grande Guerra livrou a Europa da ameaça do imperialismo alemão e estilhaçou o imperialismo da Rússia. Ela acabou com algumas monarquias. Mas uma infinidade de bandeiras ainda ondula na Europa, as fronteiras ainda exasperam, grandes exércitos acumulam novos estoques de equipamento.

A Conferência de Paz de Versalhes foi um encontro que não tinha condições para fazer mais do que encaminhar os conflitos e as derrotas da guerra para suas conclusões lógicas. Aos alemães, austríacos, turcos e búlgaros não foi permitida nenhuma participação nas deliberações; eles deveriam apenas aceitar as decisões que lhes seriam ditadas. Do ponto de vista do bem-estar humano, a escolha do local de reunião foi particularmente infeliz. Foi em Versalhes que, com todas as circunstâncias da vulgaridade triunfante, o novo Império Alemão havia sido proclamado, em 1871. A sugestão de uma reversão melodramática daquela cena, no mesmo Salão dos Espelhos, foi avassaladora.

Quaisquer que fossem as generosidades que tinham surgido nas fases iniciais da Grande Guerra, já estavam esgotadas havia muito tempo. As populações dos países vitoriosos tinham forte consciência de seus próprios sofrimentos e perdas, e não davam a mínima para o fato de que os derrotados pagavam do mesmo modo. A guerra nascera como uma consequência natural e inevitável dos nacionalismos competitivos da Europa e da ausência de uma regulação federal para tais forças competitivas; a guerra é a consumação lógica e necessária quando nacionalidades independentes e soberanas vivem numa área muito pequena com armamentos muito poderosos; e se a Grande Guerra não tivesse chegado na forma em que chegou, teria chegado em alguma forma similar – assim como ela certamente regressará em vinte ou trinta anos, numa escala ainda mais desastrosa, se não houver uma unificação política que a antecipe e previna. Estados organizados para a guerra farão guerras tão certo como as galinhas botarão ovos, mas o sentimento desses países afligidos e abatidos pela guerra ignorou os fatos, e os povos derrotados foram tratados em sua totalidade como sendo moral e materialmente responsáveis por todos os danos, como sem dúvida teriam sido tratados os povos vencedores se o resultado da guerra fosse outro. Os franceses e ingleses achavam que os alemães eram os culpados, os alemães culpavam russos, franceses e ingleses, e apenas uma minoria inteligente achava que não havia nada para culpar na fragmentária constituição política da Europa. O Tratado de Versalhes foi concebido para ser exemplar e vingativo; determinou penalidades tremendas para os vencidos; procurou dar compensações aos feridos e sofridos vencedores, impondo dívidas enormes a nações já falidas, e sua tentativa de reconstituir as relações internacionais pela criação de uma Liga das Nações contra a guerra foi algo obviamente insincero e inadequado.

No que dizia respeito aos interesses da Europa, é duvidoso que pudesse ocorrer qualquer tentativa de organizar as relações internacionais na direção de uma paz permanente. A proposta da Liga das Nações se efetivou politicamente por ação do presidente dos Estados Unidos da América, o presidente Wilson. O maior apoiador foi a América. Até então, os Estados Unidos, este novo Estado moderno, não haviam desenvolvido nenhuma ideia distinta de relacionamento internacional além da Doutrina Monroe, que protegia o novo mundo da interferência europeia. Agora, de repente, o país foi chamado a dar sua contribuição intelectual para o imenso problema da atualidade; e não tinha nenhuma. A disposição natural do povo americano era favorecer uma paz mundial permanente. Essa disposição, entretanto, estava ligada a uma forte e tradicional desconfiança diante da política do velho mundo e a um hábito de isolamento em relação às complicações do velho mundo. Os americanos mal tinham começado a pensar numa solução americana para os problemas do mundo quando a campanha submarina alemã os arrastou para a guerra ao lado dos aliados que se opunham à Alemanha. A elaboração de uma Liga das Nações pelo presidente Wilson foi uma tentativa de criar, a curto prazo, um projeto mundial distintamente americano. Era um esquema vago, inadequado e perigoso; na Europa, no entanto, foi considerado um ponto de vista amadurecido. Em 1918-1919, a humanidade em geral estava intensamente cansada da guerra, ansiosa e disposta a quase qualquer sacrifício para levantar barreiras evitar que outra sobreviesse, mas não houve um único governo no velho mundo disposto a renunciar a uma parcela mínima de sua independência soberana para alcançar tal fim. As declarações públicas do presidente Wilson sobre o projeto de uma Liga Mundial das Nações pareceram, por algum tempo, deixar de lado os governos para falar diretamente aos povos do mundo; foram vistas como expressão das intenções maduras da América, e a resposta foi tremenda. Infelizmente, o presidente Wilson tinha de lidar com governos, e não com povos; ele era um homem capaz de estupendos clarões visionários; quando colocado à prova, porém, era egoísta e limitado, e a grande onda de entusiasmo que ele evocara passou e se perdeu.

Diz o dr. Dillon, em seu livro *A Conferência de Paz*: "A Europa, quando o presidente pisou em seu solo, era argila pronta para o oleiro criativo. Nunca antes as nações se mostraram tão ansiosas por seguir um Moisés que as levaria para a terra havia muito prometida na qual as guerras são proibidas e os bloqueios, desconhecidos. E elas julgavam que ele era o tal grande líder. Na França, os homens se curvaram diante dele com admiração e afeto. Líderes trabalhistas de Paris me disseram que verteram lágrimas de alegria em sua presença, e que seus camaradas atravessariam fogo e água para ajudá-lo a realizar seus nobres planos. Para as classes trabalhadoras da Itália, seu nome era uma trombeta divina cujo som renovaria a Terra. Os alemães consideravam que ele e sua doutrina lhes valiam como âncora de segurança. O destemido Herr Muehlon disse: 'Se o presidente Wilson se dirigisse aos alemães e pronunciasse uma sentença que lhes fosse severa, eles a aceitariam com resignação, sem dizer nada, e começariam a trabalhar imediatamente'. Na Áustria alemã, Wilson tinha fama de salvador, e a simples menção de seu nome era um bálsamo para quem sofria, e dissipava a angústia dos aflitos..."

Tais eram as expectativas avassaladoras que o presidente Wilson gerava. Seria muito demorado e muito angustiante contar, aqui, a história de como ele desapontou a todos completamente e como a Liga das Nações foi algo fraco e inútil. Wilson exagerou em sua pessoa a nossa tragédia humana comum; ele era tão grandioso em seus sonhos, e tão incapaz em sua performance. A América discordou dos atos de seu presidente e não quis participar da Liga que a Europa aceitara dele. O povo americano percebeu lentamente que havia sido impelido a uma situação para a qual estava totalmente despreparado. De modo análogo, a Europa percebeu que a América não tinha nada de pronto para dar ao velho mundo em sua calamidade. Nascida prematuramente e aleijada em seu nascimento, a Liga de fato se tornou, com sua constituição elaborada e pouco prática e suas manifestas limitações de poder, um sério obstáculo no caminho de uma reorganização efetiva das relações internacionais. O problema ficaria mais claro se a Liga ainda não existisse. Mas a explosão mundial de entusiasmo que primeiro saudou o projeto, a prontidão de homens por toda a Terra, de homens e não de governos, para exercer um controle mundial sobre a guerra, é algo que deve ser registrado com ênfase em qualquer história. Por trás dos governos míopes que dividem e administram mal os assuntos humanos, existe e cresce uma força real que busca a unidade e a ordem do mundo.

De 1918 em diante, o mundo ingressou em uma era de conferências. Entre elas, a Conferência em Washington, convocada pelo presidente Harding (1921), foi a mais bem-sucedida e sugestiva. Notável, também, é a Conferência de Gênova (1922), pelo aparecimento de delegados alemães e russos em suas deliberações. Nós não vamos discutir em detalhe essa longa procissão de conferências e tentativas. Fica mais e mais claramente manifesto que um enorme trabalho de reconstrução precisa ser feito pela humanidade, se quisermos evitar um crescendo de convulsões e os massacres mundiais que ocorreram na Grande Guerra. Nenhuma improvisação precipitada como a Liga das Nações, nenhum sistema remendado de conferências entre um e outro grupo de Estados, soluções que não mudam nada e dão a impressão de resolver tudo não vão bastar para as complexas necessidades políticas da nova era que está diante de nós. Necessitamos do sistemático desenvolvimento e da aplicação sistemática das ciências do relacionamento humano, de psicologia pessoal e de grupo, de ciência econômica e financeira e também de educação, ciências que ainda não amadureceram. Ideias morais e políticas estreitas, obsoletas, mortas e moribundas têm de ser substituídas por uma concepção mais clara e mais simples das origens comuns e dos destinos da nossa espécie.

Mas se os perigos, as confusões e os desastres que se precipitam sobre os homens nos dias de hoje ultrapassam qualquer experiência do passado, é porque a ciência lhes deu poderes que nunca tiveram antes. E o método científico de pensamento destemido, de afirmação exaustivamente lúcida e planejamento exaustivamente criticado, ao criar poderes que ainda são incontroláveis, também permite a esperança de que esses poderes possam ser controlados. O homem ainda é só um adolescente. Seus problemas não são os problemas da senilidade e da exaustão; decorrem de uma força crescente e ainda indisciplinada. Quando encaramos toda a história como um processo, como fizemos neste livro, quando observamos a constante luta da vida por mais visão e mais controle, podemos enxergar, em suas proporções verdadeiras, as esperanças e os perigos do tempo presente. Ainda nos encontramos, quando muito, nos primórdios da aurora da grandeza humana. No entanto, na beleza das flores e do sol, na movimentação feliz e perfeita dos animais jovens e no deleite de 10 mil paisagens diferentes, temos algumas indicações do que a vida pode fazer por nós, e em algumas poucas obras de arte plástica e pictórica, em certa música excelente, em alguns edifícios nobres e jardins alegres, temos uma indicação do que a vontade humana pode fazer com as possibilidades materiais. Nós temos sonhos; dispomos, hoje, de um poder indisciplinado, mas cada vez maior. Será que podemos duvidar de que em breve, mais do que realizar as mais ousadas imaginações, a nossa raça vai alcançar a unidade e a paz, vivendo, os filhos do nosso sangue e da nossa vida, em um mundo mais esplêndido e encantador do que qualquer palácio ou jardim, ganhando mais e mais força num círculo cada vez mais amplo de aventura e conquista? O que o homem já fez, os pequenos triunfos de sua condição atual, toda esta história que contamos, tudo é apenas o prelúdio das coisas que o homem precisa fazer.

CRONOLOGIA

Por volta de 1000 a.C., os povos arianos iam se estabelecendo nas penínsulas da Espanha, da Itália e dos Bálcãs, e estavam estabelecidos no norte da Índia; Cnossos já estava destruída, e os vastos tempos egípcios de Tutmés III, Amenófis III e Ramsés II se encontravam num passado três ou quatro séculos distante. Os inexpressivos monarcas da 21ª dinastia governavam o vale do Nilo. Israel era um reino unido, com seus primeiros governantes; reinavam Saul ou Davi, ou até mesmo Salomão, possivelmente. O Sargão I (2750 a.C.) do Império Sumério-Acadiano era uma memória remota na história babilônica, mais remota do que é, no mundo atual, a memória de Constantino, o Grande. Hamurabi estava morto havia mais de mil anos. Os assírios já dominavam os babilônios, um povo menos militar. Em 1100 a.C, Teglat-Falasar I conquistara a Babilônia. Mas não havia uma conquista permanente; Assíria e Babilônia eram ainda impérios separados. Na China, a nova dinastia Chou florescia. O monumento de Stonehenge, na Inglaterra, já tinha algumas centenas de anos.

Os dois séculos seguintes testemunharam um renascimento do Egito sob a 22ª dinastia, a ruptura do breve e pequeno reinado hebreu de Salomão, a disseminação dos gregos nos Bálcãs, no sul da Itália e na Ásia Menor, e os dias da predominância etrusca no centro da Itália. Nossa lista de datas conferíveis tem início com

a.C.

800 A construção de Cartago.

790 A conquista etíope do Egito (fundação da 25ª dinastia).

776 Primeira Olimpíada.

753 Roma construída.

745	Teglat-Falasar III conquistou a Babilônia e fundou o Novo Império Assírio.
722	Sargão II muniu os assírios com armamentos de ferro.
721	Ele deportou os israelitas.
680	Esar-Hadom tomou Tebas, no Egito (derrubando os etíopes da 25ª dinastia).
664	Psamético I devolveu a liberdade ao Egito e fundou a 26ª dinastia (até 610).
608	O egípcio Neco derrotou Josias, rei de Judá, na Batalha de Megido.
606	Captura de Nínive pelos caldeus e medos. Fundação do Império Caldeu.
604	Neco avançou até o Eufrates e foi vencido por Nabucodonosor II. (Nabucodonosor levou os judeus para a Babilônia.)
550	Ciro, o Persa, sucedeu Ciáxares, o Medo. Ciro derrotou Creso.
550	Buda viveu por este tempo. Assim como Confúcio e Lao Tsé.
538	Ciro tomou a Babilônia e fundou o Império Persa.
521	Dario I, o filho de Histaspes, governou do Helesponto ao Indus; marchou para a Cítia.
490	Batalha de Maratona.
480	Batalhas das Termópilas e de Salamina.
479	As batalhas de Plateia e Micale rechaçaram em definitivo os persas.
474	Frota etrusca destruída pelos gregos da Sicília.
431	Começou a Guerra do Peloponeso (até 404).
401	Retirada dos dez mil.
359	Filipe se tornou rei da Macedônia.
338	Batalha de Queroneia.
336	Tropas macedônias avançaram Ásia adentro. Filipe assassinado.
334	Batalha de Granico.

- 333 Batalha de Isso.
- 331 Batalha de Arbela.
- 330 Dario III assassinado.
- 323 Morte de Alexandre, o Grande.
- 321 Chandragupta ascendeu no Punjab. Romanos completamente batidos pelos samnitas na Batalha das Forcas Caudinas.
- 281 Pirro invadiu a Itália.
- 280 Batalha de Heracleia.
- 279 Batalha de Ásculo.
- 278 Os gauleses invadiram a Ásia Menor e se estabeleceram na Galácia.
- 275 Pirro saiu da Itália.
- 264 Primeira Guerra Púnica. (Asoka começou seu reinado em Bihar – até 227.)
- 260 Batalha de Mylae.
- 256 Batalha do Ecnomo.
- 246 Shi Huangdi se tornou rei de Qin.
- 220 Shi Huangdi se tornou imperador da China.
- 214 A Grande Muralha da China começou a ser construída.
- 210 Morte de Shi Huangdi.
- 202 Batalha de Zama.
- 146 Cartago destruída.
- 133 Átalo legou Pérgamo para Roma.
- 102 Mário rechaçou alemães.
- 100 Triunfo de Mário. (Chineses conquistando o vale do Tarim.)
- 89   Todos os italianos se tornaram cidadãos romanos.
- 73   A revolta dos escravos liderados por Espártaco.
- 71   Derrota e fim de Espártaco.
- 66   Pompeu conduziu tropas romanas ao Cáspio e ao Eufrates; encontrou os alanos.
- 48   Júlio César derrotou Pompeu em Farsália.

44	Júlio César assassinado.
27	César Augusto princeps (até 14 d.C.).
4	Verdadeira data do nascimento de Jesus de Nazaré.

d.C.

Começou a Era Cristã.

14	Augusto morreu. Tibério imperador.
30	Jesus de Nazaré crucificado.
41	Cláudio (o primeiro imperador das legiões) foi proclamado imperador pela guarda pretoriana depois do assassinato de Calígula.
68	Suicídio de Nero. (Galba, Oto e Vitélio se sucederam como imperadores.)
69	Vespasiano.
102	Ban Chao no Cáspio.
117	Adriano sucedeu Trajano. Império Romano em sua maior extensão.
138	(Por este tempo, os indo-citas estavam eliminando os últimos vestígios de domínio helênico na Índia.)
161	Marco Aurélio sucedeu Antônio Pio.
164	Teve início uma grande praga, que durou até a morte de Marco Aurélio (180); ela também devastou toda a Ásia. (Começou, no Império Romano, um período de guerra e desordem que se estenderia por quase um século.)
220	Fim da dinastia Han. Começou um período de quatro séculos de divisão na China.
227	Artaxerxes I (primeiro xá sassânida) deu fim à linhagem arsácida na Pérsia.
242	Mani começou sua pregação.
247	Godos atravessaram o Danúbio num grande ataque.
251	Grande vitória dos godos. Imperador Décio foi morto.
260	Sapor I, o segundo xá sassânida, tomou Antioquia, e capturou o imperador Valeriano; em seu retorno da Ásia Menor, foi atacado por Odenato de Palmira.

277	Mani crucificado na Pérsia.
284	Diocleciano se tornou imperador.
303	Diocleciano perseguiu os cristãos.
311	Galério abandonou a perseguição aos cristãos.
312	Constantino, o Grande, se tornou imperador.
323	Constantino presidiu o Concílio de Niceia.
337	Constantino batizado em seu leito de morte.
361-3	Juliano, o Apóstata, tentou substituir o cristianismo pelo mitraísmo.
392	Teodósio, o Grande, imperador de Ocidente e Oriente.
395	Teodósio, o Grande, morreu. Honório e Arcádio dividiram o império outra vez, tendo Estilicão e Alarico como mestres e protetores.
410	Comandados por Alarico, os visigodos capturaram Roma.
425	Vândalos se estabelecendo no sul da Espanha. Hunos na Panônia. Godos na Dalmácia. Visigodos e suevos em Portugal e no norte da Espanha. Ingleses invadindo a Grã-Bretanha.
439	Os vândalos tomaram Cartago.
451	Átila atacou a Gália e foi derrotado por francos, visigodos e romanos em Troyes.
453	Morte de Átila.
455	Os vândalos saquearam Roma.
476	Odoacro, chefe de uma miscelânea de tribos teutônicas, informou a Constantinopla que não havia imperador no Ocidente. Fim do Império Ocidental.
493	Teodorico, o Ostrogodo, conquistou a Itália e se tornou rei da Itália, mas seguiu sendo, nominalmente, súdito de Constantinopla. (Reis góticos na Itália. Godos assentados em terras confiscadas, para fins de guarnição.)
527	Justiniano imperador.
529	Justiniano fechou as escolas de Atenas, que tinham florescido por quase mil anos. Belisário (general de Justiniano) tomou Nápoles.

531	Cosroes I começou a reinar.
543	Grande praga em Constantinopla.
553	Godos expulsos da Itália por Justiniano.
565	Justiniano morreu. Os lombardos conquistaram a maior parte do norte da Itália (deixando Ravena e Roma sob domínio bizantino).
570	Nascimento de Maomé.
579	Cosroes I morreu. (Lombardos dominando a Itália.)
590	Uma praga devastou Roma. Cosroes II começou a reinar.
610	Heráclio começou a reinar.
619	Cosroes II possuindo Egito, Jerusalém e Damasco, e tendo exércitos no Helesponto. Começou a dinastia Tang na China.
622	A Hégira.
627	Grande derrota persa em Nínive, para Heráclio. Tai Tsung se tornou imperador da China.
628	Kavadh II assassinou e sucedeu seu pai, Cosroes II. Maomé enviou cartas a todos os governantes da Terra.
629	Maomé retornou para Meca.
632	Maomé morreu. Abu Bakr Califa.
634	Batalha de Yarmuk. Muçulmanos tomaram a Síria. Omar segundo califa.
635	Tai Tsung recebeu missionários nestorianos.
637	Batalha de Qadisiya.
638	Jerusalém se rendeu ao califa Omar.
642	Heráclio morreu.
643	Otman se tornou o terceiro califa.
655	Derrota da frota bizantina pelos muçulmanos.
668	O califa Moawiya atacou Constantinopla pelo mar.
687	Pepino de Heristal, prefeito do palácio, reuniu Austrásia e Nêustria.
711	Vindo da África, exército muçulmano invadiu a Espanha.

715 Os domínios do califa Walid I se estendiam dos Pirineus à China.

717-18 Suleiman, filho e sucessor de Walid, falhou na tentativa de conquistar Constantinopla.

732 Carlos Martel derrotou os muçulmanos perto de Poitiers.

751 Pepino coroado rei da França.

768 Pepino morreu.

771 Carlos Magno rei único.

774 Carlos Magno conquistou a Lombardia.

786 Harum Al-Raschid califa abássida em Bagdá (até 809).

795 Leão III se tornou papa (até 816).

800 Leão coroou Carlos Magno como imperador do Ocidente.

802 Egberto, anteriormente um refugiado inglês na corte de Carlos Magno, se estabeleceu como rei de Wessex.

810 Krum da Bulgária derrotou e matou o imperador Nicéforo.

814 Carlos Magno morreu.

828 Egberto se tornou o primeiro rei da Inglaterra.

843 Luís, o Pio, morreu, e o império carolíngio se despedaçou. Até 962, não houve sucessão regular de sacros imperadores romanos, embora o título aparecesse de modo intermitente.

850 Por este tempo Rurik (um escandinavo) se tornou governante de Novgorod e Kiev.

852 Bóris primeiro rei cristão da Bulgária (até 884).

865 A frota dos russos (escandinavos) ameaçou Constantinopla.

904 Frota russa (escandinava) se afastou de Constantinopla.

912 O líder viking Rollo se estabeleceu na Normandia.

919 Henrique, o Passarinheiro, eleito rei da Alemanha.

936 Oto I se tornou rei da Alemanha em sucessão a seu pai, Henrique, o Passarinheiro.

941 Frota russa voltou a ameaçar Constantinopla.

962 Oto I, rei da Alemanha, foi coroado imperador (primeiro imperador saxão) por João XII.

987 Hugo Capeto se tornou rei da França. Fim da linhagem carolíngia entre os reis franceses.

1016 Canuto se tornou rei de Inglaterra, Dinamarca e Noruega.

1043 Frota russa ameaçou Constantinopla.

1066 Conquista da Inglaterra por Guilherme, duque da Normandia.

1071 Renascimento do Islã com os turcos seljúcidas. Batalha de Manzikert.

1073 Hildebrando se tornou papa (Gregório VII) até 1085.

1084 Roberto Guiscardo, o Normando, saqueou Roma.

1087-99 Urbano II papa.

1095 Em Clermont, Urbano ordena a Primeira Cruzada.

1096 Massacre da cruzada do povo.

1099 Godofredo de Bouillon capturou Jerusalém.

1147 A Segunda Cruzada.

1169 Saladino sultão do Egito.

1176 Frederico Barba-Ruiva reconheceu a supremacia do papa (Alexandre III) em Veneza.

1187 Saladino capturou Jerusalém.

1189 A Terceira Cruzada.

1198 Inocêncio III papa (até 1216); Frederico II (quatro anos de idade), rei da Sicília, se tornou seu pupilo.

1202 A Quarta Cruzada atacou o Império Oriental.

1204 Captura de Constantinopla pelos latinos.

1214 Gêngis Khan tomou Pequim.

1226 São Francisco de Assis morreu. (Os franciscanos.)

1227 Gêngis Khan morreu, Khan do Cáspio ao Pacífico, e foi sucedido por Ogodai Khan.

1228 Frederico II embarcou na Sexta Cruzada e negociou a aquisição de Jerusalém.

1240 Os mongóis destruíram Kiev. Rússia tributária dos mongóis.

1241 Vitória mongol em Legnica, na Silésia.

1250 Morreu Frederico II, o último imperador Hohenstaufen. Interregno alemão até 1273.

1251 Mangu Khan se tornou Grande Khan. Kublai Khan governador da Índia.

1258 Hulagu Khan tomou e destruiu Bagdá.

1260 Kublai Khan se tornou Grande Khan.

1261 Os gregos recapturaram Constantinopla das mãos dos latinos.

1273 Rodolfo de Habsburgo eleito imperador. Os suíços formaram sua Liga Perpétua.

1280 Kublai Khan fundou a dinastia Yuan na China.

1292 Morte de Kublai Khan.

1293 Morreu Roger Bacon, o profeta da ciência experimental.

1348 A Grande Peste, a Morte Negra.

1368 Na China, a dinastia mongol (Yuan) caiu, e foi sucedida pela dinastia Ming (até 1644).

1377 Papa Gregório XI retornou a Roma.

1378 O Grande Cisma. Urbano VI em Roma. Clemente VII em Avignon.

1398 Jan Huss pregou o wycliffismo em Praga.

1414-18 O Concílio de Constança. Huss queimado vivo (1415).

1417 O Grande Cisma terminou.

1453 Comandados por Maomé II, os turcos otomanos tomaram Constantinopla.

1480 Ivan III, grão-duque de Moscou, acabou com a subordinação aos mongóis.

1481 Morte do sultão Maomé II, em meio aos preparativos para a conquista da Itália.

1486 Dias contornou o Cabo da Boa Esperança.

1492 Colombo atravessou o Atlântico e chegou à América.

1493 Maximiliano I se tornou imperador.

1497 Vasco da Gama contornou o Cabo da Boa Esperança e navegou até a Índia.

1499 A Suíça se tornou uma república independente.

1500 Nascimento de Carlos V.

1509 Henrique VIII rei da Inglaterra.

1513 Leão X papa.

1515 Francisco I rei da França.

1520 Solimão, o Magnífico, se tornou sultão (até 1556), governando de Bagdá até a Hungria. Carlos V imperador.

1525 Babur venceu a Batalha de Panipat, capturou Déli e fundou o Império Mogol.

1527 Na Itália, lideradas pelo condestável de Bourbon, as tropas alemãs tomaram e pilharam Roma.

1529 Solimão cercou Viena.

1530 Carlos V coroado pelo papa. Henrique VIII começou sua briga com o papado.

1539 Fundada a Companhia de Jesus.

1546 Martinho Lutero morreu.

1547 Ivan IV (o Terrível) assumiu o título de czar da Rússia.

1556 Carlos V abdicou. Akbar se tornou Grão-mogol (até 1605). Inácio de Loyola morreu.

1558 Morte de Carlos V.

1566 Morreu Solimão, o Magnífico.

1603 Jaime I rei da Inglaterra e da Escócia.

1620 Expedição do *Mayflower* funda New Plymouth. Primeiros escravos negros desembarcam em Jamestown, Virgínia.

1625 Carlos I rei da Inglaterra.

1626 Morreu Sir Francis Bacon (barão Verulam).

1643 Luís XIV começou seu reinado de 72 anos.

1644 Os manchus acabaram com a dinastia Ming.

1648 Tratado de Vestfália; através dele, Holanda e Suíça foram reconhecidas como repúblicas livres e a Prússia ganhou importância. O tratado não deu vitória completa nem à coroa imperial e nem aos príncipes. Guerra da Fronda; ela se encerrou com a vitória completa da coroa francesa.

1649 Execução de Carlos I da Inglaterra.

1658 Aurangzeb Grão-mogol. Cromwell morreu.

1660 Carlos II na Inglaterra.

1674 Nova Amsterdã finalmente se tornou britânica por tratado, e foi rebatizada como Nova York.

1682 Pedro, o Grande, na Rússia (até 1725).

1683 Último ataque turco a Viena foi derrotado por João III da Polônia.

1701 Frederico I primeiro rei da Prússia.

1707 Morte de Aurangzeb. O Império do Grão-mogol se desintegrou.

1713 Nascimento de Frederico, o Grande, da Prússia.

1715 Luís XV na França.

1755-63 Grã-Bretanha e França disputando a América e a Índia. França aliada a Áustria e Rússia contra Prússia e Grã-Bretanha (1756-63); a Guerra dos Sete Anos.

1759 O general britânico Wolfe tomou Quebec.

1760 Jorge III na Grã-Bretanha.

1763 Paz de Paris; Canadá cedido à Grã-Bretanha. Grã-Bretanha dominante na Índia.

1769 Nascimento de Napoleão Bonaparte.

1774 Luís XVI começou seu reinado.

1776 Declaração de independência dos Estados Unidos da América.

1783 Tratado de paz entre a Grã-Bretanha e os novos Estados Unidos da América.

1787 A convenção constitucional de Filadélfia lançou as bases do governo federal dos Estados Unidos. França se viu em bancarrota.

1788 Primeiro Congresso Federal dos Estados Unidos em Nova York.

1789 Estados Gerais franceses reunidos. Invasão da Bastilha.

1791 Fuga para Varennes.

1792 França declarou guerra à Áustria; Prússia declarou guerra à França. Batalha de Valmy. A França se torna uma república.

1793 Luís XVI decapitado.

1794 Execução de Robespierre e fim da república jacobina.

1795 O Diretório. Bonaparte reprimiu uma revolta e partiu para a Itália como comandante em chefe.

1798 Bonaparte partiu para o Egito. Batalha do Nilo.

1799 Bonaparte retornou à França. Ele se tornou primeiro cônsul, com poderes enormes.

1804 Bonaparte se tornou imperador. Francisco II assumiu o título de imperador na Áustria em 1805, e em 1806 deixou de ser o imperador do Sacro Império Romano. Com isso, teve seu fim o "Sacro Império Romano".

1806 Prússia derrotada em Jena.

1808 Napoleão nomeou seu irmão José como rei da Espanha.

1810 A América espanhola se tornou republicana.

1812 Napoleão se retirou de Moscou.

1814 Abdicação de Napoleão. Luís XVIII.

1824 Carlos X na França.

1825 Nicolau I na Rússia. Primeira estrada de ferro, de Stockton a Darlington.

1827 Batalha de Navarino.

1829 Grécia independente.

1830 Um ano de turbulência. Carlos X trocado por Luís Filipe. A Bélgica se separou da Holanda. Leopoldo de Saxe-Coburgo-Gota se tornou rei do novo país, a Bélgica. A Polônia russa se insurgiu, sem obter resultados.

1835 A palavra "socialismo" foi usada pela primeira vez.

1837 Rainha Vitória.

1840 Rainha Vitória se casou com o príncipe Alberto de Saxe-Coburgo-Gota.

1852 Napoleão III imperador dos franceses.

1854-1856 Guerra da Crimeia.

1856 Alexandre II na Rússia.

1861 Vítor Emanuel primeiro rei da Itália. Abraham Lincoln se tornou presidente, EUA. Começou a Guerra Civil Americana.

1865 Rendição do tribunal de Appomattox. Japão se abriu para o mundo.

1870 Napoleão III declarou guerra contra a Prússia.

1871 Paris rendida (janeiro). O rei da Prússia se tornou "imperador alemão". A Paz de Frankfurt.

1878 O Tratado de Berlim. Começou na Europa Ocidental a paz armada de 36 anos.

1888 Frederico II (março) e Guilherme II (junho) imperadores alemães.

1912 A China se tornou uma república.

1914 Começou a Grande Guerra na Europa.

1917 As duas revoluções russas. Estabelecimento do regime bolchevique na Rússia.

1918 O armistício.

1920 Primeiro encontro da Liga das Nações, do qual foram excluídas Alemanha, Áustria, Rússia e Turquia, e no qual os Estados Unidos não foram representados.

1921 Em total desrespeito à Liga das Nações, os gregos fizeram guerra contra os turcos.

1922 Grande derrota dos gregos para os turcos na Ásia Menor.

Coleção L&PM POCKET

820. **De pernas pro ar** – Eduardo Galeano
821. **Tragédias gregas** – Pascal Thiercy
822. **Existencialismo** – Jacques Colette
823. **Nietzsche** – Jean Granier
824. **Amar ou depender?** – Walter Riso
825. **Darmapada: A doutrina budista em versos**
826. **J'Accuse...! – a verdade em marcha** – Zola
827. **Os crimes ABC** – Agatha Christie
828. **Um gato entre os pombos** – Agatha Christie
831. **Dicionário de teatro** – Luiz Paulo Vasconcellos
832. **Cartas extraviadas** – Martha Medeiros
833. **A longa viagem de prazer** – J. J. Morosoli
834. **Receitas fáceis** – J. A. Pinheiro Machado
835. (14). **Mais fatos & mitos** – Dr. Fernando Lucchese
836. (15). **Boa viagem!** – Dr. Fernando Lucchese
837. **Aline: Finalmente nua!!!** (4) – Adão Iturrusgarai
838. **Mônica tem uma novidade!** – Mauricio de Sousa
839. **Cebolinha em apuros!** – Mauricio de Sousa
840. **Sócios no crime** – Agatha Christie
841. **Bocas do tempo** – Eduardo Galeano
842. **Orgulho e preconceito** – Jane Austen
843. **Impressionismo** – Dominique Lobstein
844. **Escrita chinesa** – Viviane Alleton
845. **Paris: uma história** – Yvan Combeau
846. (15). **Van Gogh** – David Haziot
848. **Portal do destino** – Agatha Christie
849. **O futuro de uma ilusão** – Freud
850. **O mal-estar na cultura** – Freud
853. **Um crime adormecido** – Agatha Christie
854. **Satori em Paris** – Jack Kerouac
855. **Medo e delírio em Las Vegas** – Hunter Thompson
856. **Um negócio fracassado e outros contos de humor** – Tchékhov
857. **Mônica está de férias!** – Mauricio de Sousa
858. **De quem é esse coelho?** – Mauricio de Sousa
860. **O mistério Sittaford** – Agatha Christie
861. **Manhã transfigurada** – L. A. de Assis Brasil
862. **Alexandre, o Grande** – Pierre Briant
863. **Jesus** – Charles Perrot
864. **Islã** – Paul Balta
865. **Guerra da Secessão** – Farid Ameur
866. **Um rio que vem da Grécia** – Cláudio Moreno
868. **Assassinato na casa do pastor** – Agatha Christie
869. **Manual do ódio** – Napoleão Bonaparte
870. (16). **Billie Holiday** – Sylvia Fol
871. **Bidu arrasando!** – Mauricio de Sousa
872. **Os Sousa: Desventuras em família** – Mauricio de Sousa
874. **É no final a morte** – Agatha Christie
875. **Guia prático do Português correto – vol. 4** – Cláudio Moreno
876. **Dilbert (6)** – Scott Adams
877. (17). **Leonardo da Vinci** – Sophie Chauveau
878. **Bella Toscana** – Frances Mayes
879. **A arte da ficção** – David Lodge
880. **Striptiras (4)** – Laerte
881. **Skrotinhos** – Angeli
882. **Depois do funeral** – Agatha Christie
883. **Radicci 7** – Iotti
884. **Walden** – H. D. Thoreau
885. **Lincoln** – Allen C. Guelzo
886. **Primeira Guerra Mundial** – Michael Howard
887. **A linha de sombra** – Joseph Conrad
888. **O amor é um cão dos diabos** – Bukowski
890. **Despertar: uma vida de Buda** – Jack Kerouac
891. (18). **Albert Einstein** – Laurent Seksik
892. **Hell's Angels** – Hunter Thompson
893. **Ausência na primavera** – Agatha Christie
894. **Dilbert (7)** – Scott Adams
895. **Ao sul de lugar nenhum** – Bukowski
896. **Maquiavel** – Quentin Skinner
897. **Sócrates** – C.C.W. Taylor
899. **O Natal de Poirot** – Agatha Christie
900. **As veias abertas da América Latina** – Eduardo Galeano
901. **Snoopy: Sempre alerta!** (10) – Charles Schulz
902. **Chico Bento: Plantando confusão** – Mauricio de Sousa
903. **Penadinho: Quem é morto sempre aparece** – Mauricio de Sousa
904. **A vida sexual da mulher feia** – Claudia Tajes
905. **100 segredos de liquidificador** – José Antonio Pinheiro Machado
906. **Sexo muito prazer 2** – Laura Meyer da Silva
907. **Os nascimentos** – Eduardo Galeano
908. **As caras e as máscaras** – Eduardo Galeano
909. **O século do vento** – Eduardo Galeano
910. **Poirot perde uma cliente** – Agatha Christie
911. **Cérebro** – Michael O'Shea
912. **O escaravelho de ouro e outras histórias** – Edgar Allan Poe
913. **Piadas para sempre (4)** – Visconde da Casa Verde
914. **100 receitas de massas light** – Helena Tonetto
915. (19). **Oscar Wilde** – Daniel Salvatore Schiffer
916. **Uma breve história do mundo** – H. G. Wells
918. **A Casa do Penhasco** – Agatha Christie
919. **John M. Keynes** – Bernard Gazier
920. (20). **Virginia Woolf** – Alexandra Lemasson
921. **Peter e Wendy** *seguido de* **Peter Pan em Kensington Gardens** – J. M. Barrie
922. **Aline: numas de colegial (5)** – Adão Iturrusgarai
923. **Uma dose mortal** – Agatha Christie
924. **Os trabalhos de Hércules** – Agatha Christie
926. **Kant** – Roger Scruton
927. **A inocência do Padre Brown** – G.K. Chesterton
928. **Casa Velha** – Machado de Assis
929. **Marcas de nascença** – Nancy Huston
930. **Aulete de bolso**
931. **Hora Zero** – Agatha Christie
932. **Morte na Mesopotâmia** – Agatha Christie
933. **Nem te conto, João** – Dalton Trevisan
935. **As aventuras de Huckleberry Finn** – Mark Twain
936. (21). **Marilyn Monroe** – Anne Plantagenet
937. **China moderna** – Rana Mitter
938. **Dinossauros** – David Norman
939. **Louca por homem** – Claudia Tajes
940. **Amores de alto risco** – Walter Riso
941. **Jogo de damas** – David Coimbra
942. **Filha é filha** – Agatha Christie
943. **M ou N?** – Agatha Christie

945. **Bidu: diversão em dobro!** – Mauricio de Sousa
946. **Fogo** – Anaïs Nin
947. **Rum: diário de um jornalista bêbado** – Hunter Thompson
948. **Persuasão** – Jane Austen
949. **Lágrimas na chuva** – Sergio Faraco
950. **Mulheres** – Bukowski
951. **Um pressentimento funesto** – Agatha Christie
952. **Cartas na mesa** – Agatha Christie
954. **O lobo do mar** – Jack London
955. **Os gatos** – Patricia Highsmith
956(22).**Jesus** – Christiane Rancé
957. **História da medicina** – William Bynum
958. **O Morro dos Ventos Uivantes** – Emily Brontë
959. **A filosofia na era trágica dos gregos** – Nietzsche
960. **Os treze problemas** – Agatha Christie
961. **A massagista japonesa** – Moacyr Scliar
963. **Humor do miserê** – Nani
964. **Todo o mundo tem dúvida, inclusive você** – Édison de Oliveira
965. **A dama do Bar Nevada** – Sergio Faraco
969. **O psicopata americano** – Bret Easton Ellis
970. **Ensaios de amor** – Alain de Botton
971. **O grande Gatsby** – F. Scott Fitzgerald
972. **Por que não sou cristão** – Bertrand Russell
973. **A Casa Torta** – Agatha Christie
974. **Encontro com a morte** – Agatha Christie
975(23).**Rimbaud** – Jean-Baptiste Baronian
976. **Cartas na rua** – Bukowski
977. **Memória** – Jonathan K. Foster
978. **A abadia de Northanger** – Jane Austen
979. **As pernas de Úrsula** – Claudia Tajes
980. **Retrato inacabado** – Agatha Christie
981. **Solanin (1)** – Inio Asano
982. **Solanin (2)** – Inio Asano
983. **Aventuras de menino** – Mitsuru Adachi
984(16).**Fatos & mitos sobre sua alimentação** – Dr. Fernando Lucchese
985. **Teoria quântica** – John Polkinghorne
986. **O eterno marido** – Fiódor Dostoiévski
987. **Um safado em Dublin** – J. P. Donleavy
988. **Mirinha** – Dalton Trevisan
989. **Akhenaton e Nefertiti** – Carmen Seganfredo e A. S. Franchini
990. **On the Road – o manuscrito original** – Jack Kerouac
991. **Relatividade** – Russell Stannard
992. **Abaixo de zero** – Bret Easton Ellis
993(24).**Andy Warhol** – Mériam Korichi
995. **Os últimos casos de Miss Marple** – Agatha Christie
996. **Nico Demo: Aí vem encrenca** – Mauricio de Sousa
998. **Rousseau** – Robert Wokler
999. **Noite sem fim** – Agatha Christie
1000. **Diários de Andy Warhol (1)** – Editado por Pat Hackett
1001. **Diários de Andy Warhol (2)** – Editado por Pat Hackett
1002. **Cartier-Bresson: o olhar do século** – Pierre Assouline
1003. **As melhores histórias da mitologia: vol. 1** – A.S. Franchini e Carmen Seganfredo
1004. **As melhores histórias da mitologia: vol. 2** – A.S. Franchini e Carmen Seganfredo
1005. **Assassinato no beco** – Agatha Christie
1006. **Convite para um homicídio** – Agatha Christie
1008. **História da vida** – Michael J. Benton
1009. **Jung** – Anthony Stevens
1010. **Arsène Lupin, ladrão de casaca** – Maurice Leblanc
1011. **Dublinenses** – James Joyce
1012. **120 tirinhas da Turma da Mônica** – Mauricio de Sousa
1013. **Antologia poética** – Fernando Pessoa
1014. **A aventura de um cliente ilustre** *seguido de* **O último adeus de Sherlock Holmes** – Sir Arthur Conan Doyle
1015. **Cenas de Nova York** – Jack Kerouac
1016. **A corista** – Anton Tchékhov
1017. **O diabo** – Leon Tolstói
1018. **Fábulas chinesas** – Sérgio Capparelli e Márcia Schmaltz
1019. **O gato do Brasil** – Sir Arthur Conan Doyle
1020. **Missa do Galo** – Machado de Assis
1021. **O mistério de Marie Rogêt** – Edgar Allan Poe
1022. **A mulher mais linda da cidade** – Bukowski
1023. **O retrato** – Nicolai Gogol
1024. **O conflito** – Agatha Christie
1025. **Os primeiros casos de Poirot** – Agatha Christie
1027(25).**Beethoven** – Bernard Fauconnier
1028. **Platão** – Julia Annas
1029. **Cleo e Daniel** – Roberto Freire
1030. **Til** – José de Alencar
1031. **Viagens na minha terra** – Almeida Garrett
1032. **Profissões para mulheres e outros artigos feministas** – Virginia Woolf
1033. **Mrs. Dalloway** – Virginia Woolf
1034. **O cão da morte** – Agatha Christie
1035. **Tragédia em três atos** – Agatha Christie
1037. **O fantasma da Ópera** – Gaston Leroux
1038. **Evolução** – Brian e Deborah Charlesworth
1039. **Medida por medida** – Shakespeare
1040. **Razão e sentimento** – Jane Austen
1041. **A obra-prima ignorada** *seguido de* **Um episódio durante o Terror** – Balzac
1042. **A fugitiva** – Anaïs Nin
1043. **As grandes histórias da mitologia greco--romana** – A. S. Franchini
1044. **O corno de si mesmo & outras historietas** – Marquês de Sade
1045. **Da felicidade** *seguido de* **Da vida retirada** – Sêneca
1046. **O horror em Red Hook e outras histórias** – H. P. Lovecraft
1047. **Noite em claro** – Martha Medeiros
1048. **Poemas clássicos chineses** – Li Bai, Du Fu e Wang Wei
1049. **A terceira moça** – Agatha Christie
1050. **Um destino ignorado** – Agatha Christie
1051(26).**Buda** – Sophie Royer
1052. **Guerra Fria** – Robert J. McMahon
1053. **Simons's Cat: as aventuras de um gato travesso e comilão – vol. 1** – Simon Tofield
1054. **Simons's Cat: as aventuras de um gato travesso e comilão – vol. 2** – Simon Tofield
1055. **Só as mulheres e as baratas sobreviverão** – Claudia Tajes
1057. **Pré-história** – Chris Gosden
1058. **Pintou sujeira!** – Mauricio de Sousa
1059. **Contos de Mamãe Gansa** – Charles Perrault

1060. **A interpretação dos sonhos: vol. 1** – Freud
1061. **A interpretação dos sonhos: vol. 2** – Freud
1062. **Frufru Rataplã Dolores** – Dalton Trevisan
1063. **As melhores histórias da mitologia egípcia** – Carmem Seganfredo e A.S. Franchini
1064. **Infância. Adolescência. Juventude** – Tolstói
1065. **As consolações da filosofia** – Alain de Botton
1066. **Diários de Jack Kerouac – 1947-1954**
1067. **Revolução Francesa – vol. 1** – Max Gallo
1068. **Revolução Francesa – vol. 2** – Max Gallo
1069. **O detetive Parker Pyne** – Agatha Christie
1070. **Memórias do esquecimento** – Flávio Tavares
1071. **Drogas** – Leslie Iversen
1072. **Manual de ecologia (vol.2)** – J. Lutzenberger
1073. **Como andar no labirinto** – Affonso Romano de Sant'Anna
1074. **A orquídea e o serial killer** – Juremir Machado da Silva
1075. **Amor nos tempos de fúria** – Lawrence Ferlinghetti
1076. **A aventura do pudim de Natal** – Agatha Christie
1078. **Amores que matam** – Patricia Faur
1079. **Histórias de pescador** – Mauricio de Sousa
1080. **Pedaços de um caderno manchado de vinho** – Bukowski
1081. **A ferro e fogo: tempo de solidão (vol.1)** – Josué Guimarães
1082. **A ferro e fogo: tempo de guerra (vol.2)** – Josué Guimarães
1084(17). **Desembarcando o Alzheimer** – Dr. Fernando Lucchese e Dra. Ana Hartmann
1085. **A maldição do espelho** – Agatha Christie
1086. **Uma breve história da filosofia** – Nigel Warburton
1088. **Heróis da História** – Will Durant
1089. **Concerto campestre** – L. A. de Assis Brasil
1090. **Morte nas nuvens** – Agatha Christie
1092. **Aventura em Bagdá** – Agatha Christie
1093. **O cavalo amarelo** – Agatha Christie
1094. **O método de interpretação dos sonhos** – Freud
1095. **Sonetos de amor e desamor** – Vários
1096. **120 tirinhas do Dilbert** – Scott Adams
1097. **200 fábulas de Esopo**
1098. **O curioso caso de Benjamin Button** – F. Scott Fitzgerald
1099. **Piadas para sempre: uma antologia para morrer de rir** – Visconde da Casa Verde
1100. **Hamlet (Mangá)** – Shakespeare
1101. **A arte da guerra (Mangá)** – Sun Tzu
1104. **As melhores histórias da Bíblia (vol.1)** – A. S. Franchini e Carmen Seganfredo
1105. **As melhores histórias da Bíblia (vol.2)** – A. S. Franchini e Carmen Seganfredo
1106. **Psicologia das massas e análise do eu** – Freud
1107. **Guerra Civil Espanhola** – Helen Graham
1108. **A autoestrada do sul e outras histórias** – Julio Cortázar
1109. **O mistério dos sete relógios** – Agatha Christie
1110. **Peanuts: Ninguém gosta de mim... (amor)** – Charles Schulz
1111. **Cadê o bolo?** – Mauricio de Sousa
1112. **O filósofo ignorante** – Voltaire
1113. **Totem e tabu** – Freud
1114. **Filosofia pré-socrática** – Catherine Osborne
1115. **Desejo de status** – Alain de Botton
1118. **Passageiro para Frankfurt** – Agatha Christie
1120. **Kill All Enemies** – Melvin Burgess
1121. **A morte da sra. McGinty** – Agatha Christie
1122. **Revolução Russa** – S. A. Smith
1123. **Até você, Capitu?** – Dalton Trevisan
1124. **O grande Gatsby (Mangá)** – F. S. Fitzgerald
1125. **Assim falou Zaratustra (Mangá)** – Nietzsche
1126. **Peanuts: É para isso que servem os amigos (amizade)** – Charles Schulz
1127(27). **Nietzsche** – Dorian Astor
1128. **Bidu: Hora do banho** – Mauricio de Sousa
1129. **O melhor do Macanudo Taurino** – Santiago
1130. **Radicci 30 anos** – Iotti
1131. **Show de sabores** – J.A. Pinheiro Machado
1132. **O prazer das palavras** – vol. 3 – Cláudio Moreno
1133. **Morte na praia** – Agatha Christie
1134. **O fardo** – Agatha Christie
1135. **Manifesto do Partido Comunista (Mangá)** – Marx & Engels
1136. **A metamorfose (Mangá)** – Franz Kafka
1137. **Por que você não se casou... ainda** – Tracy McMillan
1138. **Textos autobiográficos** – Bukowski
1139. **A importância de ser prudente** – Oscar Wilde
1140. **Sobre a vontade da natureza** – Arthur Schopenhauer
1141. **Dilbert (8)** – Scott Adams
1142. **Entre dois amores** – Agatha Christie
1143. **Cipreste triste** – Agatha Christie
1144. **Alguém viu uma assombração?** – Mauricio de Sousa
1145. **Mandela** – Elleke Boehmer
1146. **Retrato do artista quando jovem** – James Joyce
1147. **Zadig ou o destino** – Voltaire
1148. **O contrato social (Mangá)** – J.-J. Rousseau
1149. **Garfield fenomenal** – Jim Davis
1150. **A queda da América** – Allen Ginsberg
1151. **Música na noite & outros ensaios** – Aldous Huxley
1152. **Poesias inéditas & Poemas dramáticos** – Fernando Pessoa
1153. **Peanuts: Felicidade é...** – Charles M. Schulz
1154. **Mate-me por favor** – Legs McNeil e Gillian McCain
1155. **Assassinato no Expresso Oriente** – Agatha Christie
1156. **Um punhado de centeio** – Agatha Christie
1157. **A interpretação dos sonhos (Mangá)** – Freud
1158. **Peanuts: Você não entende o sentido da vida** – Charles M. Schulz
1159. **A dinastia Rothschild** – Herbert R. Lottman
1160. **A Mansão Hollow** – Agatha Christie
1161. **Nas montanhas da loucura** – H.P. Lovecraft
1162(28). **Napoleão Bonaparte** – Pascale Fautrier
1163. **Um corpo na biblioteca** – Agatha Christie
1164. **Inovação** – Mark Dodgson e David Gann
1165. **O que toda mulher deve saber sobre os homens: a afetividade masculina** – Walter Riso
1166. **O amor está no ar** – Mauricio de Sousa
1167. **Testemunha de acusação & outras histórias** – Agatha Christie
1168. **Etiqueta de bolso** – Celia Ribeiro
1169. **Poesia reunida (volume 3)** – Affonso Romano de Sant'Anna

1170. **Emma** – Jane Austen
1171. **Que seja em segredo** – Ana Miranda
1172. **Garfield sem apetite** – Jim Davis
1173. **Garfield: Foi mal...** – Jim Davis
1174. **Os irmãos Karamázov (Mangá)** – Dostoiévski
1175. **O Pequeno Príncipe** – Antoine de Saint-Exupéry
1176. **Peanuts: Ninguém mais tem o espírito aventureiro** – Charles M. Schulz
1177. **Assim falou Zaratustra** – Nietzsche
1178. **Morte no Nilo** – Agatha Christie
1179. **Ê, soneca boa** – Mauricio de Sousa
1180. **Garfield a todo o vapor** – Jim Davis
1181. **Em busca do tempo perdido (Mangá)** – Proust
1182. **Cai o pano: o último caso de Poirot** – Agatha Christie
1183. **Livro para colorir e relaxar** – Livro 1
1184. **Para colorir sem parar**
1185. **Os elefantes não esquecem** – Agatha Christie
1186. **Teoria da relatividade** – Albert Einstein
1187. **Compêndio da psicanálise** – Freud
1188. **Visões de Gerard** – Jack Kerouac
1189. **Fim de verão** – Mohiro Kitoh
1190. **Procurando diversão** – Mauricio de Sousa
1191. **E não sobrou nenhum e outras peças** – Agatha Christie
1192. **Ansiedade** – Daniel Freeman & Jason Freeman
1193. **Garfield: pausa para o almoço** – Jim Davis
1194. **Contos do dia e da noite** – Guy de Maupassant
1195. **O melhor de Hagar 7** – Dik Browne
1196. (29). **Lou Andreas-Salomé** – Dorian Astor
1197. (30). **Pasolini** – René de Ceccatty
1198. **O caso do Hotel Bertram** – Agatha Christie
1199. **Crônicas de motel** – Sam Shepard
1200. **Pequena filosofia da paz interior** – Catherine Rambert
1201. **Os sertões** – Euclides da Cunha
1202. **Treze à mesa** – Agatha Christie
1203. **Bíblia** – John Riches
1204. **Anjos** – David Albert Jones
1205. **As tirinhas do Guri de Uruguaiana 1** – Jair Kobe
1206. **Entre aspas (vol.1)** – Fernando Eichenberg
1207. **Escrita** – Andrew Robinson
1208. **O spleen de Paris: pequenos poemas em prosa** – Charles Baudelaire
1209. **Satíricon** – Petrônio
1210. **O avarento** – Molière
1211. **Queimando na água, afogando-se na chama** – Bukowski
1212. **Miscelânea septuagenária: contos e poemas** – Bukowski
1213. **Que filosofar é aprender a morrer e outros ensaios** – Montaigne
1214. **Da amizade e outros ensaios** – Montaigne
1215. **O medo à espreita e outras histórias** – H.P. Lovecraft
1216. **A obra de arte na era de sua reprodutibilidade técnica** – Walter Benjamin
1217. **Sobre a liberdade** – John Stuart Mill
1218. **O segredo de Chimneys** – Agatha Christie
1219. **Morte na rua Hickory** – Agatha Christie
1220. **Ulisses (Mangá)** – James Joyce
1221. **Ateísmo** – Julian Baggini
1222. **Os melhores contos de Katherine Mansfield** – Katherine Mansfield
1223. (31). **Martin Luther King** – Alain Foix
1224. **Millôr Definitivo: uma antologia de *A Bíblia do Caos*** – Millôr Fernandes
1225. **O Clube das Terças-Feiras e outras histórias** – Agatha Christie
1226. **Por que sou tão sábio** – Nietzsche
1227. **Sobre a mentira** – Platão
1228. **Sobre a leitura *seguido do* Depoimento de Céleste Albaret** – Proust
1229. **O homem do terno marrom** – Agatha Christie
1230. (32). **Jimi Hendrix** – Franck Médioni
1231. **Amor e amizade e outras histórias** – Jane Austen
1232. **Lady Susan, Os Watson e Sanditon** – Jane Austen
1233. **Uma breve história da ciência** – William Bynum
1234. **Macunaíma: o herói sem nenhum caráter** – Mário de Andrade
1235. **A máquina do tempo** – H.G. Wells
1236. **O homem invisível** – H.G. Wells
1237. **Os 36 estratagemas: manual secreto da arte da guerra** – Anônimo
1238. **A mina de ouro e outras histórias** – Agatha Christie
1239. **Pic** – Jack Kerouac
1240. **O habitante da escuridão e outros contos** – H.P. Lovecraft
1241. **O chamado de Cthulhu e outros contos** – H.P. Lovecraft
1242. **O melhor de Meu reino por um cavalo!** – Edição de Ivan Pinheiro Machado
1243. **A guerra dos mundos** – H.G. Wells
1244. **O caso da criada perfeita e outras histórias** – Agatha Christie
1245. **Morte por afogamento e outras histórias** – Agatha Christie
1246. **Assassinato no Comitê Central** – Manuel Vázquez Montalbán
1247. **O papai é pop** – Marcos Piangers
1248. **O papai é pop 2** – Marcos Piangers
1249. **A mamãe é rock** – Ana Cardoso
1250. **Paris boêmia** – Dan Franck
1251. **Paris libertária** – Dan Franck
1252. **Paris ocupada** – Dan Franck
1253. **Uma anedota infame** – Dostoiévski
1254. **O último dia de um condenado** – Victor Hugo
1255. **Nem só de caviar vive o homem** – J.M. Simmel
1256. **Amanhã é outro dia** – J.M. Simmel
1257. **Mulherzinhas** – Louisa May Alcott
1258. **Reforma Protestante** – Peter Marshall
1259. **História econômica global** – Robert C. Allen
1260. (33). **Che Guevara** – Alain Foix
1261. **Câncer** – Nicholas James
1262. **Akhenaton** – Agatha Christie
1263. **Aforismos para a sabedoria de vida** – Arthur Schopenhauer
1264. **Uma história do mundo** – David Coimbra
1265. **Ame e não sofra** – Walter Riso
1266. **Desapegue-se!** – Walter Riso

1267.**Os Sousa: Uma família do barulho** – Maurício de Sousa
1268.**Nico Demo: O rei da travessura** – Agatha Christie
1269.**Testemunha de acusação e outras peças** – Agatha Christie
1270.(24).Dostoiévski – Virgil Tanase
1271.**O melhor de Hagar 8** – Dik Browne
1272.**O melhor de Hagar 10** – Dik Browne
1273.**O melhor de Hagar** – Dik e Chris Browne
1274.**Considerações sobre o governo representativo** – John Stuart Mill
1275.**Moisés: o homem e a religião monoteísta** – Freud
1276.**Inibição, sintoma e medo** – Freud
1277.**Além do princípio de prazer** – Freud
1278.**O direito de dizer não!** – Walter Riso
1279.**A arte de ser flexível** – Walter Riso
1280.**Casados e descasados** – August Strindberg
1281.**Da Terra à Lua** – Júlio Verne
1282.**Minhas galerias e meus pintores** – Kahnweiler
1283.**A arte do romance** – Virginia Woolf
1284.**Teatro completo v. 1: As aves da noite** seguido de **O Visitante** – Hilda Hilst
1285.**Teatro completo v. 2: O verdugo** seguido de **A morte do patriarca** – Hilda Hilst
1286.**Teatro completo v. 3: O rato no muro** seguido de **Auto da barca de Camiri** – Hilda Hilst
1287.**Teatro completo v. 4: A empresa** seguido de **O novo sistema** – Hilda Hilst
1288.**Fora de mim** – Martha Medeiros
1289.**Diva** – Martha Medeiros
1290.**Sobre a genealogia da moral: um escrito polêmico** – Nietzsche
1291.**A consciência de Zeno** – Italo Svevo
1292.**Células-tronco** – Jonathan Slack
1293.**Um apartamento em Paris** – Guillaume Musso
1294.**O fim do ciúme e outros contos** – Proust
1295.**Jangada** – Júlio Verne
1296.**A ilha do dr. Moreau** – H.G. Wells
1297.**Ninho de fidalgos** – Ivan Turguêniev
1298.**Jane Eyre** – Charlotte Brontë
1299.**Sobre gatos** – Bukowski
1300.**Sobre o amor** – Bukowski
1301.**Escrever para não enlouquecer** – Bukowski
1302.**222 receitas** – J. A. Pinheiro Machado
1303.**Reinações de Narizinho** – Monteiro Lobato
1304.**O Saci** – Monteiro Lobato
1305.**Memórias da Emília** – Monteiro Lobato
1306.**O Picapau Amarelo** – Monteiro Lobato
1307.**A reforma da Natureza** – Monteiro Lobato
1308.**Histórias diversas** seguido de **Fábulas** – Monteiro Lobato
1309.**Aventuras de Hans Staden** – Monteiro Lobato
1310.**Peter Pan** – Monteiro Lobato
1311.**Dom Quixote das crianças** – Monteiro Lobato
1312.**O Minotauro** – Monteiro Lobato
1313.**Um quarto só seu** – Virginia Woolf
1314.**Sonetos** – Shakespeare
1315(35).**Thoreau** – Marie Berthoumieu e Laura El Makki
1316.**Teoria da arte** – Cynthia Freeland
1317.**A arte da prudência** – Baltasar Gracián
1318.**O louco** seguido de **Areia e espuma** – Khalil Gibran
1319.**O profeta** seguido de **O jardim do profeta** – Khalil Gibran
1320.**Jesus, o Filho do Homem** – Khalil Gibran
1321.**A luta** – Norman Mailer
1322.**Sobre o sofrimento do mundo e outros ensaios** – Schopenhauer
1323.**Epidemiologia** – Rodolfo Saracci
1324.**Japão moderno** – Christopher Goto-Jones
1325.**A arte da meditação** – Mathieu Ricard
1326.**O adversário secreto** – Agatha Christie
1327.**Pollyanna** – Eleanor H. Porter
1328.**Espelhos** – Eduardo Galeano
1329.**A Vênus das peles** – Sacher-Masoch
1330.**O 18 de brumário de Luís Bonaparte** – Karl Marx
1331.**Um jogo para os vivos** – Patricia Highsmith
1332.**A tristeza pode esperar** – J.J. Camargo
1333.**Vinte poemas de amor e uma canção desesperada** – Pablo Neruda
1334.**Judaísmo** – Norman Solomon
1335.**Esquizofrenia** – Christopher Frith & Eve Johnstone
1336.**Seis personagens em busca de um autor** – Luigi Pirandello
1337.**A Fazenda dos Animais** – George Orwell
1338.**1984** – George Orwell
1339.**Ubu Rei** – Alfred Jarry
1340.**Sobre bebados e bebidas** – Bukowski
1341.**Tempestade para os vivos e para os mortos** – Bukowski
1342.**Complicado** – Natsume Ono
1343.**Sobre o livre-arbítrio** – Schopenhauer
1344.**Uma breve história da literatura** – John Sutherland
1345.**Você fica tão sozinho às vezes que até faz sentido** – Bukowski
1346.**Um apartamento em Paris** – Guillaume Musso
1347.**Receitas fáceis e saborosas** – José Antonio Pinheiro Machado
1348.**Por que engordamos** – Gary Taubes
1349.**A fabulosa história do hospital** – Jean-Noël Fabiani
1350.**Voo noturno** seguido de **Terra dos homens** – Antoine de Saint-Exupéry
1351.**Doutor Sax** – Jack Kerouac
1352.**O livro do Tao e da virtude** – Lao-Tsé
1353.**Pista negra** – Antonio Manzini
1354.**A chave de vidro** – Dashiell Hammett
1355.**Martin Eden** – Jack London
1356.**Já te disse adeus, e agora, como te vejo?** – Walter Riso
1357.**A viagem do descobrimento** – Eduardo Bueno
1358.**Náufragos, traficantes e degredados** – Eduardo Bueno
1359.**Retrato do Brasil** – Paulo Prado
1360.**Maravilhosamente imperfeito, escandalosamente feliz** – Walter Riso
1361.**E...** – Millôr Fernandes
1362.**Duas tábuas e uma paixão** – Millôr Fernandes
1363.**Selma e Sinatra** – Martha Medeiros
1364.**Tudo que eu queria te dizer** – Martha Medeiros
1365.**Várias histórias** – Machado de Assis

IMPRESSÃO:

PALLOTTI
GRÁFICA

Santa Maria - RS | Fone: (55) 3220.4500
www.graficapallotti.com.br

lpmeditores
www.lpm.com.br
o site que conta tudo